Entre a nação
e a revolução

CONSELHO EDITORIAL
Ana Paula Torres Megiani
Eunice Ostrensky
Haroldo Ceravolo Sereza
Joana Monteleone
Maria Luiza Ferreira de Oliveira
Ruy Braga

Entre a nação
marxismo e nacionalismo no Peru e no Brasil (1928-1964)
e a revolução

André Kaysel

Copyright 2018 © André Kaysel

Grafia atualizada segundo o Acordo Ortográfico da Língua Portuguesa de 1990, que entrou em vigor no Brasil em 2009.

Edição: Haroldo Ceravolo Sereza/Joana Monteleone
Editora assistente: Danielly de Jesus Teles
Projeto gráfico, diagramação e capa: Larissa Polix Barbosa
Assistente acadêmica: Bruna Marques
Revisão: Alexandra Colontini

Este livro foi publicado com apoio da Fapesp, n° do processo 2015/19389-0.

CIP-BRASIL. CATALOGAÇÃO NA PUBLICAÇÃO
SINDICATO NACIONAL DOS EDITORES DE LIVROS, RJ

C96e

Kaysel, André
Entre a nação e a revolução : marxismo e nacionalismo no Peru e no Brasil (1928-1964) / André Kaysel Velasco e Cruz. -- 1. ed. -- São Paulo : Alameda.
: il.

Inclui bibliografia

1. Socialismo - América Latina. 2. Comunismo - América Latina. 3. América Latina - Política e governo. 4. Ciência política. 5. Filosofia marxista. I. Título.

17-39738 CDD: 320.532098
          CDU: 321.74(8)

Editora filiada à Liga brasileira de editoras (LIBRE) e à Alinça internacional dos editores independentes (AIEI).

ALAMEDA CASA EDITORIAL
Rua 13 de Maio, 353 – Bela Vista
CEP 01327-000 – São Paulo, SP
Tel. (11) 3012-2403
www.alamedaeditorial.com.br

Para as estudantes e os estudantes da UNILA,
sementes do futuro de "Nuestra América".

Sumário

11	PREFÁCIO: ENTRE CLASSES E MASSAS - ANDRÉ SINGER
15	INTRODUÇÃO
45	PARTE I: O MARXISMO PERANTE O POVO E A NAÇÃO
47	*Capítulo 1: O Marxismo e o debate sobre o populismo latino-americano*
49	Os (des)caminhos de um conceito
59	A abordagem histórico-estrutural ou a "teoria do populismo"
68	A nova história social e a negação do populismo
74	Classe e povo: revisitando velhos pressupostos
84	A Abordagem discursiva
98	O nacionalismo popular como discurso contra-hegemônico
103	*Capítulo 2: Marxismo e questão nacional na América Latina*
103	As "comunidades imaginadas" e o desenvolvimento desigual
115	O marxismo clássico e a questão nacional
130	A construção da nação na periferia e as "vias" para o capitalismo
137	O marxismo e a questão nacional na América Latina
149	PARTE II: CRISE, HEGEMONIA E PARTICIPAÇÃO POPULAR: O NACIONALISMO POPULAR NO PERU E NO BRASIL
151	*Capítulo 3:O Nacionalismo Popular no Peru*
151	As crises de hegemonia e o advento do nacionalismo popular
156	Gonzalez-Prada e as origens do nacionalismo radical no Peru
164	A crise da "República aristocrática" e a "geração do centenário"
173	Haya de La Torre e a APRA: da revolução à "convivência"

199	Capítulo 4: O Nacionalismo popular no Brasil
199	O Brasil entre dois nacionalismos
211	Nacionalismo e desenvolvimentismo
222	Entre o getulismo e o reformismo: a trajetória do trabalhismo brasileiro
239	Os nacionalismos populares no Brasil e no Peru
257	PARTE III: MARXISMO E NACIONALISMO: CONFLITOS E APROXIMAÇÕES
259	Capítulo 5: Origens Comuns, Caminhos Bifurcados: Marxismo e nacionalismo no Peru
259	Marxismo e nacionalismo na América Latina: algumas questões preliminares
264	Nacionalismo, anti-imperialismo e revolução na América Latina
272	A polêmica entre Haya de La Torre e Julio Antonio Mella
283	A controvérsia entre Mariátegui e Haya de La Torre
303	A Centralidade de duas polêmicas periféricas
315	Capítulo 6: Origens Opostas, Caminhos Comuns: marxismo e nacionalismo no Brasil
315	Origens antagônicas
322	Do conflito à aliança: comunistas e nacionalistas nos anos 1950
33	Uma aproximação conflitiva
346	As Razões do encontro
361	CONSIDERAÇÕES FINAIS
381	BIBLIOGRAFIA
403	AGRADECIMENTOS

"O nacionalismo é reivindicação essencial que fazem os povos que não se encontram em pleno gozo da soberania. Aqueles que são já plenamente soberanos não carecem de fazer essa reivindicação. Proclamam-se universalistas. Têm menos a perder se o mundo conservar tal como se encontra do que se outro for o panorama universal que resulte da ascensão histórica dos povos periféricos. O conteúdo de tal universalismo é conservador, enquanto o do nacionalismo é revolucionário."

(Guerreiro Ramos, 1960)

"O socialismo não é, certamente, uma doutrina indo-americana. Porém, nenhuma doutrina, nenhum sistema contemporâneo o é, nem pode sê-lo. E o socialismo, ainda que tenha nascido na Europa, como o capitalismo, não é tampouco específica nem particularmente europeu. É um movimento mundial ao qual não se subtrai nenhum dos países que se movem dentro da órbita da civilização ocidental."

(Mariátegui, 1991b)

Entre classes e massas

André Singer

Quis a história que o livro de André Kaysel Velasco e Cruz fosse publicado quando as opções populares na América do Sul, e no caso brasileiro em particular, sofrem uma segunda reversão, cujos contornos lembram, em alguns aspectos, as derrotas verificadas nas décadas de 1950 a 1970. O impacto dos processos em curso realça a atualidade e relevância do tema escolhido pelo autor deste trabalho, que traz elementos preciosos para pensar as contradições inerentes aos processos de incorporação das massas aos benefícios da civilização na periferia capitalista. Ao dissecar antigas relações entre marxismo e nacionalismo no Peru e no Brasil, o cientista político mobiliza sofisticado aparato intelectual no esforço de compreender uma realidade indócil a visões simplistas e cujos impasses continuam a desafiar atores políticos e teóricos.

Se começarmos pelo fim da narrativa, fica fácil perceber as armadilhas práticas e analíticas postas pelo curso histórico. No Brasil, o ocaso da ditadura militar viu nascer agremiação inspirada no pensamento de Marx e avessa à tradição nacionalista e popular que marcara os movimentos anteriores. Tratava-se do Partido dos Trabalhadores (PT), que acabou por se firmar como principal legenda da esquerda no país. A dura crítica à herança populista – termo que André prefere evitar – levou o jovem PT a negar até mesmo a estrutura sindical da qual nascera.

Com o passar do tempo, contudo, embora nunca tenha feito a devida revisão programática do assunto, o petismo acabou por se aproximar de bandeiras e posturas outrora recusadas. Em particular após a posse de Luiz Inácio Lula da Silva na Presidência da República em 2003, a estratégia conciliadora – tão diferente do radicalismo original – assemelhou cada vez mais a perspectiva petista daquela encetada por Getúlio Vargas e continuadores no período encerrado pelo golpe dos generais. Não cabe nestas linhas avaliar se haveria opção realista à conversão efetuada. Mais profícuo é constatar que ao produzi-la, constituindo o que propus chamar de lulismo, voltaram à tona antigos problemas de análise, os quais são tratados de maneira extensiva nos capítulos a seguir.

Para tornar presente apenas um dos tantos ângulos possíveis, observe-se o da ideologia. À medida que se deslocou do ponto de vista de classe, o lulismo ficou sem narrativa que para os profundos embates sociais suscitados pelas reformas, ainda que homeopáticas, que promoveu. A furibunda reação das elites à tímida ascensão dos de baixo restou incompreendida e, em consequência, resultou paralisante.

O autor deste volume, abertamente simpático ao que denomina de nacionalismo popular, argumenta que a referida ideologia ordena o universo das classes subalternas, transformando-as em agentes no sentido da reforma social. Com a devida licença para meter a colher em território alheio, arriscaria formulação distinta. As alternativas populares não classistas de fato dialogam com a consciência real de amplas camadas de trabalhadores, muitas vezes submetidas a condições subproletárias, que identificam mais na divisão entre pobres e ricos do que entre capitalistas e trabalhadores a fissura principal da sociedade. No entanto, tais correntes encontram dificuldade para elevar a consciência a um plano no qual se torne possível compreender a natureza profunda das oposições de classe que realmente orientam as decisões políticas. Em consequência, parecem sempre recair em becos sem saída.

Embora do ponto de vista acadêmico a distinção entre a fórmula que arrisco e a do autor aqui prefaciado não seja pequena, o valor da pesquisa que o leitor vai apreciar torna-a menos relevante. Embora explícito e aguerrido nas opiniões que professa, André não perde nunca o gume crítico do verdadeiro intelectual. Leitor voraz e rigoroso, o jovem profes-

Entre a nação e a revolução

sor abre ao interessado leque amplo e circunstanciado de referências, de modo que cada um possa atingir as próprias conclusões.

Por isso, *Entre a nação e a revolução: marxismo e nacionalismo no Peru e no Brasil (1928 e 1964)* constitui obra que ajuda muito a refletir sobre os espinhosos caminhos da mudança neste subcontinente avesso a reduções fáceis. Não poderia vir em hora mais propícia.

São Paulo, abril de 2016.

Introdução

O presente livro, o qual é fruto de minha tese de doutorado, começou a ganhar forma em 2010, quando terminava minha dissertação de mestrado sobre a relação entre marxismo e questão nacional nas obras de Caio Prado Jr. e José Carlos Mariátegui. Naquele trabalho, movia-me uma inquietação de fundo: entender a dificuldade do socialismo, em geral, e do marxismo, em particular, de se enraizarem no solo histórico latino-americano. Daí a escolha de comparar dois autores tidos como heterodoxos e que tinham em comum, conforme meu argumento, um tratamento análogo da "questão nacional", formulada como a construção inacabada da nação. Seria a falta de compreensão desse problema político fundamental que teria impedido aos marxistas latino-americanos, como já havia sido sugerido nos trabalhos seminais de José Aricó e Juan Carlos Portantiero, de traduzir o marxismo para as condições latino-americanas.

Porém, ao final da dissertação, deparei-me com uma questão incômoda: tanto Caio Prado, como Mariátegui, ainda que tivessem empregado o marxismo como método crítico para produzir interpretações originais de suas formações sociais, teriam se defrontado com um tipo de ator político e de ideologia que, como o restante do movimento comunista latino-americano, tiveram dificuldade em compreender. Tratava-se daquilo que então denominei, como de costume, como "nacional-populismo". No caso brasileiro, tratava-se, evidentemente, do trabalhismo getulista e, no caso peruano, da Aliança Popular

Revolucionária Americana (APRA) comandada pelo político e intelectual Victor Raúl Haya de La Torre.

A explicação que encontrei na época para tal incompreensão foi a formulação de Portantiero (1985), presente também nesta obra, segundo a qual a concepção "societária" da política, congênita ao marxismo, teria impedido seus adeptos de entender a importância do Estado na articulação das frágeis sociedades civis latino-americanas, o que teria aberto o caminho para outro tipo de ator coletivo mais familiarizado com as tradições políticas das camadas subalternas da região: o "populismo".

Como dito acima, tratava-se de um problema que escapava aos limites de meu mestrado e que eu não podia senão tangenciar. Naquele momento, movimentos como o "chavismo" venezuelano – que retomavam tradições e discursos "nacionalistas" e "estatistas" – estavam no auge, para escândalo dos liberais e um certo desconforto de parte da esquerda mais inclinada aos modelos europeus. Assim, o tema das dificuldades do marxismo em dar conta da cultura política dos grupos subalternos da América Latina ganhava nova e imprevista atualidade.

Esse contexto político mais amplo e o problema, acima referido, com o qual me deparei ao final do mestrado me instigaram a formular um projeto de doutorado sobre o tema do "populismo". Porém, eram várias as perguntas que emergiam: o que, afinal, entender por "populismo"? Experiências tão diversas como o peronismo, o varguismo e o aprismo podiam ser mesmo abarcadas por um único conceito? Ou ainda, seria o "populismo" um conceito? Ou apenas um rótulo pejorativo?

Pensando nos desdobramentos recentes da esquerda latino-americana, a primeira versão de meu projeto de doutorado propunha-se a examinar o que seria uma "linhagem" política e intelectual que teria uma longa presença histórica na região: a "nacional-popular". Agrupando partidos como a APRA peruana e o Movimento Nacionalista Revolucionário (MNR) boliviano, correntes ideológicas como a "esquerda nacional" argentina, ou lideranças como Leonel Brizola e João Goulart no Brasil, essa linhagem de pensamento teria marcado a formação de uma esquerda

Entre a nação e a revolução

latino-americana distinta e contraposta àquela identificada com o marxismo e os partidos de tipo europeu, socialistas e comunistas.

Todavia, diferentes dificuldades se assomaram: o termo "linhagem" – tomado de empréstimo da obra *Linhagens do Pensamento Político-Social Brasileiro* de Gildo Marçal Brandão (2007) – seria adequado ao meu objeto? Ou pior, teria eu mesmo um objeto? O termo "nacional-popular" não seria tão vago e impreciso como o "populismo"? Eu me propunha a estudar ideologias ou os partidos e movimentos que as veicularam? Quais casos nacionais eu tomaria por base para sustentar o esforço de pesquisa?

Apesar de tantas e tão complicadas questões decidi empreender a investigação, mesmo sabendo que, mais cedo ou mais tarde, teria que enfrentá-las. Num primeiro momento, meu esforço esteve direcionado para uma revisão da literatura sobre o populismo, que resultou no primeiro capítulo deste livro. Ainda que esse esforço tenha tido resultados esclarecedores, não resolvia problemas, como, por exemplo, a adequação ou não do termo "nacional-popular", tomado de empréstimo de Antonio Gramsci, como alternativa. Isso para não falar do escopo da pesquisa, tanto histórico, como geográfico.

Após o exame de qualificação e as justas críticas nele recebidas, decidi que era preciso limitar bastante o objeto de investigação, ainda que mantendo a ambição teórica original. Foi aí que pensei em me restringir aos casos que já havia abordado no mestrado: o Brasil e o Peru. Dessa maneira, retomei o problema teórico que havia surgido ao longo da pesquisa de mestrado e que, como afirmei anteriormente, serviu de ponto de partida para a presente investigação: o das relações, de aproximação e antagonismo, entre o marxismo e uma corrente ideológica que, ainda que vaga, poderia ser identificada como sendo nacionalista, anti-imperialista e defensora de reformas sociais radicais, mas que, ao mesmo tempo, buscava modelos políticos e intelectuais próprios, distanciando-se portanto do marxismo, ainda que o empregasse parcialmente.

Essa formação ideológica já recebeu inúmeros nomes: "populista", "nacional-popular", "nacional-democrática", "nacional-estatista", etc. Após alguma hesitação, abandonei o termo "nacional-popular", para evitar confusões com a obra de Gramsci – que, não obstante, continuou sendo referência imprescindível – e adotei o termo "nacionalismo popular", por identificar, ao meu ver, de modo mais adequado do que se tratava: uma vertente nacionalista radical e de inclinações reformistas ou mesmo revolucionárias. Discutirei mais detidamente esse problema da caracterização da corrente ideológica e as escolhas teóricas que subjazem às distintas alternativas mais adiante nesta introdução.

Seja como for, o objeto deixou de ser essa corrente político-ideológica em si mesma, passando a ser constituído por suas relações contraditórias com o marxismo, em particular o de matriz comunista, como tradição intelectual de origem européia e pretensões universalistas. Dessa maneira cheguei ao recorte mais preciso que me permitiu concluir a tese: as tensões e aproximações entre o marxismo de matriz comunista e o nacionalismo popular no Peru, entre os anos 1920 e 1930, e o Brasil, entre 1950 e 1960. Com esse recorte, dei continuidade e ampliei a pesquisa que realizei no mestrado com a comparação entre Caio Prado e Mariátegui. Porém, agora o problema de investigação é outro, a relação entre o marxismo de matriz comunista e o nacionalismo popular. É certo que a questão do "desencontro" entre o materialismo histórico e a América Latina ainda se faz presente, mas como problemática de fundo e não como problema de investigação propriamente dito.

O objeto sobre o qual me debruço neste livro só é inteligível, a meu ver, como um capítulo do tortuoso processo de democratização da esfera política no subcontinente latino-americano. Se fosse preciso escolher um traço característico do século XX na América Latina, este seria, possivelmente, o ingresso definitivo das massas populares na vida política da região. Enquanto o século XIX testemunhou o ciclo das guerras de independência, o processo de consolidação dos Estados-nacionais, a estabilização de regimes políticos baseados na representação restrita, e a inserção

Entre a nação e a revolução

das economias regionais no capitalismo mundial como fornecedoras de matérias-primas, o século XX viu a crise e a tentativa de superação desses arranjos políticos e econômicos, de um lado com o questionamento do monopólio de poder das oligarquias pelas classes subalternas e, por outro, pela crise do modelo primário-exportador e a consequente necessidade da industrialização (Aggio, 2003, p. 137-138). Esse duplo processo de democratização e desenvolvimento articulou uma série de temas que conformaram a agenda de pesquisa das ciências sociais latino-americanas.

Reforma, revolução, socialismo, nacionalismo, desenvolvimentismo, populismo, corporativismo, imperialismo, dependência, democracia e ditadura, são alguns exemplos de termos, conceitos e palavras que passaram a integrar de modo central o vocabulário político do subcontinente.

O processo de entrada das camadas populares – urbanas e rurais – na cena política variou bastante de país para país. Se no México, por exemplo, ele ocorreu de modo precoce (1910) e por via revolucionária, no Brasil ele foi mais tardio (1945) e, pelo menos até o final dos anos 1950, mais controlado pelas elites. Se no primeiro caso, as massas camponesas tiveram um protagonismo fundamental no processo revolucionário, se integrando ao regime que o sucedeu, no segundo elas estiveram excluídas até o período final da democracia de 1945. Seja como for, em toda parte a democratização da vida política nunca foi um processo tranquilo, gerando grandes abalos nas antigas estruturas de poder e dominação e impondo grandes desafios aos que procuravam pensar ou refletir sobre a política. Entre as várias questões daí decorrentes está a de que formas ideológicas a presença popular na política deveria assumir. É para este último problema que se volta o presente trabalho.

Afinal, quais as ideologias ou formas discursivas que disputaram e ganharam a adesão dos grupos sociais que ascendiam à cidadania política? Conservadores e liberais, os dois grupos nos quais haviam se dividido as antigas oligarquias não estavam, na maioria dos casos, em posição para fazê-lo: os primeiros por sua defesa das hierarquias tradicionais e os segundos por sua ambiguidade em relação a elas.¹ Assim, abriu-se um grande espaço para a emergência e disseminação de novas correntes ideológicas na região, as quais podem ser agrupadas em dois grandes ramos: de um lado, os discursos que procuraram constituir a identidade dos grupos subalternos enfatizando a noção de "classe" e, de outro, aqueles que o fizeram por meio das noções de "povo" e "nação". O primeiro caso seria representado pelas correntes de esquerda de orientação marxista (socialistas e comunistas) e o segundo pelas vertentes nacionalistas populares ou, como frequentemente são chamadas, "populistas".[2] Se os primeiros restringiram-se ao campo da esquerda e do socialismo, os segundos tiveram uma localização mais ambígua, cruzando o espectro esquerda-direita.

A história das ideologias que, na América Latina, procuraram organizar e representar o universo das classes subalternas na região é, em grande medida, a história da disputa entre essas duas vertentes. Ao longo das décadas, marxistas e nacionalistas populares alternaram momentos de agudo conflito ou, mais raramente, de alguma aproximação ou mesmo de fusão (como no caso da Revolução Cubana de 1959).[3] No mais das vezes, os segundos foram mais bem-sucedidos para ganhar a adesão das massas, enquanto os primeiros gozaram de notável espaço entre os intelectuais. Em suma, não se pode compreender a política latino-americana no século XX sem entender essas duas correntes, ora rivais, ora aliadas.

---

1   O Uruguai e a Colômbia constituem exceções à essa regra na medida em que a mobilização de novos grupos sociais foi, por um longo período, canalizada pelos partidos tradicionais: "blancos" e "colorados", no primeiro caso, e "liberais" e "conservadores", no segundo. Cf. (Collier e Collier, 2002).

2   As correntes anarquistas tiveram grande importância no movimento operário de alguns países latino-americanos nas duas primeiras décadas do século, declinando acentuadamente em seguida. Há uma extensa bibliografia sobre o anarquismo na região, mas não irei tratar desta corrente aqui pois a pesquisa abrange o período no qual estas já se encontravam em franco declínio.

3   Para Portantiero (1979, p. 127) a Revolução Cubana teria fundido duas correntes políticas latino-americanas nas quais os movimentos de massas da região haviam se bifurcado desde os anos 1920, a socialista e a nacional-popular.

Entre a nação e a revolução

Sei que se pode objetar que as noções de "povo" e "nação" estiveram presentes nas formulações de organizações ou de intelectuais de orientação marxista e que, do outro lado, os movimentos e lideranças nacionalistas populares não deixaram de incorporar o tema da "classe". Contudo, creio que "classe", de um lado, e "povo" e "nação", de outro, são os elementos centrais que articulam dois modos historicamente distintos, embora não necessariamente antagônicos, de pensar e ordenar o conflito social na política latino-americana.

Nas páginas que se seguem procurarei caracterizar melhor essas duas correntes ideológicas que constituem o meu objeto, começando por aquela de contornos menos nítidos. Na verdade, a auto identificação dos adeptos de um pensamento nacionalista popular é, de modo geral, incerta. Para efeitos de contraste, por mais polissêmicos que possam ser termos como "socialistas" e "comunistas", é inegável que eles designam ideologias com adeptos auto declarados. Já entre os intelectuais e políticos identificados com as ideologias nacionalistas populares isso nem sempre ocorre, e quando ocorre, o termo tem, frequentemente, um sentido impreciso.

Entretanto, isso não significa que a corrente de pensamento à qual estou me referindo simplesmente não exista, ou que a denominação que estou propondo seja, até certo ponto, alheia à autoimagem dos agentes. Embora, por razões que discutirei mais adiante, eu prefiro empregar o termo "nacionalismo popular" em vez da expressão "nacional-popular", a recorrência desta última no vocabulário político latino-americano me parece sugerir que a classificação que estou propondo pode fazer sentido tendo em vista as realidades históricas discutidas nesta obra. Assim, os termos "nacional" e "popular", hifenizados ou não, podem ser encontrados nos discursos e textos de intelectuais, partidos e lideranças políticas latino-americanas importantes. Por exemplo, em seu manifesto de criação, o Partido Democrático Trabalhista (PDT), sob a liderança de Leonel Brizola, se afirmava como "partido nacional e popular".[4]

---

4   Partido Democrático Trabalhista: *Manifesto de Fundação*, 26 de maio de 1980. Disponível em www.pdt.org.br. A referência ao manifesto se justifica pelo fato

Mais de duas décadas antes, abordando o que entendia ser o processo de "tomada de consciência nacional" que estaria se dando no Brasil, o intelectual Isebiano Rolland Corbisier afirmava:

"Os sintomas desse processo são os seguintes:

- Advento de uma *intelligentsia* nacional, aberta aos problemas do país e empenhada em sua solução, capaz de converter-se em órgão da consciência nacional.
- Advento de uma consciência nacional popular, esclarecida em relação aos problemas de base do país.
- Formação de um movimento operário, enquadrado em ideologias trabalhistas e nacionalistas.
- Organização de um movimento de libertação nacional." (Corbisier, 1959, p. 44)

•

Mas afinal, o que caracterizaria mais exatamente essa constelação ideológica? A meu ver, a corrente nacionalista popular se definiria pelos seguintes elementos ideológicos básicos. Em primeiro lugar, uma interpretação das realidades nacionais ou da realidade continental que atribui os males destas às estruturas econômicas, sociais e políticas vigentes, notadamente à dominação da oligarquia latifundiária e a presença espoliativa do imperialismo, principalmente dos EUA, como fica bem exemplificado na seguinte passagem:

> Nosso capitalismo insipiente é absorvido pelo grande capitalismo imperialista. A vida econômica da América Latina se torna, assim, cada vez mais subordinada ao imperialismo norte-americano, ou Europeu (inglês especialmente) onde este pôde resistir" (Haya de La Torre, 2002a, p. 63)[5]

---

da agremiação ser a principal herdeira da tradição trabalhista do pré-1964, a qual foi parte integrante do amplo movimento nacionalista que polarizou a sociedade brasileira de então. Sobre o trabalhismo brasileiro no pré-64 cf. (Delgado, 1993)

5 Todas as citações em língua estrangeira foram por mim traduzidas. As referências, no entanto, seguem no idioma original na bibliografia, ao final do livro.

Entre a nação e a revolução

Em segundo lugar, como solução para os problemas gerados pela oligarquia e o imperialismo – atraso econômico, "subdesenvolvimento", pobreza e exclusão política das maiorias – os adeptos desta corrente preconizariam reformas econômicas e sociais estruturais, tais como reforma agrária, nacionalização de empresas ou ramos da produção, industrialização com base no mercado interno e expansão de direitos sociais e políticos:

> Os mais agudos contrastes que a sociedade brasileira apresenta, na atual fase de seu desenvolvimento, são de natureza estrutural (...). Por isso mesmo, estruturais essas contradições só poderão ser resolvidas mediante reformas capazes de substituir as estruturas existentes por outras compatíveis com o progresso realizado e com a conquista dos novos níveis de progresso e bem-estar" (Goulart, 1964).[6]

Se esses primeiros traços não são suficientes para distinguir o nacionalismo popular de outras linhas de pensamento radicais, como o socialismo ou o comunismo, sustento que o primeiro se distingue destas últimas pelo "poli-classismo", ou seja: a ideia de que o programa de transformações a ser implementado deve se sustentar, não em uma classe revolucionária, "o proletariado", mas sim em um sujeito pluriclassista, o "povo". Esse sujeito pluriclassista remete às noções fundamentais, anteriormente citadas, de "povo" e "nação", as quais dão nome à corrente ideológica que procuro caracterizar. Em 1961, o sociólogo brasileiro Alberto Guerreiro Ramos escrevia que, "o fato cardinal do processo político nacional é o aparecimento do povo como sujeito histórico" (Ramos, 1961, p. 21-22). Para este autor, o "povo", no Brasil daquela conjuntura histórica, incluiria camponeses, operários, classes médias urbanas e a burguesia

---

6   É certo que o conteúdo das reformas sociais, bem como o peso atribuído a cada uma delas, varia bastante de acordo com cada contexto histórico ou nacional. Na Argentina, por exemplo, país bastante urbanizado e com um campesinato escasso, a bandeira da reforma agrária não poderia ter o mesmo peso que no Brasil pré-1964. Porém, o que desejo enfatizar é que a defesa de reformas estruturais nacionalistas, anti-oligárquicas e tendentes à incorporação social e política das classes subalternas é um elemento importante no discurso político que procuro caracterizar.

nacional, voltada para o mercado interno (*Idem, Ibidem*). Em obra anterior, o mesmo Ramos apresenta a seguinte definição, sob a forma de tese:

> O povo é uma realidade social englobante que ultrapassa o âmbito de toda classe. É constituído majoritariamente de trabalhadores, mas se compõe também de elementos oriundos de outras classes e categorias. (*Idem*, 1960, p. 244)

Como se pode constatar, tal argumento, ao mesmo tempo em que reafirma o caráter poli-classista da categoria, privilegia uma certa classe – os "trabalhadores" – como base fundamental para a constituição do "povo". Essa passagem me parece reveladora das contradições e ambiguidades inerentes à categoria, as quais estão no cerne das controvérsias entre nacionalistas populares e marxistas, razão pela qual serão discutidas em diferentes capítulos ao longo do trabalho.

Todavia, cabe esclarecer de saída que, apesar da fluidez de suas fronteiras, o "povo" no discurso nacionalista popular não implica o apagamento dos antagonismos, mas sim o estabelecimento destes em termos específicos. Ao "povo" e a "nação" se oporiam o "anti-povo" e a "anti-nação", em geral identificados com as oligarquias e os capitais imperialistas. Sem dúvida as noções de "povo" e "nação" são altamente disputadas no vocabulário político e foram o alvo constante dos críticos marxistas do nacionalismo popular. Abordarei essa polêmica mais de perto na última sessão do próximo capítulo.

Esses últimos elementos apontam para uma quinta característica, que também diferencia a ideologia nacionalista popular do marxismo: a busca de uma "nova teoria" capaz de dar conta das especificidades de cada país ou da América Latina como um todo:

> Nossos ambientes e nossas transplantadas culturas modernas não saíram ainda da etapa prístina do transplante. Com ardor fanático, tornamos nossos, sem nenhum espírito crítico, apotegmas e vozes de ordem que nos chegam da Europa. Assim, agitamos fervorosos, há mais de um século, os lemas da

Entre a nação e a revolução

> Revolução Francesa. E assim podemos agitar hoje as palavras de ordem da Revolução Russa ou as inflamadas consignas do fascismo. Vivemos em busca de um padrão mental que nos libere de pensar por nós mesmos (Haya de La Torre, 2002b, p. 49).

Quase três décadas mais tarde, em 1956, em uma conferência no Instituto Superior de Estudos Brasileiros (ISEB), Rolland Corbisier caracterizava do seguinte modo a situação do intelectual brasileiro:

> Vazio de sentido próprio, sem tarefa específica, o intelectual brasileiro estava condenado a importar e consumir ideias prontas e acabadas, que permaneciam como coisas na sua consciência, como produtos finais, objetos opacos que lhe ocultavam, não só a realidade do país, impedindo-o de descobri-la, mas a sua própria realidade (Corbisier, 1959, p. 79).

Na mesma época, sob o impacto de um crescente movimento nacionalista doméstico e influenciado pelo nascente terceiro-mundismo da Conferência de Bandung de 1955, Guerreiro Ramos, então ainda colega de Corbisier no ISEB, afirmava: "Nas sociedades coloniais apareceram hoje quadros novos empenhados no esforço de repensar a cultura universal na perspectiva da autoafirmação de seus respectivos povos (Ramos, 1965, p. 62)".

A relação do nacionalismo popular com o marxismo foi ambígua. De um lado, pode-se encontrar autores que, como Haya de La Torre, reconheciam o marxismo como uma de suas influências, mas sustentavam sua inadequação para pensar a realidade latino-americana.[7] De outro, houve aqueles que, em especial após a Revolução Cubana, reivindicaram o marxismo embora ressalvando que:

> (...) se o pensamento crítico de Marx pode jogar uma luz penetrante sobre a realidade latino-americana, isso se dá com a condição de que a tome como

---

[7] Para as influências de Marx e Lênin no pensamento do fundador do aprismo, cf. (Montesinos, 2002, p. 13).

um todo. Em outras palavras, se impõe reunir Marx e Bolívar (Ramos, 1969).

Em síntese, embora o marxismo, em especial o de matriz comunista, tenha fornecido à ideologia nacionalista popular um vocabulário e conceitos com os quais podia interpretar a América Latina, este procurou transcender os limites daquele (Caballero, 1988, p. 25).[8] Ao dizer que os adeptos da corrente ideológica em questão procurariam criar "uma nova teoria", não estou sugerindo que tal "teoria" teria o mesmo nível de ambição de tradições bem estabelecidas da filosofia política ocidental como o próprio materialismo histórico. Se tanto marxistas como nacionalistas populares procuram estabelecer um vínculo entre a teoria e a prática política, os últimos não têm a pretensão dos primeiros à elaboração teórica de tipo mais universal e abstrata, produzindo elaborações mais circunscritas às exigências da atuação política em contextos específicos. Como bem sublinha o historiador peruano Nelson Manrique com respeito ao caso, possivelmente extremo, de Haya de La Torre:

> Antes de tudo, Haya era um pragmático. Para ele, seus postulados teóricos tinham mais a função de nuclear forças sociais, do que servirem de guia para a ação política. Se um se deter em suas formulações teóricas, possivelmente não chegará a entender a natureza de sua ação política (...). (Manrique, 2009, p. 53)

Por fim, os adeptos do nacionalismo popular tenderiam a ser "continentalistas", isto é, defensores da integração econômica e política do subcontinente. Desse modo, se remetiam explicitamente àsideias do período da independência da região, em particular às de Simon Bolívar,

---

8   Há alguns exemplos interessantes da presença de um vocabulário de origem marxista em políticos de orientação nacionalista popular, os quais não podem ser tidos como marxistas. Ver, por exemplo, a presença de termos como "relações de produção", "forças produtivas" ou "feudalismo" no já citado discurso de João Goulart, ou ainda a crítica ao "conceito burguês de liberdade" presente no discurso de posse de Miguel Arraes. Cf. (Goulart, 1964) e (Arraes, 1979, p. 177-178).

Entre a nação e a revolução

como o trecho acima citado do intelectual argentino Jorge Abelardo Ramos deixa entrever. Um desdobramento do "continentalismo" ou "bolivarianismo" seria o "terceiro-mundismo": ou seja, o sentimento de solidariedade com outras regiões subdesenvolvidas ou "coloniais", como a Ásia e a África, como sugere o trecho citado de Guerreiro Ramos.[9]

Não há dúvida de que esse conjunto de elementos que propus como compondo os traços fundamentais da ideologia nacionalista popular se exprimem de formas diversas e com peso desigual na obra de diferentes intelectuais e nos discursos de distintos movimentos políticos. Em que pese tal diversidade, a qual pode ser explicada pelas discrepâncias entre os contextos nacionais e históricos, sustento que, a partir desses traços comuns, posso caracterizar uma corrente ideológica que abrange as diferenças contextuais. Com a articulação desses seis elementos ideológicos, os quais selecionei por serem os que mais aproximam uma variada gama de elaborações, creio que se pode sugerir a existência de uma corrente de pensamento que, embora um tanto vaga e nem sempre autoconsciente, teve e continua tendo grande impacto na política latino-americana.

Se os traços acima apontados constituem uma formação ideológica razoavelmente nítida, ainda fica pendente o problema de qual a sua caracterização ou denominação mais adequada. Como se verá a seguir, não se trata apenas de uma questão de nomenclatura ou taxionomia, na medida em que uma ou outra alternativa possui importantes implicações teóricas. Assim sendo, devo precisar o uso que estou fazendo do termo "nacionalismo popular" para caracterizar a corrente ideológica acima esboçada, diferenciando-o de uma outra variante, acima citada, de uso corrente: o "nacional-popular". Como bem afirmou Ronaldo Munk, o termo "nacional-popular" ingressa no vocabulário político latino-americano

---

9   Aliás, no caso do Brasil, os formuladores do discurso nacionalista popular no período assinalado mobilizaram mais referências "terceiro-mundistas" do que "latino-americanistas". Isso provavelmente se deve ao pouco contato cultural que o país tinha, até recentemente, com seus vizinhos, quadro esse que só começaria a se alterar com a Revolução Cubana.

por meio dos críticos do marxismo ortodoxo. Mais tarde, veio a constituir uma categoria importante no esforço dos gramscianos para renovar o marxismo no subcontinente (Munk, 2007, p. 164). Assim, o termo "nacional-popular" tem um duplo sentido: de um lado, constitui-se em um termo empregado, de modo vago, para a autodenominação de intelectuais e agrupamentos políticos de orientação nacionalista que rejeitavam o marxismo ortodoxo, por outro, é uma categoria que forma parte do repertório do pensamento do marxista italiano Antônio Gramsci. A definição da corrente ideológica que faz parte do objeto desta obra pede uma distinção clara entre esses dois sentidos. Para tanto, retomarei o significado atribuído à expressão por Gramsci.[10]

Em suas reflexões sobre Maquiavel, Gramsci afirma que o autor de *O Príncipe* tinha como objetivo reunir o povo disperso da península e formar uma "vontade coletiva nacional-popular". O "nacional-popular" seria entendido como a transformação da massa popular em "povo-nação", isto é, num sujeito coletivo capaz de criar uma nova ordem intelectual e moral e sustentar a unificação do Estado italiano (Gramsci, 2002b, p. 13-16).

Se Maquiavel, pelas condições da península no século XVI, não teria encontrado portadores sociais para seu projeto, os jacobinos franceses de 1792-1794 teriam sido capazes de criar essa "vontade nacional-popular". Fazendo uma reforma agrária, estes últimos teriam mobilizado os camponeses num exército de cidadãos que garantiu a Revolução contra a reação absolutista, consolidando, assim, a nação francesa (*Idem*, p. 18).

A categoria de "vontade coletiva nacional-popular" foi, portanto, cunhada por Gramsci para pensar a ausência de uma efetiva incorporação política e social das camadas subalternas no processo de unificação do Estado italiano, o *Risorgimento*, no final do século XIX. Neste proces-

---

10 Não tenho a pretensão, na discussão que se segue, de fornecer uma apresentação "verdadeira" do pensamento de Gramsci. O que faço aqui é, na realidade, uma apropriação da obra do marxista italiano, a qual permite usos variados. Sobre as distintas possibilidades de apropriação de Gramsci cf. (Portantiero, 1977).

Entre a nação e a revolução

so, conceituado pelo marxista sardo como "revolução passiva", as classes dominantes do norte industrial e do sul agrário teriam conduzido "pelo alto" a unificação estatal, marginalizando a massa camponesa, em contraste com a Revolução Francesa, na qual a hegemonia burguesa se afirmou pela aliança com o campesinato (*Idem*, 2002c, p. 65-85). Daí teria resultado uma construção truncada da nação italiana, na medida em que esta não coincidiria com o povo, tema ao qual retornarei no segundo capítulo deste livro.

Nesse sentido, a constituição de uma "vontade coletiva nacional-popular" seria, para Gramsci, um momento crucial da luta pela hegemonia, na medida em que uma classe só se tornaria "classe nacional", ou seja, potencialmente hegemônica, se incorporasse outras classes em um "bloco histórico" capaz de empreender a "reforma intelectual e moral" da sociedade (*Idem*, 2002b, p. 41-42). Como bem formularam Juan Carlos Portantiero e Emilio de Ipola:

> O nacional-popular é, para Gramsci, uma forma sociocultural produzida e/ou reconhecida por uma articulação entre intelectuais e povo-nação que, ao expressar e desenvolver, um 'espírito de excisão' em relação ao poder é capaz de distinguir-se dele. Toda política revolucionária coincide com a expansão de uma vontade coletiva nacional-popular e ela se liga com a produção de uma 'reforma intelectual e moral'. Captado em sua totalidade, esse processo é o da construção de hegemonia, como luta contra outra opção hegemônica. (Portantiero e De Ipola, 1981, p. 5)[11]

Apesar das diferenças que separam o contexto italiano pensado por Gramsci e o da América Latina de meados do século XX, defendo, como procurarei aprofundar no segundo capítulo, que a questão nacional pode ser formulada em ambos de maneira análoga: isto é, como

---

11   A singularidade do conceito gramsciano de intelectual será abordada ainda nesta introdução. Já o problema da relação entre o nacional-popular e a categoria de hegemonia, e suas implicações para a expressão das classes na esfera política serão discutidos no primeiro capítulo deste trabalho.

formação inconclusa da nação, obstaculizada pela herança do passado, como já fazia Mariátegui influenciado por Gobetti. Se no caso italiano esse passado seria representado pelas questões "meridional" e "eclesiástica", no contexto latino-americano, o legado a ser superado estaria na "questão agrária" e no problema do "imperialismo". Como lembra o historiador Alberto Aggio, a emergência das massas na vida política latino-americana em inícios do século XX deparou-se com as insuficiências das instituições liberais vigentes para incorporá-las. Esse fato, associado a situação de dependência experimentada pelos países do subcontinente, teria aproximado o problema da incorporação das classes subalternas ao tema da "questão nacional". Dessa maneira, as noções de "massas", "povo" e "nação" acabariam por se imbricar no vocabulário político da região (Aggio, 2003, p. 140).

Assim, a categoria gramsciana de "nacional-popular" auxilia, a meu ver, a compreender os problemas das formações sociais latino-americanas que estão na origem da corrente ideológica em questão e aos quais ela procurou dar resposta. Porém, em que pese as possíveis coincidências, o termo empregado por Gramsci procura captar um problema histórico ou um momento decisivo na luta pela hegemonia, mas certamente não pretende caracterizar uma ideologia ou corrente de pensamento. Assim, justamente para evitar confusões, é o caso, creio, de empregar um termo mais preciso do ponto de vista historiográfico: o de nacionalismo popular. Afinal, esta alternativa, preserva a combinação de nacionalismo e reformismo social que caracteriza a formação ideológica aqui estudada e, ao mesmo tempo, diferencia-a da categoria gramsciana.

Ainda se poderia indagar porque não escolher outras expressões comumente utilizadas. Exemplos nesse sentido seriam termos como "nacional-estatal" ou "nacional-democrático". O primeiro remete, claramente, à centralidade que tal corrente ideológica conferiu ao Estado e seu fortalecimento como chave para construir a nação e incorporar as camadas subalternas. Em um texto de crítica ao que denomina como "teoria do populismo", o qual será retomado no primeiro capítulo do presente

Entre a nação e a revolução

trabalho, o historiador Daniel Aarão Reis esboça, de modo algo impressionista, o que seria uma tradição "nacional-estatista":

> Desde os anos 1930 e 40, as classes populares da América Latina e do Brasil constroem tradições nacional-estatistas, no Brasil, trabalhistas. Num amplo painel, desdobram-se por estas terras de *nuestra America*, de desigualdades e de misérias sem fim, e também de modernização e de progresso, de culturas originais. Getúlio Vargas, Juan Perón, Lázaro Cárdenas, Augusto Sandino, Jacobo Arbenz, Camilo Cienfuegos, Fidel Castro, João Goulart, Leonel Brizola, entre muitos e muitos outros, apesar de suas diferenças substantivas, que correspondem também às diferenças dos momentos históricos vivenciados, constituem uma galeria de líderes carismáticos, exprimindo uma longa trajetória de lutas sociais e políticas, em grande medida marcadas pelos programas, métodos e estilos de fazer política do nacional-estatismo (Reis, 2001, p. 375)

Ainda que o "estatismo" seja um componente inegável do universo ideológico em questão, enfatizá-lo me faria perder de vista a especificidade do fenômeno que pretendo captar. Por exemplo, falar em "nacional-estatal", ao invés de "nacionalismo popular", não permite, no caso brasileiro, uma clara diferenciação entre o ideário e a prática política do Vargas do "Estado Novo" e aquele do segundo governo, para não falar nas de seus herdeiros após o suicídio. Como se verá no quarto capítulo, tal distinção é importante para os efeitos da argumentação que pretendo desenvolver.

Já o termo "nacional-democrático" se aproxima mais de "nacional-popular" ou de "nacionalismo popular", na medida em que enfatiza a combinação entre o nacionalismo e a democracia, no sentido de uma incorporação política de grupos sociais majoritários, antes excluídos. Para o historiador Julio Godio, o termo abarcaria:

> (...)partidos e movimentos que, por sua concepção da sociedade, têm logrado integrar em frente única e sob a hegemonia de um projeto nacional reformis-

ta, classes e frações de classe interessadas em uma revolução democrática e anti-imperialista (Godio, 1983, p. 244).

Porém, é preciso atentar bem para o significado peculiar que assume o termo "democracia" nessa expressão. Em consonância com a tradição marxista, o termo "democracia" alude aqui à incorporação política das classes populares ao Estado e não, como hoje é habitual, a uma forma ou regime de governo, por exemplo, a democracia representativa. Justamente para evitar tais confusões semânticas, optei pelo termo "nacionalismo popular".

Definido e examinado o nacionalismo popular, é preciso abordar o outro polo da relação que aqui se pretende investigar: o marxismo de matriz comunista. Antes de mais nada, devo precisar o que quero dizer com essa expressão. O que entendo aqui por marxismo de matriz comunista se refere à versão do legado intelectual de Marx e Engels formulado e difundido pelos PCs e pela III. Internacional, fundamentalmente apoiado na obra de Lênin e, em especial, no modelo de organização e ação políticas do partido bolchevique, constituído por uma vanguarda de quadros profissionais devotados à atividade revolucionária. Após a consolidação da liderança de Stálin, essa vertente do marxismo sofrerá um processo de codificação e mesmo de dogmatização, se tornando ideologia oficial do Estado soviético e do movimento comunista, sob o nome de "marxismo-leninismo" (Brandão, 1997, cap. 6). Segundo Leandro Konder, o marxismo-leninismo constitui uma "cristalização" do pensamento marxista, no qual a dialética e a crítica radical, que caracterizaram o esforço teórico de Marx, dão lugar a uma doutrina esquemática e mecanicista, destinada a legitimar todas as movimentações da liderança stalinista e conferir disciplina e certezas aos militantes do partido (Konder, 1988, p. 36-44).

Essa definição de Konder simplifica demasiado a diversidade de orientações políticas e ideológicas que, ao longo do século XX, se abrigaram sob o rótulo de "marxismo-leninismo". Só a título de exemplificação,

Entre a nação e a revolução

no decorrer dos anos 1960, os Partidos Comunistas oficiais – ligados à URSS –, os agrupamentos que se identificavam com orientações castristas e guevaristas, e as organizações maoístas, em que pese suas exacerbadas polêmicas, reivindicavam a condição de "marxistas-leninistas".

O marxismo de matriz comunista, nessa chave, não se reduz à codificação doutrinária do stalinismo, embora certamente a inclua. Trata-se de um universo político inaugurado pela III. Internacional e que abarca a diversidade de experiências e culturas políticas que caracterizaram o movimento comunista vinculado à tradição Cominterniana, tanto em sua organização internacional, quanto nos diversos partidos que lhe deram expressões locais.

Aliás, a diferença entre as dimensões internacional e nacional da história dos PCs costuma ser o problema mais difícil para os que pretendem estudar a trajetória dessas organizações. Na conhecida formulação do historiador inglês Eric Hobsbawm: "todo Partido Comunista foi filho do casamento, realizado tanto por amor quanto por conveniência, entre dois parceiros mal ajustados: uma esquerda nacional e a Revolução de Outubro" (Hobsbawm, 2003, p. 15)

Diante do entrelaçamento, nem sempre harmonioso, desses dois níveis de análise, muitos estudiosos tendem a sobrevalorizar um deles. O mais comum, nesses casos, é atribuir toda ação dos PCs locais às inflexões políticas emanadas de Moscou. Se assim fosse, como seria possível compreender os diferentes resultados – tanto teóricos como práticos – que advém das experiências do Partido Comunista Italiano e Francês? Ou, para ficar em um exemplo mais próximo, como entender, apenas a partir das orientações de Stálin, o contraste entre a política do Partido

Comunista do Brasil (PCB) frente a Getúlio e do Partido Comunista Argentino frente a Perón em 1945?[12]

No que toca ao nível teórico, é bom lembrar que, apesar das distorções dogmáticas e simplificadoras, o marxismo-leninismo foi o marxismo ao qual a maioria dos militantes comunistas teve acesso, sendo assim importante levá-lo em conta para entender suas motivações.Em estudo recente sobre o comunismo, o historiador David Priestland aponta a dificuldade das abordagens mais correntes – tanto as apologéticas, como as detratoras – de pesar adequadamente a ideologia e seu contexto de produção (Priestland, 2012, p. 18). Nessa direção, o historiador lembra que para entender a trajetória do movimento comunista é fundamental levar em consideração que este obteve maior sucesso em regiões atrasadas, às voltas com os dilemas do subdesenvolvimento (*Idem*, p. 20).

Como se verá no segundo capítulo deste trabalho, seria justamente nessas regiões que se desenvolveriam variantes do nacionalismo, centradas nos temas do desenvolvimento e/ou da luta contra a dominação econômica, política e cultural estrangeiras. Para se difundir e frutificar na periferia do capitalismo o marxismo de matriz comunista teve de encontrar algum tipo de *modus vivendi* com essas formas de nacionalismo. Contudo, como sugere a passagem acima citada de Hobsbawm, estes eram matrimônios tensos que, na maioria dos casos, terminaram em divórcios ruidosos.

O objetivo da presente obra é justamente o de investigar as tensões inerentes às relações entre esses "parceiros mal ajustados" em duas sociedades latino-americanas e em dois momentos históricos distintos. Poder-se-ia indagar o porquê de concentrar-me na relação entre o nacionalismo popular e o marxismo de matriz comunista, ao invés de levar em

---

12   Vittorio Codovilla, ex-representante da IC na América do Sul e dirigente do PC argentino, e Luís Carlos Prestes chegaram mesmo a divergir quanto à caracterização do peronismo, o primeiro dizendo que se tratava de um movimento fascista e o segundo negando esse entendimento. O episódio foi narrado pelo poeta chileno Pablo Neruda, o qual atuou como intermediário entre ambos. Cf. (Neruda, 1974, p. 313-314).

conta outras variantes do marxismo. Como esclarece uma ampla literatura (Portantiero, 1987; 1990), (Aricó, 1985; 1987; 1988),(Godio, 1983), (Löwy, 2006), o marxismo latino-americano no período abrangido pela pesquisa (1928-1964), confunde-se quase totalmente com o marxismo de extração cominterniana. No período anterior, houve a presença, praticamente restrita ao Cone Sul, da II Internacional. Já no período seguinte, a combinação da "desestalinização", da Revolução Cubana e do cisma sino-soviético acabou fracionando o universo do marxismo no subcontinente. Contudo, entre o final da década de 1920 e o dos anos 1950, este foi um virtual monopólio dos PCs, com presença marginal dos trotskistas e outros grupos.

Se o marxismo-leninismo, em suas relações com o nacionalismo popular, será o foco da investigação, há uma outra estirpe do marxismo que comparecerá com destaque ao longo dolivro, não na condição de objeto, mas sim de interlocutora. Trata-se do marxismo acadêmico que floresceu no Brasil após o golpe de 1964, tendo como principal centro de difusão a Universidade de São Paulo (USP) e a chamada "escola paulista de sociologia". Como ficará claro ao longo deste trabalho, em especial no primeiro e nos últimos capítulos, pretendo promover um diálogo crítico com as interpretações destes marxistas a respeito dos vínculos no Brasil entre a tradição comunista e o nacionalismo no período anterior ao golpe. Para tanto, escolhi lançar mão do procedimento comparativo, repensando a história nacional à luz dos problemas de outro país, no caso, o Peru.

Delineados os dois polos, marxismo de matriz comunista e nacionalismo popular, que juntos conformam o tema desta obra, faz-se necessário aprofundar os fundamentos teóricos e os problemas metodológicos implicados na presente pesquisa. Na medida em que este estudo versa sobre duas correntes ideológicas, nada mais justo do que principiar essa discussão pelo conceito de ideologia.O debate sobre a ideologia é virtualmente inesgotável nas ciências sociais e não tenho a menor pretensão de expô-lo aqui. O significado de "ideologia" que empregarei neste trabalho é o de Antonio Gramsci, para quem a categoria pode ser utilizada:

> (...) desde que se dê ao termo ideologia o significado mais alto de uma concepção do mundo que se manifesta implicitamente na arte, no direito, na atividade econômica, em todas as manifestações de vida individual e coletivas, isto é, o problema de conservar a unidade ideológica em todo bloco social que está cimentado e unificado por aquela ideologia(Gramsci, 2002a, p. 98-99)

Assim, aqui, a ideologia não se reduz à "falsa consciência" que oculta o real como propõe parte da tradição marxista, constituindo uma visão de mundo compartilhada por um determinado grupo social e que lhe dá unidade e consciência de si mesmo em determinadas condições históricas (Eagleton, 2000, p. 109). É, portanto, a "filosofia", isto é, o pensamento elaborado e individualizado, que é absorvido pelo "senso comum", o pensamento difuso e heteróclito das camadas populares, sendo que a relação entre ambos é dada pela luta política (Gramsci, 2002a,PP. 100-102).Abordar a ideologia implica em discutir a questão da hegemonia, entendida como direção "intelectual e moral" de uma sociedade.[13] Nesse sentido, concebo meu objeto como a disputa/convergência entre duas concepções de mundo que, tendo sido elaboradas por determinados grupos de intelectuais, difundiram-se e foram incorporadas, em graus variáveis, ao menos parcialmente, pelas classes subalternas, conformando seu imaginário político em um dado período.

No caso do Peru, tratarei sobretudo de duas figuras centrais: José Carlos Mariátegui e Victor Raúl Haya de La Torre, os quais são, consensualmente segundo a literatura, os dois nomes que polarizam a esquerda peruana no século XX e cuja polêmica, que analisarei em detalhe no

---

13 Ao fazer essa afirmação, estou consciente, todavia, de que o conceito de hegemonia em Gramsci, ainda que inclua a ideologia, não se reduz a ela. A ideologia se refere às lutas pelo poder no nível da significação, mas este não é o nível dominante em todos os casos (Eagleton, 2000, p. 105-106).

quinto capítulo, teve inegável relevância continental. Já no caso brasileiro, tanto no âmbito do comunismo, como do nacionalismo, não há duas figuras com essa proeminência. Assim, no primeiro caso, abordarei documentos partidários, declarações ou textos de dirigentes comunistas, como Luís Carlos Prestes e Jacob Gorender, além de alguns textos de dois dos mais destacados intelectuais comunistas no período: Caio Prado Jr. e Nelson Werneck Sodré. Já no âmbito do nacionalismo popular, darei mais proeminência à obra do sociólogo Alberto Guerreiro Ramos, na medida em que creio que sua publicística revela bem os alcances e impasses dessa corrente intelectual. Além de Ramos, tratarei também de autores como Rolland Corbisier, Álvaro Vieira Pinto, Hélio Jaguaribe, Hermes Lima, entre outros. Por fim, não deixarei de analisar alguns discursos dos mais destacados líderes nacionalistas da época: Vargas, João Goulart e Miguel Arraes.

No que se refere ao desenho de pesquisa, a primeira e mais evidente indagação diz respeito aos próprios casos nacionais escolhidos, bem como aos respectivos períodos históricos. Em um texto recente, publicado postumamente, Bennedict Anderson, partindo de uma reflexão acerca de sua própria trajetória intelectual, faz os seguintes apontamentos de modo a subsidiar um quadro de referências para estudos comparados: a necessidade de optar, antes de mais nada, entre enfatizar a semelhança ou a diferença entre os casos; a conveniência de estabelecer as comparações ao longo de períodos de tempo relativamente longos; a distância entre os casos como algo que enriquece o esforço comparativo e o efeito, resultante da comparação, de pôr em questão as pressuposições correntes do próprio investigador sobre seu contexto de origem (Anderson, 2016).

A meu ver, os dois casos aqui selecionados preenchhemessas condições fundamentais para um exercício comparativo: um mínimo de semelhança e, ao mesmo tempo, agudos contrastes, nos quais pretendo, justamente, me deter. O Brasil foi, entre o segundo governo Vargas e o golpe de 1964, palco de um importante movimento nacionalista popular, porém, como pretendo demonstrar neste trabalho, relativamente tardio em comparação com o caso peruano, o qual, por seu turno, testemunhou a criação do primeiro movimento nacionalista popular da América Latina, a Aliança Popular Revolucionária Americana (APRA), ainda na década de 1920. Como se verá no capítulo 4, defenderei a hipótese de que essa distância temporal se explica pela maior capacidade hegemônica das classes dominantes brasileiras, vis-a-vis as peruanas, para incorporar, ainda que parcialmente, as classes subalternas. Outra diferença importante entre os dois contextos é que as organizações partidárias que deram expressão ao nacionalismo popular – a APRA e o Partido Trabalhista Brasileiro (PTB) – tiveram trajetórias divergentes. Enquanto a primeira partiu de posições radicais para uma busca de compromisso com a oligarquia, o segundo partiu de uma origem conservadora na máquina do "Estado Novo", evoluindo para posições crescentemente radicais.

Além disso, a comparação com o país andino é sugestiva, pois foi o fundador do aprismo, Victor Raúl Haya de La Torre, quem primeiro procurou sistematizar uma ideologia deste tipo em aberta polêmica com os marxistas, em especial com o cubano Julio Antonio Mella e com seu compatriota José Carlos Mariátegui. Esta dupla polêmica, travada no ano de 1928 pode ser considerada o ponto de partida dos conflitos entre adeptos do marxismo e do nacionalismo popular, razão pela qual merecerá atenção especial nesta obra, constituindo inclusive o marco inicial do escopo temporal aqui proposto.

No decorrer deste estudo, desenvolverei a hipótese de que as relações entre comunistas e nacionalistas populares seguiram nos dois casos trajetórias opostas. Se no Peru, ambas correntes foram de uma origem comum ao antagonismo, no Brasil confluíram a partir de posições originalmente hostis. Para explicar esses padrões divergentes recorrerei, de um lado, às diferenças entre os contextos político-intelectuais e histórico-sociais nos dois países, bem como aos distintos cenários internacionais nas duas épocas, principalmente no que concerne às posições dos comunistas.

Outra discrepância importante entre os dois casos diz respeito às origens dos dois movimentos nacionalistas populares. Enquanto a

Entre a nação e a revolução

APRA originou-se na embrionária sociedade civil peruana, em franca oposição ao Estado oligárquico, o trabalhismo fez o caminho inverso, surgindo a partir das fissuras no bloco de poder à frente de um Estado modernizante, buscando, a partir daí, galvanizar a sociedade civil. Como discutirei na segunda parte do trabalho, essa discrepância de origens é relevante para a compreensão do peso distinto das ideologias e dos intelectuais nos dois movimentos político-partidários. Se no Peru houve uma fusão entre o líder de massas e o ideólogo, essas figuras ficaram separadas no Brasil, uma vez que os intelectuais ocuparam um lugar marginal em relação aos políticos profissionais no interior da principal organização nacionalista popular do período. Aliás, não era o partido, nesse caso, o principal núcleo de difusão de um ideário nacionalista, mas um órgão estatal, vinculado ao Ministério da Educação, – e sem vinculações partidárias explícitas - o Instituto Superior de Estudos Brasileiros (ISEB).

Quanto à escolha dos recortes temporais, foi nos momentos históricos assinalados que emergiram no Brasil e no Peru, importantes movimentos de massa, de orientação nacionalista popular que, ao mesmo tempo, desafiaram o *establishment* político e a esquerda marxista. Além disso, as décadas escolhidas representam, a meu ver, na vida política dos dois países aquilo que Collier e Collier (2002, p. 30) denominam como "conjunturas críticas", isto é, momentos de profunda transformação nas arenas políticas, com a entrada de novos atores no âmbito do Estado, gerando um legado político duradouro. Outro conceito que capta bem o caráter dos momentos históricos escolhidos, é o de "crise orgânica", isto é, uma crise de conjunto de uma dada formação social que, podendo durar por décadas, confronta as forças interessadas em sua conservação e aquelas voltadas para sua superação, enfrentamento este que se exprimem por meio de uma série de polêmicas religiosas, ideológicas, filosóficas, políticas, jurídicas etc. (Gramsci, 2002a, p. 37).

O conceito de "conjunturas críticas" é oriundo, como explicitado por Collier e Collier (2002) da tradição da sociologia política histórica estado-unidense. Já a categoria de "crise orgânica" é parte do arsenal de análise política do marxismo de Gramsci. Em que pese essa origem distinta, acredito que ambos conceitos são complementares para os fins desta pesquisa,na medida em que, partindo destas categorias procurarei demonstrar aqui que ainda que as décadas de 1920 e 1930 no Peru e as de 1950 e 1960 no Brasil sejam momentos históricos muito distintos, estes dois períodos podem ser aproximados na medida em que apresentam problemas comuns ou análogos.

No que concerne à metodologia, esta investigação aborda as ideias políticas como sendo inteligíveis apenas a partir de seu enquadramento em contextos históricos particulares. Desse modo, creio ser interessante dialogar com o enfoque do "contextualismo linguístico" de Quentin Skinner e da chamada "Escola de Cambridge", dado que esta é hoje a abordagem mais influente no campo da história intelectual.em que pese algumas coincidências, não pretendo adotar a perspectiva do contextualismo linguístico, devido à ênfase que seus adeptos põem na intencionalidade do autor (Skinner, 1974), (Tully, 1988), uma vez que a circunscrição da análise de um texto político às intenções originais de seu autor, além de pressupor uma excessiva e improvável transparência do social, descarta a pergunta, a meu ver crucial em uma pesquisa como esta, de como as ideias do passado são reapropriadas e resignificadas no presente (Femia, 1988, p. 172-173). Compartilho aqui o princípio que o historiador das ideias Joseph Femia retira de Gramsci, segundo o qual:"toda história é história contemporânea, ditada pelos interesses do historiador. Qualquer estudo do passado só tem valor na medida em que joga luz sobre problemas e necessidades presentes" (*Idem*, p. 158).

Contudo, não deixo de reconhecer importantes ganhos analíticos que a metodologia skinneriana trouxe ao campo da história do pensamento, como, por exemplo a exigência de sempre pensar as ideias de um autor em seus contextos político e intelectual. Todavia, defendo a necessidade de se levar em conta, na apreensão dos textos, o contexto histórico-social mais amplo, o qual é deixado de lado pelos adeptos do contextualismo linguístico. Tanto o contexto histórico-social, quanto o político-intelectual, serão aqui tratados como elementos internos, constitutivos, dos textos.[14] Para tornar a forma de exposição mais coerente com a proposta metodológica acima assinalada, tendo em vista a vastidão do material a ser analisado aqui, preferi abordar textos e contextos em conjunto. Dessa maneira, optei, por dividir o livro em três partes, sendo a primeira voltada para a discussão dos conceitos de fundo e as duas outras para o tratamento do objeto propriamente dito.

Dessa forma, na primeira parte da obra abordarei as dificuldades teóricas e conceituais para pensar o nacionalismo popular na América Latina e suas relações com o marxismo. No primeiro capítulo farei uma revisão crítica de uma parte da literatura sobre o chamado "populismo" na América Latina, destacando trabalhos influenciados pelo marxismo ou que dialogam com este, procurando precisar as relações entre o conceito de populismo e o que tenho chamado de ideologia nacionalista popular. Examinarei criticamente em particular três vertentes na literatura sobre o tema: as conceituações do populismo que o abordam como chave explicativa de uma determinada fase do desenvolvimento histórico latino-americano; os autores que rejeitam pura e simplesmente o conceito por sua imprecisão, preferindo deter-se na caracterização dos casos particulares e, por fim, as leituras que tratam o fenômeno do populismo como sendo uma modalidade de discurso político que pode assumir diferentes conteúdos ideológicos e emergir em distintos contextos históricos. Optarei, por fim, por descartar o conceito de populismo, empregando o de nacionalismo popular, como alternativa mais adequada ao objeto desta pesquisa.

Em seguida, abordarei, no segundo capítulo, as dificuldades enfrentadas pelo materialismo histórico diante do conceito de nação e do nacionalismo, e da especificidade da questão nacional na América Latina, entendida como incompletude da formação da nação. Para tanto, empreenderei uma apropriação crítica de duas teorias correntes sobre o assunto, inspiradas no marxismo: a que define as nações como "comuni-

---

14 Retirei essa formulação sobre a articulação entre texto e contexto do campo da crítica literária. Cf. (Cândido, 1965).

dades imaginadas", formulada por Bennedict Anderson (1993), e aquela que vincula o advento do nacionalismo ao desenvolvimento desigual do capitalismo mundial, proposta por Tom Nairn (1981). É importante deixar claro que nem o primeiro e nem o segundo capítulos são revisões bibliográficas sobre o populismo e o nacionalismo. Dada a magnitude da literatura existente a respeito de cada um desses temas, uma revisão exaustiva de ambos seria impossível nos marcos específicos do presente estudo. Dessa maneira, procurei abordá-los do ângulo das dificuldades das interpretações marxistas em lidarem teoricamente com as noções de povo e nação, em particular no subcontinente latino-americano. Dessa maneira, os autores e textos com os quais dialogarei foram selecionados tendo-se em vista este recorte.

Na segunda parte da presente investigação, discutirei as origens e principais características das correntes ideológicas nacionalistas populares nos dois contextos aqui escolhidos. No terceiro capítulo, abordarei a formação e a trajetória do nacionalismo popular no Peru, partindo do indigenismo de Manuel Gonzalez Prada, passando pela geração de Mariátegui e Haya de La Torre e chegando à formação e trajetória inicial da APRA. No quarto capítulo, discutirei a singularidade do nacionalismo popular no Brasil: as continuidades e rupturas entre o nacionalismo popular dos 50-60 e o nacionalismo conservador/autoritário dos 20-30, as relações entre nacionalismo e desenvolvimentismo e, por fim, a trajetória do trabalhismo, como principal expressão partidária do nacionalismo popular no período. Ao final deste capítulo, sistematizarei uma comparação entre o nacionalismo popular nos dois países.

Aqui se impõe o problema, recorrente em estudos comparados, do equilíbrio no tratamento dos casos selecionados. Dado o menor conhecimento que se tem da história política peruana no Brasil, procurei recuar um pouco mais no tempo e resgatar as raízes do nacionalismo popular no Peru do final do século XIX na obra do poeta e ensaísta Manuel Gonzalez Prada, razão pela qual pode haver um certo desequilíbrio no tratamento dos dois casos. Nestes dois capítulos explorarei ainda a hipótese de que a

Entre a nação e a revolução

emergência de uma corrente ideológica nacionalista popular se daria ou não de acordo com a crise da hegemonia do bloco de poder, a qual abriria espaço para a articulação de ideologias contra-hegemônicas que procurariam reconstituir ou substituir o bloco de forças sociais dominantes.

Já a terceira parte irá se deter na análise das relações entre o marxismo e a ideologia nacionalista popular propriamente ditas nos casos peruano e brasileiro. No quinto capítulo, analisarei a emergência do conflito entre os adeptos do materialismo histórico e os do nacionalismo popular, na América Latina, de modo geral, e no Peru, em particular, no final dos anos 1920. Para tanto, irei concentrar-me na dupla polêmica que envolveu, como dito anteriormente, Haya de La Torre, Mella e Mariátegui. No sexto capítulo, examinarei como no Brasil, mais de três décadas mais tarde, os termos que constituíram essas controvérsias reaparecem, porém de modo muito distinto: no bojo de um processo de convergência entre marxistas de matriz comunista e nacionalistas. Ao longo dos dois capítulos procurarei explicar os porquês desses padrões opostos de interação entre marxistas e nacionalistas nos dois contextos estudados.

Por fim, nas considerações finais, farei um balanço dos dilemas postos para o materialismo histórico a partir de suas relações tensas com o nacionalismo popular na América Latina. Além disso, procurarei refletir sobre os motivos e consequências do declínio da corrente nacionalista popular no Brasil e no Peru em tempos mais recentes. Apontarei ainda em que medida o estudo dos dois casos auxiliam na compreensão de problemas mais gerais do nacionalismo e da inserção política das classes subalternas no subcontinente.

Antes de encerrar esta introdução, não posso me furtar a discutir os pressupostos normativos envolvido sem um estudo como este. Para além de saber que a própria escolha de um objeto nas Ciências Sociais é carregada de valores, estou consciente de que isso é ainda mais verdadeiro no caso de um estudo que se volta para a história de disputas ideológicas que marcaram e ainda marcam a atribulada vida política latino-americana. Antes de mais nada, não tenho, nem pretendo ter uma posição neutra neste terreno. Como ficará claro já no primeiro capítulo, ainda que eu faça uso de referências teóricas do campo marxista, possuo uma visão simpática dos discursos nacionalistas populares, por identificar neles a forma ideológica que, no mais das vezes, ordenou o universo político das classes subalternas do subcontinente, transformando-as em agentes capazes de intervir em uma vida política, tradicionalmente marcada pelo elitismo oligárquico,impulsionando-a no sentido da reforma social.

Essa leitura me inclina para intelectuais e correntes políticas das esquerdas latino-americanas que, de diferentes modos, conferiram centralidade ao problema da nação aproximando-se de posições nacionalistas. Tais opções ou simpatias me afastam de autores, como Francisco Weffort e Octávio Ianni, os quais serão meus principais interlocutores nesta obra, que opõem, a meu ver de modo estanque, uma política de classe a outra nacionalista.

Porém, não creio que essa visão positiva do nacionalismo popular me impeça, necessariamente, de submetê-lo a um exame crítico, o que pretendo desenvolver na segunda e terceira partes do trabalho. Abordar a história de duas correntes ideológicas, além de apontar seus avanços, envolve, talvez acima de tudo, reconhecer seus limites. Para fazê-lo, além de reconhecer e explicitar os valores dos quais parto, procurarei ter uma posição a mais distanciada possível. Assim, creio que a pesquisa que ora apresento sob a forma de livro fornece uma contribuição relevante para o esclarecimento da história política da região.

Parte I
O marxismo perante o povo e a nação

capítulo 1

O marxismo e o debate sobre o populismo latino-americano

Os movimentos e ideologias que, na América Latina do século XX, combinaram objetivos nacionalistas – anti-imperialismo – e democratizantes – incorporação das massas populares à vida político-estatal – têm sido, no mais das vezes, classificados como "populistas". Dentre as várias tentativas de dar uma formulação conceitual ao termo "populismo" se inserem diferentes interpretações que sofreram influência ou foram inspiradas em diferentes correntes marxistas. Desse modo, o materialismo histórico foi uma das fontes que abasteceu a caudalosa literatura sobre o chamado "populismo latino-americano".

Tendo isso em vista, como discutir satisfatoriamente a relação entre o marxismo de matriz comunista e o nacionalismo popular sem enfrentar o dilema do populismo? É este o objeto do presente capítulo. Para tanto, privilegiarei trabalhos que, de algum modo, foram influenciados pelo marxismo, ou, mesmo não o sendo, influenciaram interpretações marxistas.

Talvez seja difícil, no âmbito das ciências sociais latino-americanas, pensar em um termo ao mesmo tempo tão impreciso e de uso tão generalizado como o "populismo". Tal vagueza é bem ilustrada pelo paradoxo de que, dentre os diversos movimentos, partidos e regimes que moldaram a política na região durante o século XX, *nenhum* reivindicou essa classificação, embora pouquíssimos tenham escapado a ela (MacKinnon e Petrone, 2011, p. 12). Essa situação peculiar aponta para outra característica deste termo: sua fortíssima carga normativa, para não dizer pejorativa. Como bem assinalou Margareth Cannovan, as dificuldades enfrentadas pelos acadêmicos para enquadrar o populismo dizem muito a respeito das posições destes mesmos acadêmicos frente aos fenômenos que procuram compreender (Cannovan, 1981, p. 11).

Nas páginas que se seguem, começarei pela discussão dos caminhos percorridos pelo populismo antes de se tornar um termo-chave do vocabulário político-intelectual na América Latina. Proporei a existência de duas fontes, distantes ideológica e historicamente entre si: a marxista, cunhada principalmente a partir da tradição terceiro-internacionalista, e a liberal, formulada por autores estado-unidenses do segundo pós-guerra. Em ambos os casos, o emprego do termo "populismo" se apoiava em experiências históricas singulares – os casos do *narodnitchetsvo* russo e do People's Party dos EUA –, mas acabou sendo generalizado para um amplo conjunto de contextos muito distintos daqueles de origem. Assim, procurarei apontar a coexistência, por vezes combinada e inconsciente, de ambas as referências em alguns usos do termo na região. Já na sessão seguinte, farei uma discussão das principais contribuições no interior do que denomino aqui como "teoria do populismo", isto é: um conjunto de leituras que, em que pese sua heterogeneidade, se aproximam por considerar o populismo como expressão política de uma "fase" ou "etapa" do desenvolvimento histórico da região[1]. No interior desse conjunto, o qual também denominarei como abordagem histórico-estrutural, enfatizarei as contribuições de Francisco Weffort e Octávio Ianni.

Em seguida, apresentarei as críticas a essa vertente desenvolvidas a partir, sobretudo, do campo da história social, a qual acaba descartando o conceito de populismo para pensar situações históricas concretas, mas

---

[1] Aqui utilizo a expressão "teoria" no sentido proposto por Aggio (2003) para quem o uso do termo como chave explicativa da política latino-americana, como ocorreria nas abordagens de Germani, Di Tella, Ianni e Weffort, constituiria uma autêntica "teoria do populismo". Assim, tomo esta formulação como uma sugestão ou provocação intelectual mais do que como uma afirmação literal, isto é, no sentido da existência de uma teoria acabada ou sistemática do populismo, o que claramente não é o caso.

não se propõe a fornecer categorias alternativas que possibilitem esforços de generalização ou comparação. Num terceiro momento, discutirei os pressupostos não-declarados que, segundo a hipótese deste capítulo, explicariam as insuficiências da "teoria do populismo": a oposição entre o conceito de "classe", tido como "objetivo", e a noção de "povo", tida como "subjetiva" e "ideológica". Procurarei indicar como as identidades de classe, ao se constituírem no plano ideológico, podem ser articuladas em identidades "populares" mais amplas, inclusive como condição de possibilidade da disputa de hegemonia. A partir daí, discutirei uma perspectiva alternativa àquelas pertencentes à teoria do populismo, calcada na análise do discurso, baseando-me, para tanto, na obra do argentino Ernesto Laclau, examinando tanto suas primeiras contribuições ao tema, como as mais recentes (Laclau, 1977, 2005). Tratarei também das críticas às primeiras formulações deste autor, empreendidas por Juan Carlos Portantiero e Emilio Di Ipola (1981).

Por fim, ainda que incorpore algumas ideias importantes da abordagem discursiva, concluirei pela necessidade, para os objetivos desta pesquisa, de abandonar o conceito de populismo, substituindo-o pelo de ideologia ou discurso nacionalista popular" como modalidade de articulação do "povo" como força contra-hegemônica.

Os (des)caminhos de um conceito

Uma das primeiras acepções modernas do termo "populismo" foi aquela cunhada pelos marxistas russos do final do século XIX para designar correntes de revolucionários autóctones que os antecederam e das quais eles próprios provinham.[2] Os termos *narodnichetsvo* e *narodnik* provêm da palavra russa *narod* que pode significar tanto "povo"

---

2 Como lembra Berlin (1960), Plekhanov e Axelrod, em geral tidos como os primeiros marxistas russos mais importantes, eram oriundos do movimento populista e fizeram a crítica deste, em especial de sua ala "terrorista", a qual havia sido esmagada pela onda repressiva que se seguiu ao assassinato do Czar Alexandre II, em 1881.

como "nação". Segundo o historiador italiano Franco Venturi (1960, p. XXXIII), o termo *narodnitchetsvo*, traduzido pelo autor como "populismo", designaria os diversos grupos de revolucionários socialistas russos que, entre as décadas de 1840 e 1880, inspirados por fontes variadas como Rousseau, Saint-Simon, Fourrier e Proudhon, defendiam formas de socialismo agrário baseadas na comuna camponesa russa (a obstchina), que possibilitassem a Rússia uma via própria para a modernidade que não tivesse que passar pelas agruras do desenvolvimento do capitalismo industrial do ocidente. Para Alisson Blakely, em que pese suas importantes divergências estratégicas, os "populistas" russos convergiriam nos seguintes pontos: protagonismo de uma intelligentsia crítica comprometida com o "povo"; camponeses e trabalhadores como força social revolucionária e a ideia de que uma sociedade atrasada como a russa poderia passar diretamente ao socialismo (Blakely, 1982, p. 157).

O historiador Richard Pipes, contudo, adverte que o termo *narodnichetsvo* teria sido cunhado apenas por volta de 1875 pelos adeptos de uma facção revolucionária – a *Zemlia i Volia*, ou "Terra e Liberdade" – que defendiam que os intelectuais, ao invés de doutrinar os camponeses, deveriam aprender com eles, sendo que a revolução, ao invés de basear-se em ideias abstratas, partiria das demandas populares imediatas (Pipes, 1964, p. 443). Assim, o termo poderia ser considerado como sinônimo de "popular", ou mesmo de "democrático" (*Idem*, p. 449). É somente, portanto, por volta de 1892-1894 que os socialdemocratas russos, envolvidos em uma polêmica com correntes socialistas rivais em torno do capitalismo russo, passaram a designar todos os defensores da tese de que a Rússia poderia passar diretamente ao socialismo como sendo adeptos do *narodnichetsvo* rotulando-os como *narodnikis*, classificação essa que foi rejeitada por seus interlocutores (*Idem*, p. 452-454). Desse modo, o conceito já nasceu com claro viés pejorativo e alheio à auto-imagem dos atores.

Por fim, o historiador polonês Andrezj Waliki (1969) procura distinguir entre duas acepções do termo: o "populismo clássico", o qual se localizaria na segunda metade da década de 1870 e se restringiria, como

Entre a nação e a revolução

indicado por Pipes, aos simpatizantes da *Zemlia i* Volia, e o populismo como "visão de mundo". Este último se referiria à uma longa tradição de pensamento, nucleada em torno da valorização da *obstchina* como fundamento de um socialismo russo, a qual iria, como sugerido por Venturi (1960), da obra do intelectual revolucionário Alexander Herzen na década de 1840, considerado como o "pai do populismo", às ações terroristas da *Narodnaya* Volia ("Vontade do Povo) na década de 1880, ou, como apontado por Blakely (1982), mais além ainda, alcançando o período pré-1917 tendo em vista a atuação dos Socialistas Revolucionários.

Ainda que o pioneirismo do uso do termo de forma pejorativa como arma no embate político tenha cabido, segundo Pipes (1974), ao "marxista legal" Piotre Struv, foi Vladmir Lênin quem mais teria contribuído para sua difusão. É conhecida a crítica que o revolucionário russo fez da visão de autores como Vorontsov e Danielson, segundo os quais o capitalismo na Rússia seria, na época, incipiente e artificial, denominando-os como "populistas" (Lênin, 1982). Em outra obra, na qual procurava distinguir o "populismo" do que seria a tradição democrática russa mais ampla, Lênin apresenta os elementos que constituiriam uma visão de mundo "populista": a ideia de que o desenvolvimento capitalista, ao destruir a pequena propriedade urbana e rural, seria uma forma de "decadência" ou "regressão"; a defesa do caráter "original" das relações de produção camponesas autóctones e da possibilidade de utilizá-las para saltar para o socialismo, sem passar pelo capitalismo e, por fim, o desconhecimento da dependência dos intelectuais, das instituições jurídicas e políticas em relação às classes e às relações de produção (Lênin, 1986, p. 63).

Mas Lênin não empregou apenas a categoria, assim definida, para se referir ao contexto político de seu próprio país. Em 1912, em um comentário a um artigo de Sun Yat-Sem – o qual havia se tornado Presidente da República recém-instaurada na China em 1911 – o marxista russo aponta o que seriam coincidências entre o programa agrário defendido pelo líder do Partido Nacionalista Chinês ("Kuomintang") e o dos narodnikis russos (Lênin, 1975). Para Lênin, haveria no pensamento do novo presidente da China uma contradição entre uma fundamentação teórica reacionária – a ideia de que seu país poderia evitar o capitalismo, passando a uma espécie de socialismo agrário – e um programa de nacionalização da terra que, na prática, promoveria o desenvolvimento do capitalismo chinês (*Idem, Ibidem*).

Desse modo, o termo "populismo", que, no contexto russo, já havia sofrido uma ampliação de seu sentido original restrito aos anos 1870, sofre uma nova expansão geográfica, sendo aplicado a um contexto nacional bem distinto, o qual compartilharia com a Rússia, segundo Lênin, uma situação de "atraso" e "despotismo" asiáticos.

Foi justamente a partir da acepção cunhada e difundida por Lênin que o termo fez sua estreia entre os marxistas latino-americanos. Um dos primeiros textos a empregar o termo na região – não apenas no âmbito do marxismo, mas, talvez, do pensamento político latino-americano de modo geral – foi, provavelmente, o panfleto "Que és el ARPA" do jovem militante cubano Julio Antonio Mella, publicado em 1928 na Cidade do México com o intuito de atacar as concepções sobre o anti-imperialismo e a revolução latino-americana do peruano Victor Raúl Haya de La Torre e dos apristas.[3] Nesta obra, pioneira para o marxismo latino-americano, cuja importância discutirei detalhadamente no capítulo 5, Mella considera a APRA como exemplar do mesmo tipo de ideologia "pequeno-burguesa", "romântica" e "reacionária" que caracterizaria os populistas russos (Mella, 1975, p. 95). Remetendo-se explicitamente aos ataques de Lênin aos "populistas" russos, o revolucionário cubano afirma que a ideologia

---

3 Segundo um artigo publicado no diário espanhol *El* País, em 2014 (Grijelmo, 2014), a entrada mais antiga, disponível no banco de dados da Academia da Língua Espanhola, para o termo "populista" é, curiosamente, de uma conferência de José Carlos Mariátegui, pronunciada em 24 de agosto de 1923, sobre política alemã que traduz o nome do *Volkspartei* como "Partido Populista". O texto pode ser encontrado em (Mariátegui, 1995b). Porém, o termo aqui parece ser sinônimo de "popular" tendo uma acepção mais neutra do que aquela empregada por Mella. Assim, considero ser legítimo abordar o cubano como pioneiro na cunhagem do sentido que o termo iria ganhar entre os marxistas da região.

Entre a nação e a revolução

populista se caracterizaria pelos seguintes traços distintivos: a ideia de que o desenvolvimento capitalista, ao destruir a pequena propriedade urbana e rural, seria uma forma de "decadência" ou "regressão"; a defesa do caráter "original" das relações de produção camponesas autóctones e da possibilidade de utilizá-las para saltar para o socialismo, sem passar pelo capitalismo e, por fim, o desconhecimento da dependência dos intelectuais, das instituições jurídicas e políticas em relação às classes e às relações de produção (*Idem*, p. 96-97). Dessa maneira o populismo se afigurava como crítica "reacionária" e "romântica" ao capitalismo que idealizaria o papel dos intelectuais e a possibilidade de, pela força das ideias, se alterar o sentido do desenvolvimento histórico (*Idem*, p. 98).

Para ele, enquanto os russos idealizavam a comuna camponesa como base para um caminho abreviado ao socialismo, os apristas fariam o mesmo com os indígenas, "sociologicamente bárbaros" (*Idem*, p. 95). Por trás de ambas as posições estaria uma estrutura social atrasada que sustentava as ilusões dos ideólogos pequeno-burgueses, os quais só veriam a "categoria metafísica de povo", ignorando a "realidade", isto é: "as classes" (*Idem*, p. 97).

Como também discutirei no quinto capítulo, o mesmo arsenal seria, no ano seguinte, empregado pela IC contra o compatriota de Haya e seu adversário político, José Carlos Mariátegui.[4] Muito mais do que o fundador da APRA, Mariátegui se notabilizou pela defesa do potencial socialista do *Ayllú*, a comunidade agrícola indígena nos Andes, o que, para os representantes da ortodoxia, indicaria claras semelhanças com

---

4   Ao contrário do panfleto de Mella, o Secretariado Sul-americano da IC não rotulou a APRA como "populista". No seu informe à Ia. Conferência Comunista Latino-americana, ocorrida em Buenos Aires em 1929, o responsável pelo órgão, Vittorio Codovilla, agrupava os apristas – ao lado do radicalismo "yrigoyenista", do "battlismo" uruguaio e do regime de Callez no México – sob o rótulo de "nacional-fascistas", claro decalque do termo "social-fascistas", então aplicado pelo *Comintern* à socialdemocracia europeia. Para as atas do referido encontro cf. (IC, 1929). Já para uma boa análise das passagens referidas, cf. (Godio, 1983, p. 232).

o discurso dos *narodniks*, como se pode observar de modo lapidar na crítica à Mariátegui empreendida por Miroshevsky (1978).

Assim, o uso inicial do termo nos primeiros debates do comunismo latino-americano designava algo preciso: uma cultura política anticapitalista de fundo romântico que rejeitava a modernidade em nome de um retorno a tradições rurais e autóctones. Tal imaginário seria associado à uma posição de classe pequeno-burguesa que negaria a luta de classes, dissolvendo-a na categoria "mistificadora de "povo".

Esse último elemento – a oposição entre o "povo" como aparência e as classes como "realidade" –pode ser encontrado também na produção acadêmica de inspiração marxistaque, décadas mais tarde, empregaria o conceito. Se nos trabalhos de Weffort, por exemplo, não se encontra uma referência direta ao populismo russo, ou aos debates da III. Internacional, em um artigo sobre as bases sociais do populismo em São Paulo, o autor cita a conhecida passagem de *O Dezoito Brumário* de Marx sobre a incapacidade dos camponeses, enquanto pequenos proprietários, de se representarem politicamente de modo autônomo, anotando em seguida: "estão indicadas neste texto as condições que engendram, em geral, a política populista" (Weffort, 1965, p. 48)

Em seguida, apresenta a ideia, remetendo-a à *História e Consciência de Classe* (1923) do filósofo húngaro Gyorgy Lukács, de que a pequena burguesia, na condição de classe marginal ao capitalismo, só poderia ocultar de si própria suas verdadeiras condições de existência (*Idem, Ibidem*). Esse modo de pensar o "populismo" guarda alguma semelhança com as formulações, acima expostas, de Lênin ou de Mella.

Já Ianni, em um trabalho que discutirei na próxima sessão, reserva algumas páginas para a discussão dos populismos fora da América Latina. O que haveria de comum em uma ampla gama de situações históricas – que iria dos casos russo e norte americano ao "Kuomintang" e a vários movimentos de nacionalistas da Ásia e da África – seria o fato de serem reações ideológicas e práticas aos processos de modernização capitalista que punham em xeque os modos de vida tradicionais (Ianni, 1991, p. 19).

Assim, essas diversas modalidades de populismo procurariam proteger as relações sociais de base agrária da acumulação originária que começava a se dar nessas sociedades. Em seu discurso invocariam a superioridade das relações comunitárias ou tribais frente à divisão do trabalho e à vida urbano-industrial. Representariam, dessa maneira, uma afirmação do valor de uso frente ao de troca (*Idem*, p. 19-20).Nesse sentido, Ianni dá relevo ao populismo russo, cujo anticapitalismo que apelava para a defesa da economia camponesa foi atacado por Lênin, o qual é explicitamente citado pelo sociólogo paulista (*Idem*, p. 20). Diferente seria o caso dos EUA. Embora valorizando a terra como fonte de riqueza frente à indústria e à finança, o populismo estado-unidense seria mais uma reação dos pequenos produtores rurais à crise que vivia o capitalismo agrícola do país com a economia do *lessez-faire* (*Idem*, p. 21).

Todavia, afora essa rejeição à noção de "povo", o emprego do conceito feito por autores como Weffort ou Ianni parece não possuir uma vinculação direta com o uso feito por Mella ou Miroshevsky. , como se verá a seguir, a definição do populismo latino-americano de Ianni, bem como a de Weffort, se distancia da origem russa, designando um regime modernizador de perfil bonapartista e autoritário.De onde então viria o significado de "populismo" que se consagrou na bibliografia universitária, inclusive aquela apoiada no marxismo? Aqui, um artigo recente do jornalista e ensaísta italiano Marco D'Eramo, pode ser bastante sugestivo. O autor nota que os termos "povo" e "popular" apareciam abundantemente, tanto em chave negativa, quanto em chave positiva, no vocabulário político da Europa ocidental e dos EUA antes da Segunda Guerra Mundial, mas foram praticamente banidos depois (D'Eramo, 2013, p. 9). É interessante a afirmação do autor de que, no pós-guerra, os vocábulos "povo" e "popular" teriam sido "expulsos" para o terceiro mundo, sendo usuais nos nomes dos "movimentos" e "frentes" de "libertação nacional" e/ou "libertação popular" (*Idem*, p. 9-10). Significativamente, o pós-

-guerra também foi o período no qual o termo "populismo", no sentido pejorativo hoje usual, se difundiu nos meios acadêmicos (*Idem*, p. 11). Por meio de um levantamento bibliográfico no catálogo da Universidade da Califórnia, D'Eramo aponta como a recorrência do termo "populismo" nos títulos de livros e artigos, bastante rara até a Segunda Guerra Mundial, cresce enormemente a partir daí, multiplicando-se exponencialmente a cada decênio desde então.[5]

É curioso notar que, se o termo era raro no vocabulário especializado antes dos anos 1950, ele aparecia eventualmente no léxico político mais amplo, porém com um sentido muito diferente dos atualmente correntes. Para os adeptos do *People's* Party, por exemplo, o vocábulo era empregado como auto-identificação porque era sinônimo de "popular". Para D'Eramo essa mudança semântica teria sido o resultado de uma operação discursiva empreendida pelos liberais estado-unidenses durante a "Guerra Fria", na qual os termos "povo" e "popular" estariam associados aos inimigos do "mundo livre": o fascismo e o comunismo, tidos como associados ao "totalitarismo" (D'Eramo, 2013, p. 11-12). Desse modo o termo "populismo" relacionado sempre a autoritarismo e, frequentemente, ao "totalitarismo" passou a identificar o oposto da democracia liberal. Nesse novo quadro de referências o populismo teria sido o "ífem" que permitiu unir os extremos, comunismo e fascismo, sob a mesma rubrica: a de totalitarismo (*Idem*, p. 16).

Ainda que considere o livro *O Centro Vital* (1949) de Arthur Schlesinger como precursor, o autor atribui essa operação semântica e ideológica a uma série de trabalhos da década de 1950 que, sob o impacto do Macarthismo, passaram a equivaler a direita radical daqueles tempos com o movimento populista do final do século XIX. Este era constituído por pequenos proprietários rurais do meio-oeste e do sul dos EUA em fins do século XIX, os quais lutavam contra os monopólios privados das ferrovias e do comércio de cereais, defendendo a socialização das linhas

---

5   Veja-se a tabela com os resultados desse levantamento (*Idem*, p. 13).

Entre a nação e a revolução

férreas e a cunhagem da prata para desvalorizar o meio circulante. Os populistas chegaram a procurar uma aliança com os trabalhadores industriais do norte contra o que denominavam a "plutocracia", formando em 1891 um partido, o *People's* Party, o qual lançou um candidato próprio, J. B. Weaver, às eleições de 1892, e apoiou o democrata W. Jennings Bryan em 1896) (Cannovan, 1981, cap. 1), (Szasz, 1982, p. 195-198).

Se os populistas costumavam ser vistos de modo positivo pela historiografia liberal até a década de 1930, o cenário mudou bastante no pós-guerra. O principal artífice desse revisionismo foi o eminente historiador Richard Hofstadter, em seu clássico *The Age of Reform (1955)*, o qual considerava os populistas como tendo constituído um movimento de caráter "proto-fascista" (D'Eramo, 2013, p. 14). [6]Além de Hofstadter, D'Eramo destaca também os trabalhos da mesma época de Daniel Bell e Symour Martin Lipset (*Idem*, p. 13-14). Para toda essa literatura o populismo se caracterizaria pelos seguintes traços: uma utopia "passadista" e, portanto, reacionária; uma super-simplificação do conflito social, reduzido à manipulação conspirativa de uma pequena minoria muito poderosa e traços "racistas" e, em especial, anti-semitas (*Idem*, p. 15).

As preocupações de D'Eramo estão mais voltadas para o populismo nos países centrais. Mas, seguindo suas sugestões, poder-se-ia argumentar que – uma vez que o termo populismo teve um papel destacado na economia retórica da "Guerra Fria" – não teria sido por acaso que o pós-guerra testemunhou o florescimento de estudos sobre o populismo na periferia do capitalismo. Basta recordar o papel desempenhado nesse campo de estudos pela sociologia da modernização de inspiração estado-unidense, que exerceu influência sobre destacados sociólogos da América Latina como Gino Germani e Torquato S. Di Tella, cujas contribuições discutirei em seguida. Por hora, cabe destacar que Seymour Martin Lipset, autor

---

6 O mencionado capítulo de Cannovan (1981) possui um bom balanço dessa bibliografia, mostrando como as mudanças de posição dos historiadores se vinculam ao cenário político de cada momento. Menções às leituras contraditórias dos populistas estado-unidenses também podem ser encontradas em (Szasz, 1982, p. 203 e p. 209).

que é incluído por D'Eramo (*Idem*, p. 13), ao lado do já citado Hofstadter e de Daniel Bell, entre os pioneiros do conceito de populismo, é citado explicitamente tanto por Germani (1973, p. 171-172), como por Di Tella (1969, p. 83), o que sugere a plausibilidade da ideia de uma "fonte liberal", em sentido amplo ou indireto, para o uso do conceito nas ciências sociais latino-americanas, nos marcos da "Guerra Fria".[7]

Dessa maneira, se o primeiro uso do termo no vocabulário político da região se deu, possivelmente, por meio do marxismo de matriz comunista, sua entrada no ferramental conceitual das nascentes ciências sociais bebeu da fonte liberal norte americana. Porém, a influência desta última raiz não se restringe aos círculos universitários, marcando presença também no vocabulário político mais amplo. A evidência, colhida por Jorge Ferreira (2001, p. 110-111) para o caso brasileiro, de que a pré--história do termo teria se iniciado com os liberais no final do "Estado Novo" (1945) que, na imprensa da época, assimilavam os adeptos do "queremismo" aos seguidores de Hitler e Mussolini, vai ao encontro das afirmações de D'Eramo. O que quero sugerir aqui é que o vocábulo "populismo" teria duas raízes bem distintas e paralelas na América Latina: uma "cominterniana", representada aqui por Mella e Miroxhevsky, e outra, "liberal", cujos principais expoentes seriam os sociólogos da modernização. Considerando-se que autores como Weffort e Ianni discutiam diretamente com a sociologia funcionalista, mais especificamente com Gino Germani, com a qual pretendiam estabelecer um diálogo crítico, pode-se supor que extraíram a categoria de "populismo" dessa literatura, estabelecendo, assim, uma confluência entre as duas raízes.

Cabe destacar por fim que, ainda que originadas em contextos político-intelectuais tão díspares, as duas fontes do populismo convergem em pontos importantes. Em primeiro lugar, ambas sublinham no

---

[7] O texto de Lipset citado por ambos é o clássico *Political Man* (1962). Ainda que este não seja o texto citado por D'Eramo, creio ser plausível a hipótese de que a sociologia da modernização seja a ponte que permitiu a passagem do conceito de populismo do contexto intelectual estado-unidense da década de 1950 para o latino-americano do mesmo período.

Entre a nação e a revolução

termo dois traços em comum: a idealização "reacionária" do "povo" e seus modos de vida tradicionais e a "falsificação" das verdadeiras razões do conflito social. Outro elemento em comum, que me parece decisivo, é a generalização de um conceito a partir de experiências históricas muito singulares. No primeiro caso, trata-se dos revolucionários russos de classe média que apelavam aos camponeses e, no segundo, do movimento de pequenos proprietários do meio-oeste estado-unidense. Este procedimento é fundamental para entender como termos que designavam movimentos agrários, ou pelo menos de sociedades agrárias, acabaram sendo utilizados, no caso latino-americano, para referir-se a experiências de bases sociais predominantemente urbanas e com objetivos modernizantes

Por fim, tanto a raiz marxista-cominterniana, como a liberal-norte-americana, emprestam ao termo uma conotação obviamente negativa e pejorativa, clara no texto de Mella e nos autores citados por D'Eramo. Essa marca de nascença acompanharia o conceito, como se verá a seguir, em suas peregrinações ao sul do Rio Bravo.

A Abordagem Histórico-estrutural ou a "Teoria do Populismo"

Como as primeiras formulações mais sistemáticas de intelectuais marxistas sobre o populismo latino-americano são tributárias da sociologia estrutural-funcionalista de influência estado-unidense, creio que se deve começar pelo exame das contribuições destes últimos. Entre os anos 1950 e 70 a América Latina testemunhou um florescimento das ciências sociais, e da sociologia em particular, as quais procuravam dar conta dos problemas e virtualidades do acelerado processo de desenvolvimento pelo qual passava a região. No plano da política, um dos fenômenos que mais chamaram a atenção dos sociólogos foram as formas assumidas pelos movimentos das classes trabalhadoras e dos partidos e lideranças que procuravam canalizá-los, muito diferentes dos modelos que haviam surgido nos países de capitalismo avançado. Para dar nome a tais formas, as quais pareciam "desviantes", recorreu-se à categoria de populismo. Assim, o uso do termo já começou sob o signo do "desvio", isto é, para dar nome àquilo que parecia sair do caminho esperado.

Um bom exemplo dessa visão são os trabalhos de teor funcionalista e influenciados pela teoria da modernização. Os adeptos da sociologia da modernização pensavam a mudança social por meio da transição entre dois tipos radicalmente distintos: "sociedade tradicional" e "sociedade moderna". Segundo tais sociólogos o grande problema da modernização na América Latina seria a incapacidade de os mecanismos institucionais de integração para canalizarem a mobilização vertiginosa das camadas populares, as quais viveriam uma "revolução de expectativas" em seus padrões de consumo, culturais e políticos (Germani, 1974, p. 175), (Di Tella, 1969, p. 82).

Tal frustração das perspectivas de integração geraria massas disponíveis desprovidas de tradições de auto-organização (*Idem*, p.87). Os movimentos "populistas" resultariam do encontro de tais massas com elites civis e militares interessadas em transformar a ordem vigente, as quais canalizariam a mobilização popular "de cima para baixo" (Germani, 1974, p. 172-173). Esses movimentos caracterizar-se-iam pelo forte apoio popular, a heterogeneidade de sua base social e uma vaga ideologia *anti-establishment* (Di Tella, 1969, p. 85-86).

Curiosamente, a perspectiva da sociologia da modernização, que associava o populismo à uma etapa do desenvolvimento político da sociedade, se aproxima da perspectiva de autores brasileiros de inclinações nacionalistas. Um exemplo é o artigo, não assinado, em geral atribuído a Hélio Jaguaribe, na revista Cadernos do Nosso Tempo, que emprega o conceito para caracterizar o "adhemarismo" como forma personalista de relação líder/massa (*Cadernos do Nosso Tempo*, 1954). Outro caso é o de Alberto Guerreiro Ramos, o qual aborda o populismo como uma forma personalista de relação entre um líder político e uma massa trabalhadora ainda não organizada, a ser superada pela política ideológica (Ramos, 1961).

Entre a nação e a revolução

Na década de 1960, a teoria da modernização passou a ser criticada por intelectuais influenciados pelo marxismo e pelas novas "teorias da dependência".[8] Estes pensaram o populismo pelo ângulo das transformações nos padrões de acumulação capitalista na América Latina e dos consequentes rearranjos na estrutura de classes. Um bom exemplo é o conhecido ensaio de Fernando Henrique Cardoso e Enzo Falleto, para os quais as condições para a emergência do populismo seriam dadas pela crise do "padrão de desenvolvimento para fora" – caracterizado pelas economias primário-exportadoras – pelo "padrão de desenvolvimento para dentro", centrado na industrialização substitutiva de importações (ISI) (Cardoso e Faletto, 1970). Esse novo padrão de acumulação conduziria a arranjos nacional-desenvolvimentistas (ou populistas) que uniriam a burguesia industrial e os trabalhadores organizados. A crise desses arranjos seria assinalada pelo advento da "dependência associada", nos quais o capital multinacional se associaria com os capitais locais, gerando uma ruptura destes com a classe operária no plano político.

Mais influenciado por uma perspectiva marxista, o cientista político Francisco C. Weffort forneceria uma das explicações do populismo mais conhecidas para o caso do Brasil. O autor inicia o primeiro capítulo de seu livro *O Populismo na Política Brasileira* afirmando que as massas populares foram um "parceiro-fantasma" ao longo do período 1930-1964, pois sua intervenção na política era sempre uma possibilidade, mas nunca teria chegado a se concretizar. Segundo o autor, em todos os momentos decisivos, os rumos políticos do país eram decididos entre os

---

8   Ponho o termo no plural pois há pelo menos duas vertentes da chamada "teoria da dependência". De um lado, há a vertente do "desenvolvimento associado", representada principalmente por Fernando Henrique Cardoso e Enzo Faletto. De outro, desenvolveu-se a corrente do "desenvolvimento do subdesenvolvimento", cujos principais expoentes foram André Gunder Frank, Ruy Mauro Marini e Teotônio dos Santos. Aqui, me referirei somente a primeira vertente, visto que foi ela que impactou a formação de uma "teoria do populismo". Os adeptos da segunda corrente, por seu turno, não parecem ter feito recurso à categoria, preferindo, em análises políticas, o uso direto de conceitos marxistas clássicos como "bonapartismo", como fica claro em (Marini, 2001, p. 30, 37 e 40). Para uma discussão das abordagens da dependência, cf. (Love, 1996).

quadros da elite, os quais apenas empregavam a possibilidade da ação das massas como *blefe* (Weffort, 2003, p. 13). Daí que a divisa que marcaria todo o período histórico em questão seria a frase do governador mineiro Antônio Carlos: "façamos a revolução antes que o povo a faça" (*Ibidem.*). O conceito de populismo do autor parte de um diagnóstico de que no Brasil – entre 1930 e 1964 – teria se formado no país uma crise de hegemonia das velhas elites agrárias, sem que uma hegemonia burguesa a substituísse (*Idem*, p. 53). Daí a constituição de um "estado de compromisso" entre as classes dominantes, a partir do qual o Estado ganharia autonomia, legitimando-se por meio do apoio das massas populares, destituídas de tradições de auto-organização e consciência de classe (*Idem*, p. 56). Tal esquema analítico é explicitamente tributário, como já se viu na sessão anterior, do conceito de "bonapartismo", desenvolvido por Marx em *O Dezoito Brumário*, e, embora não o cite, pode ser também associado ao conceito gramsciano de "cesarismo". Ambas as categorias remetem à autonomização do Estado frente às classes sociais devido a um equilíbrio transitório no antagonismo entre estas últimas (Marx, 1984). Para Weffort, a transitoriedade do arranjo populista, seria evidenciada pela crise conducente ao golpe de 1964, na medida em que o acirramento do conflito de classes diminuiria a margem do "Estado de compromisso" (Weffort, 2003, p. 63-64).

Para o autor, a crise de 64 resultaria da impossibilidade, diante dos novos problemas enfrentados pela sociedade brasileira, de se atingir uma solução de compromisso entre as frações conservadoras e reformistas das elites, as quais mantinham feições oligárquicas em seu conjunto e se revelavam incapazes de fazer frente aos novos desafios. A solução teria sido dada pelo golpe militar o qual não apenas excluiu os setores reformistas como também, pouco a pouco, os conservadores (*Idem*, p. 14).

Outra leitura marxista sobre o tema pode ser encontrada na obra do também brasileiro Octávio Ianni. Para este autor, bastante próximo das posições de Cardoso e Falletto, o populismo teria se caracterizado como uma política de alianças de classe, unindo a burguesia industrial e o proletariado urbano, a qual daria sustentação às políticas da ISI (Ianni, 1968). Esse arranjo policlassista teria entrado em crise com a passagem do padrão de acumulação da ISI para outro, dependente-associado, levando ao "colapso do populismo" e sua substituição pelo regime militar. Ao contrário de Weffort, Ianni procurou ampliar seu raciocínio para o âmbito continental. O autor também se inclina para a leitura do populismo como fenômeno bonapartista, o que seria um traço comum dos governos de países "semicoloniais" (Ianni, 1991, p. 46). Contudo, ressalva que, se na França de Louis Bonaparte ou na Rússia de Kerensky, o bonapartismo se basearia no equilíbrio entre as classes antagônicas, no caso do populismo latino-americano, a contradição principal seria entre a coalizão poli-classista e o capital imperialista (*Idem*, p. 48).

Para Ianni, o populismo seria a política da passagem de um padrão de acumulação primário-exportador, em crise, para o industrial, caracterizando-se por uma ideologia nacionalista e anti-imperialista, contida dentro dos limites impostos pelo capitalismo (*Idem*, p. 48-49). Porém, como as economias latino-americanas ocupariam uma posição periférica neste sistema, o anti-imperialismo populista jamais seria plenamente consequente (*Idem*, p. 51-52). Além disso, dada a desigualdade de poder entre as classes que comporiam a coalizão, prevaleceria o anti-imperialismo burguês, o qual tenderia, em especial em momentos de radicalização dos trabalhadores, a pactuar com os interesses estrangeiros (*Idem*, p. 54).

Resultantes do declínio da *dominação* oligárquica, da qual seriam causa e consequência, os regimes populistas, por conta de sua base de apoio operária, se distinguiriam de movimentos anti-oligárquicos anteriores de classe média, embora continuassem a apresentar um compromisso com os valores pequeno-burgueses (*Idem*, p. 59). Quanto ao caráter dos regimes populistas, Ianni sustenta que poderiam ser democráticos ou autoritários, embora em geral o autoritarismo tenderia a prevalecer (*Idem*, p. 60). O sociólogo uspiano também distingue entre um "populismo das elites" – de militares e industriais, por exemplo – e um "populismo das massas", de operários, estudantes ou intelectuais de esquerda (*Idem*, p. 10). As condições para o convívio de ambos se encerrariam com a passagem da luta de massas para a luta de classe, o que conduziria a uma ruptura dos pactos populistas.

Esse conjunto de leituras histórico-estruturais do populismo bebe em fontes bastante distintas: do funcionalismo parsoniano e da teoria da modernização de Seymour Lipset ao *18 Brumário* de Marx, à teoria do imperialismo de Lênin e à categoria do "desenvolvimento desigual e combinado" de Trotsky, passando pelo desenvolvimentismo da CEPAL. Como não poderia deixar de ser, essa diversidade de referências teóricas dá origem a perspectivas muito distintas. Enquanto as formulações mais influenciadas pelo funcionalismo ou pela sociologia da modernização tendem a ver o chamado "populismo" como um fenômeno "pré-ideológico" ou "não-ideológico" – como nos casos de Cadernos do Nosso Tempo e Guerreiro Ramos –, autores marxistas como Weffort procuram apontar no populismo justamente uma determinada forma de ideologia: no caso, o culto pequeno-burguês do Estado como um ente que paira acima das classes sociais.

Já entre os marxistas, também existem diferenças importantes. Enquanto Weffort enfatiza no populismo o traço bonapartista da autonomização do Estado, Ianni dá mais peso à aliança poli-classista entre a burguesia, a pequena-burguesia e o proletariado, em oposição ao imperialismo e à burguesia. Essas distintas ênfases refletem opções teóricas também diversas. Se Ianni se coloca claramente em uma perspectiva dependentista, Weffort, ainda que em um primeiro momento a tenha adotado, a rejeitou posteriormente na medida em que, segundo ele, a teoria da dependência seria ideológica por privilegiar o conflito centro/periferia e não as contradições de classe. Para Weffort, ainda que criticassem os que se colocavam no campo do nacional-desenvolvimentismo, os teóricos da dependência não deixariam de fazer parte desse campo, constituindo uma versão mais radical desse nacionalismo reformista (Weffort, 2003, p. 193). Falar em "dependência estrutural" seria, nesse

Entre a nação e a revolução

sentido, a tentativa de conciliar dois *aproachs*: um primeiro, que tomaria a nação como premissa e um segundo, que partiria das classes e relações de produção (*Idem*, p. 194).

Porém, em que pese essa diversidade, é possível advertir alguns traços semelhantes.primeiramente, como já foi dito, todos os autores explicam o populismo a partir de transformações na estrutura socioeconômica, em geral a crise da dominação oligárquica e sua base material (a economia primário-exportadora) e a passagem para uma sociedade burguesa e industrial. Além disso, todos contrapõem o modo singular pelo qual teria se dado essa transição, em comparação com as economias centrais.

Assim, seja nas interpretações funcionalistas, seja nas marxistas--dependentistas, o populismo aparece como uma forma desviante da política: no primeiro caso, em relação ao paradigma liberal-democrático e, no segundo, em relação aos partidos operários e ideologias socialistas. As classes trabalhadoras ou subalternas aparecem, de modo geral, sob o signo da ausência de auto-organização ou "consciência de classe", o que as tornaria heterônomas e disponíveis à incorporação "pelo alto". Enfim, o juízo sobre a política e a sociedade na América Latina é, via de regra, pejorativo, sempre em contraste com os casos do capitalismo avançado (MacKinnon e Petrone, 2011, p. 43). Um bom exemplo nesse sentido, é o trabalho de Alain Touraine, para o qual a política "nacional-popular" exprimiria uma confusão entre o Estado, o movimento popular e o sistema representativo, dimensões que na Europa ocidental estariam bem demarcadas (Touraine, 2011).

Por fim, por ser fruto de condições histórico-estruturais peculiares, o populismo seria também um fenômeno circunscrito a tais condições, fadado a ser superado juntamente com elas. Daí a caracterização reiterada do populismo como arranjo político que sustentaria a industrialização por substituição de importações (Mitre, 2008). A crise desta última conduziria inexoravelmente a crise do primeiro. Dessa maneira, tomando o ciclo da ISI como referência, seria possível propor uma tipologia de populismos "precoces", anteriores ao arranque modernizante, "clássicos", que coincidiriam com seu auge, e "tardios", que ocorreriam durante sua crise (Drake, 1982).

É certo que tais julgamentos negativos devem ser entendidos, não apenas nos quadros das referências teóricas mobilizadas, como também no dos contextos políticos nos quais foram elaborados. No caso de Germani e Di Tella se tratava do conflito entre elites intelectuais e camadas populares emergido com o advento do peronismo na Argentina. Já nos casos de Cardoso e Falleto, Weffort e Ianni, seria o do impacto sobre a intelectualidade de esquerda das derrotas de governos reformistas frente aos golpes militares, em particular, o caso de João Goulart no Brasil.[9]

Como assinala Alberto Aggio, o populismo, nessas interpretações, deixa de ser apenas um conceito e passa a constituir uma chave explicativa, ou mesmo uma "teoria" abrangente da história e da política latino-americanas (Aggio, 2003, p. 162). O problema é que tal teoria de conjunto, por seus pressupostos negativos, acaba por privilegiar sobretudo os aspectos conservadores dos modos de incorporação dos grupos subalternos à vida política da região, deixando em segundo plano os aspectos progressistas.[10] Assim, este conjunto de autores acabaria por perder de vista o caráter altamente contraditório do processo de modernização do subcontinente, mesmo que o reconhecessem em tese. No caso dos funcionalistas, me parece que o problema está na leitura evolutiva que fazem das sociedades, segundo a qual, o auge da modernidade corresponderia às democracias liberais. Já no dos marxistas, me parece que essa dificuldade se deve a certos pressupostos não-declarados da análise, a saber, uma leitura que associa determinados conteúdos discursivos, tais como "povo" ou "nação", a uma posição ideológica "burguesa", "peque-

---

9 O peso decisivo do contexto pós-1964 pode ser bem observado nas críticas de Ianni (1968) e Weffort (1978/1979) à política de aliança entre comunistas e trabalhistas. Discutirei tais análises no último capítulo deste livro..
10 Um caso ilustrativo é a leitura de Steve Stein a respeito da relação entre a liderança de Haya e de La Torre e a classe trabalhadora peruana, a qual representaria uma continuidade com padrões hierárquicos e tradicionais de origem ibérica (Stein, 1982). Abordarei criticamente essa interpretação no capítulo 3.

no-burguesa", "direitista" ou "conservadora". Isso me parece verdadeiro especialmente no caso de Weffort que, como se viu acima, rejeita o próprio enfoque dependentista por ainda pertencer ao campo ideológico do "nacionalismo reformista". Explorarei essa hipótese, como já ficou dito, mais adiante.

Há, contudo, trabalhos que, ao mesmo tempo em que procuram dar um enquadramento histórico-estrutural ao fenômeno, tentam se afastar de tais pressupostos normativos. Um exemplo nessa direção pode ser encontrado na obra de Luís Werneck Vianna (1976), que se detém nas relações entre Estado e sindicato no Brasil entre a Revolução de 1930 e o golpe de 1964. Ao invés de pensar a estrutura sindical corporativista através do conceito de populismo, como fizeram Weffort ou Ianni, Vianna procura interpretá-la por meio de categorias como as de "via prussiana", de Lênin, e de "revolução passiva", de Gramsci, pensando o regime que emergiu a partir de 1930 como uma modalidade de modernização pelo alto.

Outra interpretação macroestrutural alternativa às abordagens clássicas do populismo pode ser encontrada no ensaio de Murmiz e Portantierosobre o movimento operário argentino e as origens do peronismo, o qual questiona o modelo que procura explicar a adesão do operariado aos movimentos populistas com base na dicotomia entre um "velho operariado" – autônomo, integrado à modernidade e com consciência de classe – e um "jovem operariado", recém-chegado do campo, heterônomo, mal integrado e desprovido de consciência de classe (Murmiz e Portantiero, 1969, p. 8).[11] Além disso, os autores citados criticam a homogeneização, promovida pela literatura sociológica, dos dois casos tidos como exemplares, o peronismo e o varguismo, ambos guardando importantes discrepâncias recíprocas. Afinal, enquanto as explicações do populismo calcadas no caso brasileiro enfatizavam a continuidade dos padrões de conduta tradicionais dos migrantes rurais, os quais se-

---

11 Os autores ressaltam que essa dicotomia entre "velhos" e "novos" trabalhadores seria compartilhada, com sinais valorativos trocados, tanto pela literatura acadêmica, quanto pelos ensaios da esquerda nacionalista argentina (*Idem*, p. 7-8).

riam incorporados passivamente por canais de participação previamente constituídos, a literatura baseada no exemplo argentino daria mais relevo ao desajuste entre padrões tradicionais e modernos e a inexistência de canais de participação, conduzindo os recém-chegados a uma situação de anomia (*Idem*, p. 18).

Porém, fazer essa distinção não resolveria os problemas, já que as próprias hipóteses sobre as origens do peronismo estariam equivocadas. Para Murmiz e Portantiero, não só os "velhos" operários e suas organizações sindicais teriam tido um papel importante na ascensão do peronismo, como as imagens de passividade e heteronomia não corresponderiam à mobilização dos trabalhadores, "velhos ou "novos", então ocorrida. Por fim, os trabalhadores teriam se incorporado em uma aliança de classes baseada em interesses, e não sido incorporados de modo heterônomo e atomizado (*Idem*, p. 20).

Desse modo, os dois autores procuram substituir o modelo sociológico então prevalecente por uma explicação alternativa baseada numa análise gramsciana da constituição de um bloco de classes para entender o peronismo. Por isso, creio que, embora sua análise possa ser enquadrada como histórico-estrutural, ela antecipa, pelo tipo de crítica que faz à "teoria do populismo", cujos traços básicos eram compartilhados tanto por funcionalistas quanto por marxistas, elementos da abordagem que analisarei a seguir.

A Nova história social e a negação do populismo

Na década de 1980, o ambiente das ciências sociais havia se alterado bastante, com a chamada "crise dos paradigmas" e as crescentes críticas às grandes generalizações (MacKinnon e Petrone, 2011, 1, p. 31), (Gomes, 2001, p. 42). Como resultado, em diferentes disciplinas, como a ciência política ou a antropologia, surgiram duras críticas às abordagens macroestruturais até então dominantes e um recurso crescente a pesquisas mais circunscritas ao nível micro e de teor mais empírico. Além disso, no interior

Entre a nação e a revolução

da história social, difundiam-se novas concepções como as do marxista inglês E. P. Thompson, o qual defendia a importância de se captar a experiência cultural e política compartilhada para que se entendesse a formação de uma classe em um dado contexto. Para o autor inglês, se a "experiência" de uma classe seria, até certo ponto, determinada pelas relações materiais de produção, sua "consciência", entendida esta como a experiência de classe elaborada no nível da cultura, não estaria sujeita a mesma determinação. Dessa diferenciação entre "experiência" e "consciência", Thompson chega ao conceito de "formação de classe": ou seja, a ideia de que toda classe é um conjunto de relações históricas, portanto, um processo, e não uma "coisa" ou um conceito abstrato (Thompson, 1987, p. 9-10).

Esses aportes abalaram, no interior do campo marxista, as análises de tipo teleológica, as quais adjudicariam *a priori* às classes sociais determinados papéis políticos (Gomes, 2001, p. 43). Além disso, estimularam pesquisas em história social que procuravam "dar voz" aos trabalhadores, captando a complexidade de suas relações, tanto com os capitalistas, quanto com o Estado. Tais desdobramentos conduziram à toda uma revisão, sobretudo, mas não exclusivamente, no campo da história, dos argumentos acima expostos sobre o populismo. Tratava-se agora de realizar estudos monográficos que jogassem luz sobre os casos concretos, permitindo captar melhor os interesses, motivações e crenças dos setores populares em suas intervenções na vida política. Seriam eles tão heterônomos e cooptados pelas lideranças populistas, ou haveria um espaço de negociação no qual faziam-se ouvir?

O historiador estado-unidense John D. Frenche, por exemplo, questionou a consagrada tese da continuidade das relações Estado/trabalhadores entre o "Estado Novo" e a assim chamada "República populista", sustentando que a abertura de 1945 singularizou-se na história brasileira por testemunhar a entrada massiva da classe trabalhadora na arena político-eleitoral (Frenche, 2011, p. 59). Segundo este autor os principais estudos acadêmicos sobre o período, ao se focarem nas relações Estado/sindicato/partido, pouco teriam se debruçado sobre as características da consciência das massas trabalhadoras e o sentido de seu desenvolvimento.[12] Daí que a tese de um proletariado passivo sob o comando de líderes populistas seria uma tese sem sustentação empírica adequada (*Idem*, p. 60). Para ele, a aposta que Getúlio Vargas fez no potencial político da classe trabalhadora – a qual já contaria em 1945 com cerca de 1 milhão de membros – teria alterado os rumos de um processo de democratização, até então contido nos limites da política oligárquica brasileira.

Questionando teses consagradas sobre o fenômeno populista – como a da troca clientelista de benefícios por votos, ou a da imaturidade política dos migrantes recentes – Frenche enfatiza que o chamado populista de Getúlio aos "trabalhadores" encontrou operários descontentes com suas atuais condições de vida, porém esperançosos de um futuro melhor. Assim, a convocatória getulista genérica aos "trabalhadores", em vez de ter constituído um obstáculo ao desenvolvimento de uma identidade de classe, teria proporcionado um "ponto de reunião comum" à classe operária (*Idem*, p. 65). Além disso, essa convocatória populista também teria aberto espaço para que os comunistas, em uma relação de competição/colaboração com os getulistas, ganhassem um grande espaço político junto aos trabalhadores (*Idem*, p. 67-69). Enfim, diferentemente do que pressuporia a maioria dos cientistas sociais, ao contrário de serem manipulados "de cima para baixo" por lideranças populistas ou pelo Estado, Frenche procura demonstrar que os trabalhadores brasileiros, na conjuntura de 1945-1946, também tiveram oportunidade para influir nas políticas de líderes como Vargas ou Prestes (*Idem*, p. 74).

Um trabalho que talvez exprima ainda melhor as preocupações desse campo de investigações é o conhecido estudo de Ângela Castro Gomes, *A Invenção do Trabalhismo*, no qual a autora procura compreender a gestação do ideário trabalhista ao final do "Estado Novo". Ao con-

---

12 Os trabalhos de Freche se inserem em uma literatura de história social do trabalho que procurouse concentrar naspráticas dos trabalhadores nos seus locais de trabalho e na relação entre estes e os sindicatos, questionando as leituras mais macro-estruturais. Para uma revisão dessa bibliografia para o caso brasileiro, cf. (Silva e Costa, 2001).

trário de Frenche, Gomes sequer mobiliza o conceito de populismo, preferindo a denominação "trabalhismo" por ser essa a denominação empregada tanto pelos trabalhadores quanto pelo Ministério do Trabalho do período estado-novista. Citando autores de diferentes filiações teóricas, como Thompson e o marxista analítico polonês Adam Przeworski, a autora sustenta que a consciência da classe trabalhadora brasileira não seria menor ou menos autêntica do que em outros países por ter passado pela experiência do corporativismo (*Idem*, 2005, p. 23-25).

No que tange ao tema das relações entre a classe operária e o regime do Estado Novo, a historiadora mobiliza as contribuições da antropologia de Marshall Sallins para interpretar a dimensão simbólica das relações entre os trabalhadores e o regime de Getúlio Vargas. O que haveria entre eles, não seria apenas uma troca de benefícios materiais por obediência – como pressuporia a teoria da ação coletiva de Mancur Olson – mas também uma troca simbólica na qual a "doação" da CLT por parte do presidente seria como um "presente" que cimentaria relações de reciprocidade entre Estado e trabalhadores, nas quais os últimos passariam a ser reconhecidos pelo primeiro como interlocutores legítimos (*Idem*, p. 226-237).[13]

Uma boa síntese destes argumentos produzidos a partir do campo da história social e do trabalho pode ser encontrada em dois artigos do historiador inglês Ian Roxborough. Segundo ele, a maioria dos estudos passaria apressadamente do nível empírico ou de rótulos de uso corrente para construtos teóricos (Roxborough, 1981, p. 84). Além disso, muitos estudiosos recorreriam a comparações estáticas entre a realidade latino-americana, de um lado, e a Europeia, de outro, ambas tomadas como todos homogêneos (*Idem*, p. 81-82). Daí resultariam importantes distorções como, por exemplo, exagerar o papel do Estado e do corporativismo no primeiro caso e desconhecê-lo ou minimizá-lo no segundo.

---

13 O trabalho de Gomes deu origem à uma série de estudos que procuraram resgatar a históriado trabalhismo brasileiro. Entre eles, podem se destacar os de (Gomes e D'Araújo, 1985), (Gomes *et alli*, 1995), (Ferreira, 2005) e (Ferreira, 2011).

Nesse mesmo sentido, o autor rejeita o uso mais corrente do conceito de populismo para interpretar a história do subcontinente. Para tanto, distingue duas concepções do populismo: a "clássica" e a "minimalista". No primeiro caso, tratar-se-iam dos regimes típicos da fase de industrialização substitutiva de importações, caracterizados por coalizões sociais heterogêneas e heterônomas comandadas por líderes personalistas. Já no segundo, o populismo se identificaria com qualquer apelo ideológico que opusesse as noções de "povo" e "elites", o que poderia ser encontrado em diferentes tipos de regimes políticos e momentos históricos (*Idem*, 1984, p. 12).[14]

Para Roxborough, nenhuma das três experiências tidas como modelares da concepção "clássica" – varguismo, peronismo e cardenismo -, forneceria elementos que a sustentassem. No primeiro caso, Getúlio sequer poderia ser tido como populista no sentido "minimalista" até 1945, dado o caráter conservador e desmobilizador de seu regime. Já nos outros dois, embora o apelo ideológico existisse, elementos fundamentais do modelo, em particular a heteronomia ou desorganização dos trabalhadores, não seriam encontráveis, pelo menos nas fases iniciais dos regimes de Perón e Cárdenas (*Idem*, p. 13-14). Dessa maneira, dada a fragilidade da primeira conceituação e a amplitude da segunda, o historiador descarta o conceito como teoria explicativa de uma determinada fase do desenvolvimento latino-americano (*Idem*, p. 14). Em seu lugar, propõe a adoção de modelos explicativos que de em mais espaço às alianças e conflitos entre diferentes classes, frações de classes e o Estado (*Idem*, p. 24-26).[15]

As contribuições, tanto empíricas, quanto metodológicas, oriundas da história social, sem dúvida, contribuíram para o melhor enten-

---

14 As duas acepções delineadas por Roxborough se identificam com o que denominei como "abordagemhistórico-estrutural" e "abordagem discursiva", respectivamente.

15 Para uma revisão da nova historiografia sobre o peronismo e o cardenismo que segue uma direção semelhante, cf. (Capelato 2001).

Entre a nação e a revolução

dimento da particularidade e complexidade dos processos históricos na América Latina e no Brasil. Muitas teses dúbias da abordagem histórico--estrutural, ou da teoria do populismo, foram revistas por seu intermédio. Aliás, como se poderá ver no terceiro, e especialmente, no quarto capítulo, incorporo neste trabalho diversos pontos de vista dessa corrente interpretativa, bem exemplificadas pelo trabalho citado de Angela Castro Gomes, para analisar o trabalhismo, por exemplo.

Porém, seria a meu ver um equívoco achar que as críticas da nova história social à teoria do populismo resolvem, por si sós, o problema. A principal objeção que se pode fazer, dentro dos propósitos do presente estudo, a essa abordagem é a da ausência de uma teorização mais sólida como alternativa à conceituação "clássica". Não que as críticas baseadas nas evidências historiográficas sejam descartáveis, ou que os historiadores aqui discutidos rejeitem qualquer generalização, o que certamente não é o caso. Porém, sua contribuição vai mais no sentido de desconstruir construções apressadas, parciais ou duvidosas, do que propor conceitos e instrumentos analíticos que as substituam.

Para que se possa oferecer uma alternativa teórica ao que estou denominando como "teoria do populismo", faz-se necessário compreender de antemão quais suas falhas principais. Não creio que estas se restrinjam às obras discutidas de Weffort ou Ianni, mas se devem, como ficou dito de saída, a pressupostos amplamente compartilhados na tradição marxista que dificultam a seus adeptos refletir sobre as noções de "povo" ou "nação", na medida em que estas são tomadas como "ideológicas" no sentido de um falseamento da realidade.

André Kaysel

Classe e povo: revisitando velhos pressupostos

Na argumentação que se segue, tomarei como paradigmáticas dessa vertente algumas passagens das obras, acima discutidas, de Weffort e Ianni que revelam de modo flagrante os pressupostos normativos da linha interpretativa em questão. Darei certo destaque ao primeiro pois, como se viu acima, sua perspectiva radicaliza a polarização entre a categoria de "classe", de um lado, e as noções de "povo" e "nação", de outro.

Francisco Weffort, no já citado primeiro capítulo de seu livro *O Populismo na Política Brasileira*, faz uma menção crítica ao discurso de posse de Miguel Arraes no governo de Pernambuco (1963), tomando-o como texto paradigmático do que denomina como "nacional-reformismo" ou "populismo ideológico" (Weffort, 2003, p. 39). As críticas do cientista político uspiano se centram no uso que o político pernambucano faz das noções de "povo" e "ser nacional". Ao pensar os conflitos do Brasil de então a partir do prisma do nacionalismo, e ao propor o "povo" como unidade política, Arraes estaria elidindo as diferenças de classe (*Idem*, p. 40).

Assim, Weffort repõe o tema marxista clássico do caráter "mistificador" ou "pequeno-burguês" das ideias de "nação" e "povo". Aí estaria a armadilha ideológica do nacionalismo reformista, o qual teria confiado ao Estado, como entidade acima das classes, o papel de levar adiante as "reformas de base", justamente em um período em que, em função do aguçamento dos conflitos sociais, diminuiria a margem de manobra do aparelho estatal (*Idem*, p. 46). Essa confiança no Estado teria como base material a origem estatal desse nacionalismo, bem exemplificada pelo Instituto Superior de Estudos Brasileiros (ISEB), órgão gestado no interior do Ministério da Educação e concebido como difusor de uma "ideologia de Estado", ou seja, destinada a glorificá-lo (*Idem*, p. 45). Como resultado desse "pecado de origem", o nacionalismo radical do pré-1964 seria apenas uma forma "ideológica" ou "sofisticada" do populismo, distinguindo-se, por isso, das formas "espontâneas" deste: como o "ademarismo" e o "janismo". Estes últimos fenômenos se distinguiriam por um ideário mais difuso, o qual se expressaria por meio da exaltação da liderança personalista (*Idem*, p. 38).[16]

Essa análise de Weffort teve uma grande influência em outras apreciações sobre o nacionalismo do período pré-1964, podendo-se mesmo afirmar que fizeram parte de um mesmo clima de opinião política e ideológica.[17] Um bom exemplo é o da filósofa Marilena Chauí, em seus seminários sobre o "nacional e o popular" na cultura brasileira, ministrados para um grupo de pesquisa da FUNARTE em 1980.[18] Neste trabalho, a autora afirma abertamente que as noções de "povo" e "nação" estariam entre as formas ideológicas pelas quais o Estado procuraria ocultar as diferenciações e divisões instauradas pela sociedade capitalista, sobretudo as de classe, escamoteando-as sob uma aparência de identificação e universalidade (Chauí, 1982, p. 61). Esse raciocínio fica ainda mais claro na seguinte passagem:

> A nação é pois a base material-territorial de que carece o capital para se desenvolver e, tal como o povo, é uma abstração política. Sendo a sociedade capitalista fundada numa divisão interna que efetua sua identidade pela contradição das classes, a representação da identidade como unidade e não contradição pede polos nos quais a imagem unificadora possa assentar-se. Esses polos são o povo, a nação e o Estado enquanto representações que produzem um imaginário so-

---

16 Para a leitura que o cientista político fez dos fenômenos do adhemarismo e do janismo, cf. (Weffort, 1965).

17 Embora não seja explicitamente mobilizado pela bibliografia que se debruçou, entre as décadas de 70 e 80, sobre o ISEB, creio que o trabalho de Weffort pode ser tido como uma importante influência sobre as apreciações negativas que foram feitas sobre a produção do referido instituto. Cf., por exemplo, (Toledo, 1982) e (Franco, 1980).

18 A escolha de Chauí não me parece arbitrária, já que a filósofa fez parte, ao lado de Weffort, da fundação em meados dos anos 1970 do Centro de Estudos de Cultura Contemporânea (CEDEC), centro no qual a crítica ao "populismo" e ao papel do Estado e a correlata defesa da autonomia da sociedade civil e dos movimentos sociais tiveram lugar de destaque (Lahuerta, 2001).

cial de identificação e ocultamento da divisão social como luta de classes. (*Idem*, p. 35-36)

Seria esse fundo ideológico comum que, segundo a autora, estaria subjacente às representações de "povo" e nação" no Brasil, desde os integralistas dos anos 1930 até "o populismo de esquerda" do início dos 60. Já Octávio Ianni enfatiza como as lideranças burguesas e pequeno-burguesas da "esquerda reformista", ao definirem a luta contra a oligarquia e o imperialismo como os conflitos principais, convenceriam o proletariado a "lutar contra os inimigos de seu inimigo", isto é, a burguesia (Ianni, 1991, p. 139-140). Nesse sentido, haveria uma contradição entre as formas de consciência e ação política da classe operária e sua real inserção nas relações de produção (*Idem*, p. 143-144).

Desse modo, o nacionalismo, o qual seria uma característica "essencial" dos "populismos latino-americanos", fundamentaria a ideia de um "capitalismo nacional" e a "ficção" da existência de uma burguesia nacional (*Idem*, p. 156). Como resultado, as classes trabalhadoras acabariam por aceitar sua subalternidade à burguesia, desenvolvendo uma ação política alienada e heterônoma (*Idem*, p. 160). Assim, o nacionalismo reformista ocuparia, nos argumentos dos dois autores, o mesmo lugar: o de instrumento ideológico dos regimes populistas para iludir e submeter as massas, as quais seriam abandonadas pelas lideranças burguesas nos momentos de crise e radicalização.

As análises de Weffort e Ianni já foram alvo de muitas críticas. Para Daniel Aarão Reis, por exemplo, elas promoveriam, por meio da "teoria do populismo" uma radical incompreensão da riqueza da história brasileira no período 1945-1964, pois reduziriam a experiência das classes trabalhadoras, cristalizadas nas tradições trabalhista e comunista, à manipulação e à heteronomia (Reis, 2001, p. 374-375). Já Milton Lahuerta aponta em Weffort e Chauí o equívoco, inspirado pela resistência a ditadura, de conceber a sociedade civil como radicalmente contraposta ao Estado. Nessa chave, ao contrário de Gramsci, para quem

Entre a nação e a revolução

Estado e sociedade formariam uma "unidade na diversidade", os autores uspianos criariam uma dicotomia, na qual a sociedade civil seria vista como "positiva" e o Estado como "negativo" (Lahuerta, 2001, p. 73-74). Porém, me parece que a crítica ao pressuposto de um antagonismo entre o conceito de classe e as noções de "povo" e "nação" não foi muito explorada pela bibliografia. Tal antagonismo repousa na definição de classe calcada nas relações de produção. Por essa definição, as classes seriam um dado "objetivo" da realidade e sua consciência enquanto classe seria uma decorrência dessa objetividade.

É evidente que essa primeira aproximação simplista não faz jus ao trabalho dos cientistas sociais uspianos, os quais não viam as coisas de modo tão trivial. Antes de mais nada, não há, verdade seja dita, um conceito único e claro de classe na obra de Marx. No já citado *Dezoito Brumário...*, principal referência de Weffort, a consciência de classe não viria mecanicamente de uma situação econômica, sendo o produto da luta e da organização política. Todavia, não é menos verdade que a consciência de classe deveria lastrear-se na posição do grupo nas relações sociais de produção, o qual definiria os limites e alcances dessa consciência. Desse modo, se não implica necessariamente, o conceito marxista de consciência de classe permite uma leitura "determinista" desta última.

O outro problema diz respeito às noções de "povo" e de "nação", as quais são tidas como sendo formas ideológicas, isto é, de "falsa consciência", na medida em que encobririam os conflitos de classe, em geral, e o de capital e trabalho, em particular. Mas é aí que começa o problema. Nesse ponto, é interessante fazer referência à crítica desenvolvida por Terry Eagleton ao conceito de consciência de classe na obra do filósofo marxista húngaro Gyorgy Lukács, em seu clássico, citado acima, *História e Consciência de Classe* (1923).[19] Segundo ele, Lukács tenderia a assinar

---

19 A escolha não é de modo algum gratuita, na medida em que, como se viu na primeira sessão desse capítulo, Lukács é explicitamente citado por Weffort, constituindo-se em uma das principais fontes das formulações do autor sobre o tema da consciência de classe. Cf. (Weffort, 1965) e (2003).

ou a adjudicar à cada classe em particular determinados conteúdos ideológicos como sendo expressões típicas de suas visões de mundo. Todavia, essa leitura da relação entre classe e ideologia seria difícil de conciliar com a percepção de que a ideologia, assim como as próprias classes, seria um fenômeno relacional. Nessa chave, haveria certos conteúdos ideológicos, como o nacionalismo, explicitamente citado pelo crítico inglês, que não pertenceriam *a* priori à nenhuma classe em particular, antes introduzindo um "pomo de discórdia" entre elas (Eagleton, 2001, p. 96).

Tratar o nacionalismo como "ideologia burguesa" destinada a ocultar o caráter de classe da sociedade, seria um bom exemplo de um raciocínio pelo qual tudo que não se encaixa no reducionismo classista é tratado como "falseamento" ou "aparência necessária" que ocultariam a "natureza" do real. Portanto, é preciso retomar os fundamentos teóricos que dificultam ao marxismo compreender as condições históricas e sociais concretas que subjazem às noções de povo e nação, obrigando-o a escamoteá-las sob o rótulo de "aparência".

Para atacar o fundo do problema, é interessante retornar à questão da objetividade. No marxismo clássico, enquanto a classe é um conceito que capta uma realidade "objetiva" e conducente a um conhecimento "científico" da realidade histórico-social, a nação e o povo são noções "subjetivas", "ideológicas" e "mistificadoras" que impedem um conhecimento objetivo das relações sociais. Nas linhas que se seguem tratarei mais especificamente do problema envolvendo as noções de "povo" e "popular". Já as dificuldades do marxismo com a nação e o nacionalismo serão abordadas no próximo capítulo.

Para contornar esse beco sem saída da objetividade é útil retomar formulações de correntes marxistas mais recentes e heterodoxas. Retome-se, por exemplo, a já citada passagem de Thompson, na qual o historiador inglês distingue os níveis da "experiência" e da "consciência" de classe, sustentando que o segundo não seria determinado diretamente pelas relações de produção, mas sim constituído no terreno da cultura (Thompson, 1987, p. 9-10).

Entre a nação e a revolução

Já Adam Przeworski, partindo de bases teórico-metodológicas distintas das de Thompson, nega explicitamente a maior objetividade da identidade de classe, *vis-a-*vis outras identidades sociais. Para o então marxista analítico polonês, a identificação de um grupo de indivíduos como pertencendo a uma mesma classe é uma entre outras identidades possíveis – como são as de "cidadãos", "consumidores", "compatriotas", "cristãos" etc.
– com as quais convive ou compete (Przeworski, 1989, p. 123).

Não quero, com essas referências, sustentar a ideia de que as identidades de classe são construções puramente subjetivas, sem lastro em condições materiais. Como se verá na próxima sessão, na qual discutirei criticamente as posições pós-estruturalistas de Laclau e Mouffe (1985), estou de acordo com a tese marxista segundo a qual as formas políticas e ideológicas são determinadas em última instância pelas relações de produção. O problema, como sempre, é essa ressalva, "em última instância".

No meu entender, essa limitação à determinação material, não apenas implica que as classes, para se tornarem agentes políticos, devem ser política e culturalmente construídas, mas também que essa construção se dá por meio do recurso a símbolos e interpelações que não guardam relação imediata com a posição de classe: basta pensar, por exemplo, na importância atribuída por Thompson ao papel central da religiosidade "não conformista" na formação do imaginário da classe operária inglesa.

Cabe agora questionar outra decorrência da oposição entre "classe" e "povo". Quando Weffort afirma que Arraes, ao mobilizar a categoria de povo, obscurece os antagonismos de classe, está esconjurando um dos maiores fantasmas que assombrou a teorização política do marxismo: o "poli-classismo". Visto como decorrência quase direta do nacionalismo, o "poli-classismo" foi o anátema com o qual os marxistas latino-americanos mais atacaram os chamados "populismos", como já ficou claro na primeira sessão deste capítulo.

Porém, cabe a pergunta: os sujeitos políticos capazes de transformar a ordem vigente não seriam necessariamente heterogêneos do ponto de vista classista? Dito de outro modo, existe política bem-sucedida sem "poli-classismo"? O comunista italiano Antônio Gramsci se pôs corajosamente essa pergunta e sua resposta, a meu ver, tende, no mínimo, para a negativa. Esse parece ser o sentido de formulações como "vontade coletiva nacional-popular" ou "bloco histórico", as quais apontariam para a necessidade de as classes que lutam pela hegemonia superarem seus horizontes corporativos (Gramsci, 2002, p. 41-42).[20]

É verdade que a necessidade de alianças de classe já era reconhecida no marxismo russo do final do século XIX e início do XX, quando se cunhou o conceito de hegemonia. Porém, creio que a abordagem gramsciana da hegemonia eleva este reconhecimento a um novo patamar no interior do materialismo histórico. Parase aquilatar o alcance da transformação no interior da teoria política marxista operada pelo conceito gramsciano de hegemonia, é interessante observar a seguinte passagem de Portantiero e De Ipola:

> Pode-se dizer que um dos avanços mais significativos no desenvolvimento da teoria política marxista começa com a recuperação e o trabalho analítico sobre o conceito de hegemonia para, através desse caminho, reelaborar a problemática da constituição política das classes como sujeitos de ação histórica, nível ao qual só podem ascender na medida em que um processo de identidade, que parte do plano corporativo, é capaz de negar-se a si mesmo, progressivamente, e chegar à descorporativização. (Portantiero e De Ipola, 1981, p. 1)

---

20 Com essa afirmação não quero sugerir que Gramsci fosse um autor nacionalista. Na realidade o "nacional-popular" para ele seria um momento necessário da luta de classes, cujo horizonte final, como não poderia deixar de ser para um dirigente comunista como ele, seria a revolução internacional. Porém, a categoria de nacional-popular no pensamento gramsciano não é neutra, na medida em que se distancia do obreirismo prevalecente na tradição da III. Internacional, abrindo o caminho para uma consideração mais adequada de noções como povo e nação na tradição marxista. Assim, a apropriação que faço aqui das ideias do marxista sardo, embora vá além do que ele mesmo possa ter pensado, não deixam de ser legítimas, pois desenvolve um campo de reflexões inaugurado por Gramsci.

Entre a nação e a revolução

Mais uma vez segundo Eagleton (2001, p. 113), um movimento revolucionário eficaz deveria ser uma complexa aliança entre forças heterogêneas, cuja visão de mundo resultaria de uma "síntese transformadora" de seus componentes ideológicos, incorporados em uma "vontade coletiva". Daí se poderia concluir que as classes não são atores que, pré-constituídos no plano social, se exprimem de maneira transparente na esfera política, por meio de partidos por elas criados. Essa constatação implica na necessidade de uma radical revisão da visão marxista tradicional, segundo à qual, à cada classe deveria corresponder uma expressão política própria, em uma correlação linear entre classes/partidos/Estado:

> Isso implica uma superação da forma clássica de tratar as "alianças de classes", amiúde entendidas como agregados mecânicos de realidades sociais pré-constituídas que "pactuavam" por meio de representações políticas, a constituição de uma "frente".
> (Portantiero e De Ipola, 1981, p. 7)

Contudo, como compatibilizar o reconhecimento da necessidade de sujeitos políticos socialmente heterogêneos com o reconhecimento dos antagonismos de classes? Ernesto Laclau, como se verá melhor adiante, fazendo uma apropriação criativa do conceito althusseriano de sobre determinação" (Althusser, 1973), sustenta que se as classes se constituem a partir das relações sociais de produção, as formações sociais concretas em que tais classes se exprimem politicamente são articuladas no plano ideológico-discursivo. Daí que "povo" e "classe" exprimiriam contradições de níveis distintos, porém irredutíveis uma a outra (Laclau, 1977, p. 195). Com base nessa sugestão, minha hipótese é a de que qualquer movimento de esquerda bem-sucedido, reformista ou revolucionário, teve que fazer um apelo político que transcendesse os limites de uma classe específica. O mesmo Laclau, em trabalho mais recente, aponta como, no interior da tradição comunista, uma variedade de experiências políticas muito diferentes entre si – como o PCI de Togliatti, a "Longa Marcha" de

Mao, ou o regime de Tito - procuraram reconstruir o "povo", por meio da articulação de uma heterogênea gama de demandas particulares, o que contrariaria a tendência obreirista e cosmopolita dessa tradição (Laclau, 2005, p. 184). Przeworski (1989), por seu turno, discute o dilema dos socialdemocratas da Europa ocidental, divididos entre manter-se nos limites do operariado e ver frustradas suas chances de chegar ao poder, ou, por outro lado, ampliar seu apelo às classes médias e descaracterizarem-se como partidos operários.

Como se viu acima, na última citação de Portantiero e De Ipola, a concepção prevalescente no movimento comunista a cerca das alianças entre classes formulava o problema apenas no terreno da tática, pressupondo a separação organizacional como forma de conservar a "pureza" de classe dos diferentes atores. O problema de não levar a necessária heterogeneidade social dos sujeitos políticos à consciência teórica, é que os pressupostos limitam ou bloqueiam a criatividade política. Assim se compreendem tanto os malogros stalinistas, os quais reduziram o "poli--classismo" à uma questão de tática, ou os dos socialdemocratas, os quais resvalam para a dissolução liberal de qualquer conteúdo de classe. Dessa maneira, muitos dos percalços da esquerda no século XX poderiam ser explicados pelo fato, sempre negado pelos pressupostos teóricos ortodoxos, de que as massas "irrompem na história", sob a forma de "povo" (Balakrishnam, 2001, p. 210).

Em uma formulação mais precisa, Enrique Dussell, partindo explicitamente de formulações de Ernesto Laclau, define a categoria de "povo" como um ator "contra-hegemônico" que se constitui em oposição ao bloco de forças hegemônico em uma dada formação social (Dussell, 2007). Entre as distintas formas de dominação que poderiam dar origem a um ator popular estaria a exploração do trabalho pelo capital, porém sua centralidade não seria dada *a priori*, mas dependeria das relações sociais constitutivas da formação social em questão.Em uma sociedade agrária com pequena presença operária, por exemplo, uma força revolucionária poderia ser constituída por uma aliança entre setores de classe

Entre a nação e a revolução

média e os camponeses, como teria sido o caso da Revolução nicaraguense, justamente um exemplo mobilizado por Dussell (*Idem, Ibidem*).

Em outras palavras, se o "poli-classismo" é inerente à ação política que não seja uma ação de gueto, o problema está em definir qual poli--classismo e para que. Dito de outro modo: quais os objetivos históricos da aliança e quem entra nela?

Essa pergunta remete novamente à noção de "povo", a qual indica a construção de um sujeito coletivo poli-classista, mas seria um equívoco pensar que tal sujeito é a negação da luta de classes, ou de qualquer conflito social, como supõe a análise, já citada, que Weffort faz do discurso de Arraes. O equívoco está em caracterizar de modo *apriorístico* o papel histórico das classes, prescrevendo, a cada uma, posições pré-determinadas no processo político, raciocínio que se opõe justamente às ponderações realizadas até aqui sobre a relação entre as classes e a política.

Mais frutífero seria pensar a noção de "povo" como sendo um conjunto de interpelações discursivas, cujos conteúdos seriam disputados por distintas forças político-ideológicas, vinculadas a diferentes posições de classe. Nesse sentido:

> (...) a ideologia é antes um campo de significado complexo e conflitivo, no qual alguns temas estariam ligados à experiência de classes particulares, enquanto outros estarão 'mais à deriva', empurrados hora para um lado, hora para o outro pelos poderes contendores. A ideologia é um domínio de contestação e negociação, em que há um tráfico intenso e constante: significados e valores são roubados, transformados, apropriados através das fronteiras de diferentes classes e grupos, cedidos, recuperados reinfletidos. (Eagleton, 2001, p. 96).

Esse modo de formular o problema confere centralidade ao papel do discurso e da linguagem para pensar os conflitos políticos, distanciando-se, pois, de perspectivas economicistas. Será justamente essa sugestão, suas potencialidades e limites, que explorarei na próxima sessão.

André Kaysel

A Abordagem discursiva

Nas décadas de 60 e 70 o estruturalismo francês, com sua ênfase na análise formal do discurso, ganhou um espaço privilegiado, não apenas nas disciplinas de linguística e estudos literários, mas também na psicanálise, com Jacques Lacan, e nas ciências sociais como um todo, em particular na antropologia com a obra de Levi-Strauss. Na tradição marxista, seu principal expoente foi Louis Althusser, cuja leitura da ideologia como uma forma de interpelação que constituía os sujeitos interpelados teve grande circulação na época. Logo em seguida, os trabalhos de Michael Foucault, ele próprio um egresso do estruturalismo, com sua ênfase nas relações entre discurso e formas de micro-poder, criticaram as limitações dessa perspectiva, inaugurando o chamado "pós-estruturalismo".

Todo esse amplo movimento de ideias teve um importante impacto nos estudos sobre o populismo, pois captaram a atenção dos estudiosos descontentes com a abordagem histórico-estrutural, a qual se propunha a construir uma explicação abrangente do fenômeno, mas parecia sempre falhar em dar-lhe contornos mais nítidos. Dentre os autores que mobilizaram a análise do discurso para pensar o populismo, destacam-se os trabalhos do argentino Ernesto Laclau.[21]

Intelectual de formação marxista, mas ligado a "esquerda nacional" ou "marxismo nacional", correntes que se aproximavam do peronismo, o próprio Laclau já afirmou que suas leituras de autores como Althusser ou Gramsci sempre teriam sido políticas e não dogmáticas, pois seriam filtradas por sua experiência argentina (Munk, 2007, p. 164). Sua trajetória pode ser dividida em dois momentos: num primeiro, suas obras se inserem na tradição materialista histórica, procurando combi-

---

21 A abordagem do populismo proposta por Laclau, embora menos conhecida no Brasil que as de Weffort e Ianni, não deixou de influenciar estudiosos brasileiros. Dois exemplos são os trabalhos de Guita Debert – que procura conciliar a interpretação do primeiro com a dos últimos – e o de Miguel Bodea, que emprega a formulação do teórico argentino como alternativa as dos sociólogos paulistas. Cf. (Debert, 1979) e (Bodea, 1992).

nar as perspectivas althusseriana e gramsciana e, num segundo momento, o autor se afasta do marxismo, assumindo uma perspectiva pós-estruturalista, marcada pelas influências de Derrida e Lacan. Porém, como procurarei demonstrar, em ambas as fases, pode notar-se uma importante continuidade no modo pelo qual o autor argentino pensa o populismo, um exemplo nessa direção é a persistência da referência à Gramsci e ao conceito de hegemonia.

Em sua primeira incursão no assunto, Laclau começa criticando as abordagens que consideram o populismo como um tipo de movimento político com uma base social específica. Diante da impossibilidade de reduzir a grande variedade de grupos sociais que apoiaram os diversos tipos de populismo – os quais iriam do *narodnichetsvo* russo, ao varguismo, passando pelo *People's Party* (EUA) –, os adeptos dessa vertente se veriam obrigados a inverter o procedimento e caracterizar a base de apoio de um movimento a partir da denominação "populista", ou então recusar qualquer validade ao conceito e reduzir a interpretação dos fenômenos a sua inserção classista (Laclau, 1977, p. 144-145). Uma outra maneira de colocar o problema seria indagar como dar substância a noção vaga de "povo", núcleo comum" de todas as acepções de populismo, em uma análise que enfatiza a determinação dos conflitos políticos pela estrutura de classe (*Idem, p.* 165).

Para o autor argentino, esse impasse seria apenas aparente, fruto da confusão entre a noção genérica da determinação da superestrutura pelas relações de produção com as formas concretas de expressão política e ideológica das classes sociais.

Partindo dessa distinção, Laclau sustenta que não se deveria associar a consciência de uma classe a conteúdos ideológicos específicos, mas sim ao "princípio articulador" de uma série de interpelações que não estariam vinculadas a nenhuma classe em particular (*Idem*, p. 160). Dessa forma, uma classe seria hegemônica, não tanto na medida em que impusesse como universais seus conteúdos ideológicos às demais classes, mas sim se articulasse ao seu discurso elementos ideológicos das classes dominadas, neutralizando o potencial antagonismo de tais elementos, transformando-os em meras diferenças ou particularidades. Por outro lado, uma classe subalterna disputaria a hegemonia, justamente, desenvolvendo o antagonismo contido nas interpelações de seu discurso ideológico (*Idem*, p. 162).

Uma dessas interpelações não-classistas seria constituída, justamente, pela noção de "povo". O "povo" expressaria um antagonismo cuja inteligibilidade estaria, não nas relações de produção, mas nas relações de dominação políticas e ideológicas constitutivas de uma dada formação social. Isso explicaria porque as tradições populares, constituídas contra a dominação em geral, perdurariam mais do que as relações de classe. Contudo, devido à já referida determinação "em última instância", essas mesmas interpelações populares só se expressariam concretamente vinculadas a determinados discursos de classe. Desse modo, embora a noção de "povo" não remeta a nenhum conteúdo ideológico classista, a depender de sua articulação com outros conteúdos discursivos, ela poderia expressar a ideologia de diferentes classes (*Idem*, p. 166-167).

Nessa chave, os elementos popular-democráticos não constituiriam uma ideologia ou discurso próprios, mas sim seriam articulados em diferentes ideologias (*Idem*, p. 170). O populismo seria, justamente, uma forma específica de articulação dos conteúdos popular-democráticos, pela qual tais interpelações seriam apresentadas como uma totalidade antagônica à ideologia dominante (*Idem*, p. 172-173). As condições para a emergência desse modo de articulação se dariam em momentos de crise da capacidade do bloco de poder de neutralizar os antagonismos das classes subalternas, ou seja, uma crise do transformismo (*Idem*, p. 175). Tal "momento populista" poderia, a depender da própria dinâmica da crise e das especificidades da formação social, ser apropriado por diferentes classes. Assim, uma fração das classes dominantes, interessada em reorganizar o bloco no poder ou as estruturas do Estado, poderia estimular o antagonismo entre as interpelações populares e a ideologia dominante, ou, por outro lado, uma classe subalterna, poderia apelar a esse mesmo antagonismo entre o "povo" e o bloco de poder num sentido revolucionário (*Idem*, p. 174). Daí que um "momento populista" poderia ser identificado em movimentos tão díspares e opostos quanto o fascismo, diferentes modalidades do comunismo - maoísmo, titoísmo ou o PCI - e o peronismo.[22]

Nesse sentido, a pergunta de por que na América Latina, entre os anos 1930 e 60, emergiram tantos "movimentos populistas" deveria ser reformulada no seguinte sentido: quais as condições desse período que levaram movimentos de filiação ideológica tão distintas a dar a seus discursos um caráter populista? Nessa direção, o autor critica as leituras clássicas do populismo, tanto da teoria da modernização (como as de Germani e Di Tella), quanto as marxistas (de Weffort e Ianni). A ambas vertentes objeta que o populismo não pode ser tido, nem como estágio do desenvolvimento político, nem como superestrutura de uma fase da acumulação de capital (*Idem*, p. 153 e p. 177).

Para ele, os populismos latino-americanos resultariam de uma crise dos blocos de poder e, consequentemente, do transformismo, ocorridas com o declínio da dominação oligárquica e da economia primário-exportadora. Não apenas a ideologia liberal oligárquica não seria mais capaz de neutralizar as interpelações popular-democráticas, como surgiriam novos grupos dominantes, ligados à industrialização, interessados em reformar as estruturas de poder.

Essa concepção do populismo, embora dê um lugar privilegiado à ideologia pensada como modalidade de discurso, se radica claramente na tradição marxista ao mobilizar conceitos como "superestrutura" ou "determinação em última instância". Em trabalhos posteriores, Laclau,

---

22 Laclau argumenta, de forma provocativa, que a fusão entre socialismo e populismo não seria uma forma atrasada de ideologia do proletariado, mas sim a mais avançada, na medida em que só articulando as interpelações popular-democráticas ao socialismo poderia o proletariado lutar pela hegemonia (*Idem, Ibidem*). Da mesma maneira, na medida em que o populismo seria o desenvolvimento do antagonismo entre o "povo" e o bloco de poder, o socialismo seria a forma mais radical de populismo (*Idem*, p. 196-197).

em parceria com Chantal Mouffe, iria se afastar dessa perspectiva, adotando um ponto de vista "pós-marxista". Nessa direção, Laclau e Mouffe se propõem a retomar o conceito gramsciano de "hegemonia" pensando-o como afirmação do papel radical que a política teria como articuladora do social, superando, assim, os limites do "naturalismo" que caracterizaria o marxismo (Laclau e Mouffe, 2001, p. X). Dessa maneira, a reflexão de Gramsci é repensada à luz de outros desenvolvimentos filosóficos do século XX, os quais teriam em comum o postulado de que a realidade só existiria por meio da mediação da linguagem e do discurso: a filosofia analítica, a fenomenologia e o estruturalismo, particularmente o pós-estruturalismo (*Idem*, p. XI).

Laclau e Mouffe pensam a chamada "crise do marxismo" como um conflito entre a "lógica da necessidade histórica" – baseada na ideia objetivista de que as relações econômicas de classe pré-constituiriam os sujeitos sociais e políticos – e uma "lógica do contingente", apoiada na ideia de que os próprios signos e símbolos, independentemente de qualquer determinação objetiva prévia, constituiriam os sujeitos sociais e os conflitos políticos. Seria essa crise que daria origem ao conceito de "hegemonia", o qual sublinharia a sobre determinação dos sujeitos sociais pela lógica contingente do simbólico e pela própria dinâmica dos conflitos políticos (*Idem*, p. 13-14).

Desse modo, os dois autores põem em questão um pressuposto básico da tradição marxista clássica, a saber: o de que a ideologia sempre estaria vinculada à classe (Barrett, 2010, p. 240). Essa nova teorização "pós-marxista" sobre a dinâmica do conflito político e da transformação social, fornece novas bases para o conceito de populismo como uma modalidade discursiva que constitui sujeitos políticos por meio do antagonismo. O populismo seria uma "lógica" ou modo de pensar que se caracterizaria por dividir a sociedade em dois campos opostos, um dos quais, o "povo", reivindicaria representar legitimamente a "totalidade" do social.[23] Para essa abordagem, calcada na psicanálise de Lacan e na linguística de Saussure, a "lógica" populista operaria pela articulação de cadeias de equivalências entre uma série de demandas políticas heterogêneas e irredutíveis entre si, as quais se aglutinariam em torno de um "significante vazio", isto é, um símbolo arbitrário, o qual poderia ser um líder, um partido, uma das demandas particulares, uma consigna, etc. Tal esquema mental estaria subjacente a diversos tipos de movimentos e ideários políticos ao longo do espectro ideológico, confundindo-se, no limite, com a própria lógica da política (Laclau, 2005, p. 67-129).

Nesse sentido, o oposto do populismo, entendido como "lógica da equivalência", seria a "lógica da diferença", a qual fragmentaria as diversas demandas e conflitos sociais, atendendo-os em sua particularidade. Essa seria uma lógica da "anti-política" e da razão tecnocrática que, ao abolir a possibilidade do antagonismo e tornar os conflitos uma mera questão de "administração", eliminaria a necessidade da política em geral (*Idem, Ibidem*). É certo que, tanto o "populismo" quanto a "tecnocracia", em "estado puro" seriam situações extremas que não existiriam como tais, porém seriam duas "razões" opostas que governariam o mundo da política. Dessa maneira, a "lógica populista", ao demarcar um antagonismo que polariza a sociedade, criaria, sempre de modo contingente, um campo popular, diferente e ao mesmo tempo irredutível às demandas particulares que o originaram, sendo uma relação hegemônica, no sentido acima definido (*Idem*, p. 129-153).

Como se pode ver, em que pese o importante deslocamento teórico operado por Laclau e Mouffe, existe uma semelhança básica entre os dois momentos da elaboração do autor argentino sobre o populismo. Em ambos estes momentos, o populismo não é definido a partir de um terreno "estrutural", "econômico" ou mesmo "sociológico", mas como uma

---

23 Aqui o termo representação enfatiza o caráter figurativo da totalidade almejada, na medida em que a nova perspectiva de Laclau rejeita qualquer totalidade social anterior ao momento discursivo. Daí que o autor sustente que o povo, no sentido aqui empregado, tenha uma função metonímica, isto é, a de uma parte representa o todo.

forma de articulação do discurso político, entendido como um conjunto de interpelações que constitui os próprios sujeitos, que poderia emergir em diversos terrenos sócio-históricos. Contudo, as diferenças teórico-metodológicas notáveis não são, de modo algum, irrelevantes para pensar a problemáticado populismo. Se na primeira elaboração de Laclau o discurso ideológico é referido, ainda que "em última instância", às relações de produção, na elaboração mais recente, o discurso já não possui qualquer base sociológica determinada, sendo o plano exclusivo no qual se constituem os agentes políticos.

Não tenho, nos limites deste texto, condições para discutir de modo aprofundado as implicações teóricas e epistemológicas da opção "pós-marxista" de Laclau. Contudo, creio ser necessário esclarecer porque não a adotarei nesta obra. Embora considere que muitas das críticas de Laclau e Mouffe ao "reducionismo de classe" estejam corretas, creio que sua resposta, ao retirar a base sociológica do discurso político, acaba pecando pelo oposto. Afinal, se o social não existe sem uma construção política, tampouco há política sem uma base social. Nesse tocante, estou de acordo com a crítica formulada por Helen Meiksins Wood, para quem a essência da empreitada intelectual de Laclau e Mouffe está na total desconexão entre ideologia ou discurso, de um lado, e as classes sociais e as relações de produção, de outro, fazendo da "autonomia relativa" do político, postulada pelo autor argentino em seus primeiros trabalhos, uma autonomia absoluta (Wood, 1998, p. 53).[24]

---

24 Todavia, não estou de acordo com essa autora em sua afirmação de que o "pós-marxismo" já estaria contido de antemão no trabalho de 1978 e no postulado da autonomia relativa do político e da ideologia (*Idem*, p. 48). Essa posição se insere em uma crítica mais ampla desenvolvida por Wood ao pós--althusserianismo e ao "eurocomunismo" que não tenho condições de tratar aqui. Seja como for, ainda que os trabalhos de Laclau da década de 1970 contivessem alguma antecipação de seu caminho pós-estruturalista posterior, isso não significa que este roteiro seria uma consequência inevitável daquele ponto de partida. Afirmá-lo, implicaria em negar a ruptura afirmada pelo próprio Laclau em sua obra de 1985.

Entre a nação e a revolução

Nessa direção, creio que reduzir a dimensão sociológica dos conflitos políticos às "demandas sociais", como faz o autor argentino em seu último trabalho sobre o populismo, é uma solução inadequada: demandas de quem? Em relação a quê? O que quero dizer é que coletividades como as classes sociais não podem ser tidas como meros produtos do discurso ou da linguagem, mas também são fruto de determinações estruturais que não podem ser ignoradas, sob pena de fazer a análise política recair na arbitrariedade.

Como bem comenta Terry Eagleton, referindo-se ao livro de Laclau e Mouffe, os autores parecem hesitar entre a tese mais extrema de que o discurso, ou a hegemonia, constroem inteiramente a identidade dos agentes sociais, e a tese bem mais moderada segundo a qual os meios da representação político-ideológica exercem efeitos sobre os interesses sociais que representam (Eagleton, 2000, p. 189-190).

Talvez essa ambiguidade explique o porquê de, quando Laclau e Mouffe passam de considerações epistemológicas para análises sócio-históricas concretas, a ordem da exposição, bem como o encadeamento causal proposto, acaba por retomar o esquema marxista que os autores haviam negado, indo da economia à ideologia e à cultura, passando pelo Estado (Barrett, 2010, p. 256-257).[25] Tal inconsistência ou desnível entre a proposta teórica e sua concretização me parece sugerir que a análise política não pode prescindir, como defendem os autores, da ideia da determinação "em última instância" da política pelas relações sociais de produção, mesmo que estas sejam sobredeterminadas pelo nível político e discursivo. Afinal, aceitar a plena contingência da política e a inexistência de interesses materiais para além da articulação discursiva pode conduzir a conclusões embaraçosas. Como afirma sarcasticamente Eagleton:"(…) Isso significa, presumivelmente, que é totalmente aciden-

---

25 Um bom exemplo pode ser encontrado na passagem em que os autores relacionam as novas formas do capitalismo e do Estado de bem-estar do pós-guerra à eclosão de novos conflitos sociais nas sociedades capitalistas avançadas. Cf. (Laclau e Mouffe, 2001, p. 161-164).

tal que todos os capitalistas não sejam também socialistas revolucionários" (Eagleton, 2000, p. 189).

Desse modo, considero importante pensar a análise do discurso político ou da ideologia em conjunção com uma análise das relações e classes sociais que constituem uma dada formação social, como fez Laclau em seu primeiro trabalho sobre o populismo. Aliás, o abandono de qualquer determinação material do discurso explica, a meu ver, a excessiva ampliação do significado atribuído ao termo "populismo" na segunda formulação de Laclau, o qual passa a se confundir com a própria lógica da política.

Passarei agora à análise de uma outra proposta que, ainda que também defina o populismo como forma discursiva, chega a conclusões substantivas opostas às de Laclau: aquela desenvolvida no artigo, já citado diversas vezes, de Juan Carlos Portantiero e Emilio de Ipola. Os dois autores problematizam a definição proposta por Laclau do populismo como uma forma de articulação das interpelações popular-democráticas como um todo antagônico à ideologia do bloco de poder:

> Ocorre, porém, que, como cremos que advertiu o próprio Laclau em trabalhos posteriores, a expressão 'bloco de poder' é, ao mesmo tempo, pertinente e problemática. Pertinente porque, com efeito, a emergência dos processos e movimentos populistas tem sido constitutivamente marcada, no plano ideológico, pela afirmação desse antagonismo. Problemática, porque, assim formulado, o antagonismo em questão deixa de pé (isto é, abre sem resolvê-lo) o já mencionado problema da relação entre populismo e socialismo.(Portantiero e De Ipola, 1981, p. 10).

Assim, o centro da crítica dos dois autores à contribuição de Laclau está na questão da continuidade ou ruptura, tanto teórica, como histórica, entre populismo e socialismo. Como os próprios autores afirmam:"a única tese destas notas é a seguinte: ideológica e politicamente não há continuidade mas sim ruptura entre populismo e socialismo" (*Idem*, p. 3)

Entre a nação e a revolução

Segundo a argumentação desenvolvida ao longo do texto, o populismo e o socialismo representariam duas formas antagônicas de articulação do "nacional-popular", cuja definição já foi vista na introdução. Para Portantiero e De Ipola, ainda que seria inegável que o populismo, surgindo em momentos de crise de hegemonia, articularia as interpelações democrático-populares em oposição a blocos de poder específicos e que, por isso mesmo, representaria um avanço em termos da "nacionalização" e "cidadanização" das camadas subalternas, ele o faria fetichizando tais interpelações no Estado e na figura do líder. Assim, o populismo representaria uma identificação do "nacional-popular" com o "nacional-estatal", ao contrário do socialismo, que, pelo menos em teoria, representaria uma rejeição do Estado. Por trás de ambas as formas de articulação das interpelações populares estariam duas maneiras distintas de construção da hegemonia: no caso do populismo, uma forma "organicista" e, no do socialismo, uma modalidade "pluralista".

Apoiando-se em uma análise ideológica do peronismo, mesmo caso privilegiado por Laclau, os autores procuram demonstrar que os apelos de Perón aos trabalhadores, tanto em seu primeiro governo (1945-1955) como em seu retorno ao país (1973-1974), teriam ido sempre no sentido de enfatizar a necessidade da confiança das massas na figura do líder e o papel do Estado como encarnação da nação. Ainda que reconheçam o caráter "avançado" do peronismo, ao conferir uma identidade nacional aos trabalhadores e ao antagonizar o bloco de poder oligárquico dos anos 1930-40, Portantiero e De Ipola afirmam que a articulação peronista do nacional-popular na Argentina teria sido limitada pela identificação deste com o "nacional-estatal":

> Poderíamos dizer, parafraseando a conhecida fórmula de Althusser, que o peronismo constituiu as massas populares em sujeito(o povo), no mesmo movimento pelo qual – em virtude da estrutura interpelativa que lhe era inerente – submetia esse mesmo sujeito a um sujeito único e absoluto, a sa-

ber, o Estado "fetichizado" e "corporificado" na pessoa do líder carismático. (*Idem*, p. 8-9).

Essa passagem é claramente endereçada a Laclau, visto que lembra Althusser, quem, como se viu acima, foi uma referência importante para aquele. Segundo os autores, para que se pudesse postular uma continuidade entre populismo e socialismo seria preciso defini-lo como um antagonismo, não com um bloco de poder específico mas com o princípio de dominação como tal, cuja forma por excelência seria o Estado. Porém:

> Tendemos, sem dúvida, a pensar que, o que essa substituição ganha em coerência teórica, perde em pertinência histórica. Já que, com efeito e como já assinalamos anteriormente, nenhum populismo real foi ideológica ou politicamente anti-estatal, muito pelo contrário, sempre deram ao Estado um papel, ao mesmo tempo positivo e central, de nenhum modo provisório ou destinado a ser superado historicamente. (*Idem*, p. 11)

Daí o termo "populismos realmente existentes", presente no título. A alusão à expressão, "socialismo realmente existente", corrente na época para designar os regimes do leste europeu, é óbvia. Para Portantiero e De Ipola, se os socialismos realmente existentes compartilhavam com os populismos um culto fetichizado ao Estado, seria a própria teoria socialista, cujos fundamentos seriam democráticos e pluralistas, que permitiria a crítica a tais experiências. Assim, enquanto no caso do socialismo haveria uma incongruência entre teoria e prática, o mesmo não ocorreria no caso dos populismos. Além disso, ao reivindicar uma análise ideológico--discursiva dos populismos historicamente existentes, os autores sugeriam que a análise feita por Laclau, ao se apoiar em uma definição formal do discurso populista, se distanciaria convenientemente do que teria sido a prática política concreta dos populismos.

É curioso notar que, ainda que partindo de uma abordagem completamente distinta do populismo, Portantiero e De Ipola se aproximam

Entre a nação e a revolução

de algumas conclusões de Weffort, quem,como se discutiu acima, também via no populismo um culto ao Estado. Dessa maneira, uma definição do populismo como forma ideológico-discursiva não necessariamente implica em uma determinada avaliação normativa – positiva ou negativa – das realizações políticas do populismo.

Fica claro, ao se comparar os argumentos de Laclau, por um lado, e de Portantiero e De Ipola, por outro, que, além de partirem de distintas apropriações do pensamento gramsciano, os autores também possuem divergências políticas substantivas. Como já disse acima, Laclau se formou politicamente na chamada "esquerda nacional" argentina, isto é, na fração da esquerda que se associou historicamente com o peronismo. Já Portantiero, parte de um grupo gramsciano expulso do Partido Comunista Argentino na década de 1960, viu, em um primeiro momento, com simpatia o peronismo como fenômeno de oposição. Mais tarde, influenciado pela valorização da democracia feita pela vertente "eurocomunista", e sob o impacto da experiência das ditaduras no cone sul, o autor passou a ver criticamente o papel do peronismo e da esquerda peronista no cenário político argentino.[26]

Esse diálogo crítico com os representantes da "esquerda nacional" fica claro ao final do texto, quando os autores retomam o tema das complexas relações entre intelectuais, de um lado, e "povo", de outro, que, como se viu na introdução, estariam subjacentes à categoria de nacional-popular. Para Portantiero e De Ipola, enquanto a tradição terceiro-internacionalista, na esteira da "consciência externa" de Kautsky, teria se distanciado das formas de consciência e das práticas das camadas subalternas, os intelectuais nacionalistas, ao defenderem a suposta "verdade" ou "espontaneidade" inerentes ao popular, teriam recaído no erro oposto, aderindo acriticamente ao populismo (Portantiero e De Ipola, 1981, p. 12-13). Aliás, os dois textos de Portantiero discutidos neste capítulo – (Murmiz e Portantiero, 1969) e (Portantiero e De Ipola, 1981) – refletem

---

26 Para uma apresentação sintética da trajetória dos "gramscianos argentinos", cf. (Aricó, 1987). Para uma discussão mais detalhada, veja-se (*Idem*, 1988).

bem esses dois momentos e a mudança de posição que ocorre de um para o outro.

Quanto à argumentação do segundo texto sobre a descontinuidade entre populismo e socialismo, quero apresentar aqui uma importante reserva. É curioso notar que, logo no início do texto, os autores apontam o "castrismo" e o "sandinismo" como experiências revolucionárias "bem sucedidas", ao romperem a dicotomia entre nacionalismo e socialismo (*Idem*, p. 1). Porém, ambos fenômenos não deixam de ter um lastro em tradições políticas locais que poderiam ser qualificadas como "populistas", o que certamente não escapou à atenção dos autores. Em outro texto, Portantiero afirmou:

> (...) superando o populismo, contudo, o castrismo se põe em um universo de discurso similar e remete às mesmas instâncias que haviam constituído a política de massas latino-americana tradicional, a do nacionalismo democrático que, buscando a continuidade com o passado (...) coroava uma história nacional-popular na gesta quase juvenil dos guerrilheiros de Sierra Maestra. (Portantiero, 1990, p. 339)

Ora, supondo que o autor esteja empregando o conceito hegeliano-marxista de superação entendida como negação/incorporação/superação, se o castrismo pode ser uma "superação" do populismo, ele não deixa de conservar algo dessa origem. Sendo assim, a descontinuidade ou ruptura entre "populismo" e "socialismo" não pode, a meu ver, ser postulada em termos tão radicais.[27]

Talvez a afirmação de Laclau de que o "socialismo populista" seria a forma mais "avançada" e não a mais "atrasada" de socialismo seja exagerada. Contudo, a defesa, por parte de Portantiero e De Ipola, de uma

---

27 Acredito que, ao opor a "teoria socialista" aos "populismos realmente existentes", os dois autores acabam repondo o problema. Como irei propor no próximo capítulo, se se pensar em termos da relação, não entre "socialismo" e "populismo", mas sim entre "socialismo" e "nacionalismo", pode-se encontrar o fio de continuidade históricoentre os dois polos.

ruptura, tanto no plano teórico, como no histórico, entre ambos os polos, me parece igualmente equivocada.

Por trás dos problemas implicados em ambas as posições, me parece que está uma dificuldade que diz respeito à própria formulação do conceito de populismo. Se as abordagens histórico-estruturais têm como problema a tentativa de erigir o populismo em chave explicativa de uma fase ou momento histórico das formações sociais latino-americanas, as interpretações discursivas acabam recaindo no vício oposto: o de produzir definições demasiadamente formais e amplas, principalmente no caso das contribuições de Laclau.

Se é inegável que o filósofo político argentino elevou o debate sobre o populismo a um grau de elaboração teórica até então desconhecido nesse campo de estudos, também é verdadeiro que, ao pretender levar a sério a amplitude de usos que o termo possui, ele acaba perdendo em poder explicativo ou interpretativo, na medida em que uma gama demasiadamente ampla de fenômenos políticos e históricos é definida a partir de um conceito formal. Para D'Eramo (2013, p. 4), ainda que a definição do populismo como uma retórica, empregada de distintos modos em diferentes contextos, seja atraente, no fundo ela apenas registra a polissemia inerente ao termo, remetendo-a ao emissor.

Retome-se por um momento a pergunta com a qual Laclau abre seu primeiro estudo sobre o populismo: o que haveria de comum entre o *People's Party*, o *Narodnichetsvo* e o varguismo? Talvez a resposta seja, simplesmente a seguinte: muito pouco ou nada que justifique que todos esses fenômenos sejam abarcados sob um mesmo rótulo. Aliás, como bem lembra (D'Eramo, 2013), o significado de termos como *populismo*, no vocabulário político estado-unidense de fins do século XIX, ou *narodniki*, no caso russo do mesmo período, pouco tem em comum com as definições do vocábulo que, como se viu no início deste capítulo, foram cunhadas no meio acadêmico dos EUA no segundo pós-guerra.

Isso não significa, todavia, que a abordagem discursiva deva ser inteiramente descartada. Me parece que há um ponto importante, para o qual convergem tanto Laclau, como Portantiero e De Ipola, que merece particular atenção: a construção do "povo", como força antagônica em relação a um bloco de poder e, pelo menos potencialmente, contra-hegemônica, por meio da articulação de interpelações popular-democráticas presentes nos grupos subalternos.

Como se verá, ao longo deste livro, essa é uma característica fundamental do que tenho chamado uma ideologia "nacionalista popular". O problema me parece ser a necessidade de chamar essa corrente ideológica de "populista". Por que não, como propôs Dussell (2007), falar simplesmente em articulação ou construção do "povo" ou do "popular" como força contra-hegemônica?

O nacionalismo popular como discurso contra-hegemônico

Como se viu na sessão anterior, ainda que os adeptos de uma abordagem discursiva contribuam para um melhor entendimento da noção de "povo" e seus usos variados e contraditórios no vocabulário político, sua definição de populismo é demasiadamente formalista e a histórica, em particular nas contribuições de Laclau, sendo esse um vício talvez inevitável em uma formulação tão influenciada por Althusser e o estruturalismo.

Seja como for, adotar uma leitura do populismo baseado no que denominei como abordagem discursiva implicaria, como sustentou o já mencionado historiador Ian Roxborough, em abandonar o conceito como "teoria" ou chave explicativa da política latino-americana (Roxborough, 1984, p. 14). Seguindo a sugestão de Alberto Aggio, creio que o populismo é inadequado como teoria explicativa dos processos de modernização do subcontinente, na medida em que conduz a uma leitura do percurso histórico da região que aponta na presença do Estado na vida social e econômica o seu maior problema, perdendo-se de vista a complexidade de tal processo (Aggio, 2003, p. 162-163). Assim, ao

Entre a nação e a revolução

contrário de categorias como "subdesenvolvimento", "dependência", "via prussiana" ou "revolução passiva", o conceito de populismo, como formulado pela abordagem histórico-estrutural me parece inadequado para compreender as contradições das formações sociais latino-americanas.[28] Nesse sentido, expressões como "Estado populista" – presente no título do livro de Ianni – ou "democracia populista", amplamente empregada pela bibliografia sobre o regime democrático que vigorou no Brasil entre 1945 e 1964, fazem pouco ou nenhum sentido.

Diante do exposto, proponho, para os efeitos desta pesquisa o abandono da categoria de populismo para definir os movimentos e ideologias que procuro interpretar. Como sugere mais uma vez Marco D'Eramo, o populismo não é uma auto-designação de um movimento político determinado, mas o rótulo que sobre ele impingem seus adversários. Nessa chave, o termo, se não diz muito sobre os partidos, lideranças e ideologias que procura caracterizar, diz muito sobre as agremiações, políticos e intelectuais que o empregam para rotular seus oponentes (D'Eramo, 2013, p. 4).

Porém, fica o problema: deve-se então abdicar de qualquer pretensão generalizante e ater-se tão somente aos "termos nativos", para utilizar o jargão antropológico? Isso equivaleria, no caso da presente investigação, a empregar apenas os termos "trabalhismo" ou "aprismo"? Mas, seguindo esse caminho, a comparação e, a partir dela, o esforço de generalização estariam prejudicados.

Como alternativa, proponho, justamente, o termo nacionalista popular ou "nacionalismo popular" como definidos na introdução, isto é: discursos ideológicos que, articulando interpelações discursivas – como

---

28 Essa objeção se refere especificamente ao conceito de populismo, formulado a partir de uma abordagem histórico-estrutural, e não à qualquer abordagem desse tipo. Pelo contrário, como se poderá ver nos capítulos 2 e 4, empregarei conceitos como "via prussiana" ou "revolução passiva" para pensar a questão nacional na América Latina e o desenvolvimento capitalista brasileiro, respectivamente. Tratam-se de categorias adequadas à interpretações histórico-estruturais, o que não ocorre, a meu ver, com o conceito de populismo.

são "povo" e "nação" - que aglutinam um campo político "popular", antagônico ao bloco dominante, o qual seria formado, segundo o mesmo discurso, pelas "oligarquias" e pelo "imperialismo". Por um lado, essa definição é mais precisa e circunscrita do que o termo "populismo", excluindo fenômenos como, no caso brasileiro, o "janismo" ou o "adhemarismo", os quais seriam melhor definidos como formas de "conservadorismo popular". Por outro lado, essa terminologia vai além do que chamei a pouco de "termos nativos" – "aprismo", "trabalhismo" ou "peronismo" – o que permite, a partir das semelhanças, comparar as diferenças, justamente o cerne de um estudo comparativo.

Creio que a categoria proposta pode dar uma importante contribuição para entender as modalidades de inserção das classes subalternas na vida política da América Latina de ontem e de hoje. Tais modalidades não são, como indiquei acima na crítica ao pós-marxismo de Laclau e Mouffe, indiferentes às estruturas socioeconômicas que caracterizam a América Latina.

Como se viu na introdução, as noções de "povo", "massas" e "nação" confluiram no vocabulário político do subcontinente na medida em que a entrada dos trabalhadores na esfera política esbarrou em duas ordens de obstáculos: as instituições liberal-oligárquicas e a dependência econômica (*Idem*, p. 140). Como se verá em maior detalhe no próximo capítulo, as nações latino-americanas, construídas no decorrer do século XIX, seriam "comunidades imaginadas inacabadas", já que a pertença a nação oficial foi vedada a amplos setores sociais por barreiras étnicas e/ou de classe legadas pelo período colonial. Daí que, ao longo da primeira metade do século XX, surgiram formações discursivas que podem ser denominadas como "nacionalismos populares" que, impulsionados tanto por elites marginalizadas do poder, quanto por movimentos de grupos subalternos, procuraram redefinir as identidades nacionais em termos mais inclusivos, com variados resultados em diferentes países (Itzigsohn e Von Hau, 2006).

Entre a nação e a revolução

Foi por recolherem e organizarem tais interpelações em um discurso antagônico ao do bloco de poder que movimentos como o peronismo, o aprismo ou o varguismo foram capazes de angariar o apoio dos trabalhadores. Na feliz expressão de Portantiero, essas formações ideológicas sintetizaram: "(...) em um único movimento demandas de classe, de cidadania e de nação" (Portantiero, 1987, p. 58).

Do mesmo modo, o relativo insucesso de partidos ou organizações marxistas, na maior parte da América Latina, de ganhar o apoio das massas se explica por sua incapacidade, devido ao "reducionismo" classista, de articularem as interpelações nacionais e populares ao discurso de classe, constituindo, dessa maneira sujeitos políticos contra-hegemônicos.

Inclusive, cabe notar que a única revolução socialista bem-sucedida no subcontinente, a cubana, começou, não por acaso, como um movimento nacionalista popular típico, lastreado em uma tradição de nacionalismo e anti-imperialismo que vinha de José Martí em fins do século XIX (Portantiero, 1979, p. 127). Esse fato joga luz sobre um aspecto fundamental para entender os chamados "populismos" e seu potencial disruptivo: o fato de que as noções de "nação" e "povo" respondem a contradições muito profundas dessas formações sociais e os movimentos políticos que pretendem transformar estas últimas têm de incorpora-las de algum modo a seu discurso.

Se neste capítulo foi discutida a dificuldade de o marxismo trabalhar com a noção de "povo", resta ainda discutir as vicissitudes dessa tradição intelectual com o outro termo do par "subjacente à ideia de uma corrente nacionalista popular", ou seja: a nação. Será esse o objeto do próximo capítulo.

capítulo 2

Marxismo e questão nacional na América Latina

As "comunidades imaginadas" e o desenvolvimento desigual

Discutida a relação entre a tradição marxista e os temas do povo e do "populismo", é agora o caso de abordar a relação entre esta tradição teórica e os temas da nação e do nacionalismo, sem os quais, como já ficou dito, não se pode compreender a divisão, no interior da esquerda latino-americana, entre vertentes "marxistas" e "nacionalistas populares". Isso implica também resgatar o modo pelo qual a questão nacional foi abordada na tradição marxista em geral.

Assim, retorna-se à controvérsia, volumosa na literatura do século XX, em torno do que seria uma nação. Como lembra Benedict Anderson, em que pese a importância crucial e inequívoca do nacionalismo nos últimos dois séculos, é flagrante a dificuldade de encontrar definições amplamente aceitas ou consensos mínimos em relação a esse fenômeno ou em relação ao próprio conceito de nação (Anderson, 2000, p. 10).

Para buscar definições da nação e do nacionalismo adequadas ao meu objeto de pesquisa, dialogarei com duas abordagens filiadas à tradição teórica do materialismo histórico: as de Bennedict Anderson e Tom Nairn.

Em uma tentativa de explicar o mal-estar dos estudiosos do assunto em relação à categoria de nação e ao nacionalismo, Benedict Anderson sustenta que:

> "Os teóricos do nacionalismo ficaram frequentemente perplexos, para não dizer irritados, com os seguintes três paradoxos:
> 1. A modernidade objetiva das nações versus a sua antiguidade subjetiva aos olhos dos nacionalistas.
> 2. A universalidade formal da nacionalidade enquanto conceito sóciocultural – no mundo moderno, todas as pessoas podem ter, devem ter e terão uma nacionalidade, tal como têm um gênero feminino ou masculino – versus a particularidade irremediável das suas manifestações concretas, de tal forma que, por definição, a nacionalidade grega, ésui generis.
> 3. A força política dos nacionalismos versus a sua pobreza, ou mesmo incoerência filosófica. Por outras palavras, ao contrário do que se passa com a maior parte dos outros "ismos", o nacionalismo nunca produziu os seus próprios pensadores de monta: não há um Hobbes, um Tocqueville, um Marx ou um Weber do nacionalismo." (Anderson, 1993, p. 24)

A dificuldade estaria, ainda segundo o mesmo autor, no fato de os estudiosos tenderem a hipostasiar o "Nacionalismo com letra maiúscula", do mesmo modo em que se pode falar da "Idade com maiúscula", e, além disso, de classificar essa entidade, "Nacionalismo", como sendo uma ideologia, no mesmo sentido do "liberalismo" ou do "fascismo" (*Idem*, p. 25). Desse modo, para compreender a nação e o nacionalismo, como "artefatos culturais" modernos, seria mais interessante compará-los à religião ou ao parentesco.

É curioso que Anderson para sustentar essa afinidade entre o "nacionalismo" e a "religião" recorre ao exemplo do que talvez seja o monumento mais característico do nacionalismo, quase ausente nas sociedades pré-modernas: o "cenotáfio" ou "túmulo do soldado desconhecido". Se pergunta o autor, não sem senso de humor, alguém poderia evitar a sensação de absurdo ao imaginar o "túmulo do marxista desconhecido" ou em homenagem aos "liberais caídos"? Isso ocorre porque, ambas as ideologias – enquanto ideários progressistas-evolucionistas – não se

Entre a nação e a revolução

põem as questões da "morte" ou "imortalidade", ao contrário das religiões e do nacionalismo (*Idem*, p. 31-32).

Aqui surge um problema aparente, ao qual devo me dirigir antes de prosseguir com a argumentação. Na introdução, defini meu objeto como sendo constituído pelas relações contraditórias entre o marxismo e o "nacionalismo popular", entendido como uma corrente ideológica, ainda que de contornos mais vagos e sem as mesmas pretensões universalistas do primeiro. Aí não haveria uma contradição com as postulações de Anderson? Não creio que seja o caso. Ao falar em "nacionalismo popular" estou me referindo a uma certa corrente ideológica latino-americana que se caracteriza por uma apropriação específica do nacionalismo. Tratar-se-ia, portanto, do "nacionalismo com letra minúscula", ou daquela especificidade irredutível aos variados nacionalismos, sublinhada pelo autor anglo-irlandês.

Mas afinal, haveria uma definição de nação a partir da qual se poderia trabalhar o amplo espectro dos nacionalismos? Para Anderson: "(...) É uma comunidade política imaginada e que é imaginada, ao mesmo tempo, como limitada e soberana." (*Idem*, p. 25). Aqui cabe fazer um esclarecimento a respeito do adjetivo "imaginada": "qualquer comunidade maior que as aldeias primordiais onde todos se conheçam face-a-face, é, de uma maneira ou de outra, imaginada" (*Idem*, p. 26) Como esta passagem deixa claro, para o autor, toda comunidade humana, na medida em que seus membros jamais terão contato com a grande maioria dos demais, é sempre imaginada, o que não equivale à "falsa". Para ele: "As comunidades deverão ser distinguidas, não por seu caráter falso ou genuíno, mas pelo modo como são imaginadas." (*Idem, Ibidem*)

Aqui cabe retomar o debate, realizado no capítulo anterior, acerca da maior "objetividade" da identidade classista, *vis-a-vis* a popular ou a nacional. Como bem sintetizou Gopal Balakrishnam, enquanto as classes emergem das relações de exploração que dividem a sociedade, a nação é uma forma de organização política e cultural que pode englobar a sociedade como um todo. A tese de que o proletariado só teria emergido na cena histórica como "classe nacional", sugeriria que "classe" e "nação", longe de serem bases de organização antagônicas, são, no mínimo, complementares (Balakrishnam, 2001, p. 211).

Seguindo tal raciocínio e definindo a nação a partir do conceito de "comunidade imaginada" de Benedict Anderson, se deve concluir que as classes sociais só podem exprimir-se política e ideologicamente por meio de uma experiência nacional que é parte constitutiva de sua consciência. Não haveria, portanto, uma oposição necessária entre a consciência de pertencer a uma classe, entendida como grupo que ocupa um mesmo lugar nas relações de produção, e de pertencer a uma dada comunidade nacional.

Esclarecido o problema da "imaginação", ficam ainda pendentes os outros traços definidores das comunidades nacionais: sua "limitação" e "soberania. Quanto a esses dois elementos, a seguinte passagem de Anderson é bastante precisa:

> A nação é imaginada como limitada porque até a maior das nações, englobando possivelmente um bilhão de seres humanos vivos, tem fronteiras finitas, ainda que elásticas, para além das quais se situam outras nações. Nenhuma nação se imagina a si própria como tendo os mesmos limites que a humanidade. Nem os nacionalistas mais messiânicos têm o sonho de um dia todos os membros da espécie humana integrarem a sua nação da forma como era possível, em certas épocas, por exemplo, os cristãos sonharem com um planeta inteiramente cristão. É imaginada como soberana porque o conceito nasceu numa época em que o iluminismo e a revolução destruíam a legitimidade do reino dinástico hierárquico e de ordem divina. (*Idem, Ibidem*)

Mas, além de seu caráter auto limitado e da aspiração a ser "livre", da qual a construção de um "Estado-nação" seria o coroamento, as nações teriam ainda uma outra característica, isto é, sua horizontalidade. Para Anderson:

Entre a nação e a revolução

> (...)a nação é imaginada como uma comunidade porque, independentemente da desigualdade e da exploração reais que possam prevalecer em cada uma das nações, é sempre concebida como uma agremiação horizontal e profunda. Em última análise, é essa fraternidade que torna possível que, nos últimos dois séculos, tantos milhões de pessoas, não tanto matassem, mas quisessem morrer por imaginários tão limitados. (*Idem*, p. 27)

Assim, tem-se uma definição do que seriam as nações, como as comunidades políticas e culturais por excelência do mundo moderno, as quais teriam nascido da desagregação da forma de "comunidade imaginada" anteriormente predominante, os "Impérios dinástico-eclesiásticos". Contudo, quais fatores explicariam a emergência da nação e, por conseguinte, do nacionalismo?

Na interpretação que estou examinando, a emergência da consciência nacional, como comunidade imaginada, horizontal e secular, teria sido fruto da combinação do capitalismo com a imprensa, por um lado, e a vernacularização das línguas administrativas como instrumento de centralização estatal, de outro. Ou, como sintetiza o autor, a combinação de um modo de produção (o capitalismo), uma técnica (a imprensa) e a fatalidade da diversidade linguística (*Idem*, p. 70-71).

Todavia, tais fatores, ainda que possam ser fundamentais para o advento da "consciência nacional" em geral, ou do "Nacionalismo com maiúscula", como formulou o próprio autor, não parecem aportar muito para a elucidação dos nacionalismos populares latino-americanos do século XX. A propósito, ainda que Anderson conceda, a meu ver com justeza, o pioneirismo do nacionalismo aos criollos americanos, sua análise dos nacionalismos na região se restringe ao período em torno das guerras de independência (final do século XVIII e início do XIX). O problema aí me parece residir, como apontaram Itzigson e Von Hau (2006), no fato de que a maior parte das teorizações sobre o nacionalismo estão mais preocupadas com a eclosão ou a origem do nacionalismo ou das identidades nacionais, do que com suas transformações e recriações ao longo do tempo.

Assim, para os propósitos deste estudo, será preciso recorrer à outra explicação do advento dos nacionalismos, já referida anteriormente, a de Tom Nairn. Para o autor escocês, a origem do nacionalismo estaria relacionada ao processo de desenvolvimento desigual e combinado do capitalismo em escala mundial, o qual geraria desequilíbrios e conflitos crescentes entre "regiões centrais" e "periféricas".

A ideia de um desenvolvimento linear e progressivo implicaria, para as regiões periféricas, a existência de elites locais "cosmopolitas", dispostas a incorporar e, em seguida, difundir a técnica, as instituições e valores modernos, mas segundo o autor:

> (...) não apenas essas cópia e difusão graduais não eram possíveis, como também não o era a formação desta classe universal. Ainda que tenham havido e haja versões caricaturais dela, sob a forma de "burguesias compradoras", alinhadas com o capital metropolitano ao invés de com seu próprio povo. Ao contrário, o impacto destes países líderes foi experimentado normalmente como dominação e invasão. (Nairn, 1981, p. 338-339)

A situação periférica colocaria, desta forma, as elites locais diante do seguinte dilema: ou aceitar a dominação estrangeira, ou bem insurgir-se contra ela, procurando uma inserção autônoma no capitalismo. Esta segunda opção, a qual poderia ser sintetizada na expressão "tomar as coisas nas próprias mãos", gerava uma relação contraditória com o "progresso":

> Tomar as coisas em suas próprias mãos' denota muito da substância do nacionalismo. É claro, isso significa que tais classes e, por vezes, as massas a baixo delas, pelas quais se sentiam responsáveis, tinham de se mobilizar contra o progresso, ao mesmo tempo em que procuravam melhorar sua situação de acordo com os novos cânones. Elas tinham que contestar as formas concretas pelas quais, por assim dizer, o progresso as havia tomado de surpresa,

Entre a nação e a revolução

mesmo quando procuravam se auto aperfeiçoar. Já que queriam fábricas, parlamentos, escolas e assim por diante, elas tinham de copiar de algum modo os líderes, mas de um modo que rejeitasse a mera implementação destas coisas por intervenção ou controle estrangeiros. (Nairn, 1981, p. 339)

Dessa maneira, as elites modernizadoras, dispostas a conduzir suas sociedades pelo difícil caminho da superação do atraso e do subdesenvolvimento, estabeleciam uma relação ambígua com o modelo de progresso representado pelas sociedades centrais: por um lado, almejavam atingir seus níveis de desenvolvimento econômico, político e cultural, por outro, tinham de rejeitar a cópia fiel desses mesmos modelos e empreender o "caminho próprio" ou "autônomo" para a modernidade, isto é, contando com as próprias forças.

O problema que então se apresentava era, justamente, o de quais forças ou meios estariam disponíveis para empreender o caminho do desenvolvimento autônomo. A resposta para a elite modernizadora, infelizmente, não parecia muito animadora, pois, nos países periféricos faltavam todos os meios dos quais as regiões centrais dispunham: capital, Estados unificados e centralizados, etc. O único recurso com o qual poderiam contar era a própria população e as particularidades locais:

> A mobilização tinha que se dar nos termos do que havia disponível e o ponto do dilema era o de que não havia nada disponível – nenhuma das instituições econômicas e políticas da modernidade, agora tão necessárias. Tudo o que havia era o povo e as peculiaridades da região, seu ethnos herdado, sua fala, folclore, cor da pele e assim por diante. O nacionalismo funciona por diferenciação porque ele assim necessita. Ele não possui necessariamente um perfil democrático, mas ele é invariavelmente populista. (*Idem*, p. 340)

A última afirmação merece um comentário. Como é comum nas ciências sociais, o autor utiliza o termo "populismo" sem se preocupar em defini-lo, o que é problemático. Porém, o que Nairn quer dizer é que, diante da carência de meios materiais para uma estratégia de desenvolvimento capitalista nacional, os nacionalistas precisam recorrer à uma ampla mobilização do conjunto da sociedade, criando, para tanto, no dizer do próprio autor, "comunidades militantes" poli-classistas. A "nação" e o "povo", dessa maneira, não seriam produtos da ausência de "consciência de classe" das massas, mas a forma própria de intervenção política destas últimas, quando convocadas pelas elites nacionalistas para engajar-se no esforço do desenvolvimento.

Ainda que com o passar do tempo o nacionalismo tenha se difundido das periferias ou zonas atrasadas para os centros originários do desenvolvimento capitalista – Inglaterra, França e EUA –, os quais dispunham dos meios para dotá-lo de eficácia, Nairn sublinha que:

> (...) a ideologia sempre foi produzida na periferia, ou por pessoas pensando nos dilemas da periferia, estejam estas nela ou não. O locus clássico foi na Alemanha e na Itália, durante a época na qual estas eram pântanos, aventurando-se para se reordenar e enfrentar a ameaça que vinha do ocidente. E a retórica e doutrina do nacionalismo têm sido constantemente reformuladas e repensadas por porta-vozes da periferia, desde então, até os tempos de Amílcar Cabral e Che Guevara. (*Idem*, p. 343)

Afirmar que o nacionalismo, como fenômeno histórico, teve suas origens na periferia do capitalismo é, sem dúvida, algo muito discutível e, provavelmente, a maioria dos estudiosos do assunto não estariam dispostos a adotar esse ponto de vista. Não tenho, nos limites deste livro, condições de discutir o problema da origem do nacionalismo de modo satisfatório. Quero frisar apenas que a interpretação de Nairn, ainda que possa ter fragilidades importantes no que tange à nação e ao nacionalismo em geral, se presta bem ao tratamento dos nacionalismos populares latino-americanos do século XX, por motivos que exporei mais adiante.

Entre a nação e a revolução

Além disso, em que pese a controvérsia, essa passagem dos nacionalismos alemão e italiano do século XIX para os movimentos de libertação nacional da segunda metade do XX – clara nas referências a Cabral e Che Guevara – aponta para uma das dimensões mais polêmicas do debate em torno do nacionalismo: sua profunda ambiguidade político-ideológica. Afinal, o nacionalismo pode ser encontrado em movimentos políticos tão distantes entre si quanto o nazismo e o castrismo.

Uma solução simples para essa perturbadora questão, recorrente em meios de esquerda, seria a de distinguir entre um nacionalismo "bom" e um nacionalismo "mau", entre um nacionalismo "progressista" e outro "reacionário". Para Nairn, ainda que política e moralmente justa, essa distinção seria teoricamente equivocada, na medida em que procuraria contornar uma ambiguidade inerente ao fenômeno e presente em suas mais variadas manifestações. Daí a comparação do nacionalismo a Janus, deus bifronte da mitologia romana:

> (...) O nacionalismo pode, nesse sentido, ser retratado como o antigo deus romano, Janus, que ficava sobre um pórtico, com uma face olhando para frente e outra para traz. Assim, o nacionalismo se situa na passagem para a modernidade, para a sociedade humana. Na medida em que a humanidade é forçada através de sua porta estreita, e ela deve olhar desesperadamente para o passado, para juntar forças aonde puder para a epopeia do desenvolvimento. (*Idem*, p. 348-349)

Para o autor, o marxismo clássico não formulou uma teoria adequada do nacionalismo porque, tendo sido elaborado em uma época de plena expansão do capitalismo – quando este ainda estava longe de abranger o mundo inteiro – os "pais fundadores" e seus herdeiros não teriam condições de questionar a visão hegemônica do progresso no ocidente. Tal questionamento estaria, para empregar a terminologia de Lukács, para além de sua "consciência possível". A tragédia, claramente expressa em 1914, foi que o marxismo acabou sendo derrotado, nos próprios países de capitalismo avançado, pelo nacionalismo. Porém, essa derrota acabou abrindo um campo inusitado de expansão para o socialismo, mas em estreita, ainda que não admitida, aliança com o nacionalismo:

> O nacionalismo derrotou o socialismo na zona de alto desenvolvimento, forçando-o para áreas sucessivas de atraso, aonde ele estava fadado a se tornar parte de seu grande impulso compensatório para tirar o atraso – uma ideologia do desenvolvimento ou industrialização, ao invés de uma ideologia da sociedade pós-capitalista. Nessa posição na economia-mundo, ele se tornou, é claro, um aliado subalterno do nacionalismo. Porém, essa derrota também implicou em uma difusão mundial do socialismo, a um tempo muito mais rápido do que o imaginado pelos pais-fundadores. (*Idem*, p. 357)

Afinal, é um fato indiscutível que as revoluções socialistas vitoriosas do século XX ocorreram, exclusivamente, em formações sociais "atrasadas" ou "periféricas": Rússia, China, Vietnã, Cuba, etc. Essa "periferização" não poderia deixar de transformar profundamente o próprio significado do socialismo, o qual deixou de ser uma ideologia pensada para as sociedades de capitalismo avançado e se transformou em ideologia do desenvolvimento para sociedades periféricas:

> Cada vez mais claramente, o socialismo se tornou a arma principal para a marcha forçada de uma nova série de territórios subdesenvolvidos. Ele se fundiu de modo mais efetivo com seu novo nacionalismo do que com a consciência de classe dos países desenvolvidos. (*Idem*, p. 355-356)

Esse último ponto – já mencionado na introdução desta obra – é do maior interesse para pensar o problema das relações entre o comunismo e o nacionalismo. Afinal, o que tornou o marxismo de matriz comunista atraente para os intelectuais e militantes radicais de sociedades periféricas foi justamente essa transformação do socialismo em uma ideologia da modernização, o que não poderia estar mais distante das formulações originais de Marx e Engels. Ainda que não forneça uma definição da nação como a de Anderson, Nairn, como afirmei acima, me parece oferecer uma explicação mais interessante do nacionalismo para os fins da presente pesquisa. Afinal, a associação do nacionalismo à "tomada de consciência", por parte de uma elite, da "tragédia do subdesenvolvimento" e da urgência de superá-lo e aos esforços subsequentes para mobilizar as forças populares em torno do objetivo de um desenvolvimento autônomo, parecem se adequar bem aos casos peruano e brasileiro aqui examinados e, de modo mais geral, ao nacionalismo popular latino-americano. Como se verá nos próximos capítulos, o apelo às massas, associado a objetivos anti-imperialistas e desenvolvimentistas, é um dos elementos-chave das mensagens de Victor Raúl Haya de La Torre e Getúlio Vargas, nos períodos considerados. Por outro lado, a ideia de uma "tomada de consciência" e da necessidade de buscar um "caminho próprio" são abundantes em escritos de intelectuais nacionalistas como o próprio Haya de La Torre ou os isebianos brasileiros.

As formulações do autor escocês me permitem retornar a um ponto, já mencionado, mas não desenvolvido no primeiro capítulo, isto é: as críticas de Weffort, Chauí e Ianni à mobilização da categoria de nação pela esquerda do pré 1964. Retomando, por exemplo, a crítica de Weffort ao discurso de posse de Miguel Arraes, se viu como o cientista político rejeita a terminologia nacionalista empregada pelo político pernambucano, na medida em que esta teria um efeito "mistificador", pois a nação seria uma "aparência" que mascararia o conflito de classes, a "realidade".

Ora, o argumento de Nairne vai justamente na direção oposta. Para ele, a nação e o nacionalismo respondem a contradições bem enraizadas nas condições materiais do capitalismo como sistema mundial, ou seja: o caráter desigual e combinado do desenvolvimento. Assim sendo, não seria possível dizer que, em formações sociais periféricas, a contradição entre a "nação" e os "interesses imperialistas", forma assumida pela contradição centro/periferia, seria menos "real", do que a contradição entre "capital/trabalho". Mais do que isso, essas duas contradições podem ser inseparáveis em certas condições históricas. Daí que para as massas de sociedades periféricas, a nação como forma de identidade coletiva pode suscitar uma adesão maior do que a identidade classista, postulada de forma cosmopolita e descontextualizada em relação ao terreno nacional. Nessa chave, o equívoco de Weffort a respeito do nacionalismo faz parte de um equívoco muito mais amplo: o do marxismo clássico em geral, o qual discutirei na próxima sessão.

Se as sugestões de Nairn são bastante frutíferas para os propósitos deste estudo, porém, seu o argumento, formulado em linhas muito gerais e tendo como escopo explícito algo tão vasto como a história do capitalismo mundial, não poderia ser "aplicado" ao caso latino-americano sem problemas ou reservas. Afinal de contas, uma coisa é o atraso relativo da Alemanha e da Itália em relação à França e à Inglaterra no século XIX, outra muito distinta é o subdesenvolvimento das vastas periferias que passaram pela experiência colonial: Ásia, África e América Latina. Entre estas, todavia, ainda há outra importante clivagem. De um lado, a América Latina, que viveu a colonização mercantilista dos séculos XVI-XVIII, e que obteve sua independência formal, na grande maioria dos casos, no início do XIX e, de outro, a Ásia e a África, colonizadas durante a expansão imperialista de fins dos oitocentos e que se emanciparam somente após 1945. Por fim, a diversidade entre as próprias formações sociais latino-americanas também é enorme, como os dois casos aqui escolhidos deixam claro. É obvio que discrepâncias tão agudas só poderiam resultar em variedades de nacionalismo muito distintas.

Além dessas ponderações, por assim dizer, de "escala", também é válida para Nairn á ressalva já feita para Anderson: suas preocupações se voltam mais para o momento de eclosão da "consciência nacional", quando o que me interessa aqui são mais momentos em que esta assume novas formas. Afinal, trato de sociedades que, ao menos formalmente, já eram soberanas e possuíam seus próprios Estados. Contudo, essa crítica

Entre a nação e a revolução

é menos forte no caso do autor escocês do que em relação a seu colega anglo-irlandês, na medida em que, ao relacionar nacionalismo e subdesenvolvimento, nos permite pensar variados objetivos nacionalistas, para além da obtenção da independência política. Enfim, proponho que a definição da nação como "comunidade imaginada", formulada por Anderson, e a associação entre nacionalismo e a condição periférica, defendida por Nairn, não são mutuamente excludentes e podem ser conjugadas, pelo menos para os casos em tela.[1] Isso, todavia, só pode ser feito transformando suas conceituações à luz da especificidade latino-americana, o que farei na última sessão deste capítulo.

O marxismo clássico e a questão nacional

Como se viu ao longo da última sessão, autores marxistas contemporâneos como Anderson e Nairn, ao abordarem o fenômeno nacional, partem justamente da admissão da perplexidade e incompreensão que os clássicos demonstraram diante da nação e do nacionalismo. Cabe agora examinar mais de perto esse mal-entendido.

Em um estudo sobre as diferentes teorias sobre as nações e o nacionalismo, o especialista britânico Anthony Smith inclui o pensamento de Karl Marx e Friedrich Engels entre as fontes teóricas heterogêneas que originam o que denomina como "paradigma modernista", isto é, o conjunto de elaborações que postulam a relativa novidade histórica do fenômeno nacional, associando-o ao advento da modernidade e do capitalismo (Smith, 1998, p. 9-12). Não que os pais do materialismo histórico tenham formulado algum conceito acabado de nação, o que, como dito anteriormente, nunca fizeram. Todavia, procuraram entender o advento

---

1   Na realidade, a compatibilidade entre as duas formulações é afirmada pelo próprio Anderson. Segundo ele, o ponto de partida de *Comunidades Imaginadas* (1983) foi a polêmica suscitada pela publicação de *The Brake-Up of Britaine (1977) de Nairne.*, com cujos pontos de vista Anderson simpatizava. Assim, sua *contribuição viria no sentido de aprofundar e aperfeiçoar o caminho teórico aberto por Nairne.* Cf. (Anderson, 2016).

de nações como um desdobramento do desenvolvimento do capitalismo e da consolidação da burguesia como classe dominante, moldando o Estado e a sociedade a sua imagem e semelhança.²

Entretanto essa visão macro histórica não é suficiente para dar conta da variedade de comunidades nacionais e movimentos nacionalistas que surgiram desde finais do século XVIII. Se Hobsbawm (1990, p. 38-40) afirma que o pressuposto do "livre mercado" impediu os economistas políticos liberais de apreciarem a importância da nação para o desenvolvimento do capitalismo, possivelmente os pressupostos da precedência das classes e do caráter internacionalista da futura revolução socialista tenham impedido igualmente Marx e Engels de devotar um interesse mais sistemático ao problema. Como se sabe, o tema só preocupou os dois revolucionários alemães na medida em que estivesse relacionado ao sucesso (ou fracasso) da revolução proletária. Os nacionalismos poderiam ter uma contribuição progressista se, de um lado, minassem antigos regimes feudais e dessem origem a Estados burgueses (caso do polonês e do húngaro em 1848) ou, de outro, se representassem abalos no capitalismo mais desenvolvido que contribuíssem para a causa do proletariado (caso da Irlanda).

Já os nacionalismos tidos como "reacionários" eram os de pequenos povos agrários os quais, contra o advento do capitalismo e da sociedade burguesa, se aliavam aos Impérios absolutistas (caso dos tchecos e eslavos do sul, que, em 1848, estiveram ao lado da Rússia contra poloneses, húngaros e alemães). Essa distinção foi formulada por Engels, valendo-se do conceito hegeliano de "povos com ou sem história".³ Por

---

2   Já existe uma ampla bibliografia sobre a questão nacional no pensamento marxista. Para alguns exemplos, cf. (Galissot, 1987), (Löwy e Haupt, 1974), (Marmora, 1986), (Rivadeu, 1990).

3   O conceito de povos sem história, o qual Engels retira de Hegel, designa determinados povos que por seu atraso e pequenas dimensões seriam incapazes de participar do progresso histórico. Daí Engels enxergar um reacionarismo intrínseco aos movimentos nacionalistas de povos agrários como os tchecos ou eslavos do sul, que a seu ver funcionavam como instrumentos do czarismo contra os nacionalismos burgueses como os dos alemães, húngaros e polo-

Entre a nação e a revolução

trás dessa valorização positiva ou negativa de determinadas reivindicações nacionalistas, estava a leitura do desenvolvimento capitalista como uma tendência homogeneizadora e progressista, como consagrado nas primeiras páginas do *Manifesto Comunista*:

> A burguesia (...) arrasta todas as nações, mesmo as mais bárbaras, para a civilização. Os preços baixos de suas mercadorias são a artilharia pesada com que deita por terra todas as muralhas da China, com que força a capitulação o mais obstinado ódio dos bárbaros ao estrangeiro. Compele todas as nações a apropriarem o modo de produção da burguesia; se não quiserem arruinar-se, compele-as a introduzirem no seu seio a civilização, isto é, a se tornarem burguesas. Numa palavra, ela cria um mundo à sua própria imagem. (Marx e Engels, 1997)

Como bem argumentou Tom Nairn, a leitura do capitalismo pressuposta em passagens como esta origina-se na mesma fonte que as interpretações do desenvolvimento da economia política liberal: a noção de que a expansão do capitalismo representaria um desenvolvimento homogêneo e uniforme:

> O mercado mundial, a indústria mundial e a literatura mundial previstos com tanta exaltação no *Manifesto Comunista* conduziram todos, de fato, para o mundo do nacionalismo. Supostamente, deveriam ter levado à uma contradição muito mais palatável para o gosto filosófico ocidental: aquela entre as classes sociais, um proletariado e uma burguesia essencialmente iguais em toda a parte – duas classes cosmopolitas, como se estivessem, trancadas na mesma batalha, de Birmingham à Xangai. (Nairne, 1981, p. 341)

---

neses. Cf. (Galissot, 1987). Segundo Hobsbawm (1990, p. 46-47), a ideia de que as nações precisariam ter grandes dimensões para serem historicamente viáveis seria amplamente compartilhada ao longo do espectro ideológico progressista da Europa de meados do século XIX, sendo portanto um anacronismo criticar as formulações de Engels como sendo "chauvinistas".

Para o autor escocês, ao contrário do que pressupunha a noção dominante de progresso, da qual o marxismo clássico também comungava, o desenvolvimento capitalista se deu de modo desigual e combinado, gerando, portanto, mais desequilíbrio e fragmentação do que nivelamento e homogeneidade:

> A contradição aqui é que o capitalismo, mesmo quando se expandia impiedosamente pelo mundo para unificar a sociedade humana em uma história mais ou menos conectada pela primeira vez, também engendrava perigosas e convulsivas novas fragmentações dessa sociedade. O custo histórico-social dessa rápida implantação do capitalismo na sociedade mundial foi o nacionalismo. (*Idem, Ibidem*)

Como discutido na sessão anterior, Nairne aborda o nacionalismo como resposta das periferias ao desenvolvimento desigual e combinado do capitalismo, sendo, portanto, um traço crucial e inextirpável do mundo moderno.

Retornando a Marx, poder-se-ia argumentar, todavia, como fez José Aricó, que ao longo de seus estudos que desembocaram em *O Capital*, o revolucionário alemão teria complexificado sua compreensão do desenvolvimento capitalista. Se o capitalismo homogeneizava a produção e os modos de vida, o processo contraditório deste modo de produção também geraria novas diferenças e desequilíbrios entre as sociedades humanas (Aricó, 1982). Desse modo, Marx teria passado a considerar que haveria diversas possibilidades de passagem de formações econômicas pré-capitalistas para o capitalismo e destas para o socialismo. Daí seu profundo interesse, nos anos 1870, pelas estruturas agrárias russas e sua dúvida diante da pergunta, feita em uma carta da militante populista Vera Zazulitch, se a *obstchina* (comuna camponesa russa) poderia ser o embrião de uma economia socialista na Rússia.

Tal leitura mais matizada da dinâmica das relações capitalistas poderia conduzir a avaliações melhores do fenômeno das nações e do nacionalismo. Não quero aqui adentrar o escorregadio e já muito explo-

Entre a nação e a revolução

rado tema da exegese da vasta obra do autor alemão, assunto que não teria condições de abordar e que escapa em muito ao âmbito deste estudo. Todavia, vale o registro, em favor do argumento de Nairn, de que o "marxismo", como ideologia, formulada primeiramente por Engels e, em seguida, por seus herdeiros da IIa. Internacional, acentuou a leitura do desenvolvimento capitalista homogêneo e progressista. Nesse sentido, é bom lembrar que, os estudos de Marx acima referidos sobre a comuna camponesa na Rússia, ou sobre as formações pré-capitalistas, só vieram a ser publicados em meados do século XX. Assim, ainda que se possa encontrar grandes discrepâncias entre diferentes escritos do autor, o que prevaleceu no marxismo foi a visão linear e uniforme do progresso.

Seja como for, as reflexões de Marx e Engels sobre a nação e o nacionalismo permaneceram no nível conjuntural. A elaboração um pouco mais sistemática sobre o assunto ficaria para a geração da II.a Internacional.

Além das crescentes tensões nacionais no interior dos impérios multiétnicos da Europa Central e Oriental (Austro-Húngaro e Russo), a nova geração tinha de lidar com a onda de expansionismo das potências capitalistas na África e na Ásia (consolidada na partilha de colônias efetuada no Congresso de Berlim, em 1883) (Galissot, 1987). Foi a partir desta nova situação que os teóricos da IIa. Internacional cunharam os termos "questão nacional" e "questão colonial", além de um novo conceito, o de imperialismo, caracterizado como o expansionismo econômico e político calcado na exportação de capitais necessária à acumulação dominada pelo capital financeiro.

Outro fator novo que iria impactar o debate marxista em relação à questão nacional seria a crescente integração dos partidos socialistas de massas aos sistemas políticos de seus Estados. O resultado irônico desse processo seria a decisão, em 1914, da maioria dos socialdemocratas alemães de votarem a favor da entrada da Alemanha na guerra. Assim, o processo de acomodação dos partidos operários aos regimes parlamentares de então favoreceu sua assimilação dos nacionalismos oficiais, bem como das políticas coloniais de seus Estados.

Como lembra Hobsbawm, a emergência, ao final do século XIX, da participação ampliada na vida política gerou o fenômeno da mobilização nacionalista de massas, o qual era um desafio urgente para os socialistas, que pretendiam organizar a mesma base social (Hobsbawm, 1990, p. 55). Desse modo, tendo de responder a uma nova situação histórica, e, valendo-se de uma nova terminologia e um novo aparato conceitual, foram empreendidas diversas análises, sendo as mais consistentes e influentes as de Otto Bauer e Vladmir Lênin.

Bauer, austro-marxista preocupado com o destino do Império Austro-Húngaro – o qual era cada vez mais minado pelos nacionalismos de seus diversos povos – foi quem primeiro tentou, no âmbito marxista, uma teoria abrangente da nação. Em primeiro lugar, Bauer diagnosticava a ausência de uma tal teorização, cuja falta era agravada pela importância crucial do assunto:

> Numa época de grandes lutas nacionais, mal chegamos a ver as primeiras abordagens de uma teoria satisfatória da essência da nação. No entanto, tal teoria é certamente necessária. A ideologia nacional e o romantismo nacional nos afetam a todos e poucos de nós podemos pronunciar em alemão a palavra nacional sem lhe dar um tom singularmente emotivo. Qualquer um que pretenda compreender e criticar a ideologia nacional tem que encarar a questão da essência da nação. (Bauer, 2001, p. 45)

Em segundo lugar, afirmava a condição moderna e historicamente condicionada do "caráter nacional", rejeitando as pretensões à perenidade dos ideólogos nacionalistas. Criticando especialmente a chamada "Escola histórica" do direito, o austro-marxista afirma que o *volksgeist*, ou "espírito do povo", não explicava nada, mas devia, isso sim, ser explicado:

> O espírito nacional não pode explicar a comunhão do caráter nacional, já que ele nada mais é do que o caráter nacional transformado em um ser metafísico, num espectro. O caráter nacional em si, entretanto, como já sabemos, não é a explicação do

modo de comportamento de nenhum indivíduo, mas apenas o conhecimento da relativa semelhança de comportamento dos compatriotas num período de tempo definido. Ele não é uma explicação, antes exige uma explicação. (*Idem*, p. 48)

Seguindo a trilha de Marx e Engels, na passagem do *Manifesto Comunista* acima citada, Bauer sustentava que as nações modernas eram produto do desenvolvimento capitalista:

> O capitalismo moderno, entretanto, reproduziu pela primeira vez uma cultura realmente nacional do povo inteiro, que ultrapassou os limites das fronteiras da aldeia. Ele promoveu isso ao desenraizar a população, romper seus laços locais e redistribuí-la por lugar e ocupação, no processo de formar as modernas classes e profissões. Logrou fazê-lo através da democracia, que foi uma criação sua, da educação popular, do serviço militar universal e do sufrágio de todos. (*Idem*, p. 52)

Porém, se o capitalismo criava as condições materiais e subjetivas para o advento de uma cultura nacional homogênea, limitava ao mesmo tempo sua universalização, devido às condições de exploração às quais submetia o proletariado. Além de privar os trabalhadores das condições materiais e do tempo para que estes absorvessem a cultura, a exploração também limitava o alcance da democracia política, uma vez que a burguesia, que a havia fomentado de início, sentia seu aprofundamento como ameaça a seus interesses de classe.

Assim, a continuação da difusão e da consolidação da comunhão nacional dependia da superação do capitalismo e da transição para o socialismo:

> O socialismo dá a nação, pela primeira vez, uma autonomia completa, uma autêntica autodeterminação, retirando-a dos efeitos de forças que ela não conhece e de cuja operação está alienada. Mas o fato de o socialismo libertar a nação e fazer de seu destino produto de sua vontade consciente, significa que a sociedade socialista assistirá a uma diferenciação

crescente das nações, a uma definição mais clara de suas especificidades e uma definição mais nítida de seu caráter. (*Idem*, p. 55)

Dessa maneira, o autor procura superar a ideia de que as nações seriam simplesmente produto do capitalismo destinadas a desaparecer com seu fim. Para tanto, conceituou a nação como sendo "uma comunidade de destino", isto é, como sendo baseada em uma herança cultural compartilhada. Para Bauer, "comunidade de destino" não significaria uma "semelhança" de destino, mas sim uma comunhão, nos seguintes termos:

> Comunhão não significa apenas semelhança. A Alemanha, por exemplo, passou pelo desenvolvimento capitalista no século XIX, tal como fez a Inglaterra. As forças que atuaram nessa direção foram as mesmas nos dois países e tiveram influência decisiva no caráter desses povos. No entanto, nem por isso os alemães se tornaram ingleses. A comunhão de destino não significa a sujeição a uma sina comum, porém uma experiência comum de mesmo destino, em constante comunicação e interação contínua uns com os outros. (*Idem*, p. 57)

Citando o filósofo Immanuel Kant, o socialdemocrata austríaco define "comunhão" como "interação mútua geral", a qual seria a fundação da comunidade. Seria essa característica básica – a experiência de um destino compartilhado por meio da interação mútua – que diferenciaria a nação de outras formas de "comunhão de caráter", como a de classe, por exemplo (*Idem, Ibidem*). Enquanto o "caráter nacional" seria produto de uma "comunhão de destino", o "caráter de classe" seria o resultado de uma semelhança de destino, pois, por mais fortes que fossem os laços de comunicação entre os membros de uma mesma classe em distintos países, eles não seriam mais fortes do que aqueles que uniriam os membros de uma mesma nação de diferentes classes (*Idem*, p. 58).

Tal ênfase na comunicação como fundamento da comunhão de destino, leva o autor socialdemocrata a ver na língua compartilhada, o

Entre a nação e a revolução

fundamento da transmissão oral da cultura por meio da instrução, a base e o limite principal das comunidades nacionais. Aqui, é importante frisar o fato de que Bauer, como os demais membros da II.a Internacional, se preocupavam, como dito acima, com a "questão nacional" vista a partir da Europa central e oriental, isto é: as reivindicações de autonomia ou emancipação de grupos étnico-linguísticos minoritários no seio dos grandes impérios multiétnicos (Alemanha, Áustria-Hungria e Rússia).

Como solução para os conflitos nacionais, o autor defendia uma política de "autonomia cultural". Desse modo, mantendo a unidade territorial do Estado, se garantiria às nacionalidades o direito de organizarem-se autonomamente sem uma base territorial única e fixa.

Lênin, por sua vez, considerou a teorização de Bauer como idealista e reformista. Para ele, a questão nacional resolver-se-ia, no plano político, pelo direito à autodeterminação: ou seja, pelo direito de as populações decidirem de sua secessão ou incorporação a um Estado. O conceito de autodeterminação inscrevia-se na estratégia de Lênin de transformar a revolução democrático-burguesa da Rússia em revolução socialista. Ao dar o direito de separação às nacionalidades oprimidas pelo czarismo, o partido revolucionário poderia ganhar o proletariado desses povos para a revolução.[4] Quando a Primeira Guerra criou, em sua visão, as condições para uma Revolução Mundial, Lênin sustentou que a autodeterminação seria uma política a ser aplicada às colônias e dependências das potências imperialistas. Para fundamentar essa estratégia, o líder revolucionário russo distinguiu entre um "nacionalismo dos opressores" e um "nacionalismo dos oprimidos", o qual, na era do imperialismo, seria um aliado dos socialistas na revolução (Lênin, s. d.).

Todavia, Lênin nunca chegou a propor um conceito de nação. Mais do que isso, sua leitura sobre o nacionalismo manteve um forte caráter instrumental, conservando sempre uma certa desconfiança de

---

4 Para uma visão positiva do conceito leninista de "autodeterminação" como solução política para a questão nacional, cf. (Löwy e Haupt, 1974). Já para uma visão crítica que ressalta o instrumentalismo desse conceito, cf. (Marmora, 1986).

movimentos nacionalistas. Segundo Nairn (1981, p. 329), a formulação de Lênin é o melhor exemplo de como o marxismo clássico, diante de sua incapacidade para teorizar sobre o nacionalismo, criou estratégias de convivência ou formas de concessão ao fenômeno. Dessa maneira, não foi sem ironia que Regis Debray notou que as principais vitórias da esquerda no século XX se deram por um "compromisso não reconhecido com a nação" (Apud. Balakrishnam, 2001, p. 210).

Contudo, como afirmei acima, Lênin não procurou fazer uma teorização sistemática sobre a questão nacional. Essa incumbência ele delegou a Josef Stálin, o qual viajou em 1912, não por acaso, para Viena com o intuito de estudar a questão nacional e produzir uma teorização alternativa à de Bauer, à qual tinha naquele momento um grande apelo entre algumas minorias nacionais organizadas na socialdemocracia russa, notadamente os judeus[5]. Após a Revolução Russa, o militante georgiano será nomeado comissário do povo para as nacionalidades, o que atestava a autoridade que ele já havia conquistado na matéria.

Após a derrota da Revolução na Europa Central, a recém-fundada Internacional Comunista voltou suas atenções ao mundo colonial, em particular à China, onde o anti-imperialismo poderia aproximar os movimentos nacionalistas dos comunistas. Como se verá no capítulo 5, a estratégia para o conjunto do mundo colonial e semicolonial será elaborada, ao longo dos anos 1920, tendo como modelo a experiência revolucionária chinesa, o que terá importantes consequências para a América Latina.

No artigo, citado na nota anterior, Stalin começa definindo o conceito de nação por aproximações sucessivas: uma comunidade de idioma, um território compartilhado, uma estrutura econômica única e um "caráter nacional", ou "psicologia nacional" próprios, seriam todos traços necessários para que se pudesse falar na existência de uma nação:

---

5 Veja-se a nota introdutória ao artigo de Stalin "O Marxismo e A Questão Nacional", contida em (Stalin, 1979, p. 2-3).

Entre a nação e a revolução

> Nação é uma comunidade estável, historicamente formada, de idioma, de território, de vida econômica e de psicologia, manifestada esta na comunidade de cultura. (...). É necessário salientar que nenhum dos traços distintivos indicados, tomados isoladamente, é suficiente para definir a nação. Mais ainda, basta que falte um só desses signos distintivos para que a nação deixe de existir. (Stalin, 1979, p. 7)

O motivo desta última ressalva fica claro logo a seguir, quando o autor passa a criticar as concepções de nação do austro-marxismo, em particular a formulação de Bauer, examinada a pouco:

> Assim, pois, uma comunidade de caráter nacional à base de uma comunidade de destinos, à margem de todo vínculo obrigatório com uma comunidade de território, de língua e de vida econômica. Mas, nesse caso, o que é que fica de pé da nação? De que comunidade nacional se pode falar com respeito a homens separados economicamente uns dos outros, que vivem em territórios diferentes e que falam, de geração em geração, idiomas distintos? (*Idem*, p. 9)

Mais adiante, Stalin retoma sua crítica, acusando Bauer de possuir um ponto de vista idealista e mistificador:

> O ponto de vista de Bauer, ao identificar a nação com o caráter nacional, separa a nação do terreno em que está assentada e a converte numa espécie de força invisível, que se basta a si mesma. O resultado não é uma nação real, mas algo místico, imperceptível e de além túmulo. (*Idem*, p. 10)

Para Stalin a consigna da "autonomia nacional", defendida por Bauer, e a concepção de nação que a embasava seriam uma "forma sutil de nacionalismo" (*Idem*, p. 31). Além disso, a visão do socialdemocrata austríaco, exposta acima, de que o desenvolvimento do capitalismo e, posteriormente, a transição para o socialismo, acarretariam o florescimento das nacionalidades, contrariaria o materialismo histórico. Citando o *Manifesto Comunista*, Stálin afirma que o capitalismo e, mais ainda, o socialismo tenderiam a derrubar as fronteiras entre as nações). O problema desse "nacionalismo sutil" seriam seus efeitos sobre a organização da classe operária. Ao defender a federalização, não apenas do Estado, mas do próprio partido, os socialdemocratas austríacos acabariam minando a unidade da classe:

> A ideia da autonomia nacional assenta nas premissas psicológicas para a divisão do partido operário único em diversos partidos organizados por nacionalidades. Depois dos partidos se fracionam os sindicatos, e o resultado é o completo isolamento. E assim um movimento de classe único deságua em diversos riachos nacionais. (*Idem*, p. 32)

Quanto ao advento dos movimentos nacionais, o autor georgiano os vincula ao processo de desenvolvimento capitalista e de advento do Estado burguês. Se na Europa ocidental, o capitalismo propiciara o advento de Estados nacionais – com a exceção da Irlanda -, isto é, cada nação constituiria seu próprio Estado, no oriente, devido à persistência do feudalismo e ao capitalismo incipiente, se teriam constituído os grandes impérios multinacionais (*Idem*, p. 13-14). Daí floresceriam movimentos nacionalistas, formados pelas burguesias e pequenas-burguesias nacionais, às quais procuravam apelar às massas trabalhadoras e camponesas.

Tais movimentos – cujas reivindicações tinham um caráter intrinsecamente burguês - criavam um problema para a organização do proletariado, na medida em que tendiam a dividir a classe ao longo de linhas nacionais, reforçando o vínculo entre os operários e suas respectivas burguesias (*Idem*, p. 16). A solução seria, como já se viu acima, a consigna da "autodeterminação", ou seja: o direito de cada nação de decidir sobre seus destinos – incluindo-se o direito de secessão – sem que tal direito comprometesse o proletariado e seu partido com as decisões concretas de cada nacionalidade (*Idem*, p. 18)

Entre a nação e a revolução

Um trecho de um artigo de Stálin sobre a questão nacional, escrito ainda em 1904, deixa bem claro o caráter instrumental da visão que este tinha dessa problemática:

> (...) Desse modo, o partido demonstrou claramente que, em si mesmos, os chamados "interesses nacionais" e as "reivindicações nacionais" não têm um valor particular, que esses interesses e essas reivindicações só interessam na medida em que façam avançar a consciência de classe do proletariado, seu desenvolvimento de classe (Stálin, 1954)

Com a consolidação do poder de Stálin na URSS e na III.a Internacional, sua teorização se tornaria o cânone do movimento comunista sobre o assunto. Acabaria, além do mais, legitimando a subordinação do internacionalismo que, inegavelmente, pautou a atuação dos PCs durante a existência do *Comintern*[6] aos interesses nacionais da política externa da URSS. Tal subordinação irá criar dificuldades para que os partidos comunistas conciliem sua vinculação a um movimento internacional com o desenvolvimento de uma política adequada às peculiaridades de suas realidades locais.

Ao se observar a trajetória da questão nacional no marxismo clássico percebe-se que seus principais modelos estiveram nos movimentos nacionalistas dos impérios da Europa Central e Oriental: poloneses, tchecos, húngaros, eslavos do sul etc. (Slessinger, 1974, p. 35). Outro exemplo importante foi o do movimento nacionalista irlandês, dado o fato de que este se chocava contra a principal potência do capitalismo da época. A centralidade destes casos pode ser bem observada pelos termos do debate entre Bauer e Stalin a respeito do tema: "autonomia nacional", de um lado, e "autodeterminação das nações", de outro. Portrás de ambas as palavras-de-ordem subjaz uma concepção da "questão nacional" que a entende como a reivindicação, seja por autonomia dentro de um Estado,

---

[6] Comintern é a sigla para Internacional Comunista em russo. Acabou se tornando uma denominação de uso corrente para se referir à IC.

seja pela independência, direito de formar seu próprio Estado,por parte de um grupo linguístico-cultural pré-constituído, com ou sem uma base territorial definida.

Após a Revolução de Outubro, o problema da expansão imperialista e da crescente agitação anticolonial na Ásia, África e Oriente Médio, acabou fornecendo aos comunistas novos modelos, em particular, como acima mencionado, o da Revolução Chinesa, anti-feudal e anti-imperialista, na qual os comunistas atuavam (até a ruptura de 1927) em aliança com a burguesia nacional, reunida em torno do Partido Nacionalista Chinês, o *Kuomintang (Idem*, p. 43-53*).*[7]Discursando após o rompimento entre os comunistas e os nacionalistas e defendendo a tese da "revolução democrático-burguesa" contra a tese da "revolução permanente" de Trotsky, Stálin, retomando a distinção, acima referida, proposta por Lênin entre "países opressores" e "países oprimidos", afirmava que o ponto de partida dos comunistas para analisar as revoluções nos países coloniais e dependentes:

> (...) Consiste em estabelecer uma rigorosa diferença entre a revolução nos países imperialistas, (...), e a revolução nos países coloniais e dependentes, (...). A revolução nos países imperialistas é uma coisa; neles a burguesia é opressora de outros povos; neles a burguesia é contra revolucionária em todas as etapas da revolução; neles falta o fator nacional como fator da luta emancipadora. A revolução nos países coloniais e dependentes é outra coisa; neles a opressão imperialista de outros Estados é um dos fatores da revolução; neles essa opressão não pode deixar de afetar também a burguesia nacional; neles, em determinada etapa e durante determinado período, a burguesia nacional pode apoiar o movimento revolucionário de seus países contra o imperialismo; neles o fator nacional, como fator da luta

---

[7] O tema da aliança com a burguesia nacional nos países coloniais parece ter sido controverso. Veja-se, a esse respeito, a polêmica entre Lênin e o comunista indiano M. N. Roy, durante o II. Congresso da IC, (*Idem*, p. 49-52).

Entre a nação e a revolução

pela emancipação, é um fator da revolução. (Stalin, 1979, p. 169-170)

Embora a China não fosse formalmente uma colônia, a questão nacional continuou sendo entendida, no fundamental, como o problema de nações – isto é, unidades étnicas ou culturais – que lutavam contra a dominação estrangeira para constituir seus próprios Estados independentes (condição fundamental de uma revolução burguesa e da ulterior luta do proletariado pelo socialismo). O que dizer, então, de países como os da América Latina, nos quais a independência fora conquistada – na grande maioria dos casos – no primeiro terço do século XIX? Qual seria o enquadramento adequado do problema nesses casos?

Essa é apenas uma das questões que as leituras do marxismo clássico sobre a nação deixam sem resposta. Ao longo desta sessão, examinei as duas tentativas mais sistemáticas, no âmbito da II. e da III. Internacionais, de formular uma teoria da nação. Os impasses, tanto de Bauer, como de Stalin, deixam clara as limitações dos herdeiros de Marx e Engels para abordar o problema nacional. Ao longo dessa discussão, uma coisa fica bastante evidente: o marxismo não possui uma teoria da nação. Mais do que isso, ao invés de procurar uma tal elaboração por meio de escavações" dos textos clássicos, o mais correto seria, precisamente, o contrário, começar pela admissão dessa ausência (Nairn, 1981, p. 329).

Não é o caso de retomar mais uma vez a argumentação do autor escocês a esse respeito. O fato de que, como adverti logo de saída, nenhuma tradição intelectual ocidental de relevo aportou algo melhor sobre o assunto, não serve de consolo aos adeptos do materialismo histórico. Afinal, como já ficou claro, a incapacidade de compreender as raízes profundas das identidades nacionais já criou problemas grandes o suficiente para os marxistas. Nos capítulos que se seguem pretendo examinar um desses muitos mal-entendidos: o ocorrido entre adeptos da III. Internacional e do nacionalismo popular na América Latina.

André Kaysel

A construção da nação na periferia e as "vias" para o capitalismo

Se o nacionalismo, na abordagem aqui elegida, guarda, ao menos nas formações sociais periféricas, uma estreita relação com os temas do subdesenvolvimento e do desenvolvimento desigual, faz-se necessário abordar mais de perto essas duas questões. Ora, se o materialismo histórico ofereceu pouco de apreciável sobre a nação, o mesmo não se pode afirmar a respeito da problemática das diferentes vias para o capitalismo.

Como se viu na sessão anterior, o próprio Marx teria passado, segundo o argumento de Aricó, de uma visão do desenvolvimento capitalista como algo homogêneo, para a percepção das heterogeneidades e desequilíbrios intrínsecos a esse processo. Se a maioria dos adeptos do que se convencionou chamar de "marxismo" acabariam retendo uma leitura mais linear e evolucionista da expansão capitalista, houve diferentes tentativas de pensar as diversas "vias para o capitalismo" e suas múltiplas consequências políticas. Como o tema é vastíssimo, tratarei de duas contribuições que, a meu ver, auxiliam mais a pensar a partir do materialismo histórico, a singularidade da questão nacional latino-americana.

Um conceito fundamental para o tratamento das vias "não clássicas" para o capitalismo é o de "via prussiana", desenvolvido por Lênin. Não se trata do Lênin que formulou a questão nacional em termos de "autodeterminação", mas sim daquele que se debruçou sobre o desenvolvimento do capitalismo na Rússia. Em seus estudos sobre o tema, o líder bolchevique comparou o equacionamento da questão agrária no Império Russo com aquele efetuado na Prússia: ou seja, manutenção do controle dos latifundiários sobre a terra e os camponeses, aliado a um processo de arranque industrial (Lênin, 1982).

Tal solução contrastaria fortemente com aquela empregada na Revolução Francesa e na Guerra Civil americana. Nestes dois últimos casos, lembra o autor, a antiga classe senhorial foi eliminada e a terra redistribuída, sendo essa a base do desenvolvimento capitalista. Assim,

Entre a nação e a revolução

o autor russo coloca o problema da existência de diferentes "vias" para o capitalismo: de um lado, as "vias americanas", calcadas na reforma agrária e na aliança entre burguesia e campesinato e, de outro, as "vias prussianas", apoiadas na aliança entre a antiga classe latifundiária e a burguesia, excluindo o campesinato. Além das duas vias referidas, Lênin ainda destaca uma terceira, "a via inglesa", que por meio dos "cercamentos" teria convertido a antiga propriedade feudal em propriedade capitalista.

A teorização sobre as diferentes vias para o capitalismo foi, sem dúvida, uma importante inovação leninista que esteve na base de sua estratégia para a revolução na Rússia. Até então predominara no marxismo uma leitura evolucionista de uma sucessão universal de modos de produção, nessa chave, uma dada formação social teria de passar pelas mesmas etapas que as demais. Ironicamente, na III. Internacional esse raciocínio mecanicista será retomado a propósito dos países "coloniais e semicoloniais", como se verá mais adiante.

Assim, ao analisar a Revolução Russa de 1905, Lênin afirma ser ela uma revolução burguesa no sentido de que suas tarefas históricas – liquidação do czarismo e da servidão – ampliariam as bases do capitalismo na Rússia. Todavia, segundo a formulação de Lênin, ao contrário do que pensavam os mencheviques (mais afeitos a um modelo evolucionista) a burguesia, dada a sua constituição à sombra do czarismo e seu medo da classe operária, preferiria chegar a um entendimento com o Czar, a fim de realizar seus interesses, a aliar-se aos operários contra a monarquia (Lênin, 1986b, p. 410).

Para o líder bolchevique, a aliança de classes que teria interesse objetivo e condições de levar a revolução democrática adiante seria aquela entre o proletariado e o campesinato, além de elementos da pequena-burguesia (*Idem, Ibidem*). A revolução democrática, levada adiante pelo bloco operário-camponês, prepararia as condições indispensáveis ao ulterior desdobramento socialista do processo revolucionário. Desse modo, o diagnóstico do tipo de desenvolvimento capitalista que teria ocorrido na Rússia levou Lênin a distinguir entre o caráter da revolução e as classes que poderiam realizá-la, rompendo com a perspectiva que deduzia os sujeitos dirigentes do processo revolucionário a partir dos objetivos históricos deste. Assim, de acordo com Lênin, embora a Revolução Russa fosse, por suas tarefas históricas, burguesa, isso não queria dizer que caberia à burguesia, como classe, a direção do processo revolucionário, como defendiam os mencheviques.

Se as análises de Lênin abriram a possibilidade de se considerar diversas formas de implantação do capitalismo em uma determinada formação social e, a partir daí, os diferentes processos políticos possíveis, ela não tocou no problema da nação. Como se viu na sessão anterior, a leitura leninista da questão nacional se centrou no problema da "autodeterminação" dos povos. Embora essa formulação tenha sido fundamental para o sucesso bolchevique no mundo colonial, como foi dito acima, ela pode limitar, como de fato ocorreu em muitos casos, por demais a compreensão do problema.

Além do tratamento feito por Lênin do tema da "via prussiana", abordarei aqui outra contribuição marxista decisiva para a discussão das diferentes formas de modernização e seus diversos resultados. Trata-se dos apontamentos presentes na obra – tanto pré-carcerária, quanto carcerária – do marxista italiano Antônio Gramsci. Após a geração do marxismo clássico, o tema da questão nacional e da nação entrou em declínio entre os teóricos do assim chamado "marxismo ocidental". A notável exceção, nesse sentido, é justamente o pensamento gramsciano. Embora nunca tenha pretendido desenvolver uma teorização ou conceituação da questão nacional, o marxista italiano contribuiu para esse debate na medida em que procurou entender a formação histórica de seu país e os desafios que esta colocava para uma estratégia revolucionária bem-sucedida.

É por isso que, nos *Cadernos do Cárcere*, Gramsci dedicará um espaço significativo para o tema do Risorgimento. Nessas passagens, já mencionadas na introdução deste trabalho, o autor aponta como a construção de um Estado e de uma Nação italianos foram bloqueados, tanto

Entre a nação e a revolução

pela fragmentação da burguesia italiana nas Cidades-Estados, quanto pela Igreja Católica, a qual criou uma camada de intelectuais ligados, não a uma cultura italiana, mas sim ao universo cosmopolita europeu (Gramsci, 2002d, p. 13-14). Ou seja, elementos importantes do passado da península funcionaram como obstáculos à construção de uma identidade nacional.

Mais do que isso, o processo de unificação estatal da Itália não se deu como na França, por meio de uma ruptura revolucionária com esse passado. Essa ausência ocorreu porque o grupo dirigente do Risorgimento, a aristocracia conservadora do Reino do Piemonte, evitou tocar na questão agrária, único modo de mobilizar para a luta a massa camponesa que constituía a maioria da população. A versão local do jacobinismo, o *Partito* D'Azzione, por seu turno, tampouco quis arregimentar o campesinato, aceitando, de fato, a direção política da aristocracia piemontesa. Daí o conceito de "revolução passiva" que Gramsci emprega para entender o processo de unificação da Itália (*Idem*, p. 65-85).

O resultado desse processo, no qual faltaram os elementos democráticos e populares que marcaram a Revolução Francesa, foi a constituição de um Estado baseado na aliança entre a burguesia industrial do norte e os latifundiários do sul, que excluía a massa camponesa. De acordo com Gramsci, resultou desse bloco dirigente a chamada "questão meridional" – ou seja o atraso e pobreza do sul da Itália – que impedia a unidade nacional (*Idem*, p. 87-98).[8]

O termo "revolução passiva", ou a "revolução sem revolução", é frequentemente identificado com a noção de "revolução pelo alto", na medida em que se tratariam de processos de modernização encabeçados pelas classes dominantes. Porém, Luís Werneck Vianna adverte que, se toda "revolução pelo alto" tem um componente de "revolução passiva", a recíproca não é verdadeira. A especificidade da "revolução passiva" estaria, segundo este autor, no papel central conferido ao Estado, quando poderia haver revolu-

---

8   Sobre o assunto, cf. Também *(Gramsci, 1977)*.

ções "pelo alto" nas quais os grupos dominantes se organizassem principalmente na sociedade civil, como seria bem exemplificado pelo caso inglês (Vianna, 1976, p. 141). Desse modo, diante da incapacidade dos grupos dominantes de obterem o consenso dos grupos subalternos no âmbito da sociedade civil, o processo de desenvolvimento capitalista seria levado adiante por um Estado com características autoritárias.

A análise gramsciana, sobre a formação social italiana, aborda a questão nacional justamente nos termos que interessam à presente investigação: trata-se de compreender um processo de construção nacional bloqueado e de colocar esse bloqueio como cerne de um programa revolucionário.

Nesse sentido, como já foi abordado no início desta obra, uma ação revolucionária, para ser bem-sucedida em formações sociais nas quais a construção da nação não se havia concluído, deveria basear-se na construção de uma "vontade coletiva nacional-popular", isto é, mobilizar as massas populares dispersas em um movimento de reforma intelectual e moral da sociedade, criando, desse modo, um "povo-nação". Segundo Gramsci, teria sido justamente isso que os jacobinos teriam sido capazes de fazer na Revolução Francesa, ao mobilizar a massa camponesa criando, com isso, as bases do Estado moderno na França. Já na Itália, como se viu acima, a burguesia preferiu aliar-se à aristocracia rural em vez de criar uma vontade coletiva nacional-popular nos moldes jacobinos (Gramsci, 2002b, p. 18).

Para os efeitos da discussão que estou empreendendo outro par conceitual gramsciano importante é o de "ocidente/oriente". No caso não se trata de conceitos propriamente geográficos, mas de duas formas históricas particulares de articulação entre o Estado, ou "sociedade política" na terminologia do marxista sardo, e a sociedade civil. No "ocidente" o Estado nasceria de uma sociedade já consolidada e complexa. Essa relação de precedência do social moldaria a política, a qual seguiria as linhas dos conflitos e das instituições da sociedade civil. Já na situação oriental, uma sociedade civil débil e pouco diferenciada, seria dominada pelo Estado.

Entre a nação e a revolução

Esse predomínio do Estado, em contrapartida, representaria sua fraqueza, pois não teria anteparos ou "trincheiras" que o defendessem de um ataque frontal. Já no ocidente, a tomada direta do poder (como os bolcheviques haviam feito na Rússia em Outubro de 1917) seria obstaculizada pela grossa malha representada pela sociedade civil e a dominação cultural que nela se exerce. Esses dois tipos de relação entre sociedade política e sociedade civil exigiriam, portanto, estratégias revolucionárias distintas. No caso das formações sociais de tipo "ocidental", ao invés de se empregar a "guerra de movimento" – isto é, o assalto direto ao poder, adequado aos casos "orientais" – seria necessária uma "guerra de posição", ou seja, a luta prolongada, no âmbito da sociedade civil, pela constituição de uma nova hegemonia dos grupos subalternos que substituísse a das antigas classes dominantes (*Idem*, p. 71-72).[9] Aqui ganha importância o conceito de "estado ampliado". Para o autor a ampliação da sociedade civil e a formação de uma densa malha de "aparatos privados de hegemonia" reforçariam o Estado na medida em que este se assentaria no consenso, inclusive dos subalternos, e não apenas em suas funções coercitivas.

Retornarei ao problema da distinção entre "ocidente" e "oriente", bem como a suas consequências teóricas e políticas, ainda neste capítulo e em outras oportunidades ao longo do trabalho.

Por ora, é importante enfatizar que conceitos como os de "revolução passiva", "vontade coletiva nacional-popular" e "ocidente/oriente", com os quais o revolucionário sardo trabalha, apontam para a necessidade de análises concretas de situações concretas que possibilitem a ação bem-sucedida na sociedade que se deseja transformar. Se não há uma

---

9   Essa leitura das categorias de "ocidente/oriente" na obra gramsciana é tributária da interpretação de Carlos Nelson Coutinho (Coutinho, 1999). Estou consciente de que outros intérpretes têm criticado a ênfase deste comentador na distinção entre "oriente" e "ocidente", na medida em que ela exageraria a separação entre "reforma e "revolução" no pensamento do autor sardo, cf. (Bianchi, 2008). Contudo, creio que a distinção é importante para os propósitos da presente investigação, pois joga luz sobre diferenças fundamentais entre os casos que estou comparando.

tentativa por parte de Gramsci de formular um conceito de nação, esta não deixa de ter importância em seu pensamento. A nação, seguindo as sugestões gramscianas, não é algo dado, mas antes um processo cujos resultados emergem ou se decidem no âmbito das relações de forças na disputa pela hegemonia na sociedade civil e pelo poder de Estado: isto é, no plano da superestrutura.

Como ficou dito no capítulo anterior, com essa apropriação do pensamento gramsciano, não pretendo sugerir que o autor tenha sido um pensador nacionalista, o que claramente não foi o caso. Porém, me parece que Gramsci, entre os principais autores da tradição marxista, teve uma sensibilidade mais aguçada para refletir sobre o fenômeno nacional. A meu ver, tal fato derivaria justamente de sua preocupação em empregar o materialismo histórico para interpretar de modo original a realidade da Itália, país no qual a construção nacional encontrava-se truncada, como foi discutido nas passagens anteriores.

Dessa maneira, a preocupação de Gramsci em desvendar o processo histórico italiano torna a obra do marxista sardo um ponto de referência importante para superar a estreiteza das formulações sobre a "questão nacional" legadas pela II. e a III. Internacionais. Além disso, a ideia da nação como um processo inconcluso permite captar a singularidade da "questão nacional" na América Latina e, a partir daí, entender as dificuldades dos marxistas latino-americanos ao tentar formulá-la. Desenvolverei essa pista fundamental ao final deste capítulo, quando proporei alguns elementos para uma definição do problema nacional latino-americano e da singularidade dos nacionalismos que dele emergem.

Entre a nação e a revolução

O marxismo e a questão nacional na América Latina

Antes de discutir a singularidade do problema nacional latino-americano creio ser importante retornar a uma questão anterior que, no início da introdução, denominei como a problemática de fundo desta pesquisa: porque a teorização marxista, de modo geral, não foi capaz de interpretar adequadamente a realidade latino-americana?

Aqui creio ser frutífero retornar a um argumento do argentino José Aricó, por meio do qual o autor procura explicar aquilo que denomina como o desencontro entre a teoria marxista e a realidade latino-americana. Procurando ir além do conhecido etnocentrismo de Marx e Engels para explicar as razões desse desencontro, o autor gramsciano atribui particular importância aos diferentes tipos de articulação entre Estado e sociedade civil que se deram na Europa Ocidental e na América Latina. Se no primeiro caso, o processo de formação do Estado repousaria numa sociedade civil forte e relativamente bem diferenciada, no segundo, o Estado preexiste e molda uma sociedade frágil e pouco diferenciada internamente (Aricó, 1982).

Aqui, o autor claramente retoma o par conceitual, discutido na sessão anterior, de "ocidente/oriente". Ao contrário do que a passagem acima pode sugerir, não creio que seria correto identificar a América Latina como sendo propriamente "oriental". Afinal, ainda no século XIX alguns dos novos Estados latino-americanos já contavam, mesmo que de modo embrionário, com elementos de uma sociedade civil, como partidos e parlamentos. Seguindo a sugestão de Portantiero (1979), as formações sociais da região seriam exemplos de um "ocidente periférico", ou, segundo a formulação de Coutinho (1985, p. 120-121), "casos intermediários" entre os dois polos".

Teria sido justamente essa ambiguidade que o marxismo clássico teve dificuldade de captar. Marx, em reação a Hegel, para o qual o Estado seria a realização da razão universal, pressupunha o caráter determinante da sociedade civil em relação ao Estado. Nesse sentido é ilustrativo o modo pelo qual Marx via como anômalo o crescimento do poder estatal francês, adjetivando-o como: "(...) esse tremendo corpo de parasitas que envolve como uma teia o corpo da sociedade francesa e sufoca todos os seus poros (...)" (Marx, 1984). Esse pressuposto dificultou a compreensão do modo pelo qual, na América Latina, os Estados atuaram na constituição de sociedades civis pouco articuladas.[10]

Tal raciocínio pode ser melhor compreendido pela seguinte citação de Portantiero, na qual o autor procura sintetizar a empreitada intelectual sua e de Aricó:

> Na tentativa de encontrar uma chave que pudesse resumir as especificidades históricas do continente que tinham obstaculizado a perspectiva socialista, a começar pela marxiana, colocou-se o acento na forma que assumiam aqui as relações entre Estado e sociedade, ou, para dizê-lo com outras palavras, no modo estranho ao projeto europeu, pelo qual se articulavam os processos de construção do Estado com aqueles de construção da nação. Ao contrário do que os tinham imaginado, com um ponto de vista exclusivamente sócio-cêntrico, o desenvolvimento dos Estados nacionais na América Latina aparecia evidentemente como um processo de sinal trocado: transformação pelo alto, caráter estatal e, portanto, de certo modo arbitrário, segundo um ideal sócio-cêntrico, de *nation-building*.(Portantiero, 1990, p. 336)

Essa leitura das relações entre Estado e sociedade nos processos de construção nacional tem sido amplamente compartilhadas na ciência política e na sociologia latino-americanas. Por exemplo, mais recentemente, Manuel Antonio Garretón, ainda que não cite Aricó e Portantiero, chegou a conclusões análogas, como se pode ver pelo trecho a seguir:

---

10 Para ilustrar a incompreensão do fundador do materialismo histórico em relação a política latino-americana, o autor argentino transcreve um verbete que Marx escreveu sobre Bolívar para *The New Encyclopedia* (1858), no qual o revolucionário venezuelano é retratado de modo pejorativo e caricatural. (Marx, Aricó, 1982).

Entre a nação e a revolução

> Na América Latina existe uma dificuldade muito grande de conceber a sociedade civil com base no conceito tocquevilliano, isto é, como um tecido associativo que serve de contrapeso ao Estado. Isto se dá porque, como já foi dito muitas vezes, não estamos diante de sociedades que, organizadas de baixo para cima, a partir dos indivíduos e suas associações, estruturam uma autoridade que chamamos de Estado, mas pelo contrário, é este último que constitui tanto o princípio simbólico de uma nação, quanto sua sociedade por meio da política, seja esta institucional ou mobilizadora, em todo caso mais mobilizadora do que participativa. (Garretón, 2006, p. 47)

A referência do autor ao que denomina como modelo "tocquevilliano" sugere que, tanto o marxismo, como o liberalismo, tem dificuldade para pensar a política latino-americana, na medida em que ambas as tradições partem do pressuposto de um Estado que se ergue sob uma sociedade civil pré-constituída.[11] Tal concepção societária da política teria sido legada, entre o final do século XIX e inícios do XX, às primeiras experiências socialistas de inspiração marxista na região: seja na vertente reformista, do socialismo argentino de Juan B. Justo, seja na mais radical, do chileno Luiz Emílio Recabaren (Portantiero, 1987, p. 53-56). Afora essas experiências históricas, como ficou dito na introdução, a trajetória do marxismo e do

---

11 Quero deixar claro que, ao afirmar que, na "Europa", o processo de "construção nacional" teria se dado em linhas "sócio-cêntricas", não pretendo fazer nenhuma afirmação sobre os processos históricos concretos que ocorreram na Europa ocidental. Estou consciente que se trata mais bem de um "modelo" teórico construído a partir de experiências históricas, do que destas últimas propriamente ditas. Ainda que esteja de acordo com as afirmações de Ian Roxborough, discutidas no capítulo anterior, de que as contraposições genéricas entre a América Latina e a Europa implicam em percepções distorcidas das histórias das duas regiões, não obstante, o simples fato de as teorias sociais e políticas que constituíram o auto-imagem da América Latina serem originalmente europeias torna esse contraponto inescapável. Além disso, ainda que a formação dos Estados e das sociedades civis da Europa serem muito mais complexos do que qualquer modelo teórico, o fato de o marxismo e o liberalismo, as duas grandes narrativas da modernidade, partirem do pressuposto da precedência do "social" em relação ao "estatal", diz algo sobre tais processos.

socialismo na região praticamente se confunde com a do movimento comunista. O comunismo latino-americano manteve a concepção societária da política e a reforçou com sua fidelidade aos esquemas interpretativos e linhas políticas do *Comintern*. Assim, os PCs – com exceções como é o caso do Chile – tiveram grandes dificuldades de se implantar solidamente nas massas trabalhadoras, as quais irão identificar-se muito mais com outro tipo de ator político: os assim chamados movimentos "populistas", ou, como prefiro denomina-los, nacionalistas populares.

Como ficou dito ao final do capítulo anterior, o maior sucesso dos nacionalismos populares se deveu a sua habilidade de concatenar reivindicações de classe, cidadania e nação. Além disso, se poderia acrescentar, seguindo a mesma sugestão de Portantiero (1985, p. 58) que, ao recuperar a visão tradicional, "caudilhista" e "paternalista", da política, os nacionalismos populares foram capazes de captar as relações que as camadas subalternas da região estabeleciam com o Estado.

Contudo, essa incompreensão dos marxistas em relação à especificidade do vínculo entre Estado e sociedade na América Latina não resolve a meu ver, por si só, o problema que estou examinando. Tal desentendimento conduziu a outro que me interessa aqui mais diretamente, isto é, em relação à "questão nacional". Como se verá melhor a seguir, a questão nacional latino-americana não se centra na "autodeterminação", isto é, na emancipação política de determinados grupos étnico-lingüísticos – como teria sido o caso na Europa Centro-Oriental ou nas ex-colônias europeias da Ásia ou da África –, mas sim na integração das massas populares à vida socioeconômica e política de Estados-nacionais constituídos, sem o que não poderia haver nação moderna. Tal objetivo esbarrou em dois obstáculos: primeiro, em um Estado oligárquico e em relações sociais legadas pelo passado colonial, e, segundo, na inserção subalterna das economias latino-americanas no interior do capitalismo mundial. Enfim, trata-se da "condição periférica" ou do "subdesenvolvimento", categorias que iriam marcar o pensamento latino-americano a partir da crise de 1929 e do segundo pós-guerra.

Entre a nação e a revolução

A formulação da questão nacional na América Latina se vincula, portanto, com o tipo de desenvolvimento capitalista seguido pelos países da região e os resultados econômicos, sociais e políticos daí resultantes, razão pela qual retomei a discussão do tema das "vias não-clássicas" para o capitalismo na sessão anterior.

O desafio teórico está, a meu ver, na seguinte perspectiva: aliar uma compreensão mais abrangente da questão nacional, do que aquela do marxismo clássico, a uma interpretação das especificidades das formações sociais do subcontinente, o que exige o afastamento em relação aos esquemas teóricos decalcados do processo histórico europeu ou mesmo de outras regiões periféricas, como a China, por exemplo.

Nessa direção, para concluir este capítulo, procurarei esboçar alguns elementos constitutivos do que seria uma questão nacional latino-americana que permitam interpretar a emergência, entre o início e a metade do século XX, de formações ideológicas nacionalistas populares.em primeiro lugar, cabe sublinhar, como já foi lembrado acima, o fato de que – ao contrário dos povos da Europa Centro-oriental entre o final do século XIX e início do XX – as nações latino-americanas já haviam se tornado independentes quase um século antes. Como aponta Benedict Anderson, o continente americano – tanto na América Anglo-saxã, quanto na Ibérica – pode ser considerado o berço, tanto das nações em sentido moderno quanto dos nacionalismos. Daí o autor inglês falar em "pioneiros *criollos*" (Anderson, 1993, p. 79).

Em segundo lugar, e talvez mais importante, não houve, nos movimentos separatistas americanos entre o final do século XVIII e o início do XIX, qualquer motivação calcada em diferenças étnico-linguísticas. Pelo contrário, a língua e a cultura eram justamente elementos que uniam os rebeldes às suas metrópoles.

A propósito, Richard Morse sugere uma comparação interessante entre a América Latina e duas outras regiões atrasadas que, no século XIX, se defrontaram com o ocidente industrializado: o Japão e a Rússia. Enquanto o Japão, após séculos de importações e adaptações culturais da

China, sentia-se autoconfiante o suficiente para selecionar o que incorporar do contato com o ocidente, os russos, que tinham um contato mais antigo e próximo com a Europa ocidental, dividiam-se em "ocidentalizantes" e "eslavófilos", com tentativas de sínteses ou posturas intermediárias. Já os círculos dirigentes latino-americanos, divididos em distintos Estados-nacionais e partilhando a língua e o universo cultural de suas antigas metrópoles, não tinham condições de ser críticos em relação às vagas de modernização ocidental, abraçando-as, com raras exceções, e tratando os elementos autóctones que a resistiam como empecilhos a serem removidos (Morse, 1996, p. 9).

Aqui está um ponto fundamental: as elites *criollas* que comandaram os processos de independência política em relação às monarquias espanhola e lusitana estavam, social e culturalmente, mais próximas dos metropolitanos do que das massas (indígenas, negros e mestiços) que constituíam a maioria da população dos novos Estados.

Pela análise empreendida até aqui, o modelo de nação mais adequado às realidades do subcontinente seria o da Revolução Francesa – com sua ênfase no pertencimento à nação pela cidadania – em comparação com o conceito oriundo do romantismo alemão, com sua ênfase nos laços culturais ou de consanguinidade com origens imemoriais.[12] Na realidade, como sugere a passagem de Anderson, acima referida, a concepção cívica de nação teria surgido nas Américas antes mesmo de sua difusão na Europa pela Revolução.

Todavia, apesar da inegável relação entre a concepção cívica da nacionalidade e os processos de emancipação da região, cabe uma importante ressalva com relação à pertinência desta acepção da nação para a América Latina. Em países como o Peru, por exemplo, de grande população indígena, o nacionalismo cívico terá que se ver com a difícil incorporação de grupos étnicos que, ainda que constituam a maioria da

---

12 Para uma apresentação sintética das diferenças entre um "patriotismo cívico" ou "constitucional" e um nacionalismo essencialista, ainda que muito presa à história europeia, ver (Habermas, 2001).

Entre a nação e a revolução

população, foram, desde os tempos coloniais, excluídos, material e simbolicamente, da comunidade política. Essa cisão ao longo de linhas étnicas criará uma tensão que, como se verá no capítulo seguinte, perpassará a emergência do nacionalismo popular no Peru.

O tema da exclusão indígena levanta novamente o que creio ser o núcleo central da questão nacional na América Latina. Como Gramsci apontou para o caso italiano, nas sociedades latino-americanas também persistem obstáculos históricos para a consolidação de nações, no sentido aqui empregado. Se na Itália do *Risorgimento* esses obstáculos estariam sintetizados, como apontei na sessão anterior, na "questão eclesiástica" e na "questão meridional", na América Latina os principais óbices à construção nacional seriam as relações econômicas, sociais e políticas legadas pelo passado colonial.

Esse modo de formular a questão nacional latino-americana pode auxiliar a explicar o porquê de os casos latino-americanos não figurarem com destaque na maior parte da bibliografia sobre a nação e o nacionalismo. Essa marginalidade pode ser vislumbrada mesmo na obra de Anderson que, como já ficou claro, é o autor que mais importância da a região na história das comunidades nacionais. Contudo, não me parece que seja por acaso o fato de as Américas só aparecerem, ainda que com justo destaque, no momento de suas guerras de independência. Nos capítulos seguintes, seus exemplos voltam a ser os da Europa Centro-oriental – ao tratar da difusão do nacionalismo no século XIX – e da África e da Ásia, ao abordar aquilo que denomina como "terceira onda", isto é os nacionalismos que acompanharam os processos de descolonização do século XX.

O problema aqui não é tanto de desconhecimento, mas sim de quais são as preocupações que orientam e movem a pesquisa. Como bem apontam Josef Itzigson e Matheus Von Hau (2006), a maior parte dos estudiosos das identidades nacionais se preocupa, fundamentalmente, com o advento ou os momentos fundacionais de tais identidades e menos com suas modificações e transformações ao longo do tempo. Desse modo, a América Latina, cujos Estados nacionais e as nacionalidades foram criados e forjados ao longo do século XIX, deixaria de ser um caso interessante para os autores preocupados com os nacionalismos mais recentes.

Olhando o problema pelo ângulo oposto, se a bibliografia sobre as nações e o nacionalismo tem demonstrado pouca preocupação coma América Latina, o uso dessa mesma bibliografia para pensar os dilemas da construção nacional na região também se torna, pelos mesmos motivos, bastante difícil.

Se se aceitar a definição de nação proposta por Anderson, isto é, a de "comunidade imaginada", seria preciso, seguindo a formulação da questão nacional latino-americana proposta acima, acrescentar, como o fazem Itzigson e Von Hau (2006), que se tratam de "comunidades imaginadas inacabadas". Trocando em miúdos: o grande dilema da construção nacional na região ao longo do século XX e, poder-se-ia acrescentar, ainda no atual, é o do alargamento da imaginação nacional para abarcar setores dela antes excluídos.[13] Aqui é interessante retomar um dos traços que, segundo Anderson, caracterizaria a "comunidade nacional", *vis-a--vis* seus antecessores históricos, os impérios dinástico-eclesiásticos, isto é: a horizontalidade. Sejam quais forem as distâncias de classe que os separam, os membros de uma nação se reconhecem como iguais e, justamente, essa igualdade que serve de plataforma para que as camadas subalternas reivindiquem a ampliação de seus direitos e de sua participação na riqueza nacional. Haveria, desse modo, um forte entrelaçamento entre a nação e a cidadania. Porém, na América Latina, as barreiras estamentais legadas pelo domínio colonial, não raro reforçadas por uma estratificação social estabelecida ao longo de linhas étnico-raciais, excluiu de fato

---

13 Embora adote a proposta de Itzigson e Von Hau de pensar as comunidades nacionais latino-americanas como "inacabadas", tenho algumas reservas em relação ao modelo formulado pelos autores para pensar o que denominam como nacionalismos populares. A meu ver, esse modelo, como não poderia deixar de ser em um artigo breve, acaba sendo demasiado esquemático. Outro problema é o uso da categoria de "elites marginalizadas" que homogeiniza demasiadamente os grupos dirigentes dos movimentos nacionalistas populares. Discutirei essa questão no capítulo 4 desta obra.

e, em muitos casos também de direito, uma grande parte da população da comunidade imaginada, horizontal e soberana que constituía a nação. Para ilustrar esse ponto, vale apena citar um evento ocorrido durante a fase final das guerras de independência sul-americanas. Em 1821, San Martín, durante sua expedição de conquista do Peru, decretou que os "aborígenes" eram "filhos e cidadãos do Peru" e, como tais, não deveriam mais ser chamados de "índios", mas sim de "peruanos" (Anderson, 1993, p. 81.). Fatos como este ocorreram em diversos outros contextos latino--americanos do mesmo período na medida em que o constitucionalismo e o liberalismo universalistas e abstratos que influenciavam os libertadores tendiam a negar a especificidade da condição indígena. Decretos semelhantes também foram ordenados por Bolívar, quem, em visita à Cuzco, aboliu formalmente a servidão indígena e estabeleceu sua incorporação à cidadania (Bolívar, 2009, p. 225-227).Aos olhos de hoje, essas proclamações poderiam parecer exemplos esdrúxulos de ingenuidade formalista. Todavia, ao decretar a substituição do termo "índio" pelo neologismo "peruano" e banir a servidão, os libertadores estavam, conscientemente, apontando para a abolição das distinções estamentais, até então legalmente sancionadas. Todavia, essa foi a grande promessa não cumprida pela independência. Foi precisamente por não serem "peruanos" que os "índios" não eram vistos, até bem entrado o século XX, como legítimos interlocutores do Estado.

A ideia de um processo inconcluso de formação nacional como se sabe, não é nova no pensamento latino-americano. Em trabalho anterior (Kaysel, 2012), comparei as obras de Caio Prado Jr. e José Carlos Mariátegui, apontando como ambos compartilhariam uma conceituação da questão nacional como construção inacabada, hipótese que desenvolvi a partir do trabalho anterior de Ricupero (2000). Como se verá ao longo deste estudo, nacionalistas latino-americanos, como o sociólogo brasileiro Alberto Guerreiro Ramos, tinham plena consciência de que a nação era algo "novo" ou que tinha de ser "criada". Assim, a ideia, predominante na bibliografia acadêmica,da nação como uma "invenção" recente não é estranha aos nacionalistas latino-americanos. Se seus congêneres europeus, como afirma Anderson, acreditavam que a nação era algo "imemorial" e que "se perdia na poeira dos tempos", os nacionalistas do subcontinente não podiam ter essa ilusão, mesmo aqueles que, como Mariátegui ou Haya de La Torre, procuravam ancorar a construção nacional no passado pré-colombiano. Desse modo, pode-se dizer, parafraseando Smith (1998), que o nacionalismo latino-americano, ao contrário, por exemplo, do alemão, foi predominantemente "modernista" e não "perenialista".

Outro traço fundamental para definir as "comunidades nacionais" que também seria prejudicado pela persistência do passado, colonial seria a "soberania". Ainda que tenha obtido a independência política e constituído seus próprios Estados, as sociedades latino-americanas tiveram sua soberania limitada pela sua modalidade de inserção no capitalismo mundial, ou seja, como fornecedores de matérias-primas. Tal condição engendrou o fenômeno que, ao longo do século XX, viria a ser conhecido como dependência. A dependência se caracteriza, justamente, pela subordinação econômica em uma situação de soberania política formal. Nessa chave, a capacidade de autodeterminação – fundamento de qualquer concepção de soberania política – teria seu alcance limitado pela condição dependente no plano econômico.

Entretanto, não se deve perder de vista que o conceito de dependência foi formulado, justamente, para diferenciar a situação dos países latino-americanos daquilo que a IC denominava como "países coloniais e semi-coloniais". A condição de independência política, portanto, não é algo acessório ou puramente "formal", no sentido pejorativo que as correntes políticas de esquerda frequentemente dão a esse termo. Como se viu com as referências a Aricó, Portantiero e Garretón, os Estados latino-americanos tiveram grande importância na construção das incipientes sociedades civis e, por conseguinte, na formação dos imaginários nacionais.

Essa constatação é importante pois têm implicações para a outra teoria do nacionalismo aqui examinada: a de Tom Nairn. Como ficou

Entre a nação e a revolução

dito na primeira sessão deste capítulo, a situação latino-americana se distingue, tanto da situação da Itália e da Alemanha- países que se incorporaram tardiamente ao centro do capitalismo industrial -, como também das colônias e protetorados europeus na Ásia e na África. Ao contrário destes últimos, o subcontinente já possuía Estados nacionais próprios, ainda que com limitações variáveis ao alcance de sua soberania, tanto no plano externo, como no interno.

Um bom exemplo de como essa condição de independência política, para bem ou para mal, não pode ser deixada de lado, é fornecido pela análise feita pelo indiano Vijay Prashad das consequências do Congresso Anti-imperialista de Bruxelas de 1927, cuja importância para o anti-imperialismo latino-americano será discutida em maior detalhe no quinto capítulo. Comparando os movimentos de emancipação nacional na Ásia e na África com a geração anti-imperialista latino-americana de Haya de La Torre, este autor indica como, ao contrário dos africanos e asiáticos, os latino-americanos, em grande medida por já serem independentes desde o século XIX, não lograram constituir organizações multilaterais sem a participação da potência hegemônica na região, no caso os EUA, ainda que isso pudesse constar dos planos iniciais (Prashad, 2007, cap. 3).

Observando a questão do ângulo interno, os aparelhos estatais já constituídos terão um lugar privilegiado no imaginário nacionalista popular como ator capaz de promover as transformações sociais almejadas, ainda que para isso tivessem que sofrer importantes transformações em sua estrutura, como aquelas propostas por Haya, que serão discutidas no próximo capítulo, ou aquelas implementadas por Vargas, que apontarei no capítulo 4.

Desse modo, tanto pela ausência de horizontalidade, como pela limitação da soberania, se justifica a caracterização das nações latino--americanas como "comunidades imaginadas inacabadas". Nessa direção, uma formulação interessante pode ser encontrada em O'Donnell (1996). Abordando os antecedentes teóricos e históricos da emergência dos Estados Burocrático-Autoritários (BAs), o cientista político argentino afirma que Estado, sociedade e nação na América Latina não seriam "co-

-extensivos". Para ele, a nação – entendida como "arco de solidariedade cultural" – não abarcaria a todos os grupos e classes sob a jurisdição do Estado, estando aquém de seus limites. A sociedade, por seu turno, estaria além dos limites da soberania estatal, devido ao vínculo de dependência econômica que uniria setores das elites nacionais a grupos estrangeiros. Seria para tornar o Estado, a sociedade e a nação coincidentes que, segundo O'Donnell, teriam emergido os "populismos", ou, na terminologia que tenho empregado, os nacionalismos populares. Como se viu no capítulo anterior, a propósito do debate entre Laclau e Portantiero e De Ipola, tais nacionalismos emergiram, justamente, a partir das crises dos padrões de dominação oligárquicas. Será para esses momentos e as formas de nacionalismos deles resultantes no Brasil e no Peru que me voltarei nos dois próximos capítulos.

Parte II
Crise, hegemonia e participação popular: o nacionalismo popular no Peru e no Brasil

capítulo 3

O nacionalismo popular no Peru

As crises de hegemonia e o advento do nacionalismo popular

O problema crucial no advento das democracias modernas foi o da incorporação ao sistema político das camadas subalternas, em particular dos trabalhadores. A entrada das massas na esfera pública, a progressiva extensão do sufrágio a organização da classe trabalhadora em sindicatos e em partidos classistas legalmente reconhecidos foram momentos decisivos para a consolidação das democracias liberais, ainda que o liberalismo inicialmente fosse avesso a todos eles. Na América Latina, como ficou dito na introdução, ao longo do século XX, a plena incorporação dos subalternos ficou, até recentemente, bloqueada pela resistência das classes dominantes, dificultando entre nós a democratização do Estado e a estabilização da vida política.

Se os trabalhadores têm sido atores-chave na política latino-americana nos últimos cem anos, as formas assumidas por esta participação, como discuti no capítulo 1 diferiram, na maioria das vezes, daquelas assumidas pelo operariado europeu, o qual organizou-se de modo geral em partidos socialistas ou socialdemocratas, baseados em uma identidade classista. Já na América Latina, os movimentos das classes subalternas, na maior parte dos casos, organizaram-se em torno das noções de "nação" e "povo", constituindo partidos de orientação nacionalista e bases pluriclassistas.

O objetivo dos dois próximos capítulos é fornecer uma interpretação que auxilie a entender a formação e as trajetórias de movimentos e ideologias nacionalistas-populares nas duas formações sociais que são abordadas nesta pesquisa, o Brasil e o Peru. Na já mencionada introdução, sugeri um caminho teórico para pensar os momentos de eclosão dos nacionalismos populares na América Latina: o recurso aos conceitos de "crise orgânica" e de "conjunturas críticas".

Antes de mais nada, é preciso reconhecer que o marxismo de Gramsci e a sociologia histórica norte-americana, tradição à qual se filia o trabalho de Collier e Collier, têm bases teórico-metodológicas e objetivos muito distintos. Além disso, enquanto as notas carcerárias de Gramsci constituem apontamentos fragmentários e com preocupações direta e explicitamente políticas, o trabalho de Collier e Collier é uma obra sistemática e estritamente acadêmica. Assim, além da filiação a distintas correntes teóricas, os trabalhos citados têm natureza bastante diferente.

Apesar de tais discrepâncias, defendo que os dois conceitos, não apenas são compatíveis, como apontam para uma combinação potencialmente frutífera. Em primeiro lugar, como já ficou dito, ambos conceitos procuram flagrar o mesmo fenômeno, isto é: as situações nas quais as estruturas de poder e dominação em uma determinada sociedade entram em crise profunda, não sendo apenas uma crise política conjuntural e passageira. A crise da dominação implica, em ambas as formulações, uma crise do consentimento à dominação, abrindo-se um período de luta por aquilo que Gramsci denominou como hegemonia. O modo pelo qual essa disputa se resolve, com a recomposição das antigas forças dominantes, ou pela ascensão de um novo conjunto de forças políticas e sociais, definiria as formas do Estado e da esfera política por longos períodos.

O escopo dos conceitos revela uma preocupação comum ao marxista sardo e aos cientistas políticos estado-unidenses: flagrar os processos históricos de longo alcance que moldam as formas estatais e suas respectivas bases nas relações de forças sociais. No capítulo anterior, viu-se como há uma tradição no marxismo – que tem em Lênin e Gramsci

Entre a nação e a revolução

dois de seus principais expoentes – de reflexão sobre as diferentes vias de acesso ao capitalismo e suas consequências políticas. De modo análogo, a obra de Barrington Moore Jr., em especial *The Social Origins of Dictatorship and Democracy* (1966) foi o ponto de partida, na sociologia estado-unidense, de uma tradição de estudos históricos e macrossociológicos e comparativos, preocupados com questões como os processos de formação estatal, as mudanças de regimes políticos, a ocorrência de revoluções, etc. (Collier e Collier, 2002). Daí meu interesse em empregar os dois conceitos de modo combinado.

É preciso lembrar, entretanto, que utilizo os conceitos de "crise orgânica" e "conjunturas críticas" no âmbito de uma pesquisa sobre história das ideias políticas. O que me interessa particularmente é apontar como as conjunturas de crise da dominação, por representarem uma perda do consentimento dos grupos subalternos em relação aos dominantes, abre o espaço para o surgimento de novas formações ideológico-discursivas que dão forma às reivindicações de novos atores sociais e políticos. Como afirma Laclau (1978), discutido no primeiro capítulo, os discursos que o autor conceitua como sendo "populistas" emergem, justamente, em situações de crise da capacidade transformista do bloco de poder.

Neste capítulo e no seguinte, analisarei a origem e as trajetórias dos dois principais movimentos nacionalistas populares que se desenvolveram no Peru e no Brasil: a Aliança Popular Revolucionária Americana (APRA) e o trabalhismo, principalmente o Partido Trabalhista Brasileiro (PTB), respectivamente. Ao contrário dos adeptos do que denominei como "teoria do populismo", não considerarei os dois partidos como sendo "populistas", mas sim como organizações "reformistas", seguindo uma tipologia sugerida por Darcy Ribeiro. Para este autor, os reformistas latino-americanos se caracterizariam pelos seguintes elementos:

> Primeiro, o apoio às reivindicações econômicas dos setores assalariados, organizados em associações e sindicatos, que formam seu principal corpo de sustentação política. Segundo, a adesão a um programa

reformista decorrente deste vínculo que obriga seus líderesa colocar em causa, senão a ordem vigente em sua totalidade, ao menos alguns aspectos dela que representam interesses classistas antipopulares. Esta contingência os compele a uma identificação ideológica com as teses levantadas pelas esquerdas que tenham maior difusão popular. Tais são, principalmente, o nacionalismo e as reformas de base. (Ribeiro, 1983, p. 165-166)[1]

Em uma nota de rodapé, o autor diz que, para construir o modelo "reformista", se baseou, entre outras organizações, justamente, no trabalhismo brasileiro posterior a 1950 e na APRA anterior a 1945, ainda que neste último caso, o partido se distinguiria dos demais pelo peso assumido por sua ideologia singular (*Idem*, p. 165, nota 37). Cabe ressaltar que os períodos nos quais Ribeiro considera que o PTB e a APRA assumiram características reformistas foram praticamente os mesmos selecionados nesta pesquisa.

Porém, como pretendo indicar, ainda que ambas as organizações compartilhem elementos ideológicos análogos – anti-imperialismo, nacionalismo, poli-classismo, etc. – ambas têm origens e trajetórias divergentes, senão mesmo opostas. No caso peruano, o movimento aprista surgiu da embrionária sociedade civil peruana em oposição ao Estado oligárquico, ao passo que o trabalhismo brasileiro surgiu a partir do aparelho do Ministério do Trabalho e dos sindicatos a este ligados. Dessa maneira, as origens de ambos partidos exprimem padrões divergentes de relações entre Estado e sociedade. Além disso, a trajetória política e ideológica do aprismo e do trabalhismo são opostas. Se o primeiro, após uma origem radical, procurou se moderar para ser aceito pelas elites como parte do jogo político normal, o segundo, passou de um partido sem uma clara identidade ideológica, a uma agremiação reformista em grau crescente de radicalização.

---

1   O uso da expressão "reformas de base", típica do vocabulário político brasileiro pré-1964, sugere o quanto à análise de Ribeiro é informada por sua experiência como ministro no governo Goluart, fato aliás assumido explicitamente pelo próprio autor na introdução do livro.

Entre a nação e a revolução

Para compreender essa discrepância entre as trajetórias dos dois movimentos, me remeterei às "conjunturas críticas" ou "crises orgânicas" que possibilitaram seu advento. Enquanto no caso peruano, uma oligarquia muito reduzida exercia um virtual monopólio do poder em associação com enclaves econômicos estrangeiros, no caso brasileiro, alguns setores das oligarquias regionais foram capazes de recompor um bloco de poder mais amplo, voltado para o desenvolvimento industrial e incluindo setores empresariais e de classes médias emergentes. Como resultado, no caso peruano se teriam criado as condições para uma aliança entre uma classe média radicalizada e trabalhadores urbanos e rurais. Já no caso brasileiro, o arranjo político mais abrangente possibilitou uma incorporação dos trabalhadores à esfera pública, ainda que em posição subalterna. Contudo, o aguçamento das contradições do processo de desenvolvimento, teriam criado fissuras no bloco hegemônico, abrindo espaço para a radicalização da classe trabalhadora.

Com essa comparação quero apontar as insuficiências das teorizações histórico-estruturais sobre os "chamados"populismos latino-americanos. Afinal, como pretendo demonstrarn estes dois capítulos, a emergência do nacionalismo popular pode se dar em condições histórico-estruturais muito díspares, como são as do Peru no primeiro terço do século XX e as do Brasil em meados do mesmo, não estando, portanto, necessariamente vinculada a industrialização substitutiva de importações (ISI), como costuma pressupor essa literatura. O nacionalismo popular, como formação ideológica-discursiva, emergiria justamente nos momentos de crise das estruturas de dominação, quando os grupos dominantes perdem a capacidade hegemônica e os grupos subalternos tentam reformar ou revolucionar as estruturas do Estado.

Nas sessões que se seguem, procurarei reconstituir o contexto social e histórico mais amplo do Peru entre os anos 1920 e 1930. Já no capítulo seguinte, examinarei o Brasil entre as décadas de 1950 e 1960. Em ambos capítulos, ainda que sempre me remeta às condições históricas mais gerais, darei prioridade à reconstituição dos contextos político-ideológicos, procurando apontar os contornos singulares assumidos pela ideologia nacionalista que ganhou espaço nas duas sociedades nestes períodos. Por fim, na última sessão do capítulo 4, compararei essas duas modalidades de nacionalismo popular e suas trajetórias opostas, remetendo suas discrepâncias às grandes diferenças contextuais que separam os dois países e os respectivos momentos históricos.

Manuel Gonzalez Prada e as origens do nacionalismo radical no Peru

Para que se possa compreender o contexto político-intelectual no qual a geração de Haya de La Torre e de Mariátegui procurou combinar o indigenismo à ideias nacionalistas, anti-oligárquicas e anti-imperialistas, é preciso recuar um pouco mais no tempo e buscar as raízes dessa forma de nacionalismo radical. O precursor desse nacionalismo – identificado como tal pela geração dos anos 1920 – foi o poeta e ensaísta Manuel Gonzalez Prada (1844-1918), em particular em seus dois livros de publicística: *Paginas Libres* e *Horas de Lucha*. Dessa maneira, é para o contexto no qual emergiram essas obras que me voltarei agora.

Como lembra Bennedict Anderson (1993, p. 80), o temor do levante das populações indígenas (nos moldes do movimento de Tupac Amaru, em fins do século XVIII) fez com que as elites *criollas* do Vice-Reinado do Peru cerrassem fileiras em torno da coroa ibérica. Nesse sentido, é revelador o fato de que a independência definitiva do Peru – concluída em 1825 –, não foi apenas a última da América do Sul, como também foi feita, em boa medida, de fora, por Bolívar e San Martín (Halperin-Donghi, s.d., caps. 1 e 2).

Relativamente periférico na nova ordem econômica da região, que privilegiava o comércio transatlântico, o Peru preservou em grande medida a estrutura estamental herdada da colônia (embora, como se viu no final do capítulo anterior, não mais sancionada legalmente). A pequena elite de origem espanhola da costa excluía por completo a plebe mestiça e mantinha a massa dos índios em regime servil. Mesmo a escravidão dos negros nos latifúndios litorâneos só foi abolida no governo de Castilla nos anos 1860, com relativo atraso em relação ao resto do continente (Klaren, 2001).Uma ordem social pouco integrada e amorfa servia de base a um Estado rudimentar, cujos únicos pilares eram o exército e as rendas aduaneiras. A relativa afluência com a exportação do guano – que integra melhor o país ao mercado mundial – e a substituição, no plano político, do caudilhismo militar pelo regime do Partido Civil (ou *Civilista*), nos anos 1870, foram os primeiros germens de uma economia capitalista e de um regime político burguês (Quijano, 2014, p. 338).

Porém,a imensa e persistente precariedade da estrutura social peruana seria escancarada com a Guerra do Pacífico (1879-1884). Após cinco anos de guerra, o Chile derrotou a coalizão peru-boliviana (muito mais populosa), retirando daquele os territórios do guano e desta a saída para o mar. Como resultado, a economia e o aparelho estatal entraram em colapso e o país viveu um período de desorganização e guerra civil. Essa atmosfera de crise e humilhação nacionais abriu espaço paras perguntas: quais as razões da derrota? O que torna o Peru tão frágil?

As respostas, no entanto, só seriam formuladas por uma voz solitária, porém causticamente contundente, a de D. Manoel Gonzalez Prada. Gonzalez Prada, cujo nome de batismo era José Manuel Gonzalez de Prada y Ulloa, nasceu em 1844, em uma família cujas origens remontavam à aristocracia peninsular e que integrava os círculos clericais e conservadores de Lima (Sánchez, 1987, p. 10).[2] Durante a Guerra do Pacífico, Prada participou ativamente da defesa de Lima, encerrando-se em sua casa após a capitulação (*Idem*, p. 11). Retorna à cena pública em 1885, para denunciar a responsabilidade de sua classe de origem no desastre nacional. Naquele mesmo ano fundaria, ao lado do poeta Luis E. Marquez, um círculo literário, denominado "Partido Radical da

---

2   Segundo Sánchez, o pai de Manuel Gonzalez Prada, D. Francisco Gonzalez de Prada, chegou a ser vice-presidente da República na administração clerical e reacionária do general Rufino Echenique (*Idem, Ibidem*).

Literatura", o qual se converteria seis anos mais tarde em um partido político, a União Nacional, de programa radicale anticlerical, seguindo os modelos dos partidos radicais francês, chileno, argentino e outros existentes na América Latina de então (Sánchez, 1987, p. 12).[3]

Em seu "Discurso en El Politeama" (1888), o autor procura expor as razões profundas que teriam levado à derrota peruana e procede a uma condenação geral do passado e da herança colonial.[4] Essa condenação ficou sintetizada no aforisma mais conhecido de sua obra: "os velhos à tumba, os jovens à obra!" (Prada, 1987a, p. 46). Luis Alberto Sánchez explica que os termos "velhos" e "jovens" aqui não designam apenas gerações em sentido estrito, possuindo um significado mais amplo:

> O clero e a plutocracia, Lima e o vice-reinalismo, são os responsáveis do fracasso: a todos, ele os agrupa no termo 'os velhos'. Aqueles que abominam o centralismo limenho, advoguem o livre pensamento, condenem o 'branquismo' costenho, tenham fé no índio, sustentem a bandeira da ciência, combatam pela liberdade, esses serão "os jovens". (Sánchez, 1987, p. 13)

Para Prada, as razões da humilhação bélica deveriam ser buscadas na desarticulação da nação peruana, formada por uma elite ligada ao passado colonial e a massa indígena servil. Nesse sentido, é interessante o paralelo com a Revolução Francesa, ilustrado pela seguinte citação:

---

[3] O vínculo do escritor com o partido, todavia, teria curta vida. Prada, que foi seu primeiro presidente, acabou abandonando-o, no mesmo ano de sua fundação, pois foi viver na França por motivos pessoais. Quando regressou ao Peru e 1898, como se verá mais adiante, passou a se declarar anarquista e, em 1902, rompepublicamente com seu antigo partido (*Idem*, p. 15).

[4] Em nota o editor contextualiza o discurso. Em 1888, se fazia uma arrecadação de fundos em Lima para reaver as províncias de Tacna e Arica, tomadas pelo Chile na Guerra do Pacífico. Com esse intuito, os escolares da capital organizaram uma reunião no teatro Politeama, para a qual convidaram Gonzalez Prada, quem redigiu o referido discurso, o qual foi lido por um estudante (Prada, 1987a, p. 43).

Entre a nação e a revolução

> Com as multidões livres ainda que indisciplinadas da Revolução, a França marchou para a vitória; Com os exércitos de índios disciplinados e sem liberdade, o Peru irá sempre à derrota. Se do índio fizemos um servo que pátria defenderá? Como o servo da idade média, só combaterá pelo senhor feudal. (Prada, 1987ª, p. 44)

Aqui é interessante retomar a questão proposta por Anderson, abordada no capítulo anterior, da relação entre a "horizontalidade" da comunidade nacional e a disposição de sacrifício em seu nome. Ao identificar a "Nação Francesa" com o conjunto dos "cidadãos em armas", a Revolução criou uma máquina militar totalmente diferente dos exércitos aristocráticos e mercenários que a acossavam. Contra o exército de conscritos de Napoleão, os *junkers* prussianos, treinados nas artes militares, foram impotentes. Foi o alistamento massivo do corpo dos cidadãos o que permitiu à França, não apenas salvar-se da invasão contra-revolucionária, mas conquistar meio continente, pondo em xeque as estruturas militares do *ancien régime*.

Como se pode ver, a tradição francesa (exemplificada pelo publicista Ernest Renan (1992), para quem a Nação – definida como "um plebiscito de todos os dias" – identificava-se com o corpo dos cidadãos, é central em Gonzalez Prada. O Peru, com as massas indígenas submetidas à servidão, as tradições de autoritarismo e subserviência legadas pela colonização espanhola, o clericalismo e o militarismo do pós-independência, não poderia estar mais distante deste ideal de modernidade. Mais adiante, o autor afirma:"não formam o verdadeiro Peru as agrupações de *criollos* e estrangeiros que habitam a faixa de terra situada entre o Pacífico e os Andes. A nação está formada pelas multidões de índios disseminadas na banda oriental da cordilheira." (*Idem*, p. 45-46)

Tanto a polarização costa/serra, quanto a identificação dos indígenas com uma possível identidade nacional são dois dos temas-chave do pensamento gonzalez-pradiano. Serão temas decisivos para o nacionalismo peruano esposado pela geração de Mariátegui e de Haya de La Torre.

Para que se entenda quão radicais são estes postulados, é preciso relembrar a leitura dominante do tema da raça no pensamento latino-americano, entre o final do século XIX e a primeira década do seguinte. Nesse tópico, as influências principais eram o evolucionismo e o positivismo de Herbert Spencer e Comte, e, o darwinismo social e a "psicologia social" de Gustave Le Bon, que atribuía a características biológicas inatas os traços psíquicos dominantes nas populações humanas. O resultado dessa combinação eclética eram teorias deterministas e racistas que condenavam as populações negras, índias e mestiças como irremediavelmente degeneradas.

Pode-se observar esse tom, expresso em linguagem médica em obras como *Nuestra América*, do argentino Carlos O. Bunge, *Pueblo Enfermo*, do boliviano Alcides Arguedas, *Les Democraties Latines de Amérique*, do peruano Francisco García Calderón. Os homens de letras desse período oscilavam, de modo geral, entre um pessimismo irredutível, ou uma confiança na imigração branca como solução civilizadora, caso de Bunge e do socialista ítalo-argentino José Ingenieros (Hale, 2001). Além de Prada no Peru, e Manuel Bonfim no Brasil, um dos poucos pensadores do final do século XIX a rejeitar taxativamente o racismo científico foi o poeta e revolucionário cubano José Martí. Ao final de seu conhecido ensaio *Nuestra América*, Martí afirma:

> Não há ódio de raças, porque não há raças. Os pensadores caniços, os pensadores de lâmpadas, requentam as raças de livraria que o viajante justo e o observador cordial buscam em vão na justiça da natureza, onde ressalta no amor vitorioso e no apetite violento, a identidade universal do homem. (Martí, 2005b, p. 38)

Tanto Martí como Gonzalez Prada podem ser tidos como vozes dissonantes em relação ao relativo consenso entre as elites intelectuais latino-americanas em fins do século XIX, constituído pela confluência

Entre a nação e a revolução

do liberalismo, do positivismo, do evolucionismo e do determinismo biológico e/ou geográfico.

Quanto a Prada, a condenação mais explícita que faz ao racismo científico encontra-se no ensaio *Nuestros Indios*, datado de 1904.[5] Citando Durkheim, para o qual a "raça" não seria uma variável explicativa de fatos sociais, o autor ataca duramente Le Bon, desmascarando a solidariedade existente entre suas ideias e o colonialismo europeu:

> Admitida a divisão da humanidade em raças superiores e inferiores, reconhecida a superioridade dos brancos, e por conseguinte seu direito a monopolizar o governo do planeta, nada mais natural que a supressão do negro na África, do pele-vermelha nos Estados Unidos, do tagalo nas Filipinas, do índio no Peru. (Prada, 1987c, p. 333)

Se o índio se encontrava em um estado de miséria material e moral, isso não se deveria a nenhuma incapacidade biológica, mas à estrutura econômica e política do país: isto é, o predomínio do latifúndio e da classe senhorial. Uma pequena elite branca e de *encastados* (mestiços de espanhóis e indígenas) de cerca de 200 mil membros exploraria o trabalho servil de cerca de 3 milhões de índios (*Idem*, p. 336).

Nessas condições, o autor sustenta que:

> Nossa forma de governo se reduz a uma grande mentira, porque não merece chamar-se república democrática um Estado em que dois ou três milhões de indivíduos vivem fora da lei. Se na costa se vislumbra um regime de garantias sob um arremedo de república, no interior é palpável a violação de todo direito sob um regime feudal. (*Idem*, p. 339)

Segundo o autor, os latifúndios seriam "pequenos reinos dentro da República", fazendo seus proprietários as vezes de "autocratas" em meio à democracia (*Idem*, p. 340).

---

5   *Nuestros Indios* foi um texto deixado incabado pelo autor que não aparecia na primeira versão de *Horas de Lucha* (Prada, 1987c, p. 332)

Seriam, pois, inúteis as soluções de caráter moral, religioso ou pedagógico, pois a questão exigiria a supressão da estrutura de dominação vigente: "a quem disser: a escola, se lhe responda: a escola e o pão. A questão do índio, mais do que pedagógica, é econômica, é social." (p. 342) Diante desse diagnóstico, qual seria a solução para o problema? Em 1888 Prada não abordou diretamente esse dilema, afirmando de modo um tanto genérico que o Peru precisaria de "ciência" e "liberdade" (*Idem*, 1987a, p. 46). Já o texto de 1904, fornece uma resposta drástica: "em suma: o índio se redimirá à mercê de seu esforço próprio, não pela humanização de seus opressores. Todo branco é, mais ou menos, um Pizarro, um Valverde ou um Areche." (*Idem*, 1987c, p. 343)

Dessa maneira, o autor vê na ação revolucionária e mesmo violenta dos índios a única forma de superação da condição servil na qual estes se encontravam. Prada vai ao ponto de dizer que, "se gastasse em balas e rifles o dinheiro que dissipa em álcool", o índio defenderia melhor sua propriedade e não sofreria tantos abusos por parte das autoridades e dos hacendados (*Idem, Ibidem*).

Aqui é preciso lembrar que, após um período de sete anos na Europa (1891-1898), Gonzalez-Prada se afasta do positivismo de Comte e Renan e se aproxima do anarquismo, radicalizando seu pensamento político. Em "Nuestros Indios", a saída preconizada pelo autor é, portanto, a de uma ruptura revolucionária com o fundamento da ordem social vigente, ou seja, o poder da grande propriedade rural.

Gonzalez Prada rejeitou como parte da intelectualidade latino-americana de seu tempo o que viam como tendência de importar mecanicamente modelos europeus e norte-americanos, o que tornava a realidade de um país como o Peru algo "desviante", "patológico" ou simplesmente incompreensível. Em sua linguagem de orador, ensaísta e literato procurou desconstruir a visão que as classes dominantes tinham do país e seu povo. Só assim poder-se-ia, nos termos da época, superar a distância entre "o país legal" e o "país real" e forjar uma nação peruana. Sintetizando a confluência seminal de nacionalismo, radicalismo e in-

Entre a nação e a revolução

digenismo que marca a obra gonzalez-pradiana, o historiador José Luiss Renique afirma::

> Sem partidos e sem agremiações, em um vasto e desarticulado país assolado pela guerra, do seio da cidade letrada Prada elaboraria o projeto de uma nação a ser construída de baixo, como resultado de um ato radical capaz de recentralizar uma ordem que havia perdido seu eixo séculos atrás sob a espada do conquistador. (Renique, 2009, p. 25)

Como já foi anteriormente referido, Manoel Gonzalez Prada foi, em boa medida, um pensador solitário. Fora os membros do círculo literário que se organizou em torno de sua figura, seu desafio não encontrou resposta na inteligência peruana da Belle Époque. Esta, ligada ao Partido Civilista, continuou a ignorar a questão indígena ou a tratá-la como problema biológico-racial, moral ou educacional.

Na chamada "geração futurista", por exemplo, intelectuais como Francisco García Calderón, José de La Riva Agüero e Victor Andrés Belaúnde, vinculavam a identidade nacional, seja à "latinidade" (caso do primeiro), seja ao catolicismo ibérico (caso do último). Para todos eles, a herança incaica era algo que pertencia ao passado, como fica claro nos relatos de viagem de Riva Agüero (Galindo, 1987, p. 244-245). Quanto ao indígena atual, este deveria ser "assimilado" à cultura nacional, na opinião de Belaúnde, por meio da educação e da ação da Igreja.

Outros, como Manoel Sanchez Villarán, defendiam a modernização por meio de uma reforma educacional orientada por critérios econômicos (Klaren, 2001), (Quijano, 2014). Em que pese suas divergências, os intelectuais ligados ao civilismo viam o Peru como um país dividido entre um litoral, ocidental e moderno, e um altiplano, indígena e atrasado. A solução estaria na assimilação do segundo pelo primeiro, por meio da criação de uma elite coesa em torno de um projeto de integração do país ao mercado mundial (Cotler, 2009, p. 128).

Já as camadas urbanas subalternas, em inícios do século XX, apenas iniciavam um processo de diferenciação social que, como se verá na próxima sessão, as enfrentaria com a oligarquia na virada dos anos 1910 para os 1920. Assim, a mensagem de Gonzalez Prada carecia de portadores sociais. Ela teria que aguardar mais de duas décadas até que Mariátegui e Haya de La Torre a retomassem e a desenvolvessem (*Idem*, p. 130).

A Crise da "República Aristocrática" e a "Geração do Centenário"

Entre 1895 e 1919, superado o período de conflitos civis e predomínio militar que se sucedeu à "Guerra do Pacífico", o Peru viveu aquilo que se convencionou chamar de "República aristocrática" (Galindo e Burga, 1994, p. 17-21). Foi uma época em que a pequena camada formada por grandes comerciantes, financistas e latifundiários da costa exerceu o monopólio do poder político e social. O acesso à oligarquia era restrito – não apenas pela posse de bens materiais – mas também pela pertença a alguma linhagem familiar e a um certo estilo de vida. Tratava-se, pois, de um grupo social, não apenas com características de classe, mas com fortes traços estamentais (*Idem*, p. 130-131).

O lastro econômico dessa aristocracia litorânea se encontrava nos cultivos de cana-de-açúcar e algodão, cuja exportação e, mais adiante, produção eram controlados por capitais estrangeiros, os quais também controlavam a mineração no altiplano. No caso da cana-de-açúcar, quase toda a produção e comercialização do departamento de La Libertad, centro da produção açucareira, estavam nas mãos, em inícios dos anos 1920, de duas companhias: a Cartavio, do grupo Grace, de capital norte-americano, e Casa-grande, do grupo de capital alemão Gildemaister (Claren, 1973, cap. 1). Já a mineração de cobre nos Andes era monopolizada pela empresa estado-unidense Serro de Pasco Minning Co.

Assim, a oligarquia se colocava como intermediária entre a economia peruana e os interesses imperialistas (Galindo e Burga, 1994, p.

109-126). Porém, dada à fraqueza do aparato estatal do país, o poder político da oligarquia só podia ser exercido com o concurso dos latifundiários das regiões andinas, conhecidos como *gamonales*. Eram os *gamonales* que mantinham sob controle, por meio da servidão, paternalismo e violência, o campesinato indígena e, a partir daí, controlavam as rédeas do poder local (*Idem*, p. 143-175).

Cabe enfatizar, porém, que os *gamonales* serranos não faziam parte do que no vocabulário político peruano se conhececomo "a oligarquia". Como lembra François Bourricaud, as cerca de quarenta famílias ou dez clãs que conformam o que no Peru se denomina como "oligarquia" têm suas raízes na agricultura de exportação da costa norte, mais especificamente, nas lavouras de cana de açúcar e algodão (Bourricaud, 1966, p. 21).

Desse modo, o Peru dos tempos da "República aristocrática" era uma formação social integrada ao mercado mundial, na qual o capital imperialista já exercia um papel dominante, articulando-se a um conjunto heterogêneo de relações de produção pré-capitalistas (Quijano, 2014, p. 336). Nesta sociedade o poder se exerce mais pela violência – necessária para manter submissas as classes populares, excluídas de qualquer poder político - do que pelo consenso.

Os únicos mecanismos de consenso que uniam dominantes e dominados eram, de um lado, a Igreja Católica e, de outro, as relações de reciprocidade assimétrica que ligavam os senhores e os camponeses (Galindo e Burga, 1994, p. 145-146).

Contudo, ao final dos anos 1910, a hegemonia política do Civilismo e das classes sociais que representava – os latifundiários e a burguesia urbana ligada ao comércio exportador - estava em crise, devido ao próprio desenvolvimento capitalista dependente do país. De um lado, o avanço do latifúndio na Serra sobre os *ayllús* aumentava a instabilidade social no campo.

De outro lado, a incipiente industrialização gerava uma classe operária que, em que pese seu pequeno número, logo se organiza em sindicatos e reivindica direitos sociais. Por fim, a crescente classe média urbana começa a emancipar-se intelectualmente dos grupos dominantes e a lutar por seu espaço político.

O primeiro desafio frontal ao domínio oligárquico se dá em 1912, quando as massas populares de Lima impõem, por meio damobilização de rua, a vitória da candidatura de Guillermo Bilinghurst à Presidência da República. Rico comerciante limenho,Bilighurst não era, todavia, membro do *establishment* civilista.

Quando prefeito da capital, ganhara o apoio das massas com medidas populares. Sua presidência, contudo, duraria pouco, sendo deposta pelo golpe do general Benavides, em 1913. Este devolveria, em 1915, o poder ao civilista José Pardo, o qual já ocupara o posto entre 1904-1908.

Em que pese a derrota do movimento de Bilinghurst e o retorno dos civilistas, o avanço do processo inflacionário que acompanhou a alta das exportações peruanas durante a Primeira Guerra Mundial iria erodir ainda mais o poder da oligarquia, devido ao descontentamento popular.

O auge desse processo são as manifestações estudantis pela Reforma Universitária e as greves operárias de 1918-1919. Inspirados pelo ideário radical, anti-oligárquico, nacionalista e popular que animou os estudantes de Córdoba (Argentina), os estudantes da Universidade de San Marcos se solidarizaram com os trabalhadores grevistas.

Esse clima de agitação social – inspirado também pela Revolução Mexicana e pela Revolução Russa – derruba o governo civilista de José Pardo. Em seu lugar volta ao poder o *outsider* político – em que pese sua fortuna pessoal – Augusto B. Leguía, que já havia sido presidente entre 1908 e 1912.

Este logo substituirá o discurso demagógico inicial por uma política de repressão aos movimentos de reivindicação popular, uma acomodação com os interesses das oligarquias, recurso aos capitais estrangeiros e uma ditadura pessoal, que durará até a crise de 1929-30. Tal período da história peruana ficará conhecido como o "oncênio" leguíista.Por outro lado, o avanço do capitalismo no campo irá intensificar a exploração da mão de obra e o avanço do latifúndio sobre as terras das comunidades

Entre a nação e a revolução

indígenas do altiplano. Como resultado, crescem as rebeliões camponesas: primeiro a revolta de *Rumi Maqui* (Puno, 1915) e depois uma série de sublevações em Puno e em Cuzco (1920-1923) (Galindo, 1987, p. 262-263 e p. 270-271).Esses processos e eventos irão abalar o regime de dominação oligárquico e darão ensejo ao advento de correntes políticas e ideológicas radicais, as quais colocarão a questão indígena na ordem do dia. O indigenismo radical, integrado por intelectuais das regiões andinas – como os do "Grupo Resurgimiento", de Cuzco, encabeçado por Luiz Emilio Valcárcel, ou do "Grupo Orkopata", de Puno, nucleado em torno dos irmãos Francisco e Gamaliel Churata –; o aprismo – liderado por Victor Raúl Haya de La Torre – e o socialismo – centrado na figura de José Carlos Mariátegui.[6] Segundo o historiador Alberto Flores Galindo, a geração de intelectuais peruanos do decênio de 1920 teria sido uma geração "anti-acadêmica", formada nas redações jornalísticas (Galindo, 1994, p. 445). Mais adiante, o historiador acrescenta: "O jornalismo de então foi uma espécie de greta no monopólio cultural da oligarquia e, por esse resquício, ingressaram muitos jovens de procedência mesocrática e atitude radical" (*Idem, Ibidem*).

Assim, a descontinuidade entre os intelectuais de extração e mentalidade oligárquica e a geração radical se expressa até no tipo de atividade e na forma de escrita. Enquanto, na geração anterior, os intelectuais universitários não tinham qualquer envolvimento com a imprensa, os

---

6   O indigenismo, como corrente política e literária, ganhou força na década de 1920 por meio da migração de diversos intelectuais de origem provinciana para Lima, cujo radicalismo político foi reforçado pela discriminação que passaram a experimentar por parte das elites limenhas (Klaren, 2004, p. 316-317). Segundo Galindo (1987) o indigenismo peruano da década de 1920 dividir-se-ia em três vertentes principais: o aprista, de Haya de La Torre, o "radical, de grupos de intelectuais dos departamentos andinos – como o cusquenho Luiz E. Valcárcel – e o socialista, de José Carlos Mariátegui. Quanto ao indigenismo de Haya, Montesinos (2002) afirma que, em que pese o uso abundante de simbologia indígena e incaica por parte do líder da APRA, este, oriundo do Peru litorâneo, jamais teria compreendido bem a região andina. De fato, como abordarei mais a diante, as votações do aprismo se concentraram historicamente em Lima e no norte do Peru, sendo mais fracas no sul andino.

jovens anti-oligárquicos se formaram nas redações e adquiriram um estilo por elas influenciado: frases curtas, precisão e adjetivação sóbria.[7] Cabe destacar também que a vida intelectual peruana nos anos 1920 não estava apenas em Lima. A existência de órgãos como *La Sierra*, editado pelo grupo "Resurgimiento" de Cuzco, e *Boletín Titicaca*, publicada pelo grupo "Orkopata" de Puno, mostra que os departamentos do altiplano começaram a tomar parte de modo autônomo no debate nacional. Isso é importante para que se entenda a difusão no período do ideário indigenista. No Peru, ao longo dos anos 1920, se estabeleceu uma rede de conexões entre Lima e as capitais provinciais que envolvia a associação Pró-Indígena e os assinantes de revistas como *Amauta* ou *La Sierra*, por meio da qual os simpatizantes da causa indígena na capital se conectaram a diversos grupos de provincianos e vice-versa.

Assim, essa rede "indigenista" pôde exercer pressão dentro e fora do Estado e erigir-se em "porta-voz" e defensora das comunidades indígenas oprimidas pelos *gamonales* (Bourricaud, 1972, p. 111).[8] Esse conjunto de inovações indicam como as manifestações de 1919 assinalaram, no plano intelectual, uma profunda ruptura geracional no país andino. De um lado, estava a chamada "geração do centenário" – em alusão ao centenário da independência peruana (1924) – e, do outro, a "geração de 1900" (Klaren, 2004, p. 289-290). Enquanto os membros da primeira eram, via de regra, oriundos das classes médias provincianas e, não raro mestiços, os da segunda, como José de La Riva Aguero, Francisco e Ventura García Calderón e Victor Andrés Belaúnde, tinham origens mais aristocráticas, em geral limenhas e brancas. Além disso, enquanto

---

7   Aqui, mais uma vez, também se faz presente a influência de Gonzalez Prada. Em suas reflexões sobre o papel do escritor engajado, o autor defendia que, para se fazer entender pelas massas, o escritor deveria adotar um estilo claro e direto (Prada, 1987b, p. 111).

8   É preciso deixar claro que a Associação Pró-indígena prescede a este período. A entidade foi fundada em 1909 pelo intelectual sino-peruano Pedro S. Zulen e pela intelectual e ativista teuto-peruana Dora Mayer. Referências simpáticas, ainda que críticas, ao trabalho da entidade podem ser encontradas no segundo dos *Siete Ensayos* de Mariátegui.

Entre a nação e a revolução

a "geração do centenário" tinha um perfil político mais radical, como já indicado, os adeptos da "geração de 1900", eram mais conservadores, de formação católica ou positivista e inclinações iberistas. Entre os diversos nomes que constituem a "geração do centenário", aqueles que mais se destacaram foram, sem dúvida, Haya de La Torre e Mariátegui. Como se verá em detalhe no capítulo 5, estes dois intelectuais e líderes políticos são os pontos de referência das duas principais correntes que polarizarão a esquerda peruana até o final do século XX. Além disso, ambos tiveram, como também abordarei no referido capítulo, relevo no panorama regional. Por fim, os fundadores da APRA e do socialismo peruano inauguram um novo modo de pensar os problemas de seu país. Nas palavras de Cotler:

> É com Mariátegui e Haya de La Torre que se iniciam no Peru novas correntes de interpretação do problema peruano que, desde distintas perspectivas e projeções políticas, buscarão compreendê-lo a partir de suas condições materiais de existência e suas relações com o passado colonial, a estrutura de classes resultante, sua implantação no Estado e sua repercussão na definição da nação peruana. Isto é, estes dirigentes políticos e inovadores teóricos explicitaram os temas que seus predecessores só trataram de maneira unilateral, na medida em que não recolheram os interesses e perspectivas das massas populares. (Cotler, 2009, p. 49)

É verdade que a "geração do centenário" não era homogênea e que as obras de Mariátegui e Haya de La Torre tampouco constituíram suas únicas duas alternativas. Porém, os traços comuns acima apontados permitem falar em uma "geração" que, ao se contrapor a seus predecessores, introduziu novas formas de pensar o país. Aqui cabe destacar a nova modalidade de nacionalismo que partia, não de uma "essência" acabada do que seria o Peru, mas sim do reconhecimento do caráter incompleto e inacabado da identidade nacional. Tal leitura pode ser bem exemplificada pela seguinte passagem de um dos mais conhecidos membros da geração dos anos 1920:

> O passado peruano não é algo acabado e admirável e o Peru segue sendo uma série de compartimentos estanques, de extratos superpostos ou coincidentes e com solução de continuidade. Por tudo isso, o nacionalismo, que em outras partes não é necessário ou fatalmente está superado, urge aqui. Em outras partes o nacionalismo é algo destruidor, aqui, deve ser construtor. Construtor de consciência e de soluções. Em outras partes é ofensivo, aqui necessita ser defensivo. Defensivo contra o absenteísmo e defensivo contra a pretensão estrangeira de absorção material e mental. (Bazadre, 1931, p. 6-7)

Estas linhas, que como se verá no próximo capítulo possuem uma semelhança flagrante com trechos de autores brasileiros da década de 1950, tais como Guerreiro Ramos ou Rolland Corbisier, sintetiza de modo exemplar os elementos do nacionalismo popular latino-americano que apresentei no capítulo anterior: o nacionalismo como força ideológica de construção de algo ainda inexistente – a nação – a qual precisa se afirmar contra forças internas e externas.

A formulação de Jorge Bazadre, a qual veio a público em 1931, parece ecoar o título de uma coluna, publicada por Mariátegui na revista *Mundial* de Lima, entre 11 de setembro de 1925 e 19 de maio de 1929 da qual saiu boa parte dos seus *Siete Ensayos*: "peruanicemos al Peru".[9] Em um artigo de polêmica com os intelectuais conservadores, os quais rejeitavam as então denominadas "ideias exóticas" – como o socialismo, por exemplo - por serem alheias à "peruanidade", o autor marxista foi categórico: "o Peru é ainda uma nacionalidade em formação. O estão

---

[9] O volume de mesmo título que compõe as Obras Completas do autor não contém apenas os artigos escritos na referida sessão, mas também outro publicados no mesmo periódico, sob outras epígrafes, e alguns publicados em *Amauta*. Confronte-se a nota dos editores (Mariátegui, 1995, p. 283).

construindo, sobre os inertes estratos indígenas, os aluviões da civilização ocidental." (Mariátegui, 1995d., p. 289).

Em um artigo posterior, Mariátegui formula, seguindo de perto as indicações de Gonzalez Prada qual seria o obstáculo fundamental à construção da "peruanidade":

> O índio é o cimento de nossa nacionalidade em formação. A opressão afasta o índio da civilidade. O anula, praticamente, como elemento de progresso. Os que empobrecem e deprimem o índio, empobrecem e deprimem a nação. (...) Somente quando o índio obtiver o rendimento de seu trabalho adquirirá a qualidade de consumidor e produtor que a economia de uma nação moderna necessita em todos os indivíduos. Quando se fala da peruanidade, haveria que se perguntar se essa peruanidade compreende o índio. Sem o índio não há peruanidade possível. (*Idem*, 1995c, p. 292)

Daí que o nacionalismo conservador e iberista, ou, como preferia Mariátegui, o "nacionalismo à ultransa", seria "a única ideia verdadeiramente estrangeira" no país e, por isso mesmo, sem enraizamento real nas camadas populares (*Idem*, 1995d., p. 291).Estas passagens de "Peruanicemos al Peru", esboçam os contornos de um projeto radical que articula indigenismo, nacionalismo e modernidade, o qual unificava aquilo que, no vocabulário latino-americano da época, se denominava como a "vanguarda" peruana. É certo que o peso relativo de cada um desses elementos podia variar bastante. É verdade também que o lugar central que Mariátegui atribuía ao marxismo nesse projeto estava longe de ser consensual, como se verá na próxima sessão e no capítulo 5. Ainda assim, a articulação indigenismo /nacionalismo/ modernidade não deixa de fornecer os alicerces de um modo compartilhado de entender o Peru.

A associação, por exemplo, entre o "peruano" e o "indígena" como fundamento da nacionalidade pode ser identificada no seguinte trecho do mais conhecido discurso de Haya de La Torre:

> O Estado não representa esses interesses (das maiorias) porque, nem na ordem material, nem na espiritual, cooperou para desenvolver aquilo que há de verdadeiramente peruano no Peru; porque depois de 110 anos de vida independente temos ainda esquecida a população herdeira dos verdadeiros donos deste solo que são os três milhões de indígenas que não sabem ler nem escrever (...). (Haya de La Torre, 2008ª, p. 34)

Dessa situação, de exclusão das maiorias indígenas e de ausência de representatividade do Estado junto às massas populares, o então candidato à presidência derivava o núcleo da reivindicação política de sua agremiação:

> Por isso é que nós temos que lutar pela peruanização do Estado e pela incorporação econômica e política das maiorias nacionais que constituem a força vital da nação e que são também as que democraticamente, por seu número e sua qualidade, têm o direito de intervir nos destinos nacionais. (*Idem*, p. 35)

Mais ao final do discurso, o tema reaparece:

> O aprismo significa o Peru novo que se insurge, que quer tomar seu posto, que quer peruanizar-se segundo reza nosso apotegma. O aprismo significa a mobilização de todos aqueles que permaneceram de costas para os assuntos do Estado e que hoje querem exigir seu direito e querem que seu direito se respeite. (*Idem*, p. 50)

Um pouco adiante, o líder aprista reivindica explicitamente para o partido a herança do "pensamento magnífico" de Manuel Gonzalez Prada (*Idem*, p. 54). Aliás, não me parece ter sido por acaso que a noção de "peruanização" tenha sido recuperada de modo explícito, no mesmo ano em que Bazadre publicava seu livro, por Haya de La Torre em um discurso de sua primeira campanha presidencial, três anos após sua ruptura com Mariátegui, então já falecido. Assim, "peruanizar o Peru" pode ser tido legitimamente como o lema de uma geração cujo batismo foram as lutas estudantis e operárias de Lima em 1919. Cabe examinar a seguir como essa efervescência cultural e política radical conduzirá, entre os anos 1920 e os 30, à constituição do primeiro grande partido moderno de massas da história peruana: a APRA. Analisarei também, ainda que apenas em grandes traços, a trajetória posterior da organização para vislumbrar algumas possíveis explicações para o fracasso de suas tentativas de chegar ao poder e transformar a formação social peruana, mudando a relação entre o Estado e a nação.

Haya de La Torre e a APRA: da revolução à "convivência"

No contexto do movimento da Reforma Universitária, Haya se firmou como principal liderança da Federação de Estudantes de São Marcos, vindo, em seguida, a presidir a Federação dos Estudantes do Peru. Defendeu a aliança entre estudantes e operários, a qual, mais tarde, levaria a FEP a criar em 1923 as Universidades Populares Gonzalez Prada, que ministrava cursos livres para os trabalhadores. A adoção do nome de Gonzalez Prada, cuja obra discutiu-se acima, indica que a geração de Haya associava o radicalismo político ao indigenismo em seu esforço de negação do legado ibérico e colonial, associado com a oligarquia. Além disso, o poeta e ensaísta radical fornecia aos jovens recém--saídos do movimento estudantil uma nova visão do papel do intelectual, como se pode ver no seguinte trecho:"ao escritor cabe abrir os olhos das multidões e as ensinar para que não as peguem desprevenidas o grande movimento de liquidação social que se inicia hoje nas nações mais civilizadas." (Prada, 1987b, p. 103)

Desse modo, a nova geração encontrava em Prada a ideia de que o intelectual deveria educar as massas populares e elevar seu nível de consciência. Tal visão não apenas informava o projeto da Universidade Popular, como também influiria, como se verá no capítulo 5, nas formulações de Haya sobre o papel dos intelectuais de classe média na frente anti-imperialista.

Segundo Steve Stein (1982, p. 117), as Universidades Populares contribuíram, "mais do que qualquer outra iniciativa", para o fortalecimento dos laços entre a liderança de Haya e o movimento operário peruano. Segundo este autor, a maior parte das lideranças sindicais limenhas passou pelos cursos da universidade, ministrados por estudantes e intelectuais convidados, em algum momento de sua fundação até seu fechamento pelo governo em 1924 (*Idem*, p. 118). Dessa maneira, estudantes e trabalhadores – os dois pilares originais do que viria ser a APRA – socializaram-se no ambiente institucional fornecido pelas Universidades Populares (*Idem, Ibidem*).

Assim, a confluência entre intelectuais e massas subalternas, que, como se verá no capítulo 5, era um dos objetivos do movimento da "reforma universitária teria como caso paradigmático o peruano. Afinal foi nesse país, durante os anos 1920, que se deu o encontro e a intercessão entre a vida universitária e o início da organização partidária de massas, ainda que as formas modernas de política de massas não tenham chegado a eclodir, senão, como se verá a seguir, já no início dos anos 1930 (Bourricaud, 1972, p. 125).

A ruptura entre o governo de Leguía e o movimento popular foi assinalada em 23 de maio de 1923, pelas manifestações contrárias à cerimônia de consagração do Peru ao Sagrado Coração de Jesus, promovida pelo presidente. A repressão aos protestos resultou, além das mortes de um estudante e de um operário, na prisão e exílio de diversas lideranças, entre elas Haya de La Torre. No ano seguinte, na Cidade do México, Haya fundaria a Aliança Popular Revolucionária Americana. Inicialmente pensada como uma "frente única de trabalhadores intelectuais e manuais", a APRA tinha como seu principal objetivo a união dos povos latino-americanos – ou "indo-americanos" como preferia seu fundador[10]

---

10   Ao final deste capítulo, apresentarei os argumentos de Haya em favor desta denominação como exemplos de seu indigenismo.

Entre a nação e a revolução

– contra o imperialismo dos EUA e as elites locais que o apoiavam. Como os cinco pontos básicos de seu programa máximo, o manifesto de criação da APRA enumerava:

> "1. Ação contra o imperialismo *yanquee*
> 2. Pela unidade da América Latina
> 3. Nacionalização de terras e indústrias;
> 4. Internacionalização do Canal do Panamá;
> 5. Solidariedade com todos os povos e classes oprimidas do mundo"
> (Haya de La Torre, 2008b, p. 70)[11]

Configurava-se, assim, um programa anti-imperialista, nacionalista, latino-americanista e socializante que deveria unir intelectuais, trabalhadores e camponeses em um partido-frente de âmbito latino-americano. Ainda que os textos de Haya falassem da APRA, de modo um tanto ambíguo, como "partido" e "frente única", é preciso dizer que a organização propriamente dita tinha uma existência, para dizer o mínimo, precária. Como sublinha Nelson Manrique:

> "Quando esse texto ('Que és el APRA') foi escrito, a APRA virtualmente existia em torno das cartas trocadas entre os exilados latino-americanos. Mas a prédica radical de Haya despertou grande simpatia entre os deportados das ditaduras do subcontinente." (Manrique, 2009, p. 28)

Ao longo da década de 1920, a APRA existiu por meio de células de exilados peruanos espalhadas pela América Latina e a Europa – Paris, Cidade do México, Buenos Aires, La Paz, etc. – e no Peru, Lima e Cuzco.

---

11   O manifesto de criação da APRA apareceu pela primeira vez em inglês, sob o título "What is the APRA?" na revista *Labour Monthly*, Vol. 8, no. 12, 1926. Dez anos mais tarde, o autor iria inclui-lo como primeiro capítulo de *El Antimperialismo y El APRA*, com o título "Que és El APRA?". Aqui emprego a versão desta última obra, presente nas *Obras Escojidas de Victor Raúl Haya de La Torre*, editadas pelo Instituto Haya de La Torre pela primeira vez em 1995 e reeditadas em 2008.

Porém, o projeto de um partido continental não chegará a se materializar. Após 1931, como se verá a seguir, a organização ganhará forma como partido nacional restrito ao Peru, com o nome de Partido Aprista Peruano (PAP). Porém, o partido continuaria a ser identificado – tanto por simpatizantes, como por detratores – por meio da sigla original[12]

Retomando a discussão da ideologia aprista, devido à ruptura entre Haya e Mariátegui e, posteriormente, à sua virada conservadora nos anos 1950, é fácil subestimar retrospectivamente a influência marxista e mesmo leninista em suas formulações originais. Por exemplo, no já citado manifesto de criação da APRA, se pode ler o seguinte diagnóstico:

> A história das relações políticas e econômicas entre a América Latina e os Estados Unidos, especialmente a experiência da Revolução Mexicana, nos leva às seguintes conclusões:
>
> 1º. As classes governantes dos países latino-americanos – grandes proprietários de terras, grandes comerciantes e as incipientes burguesias nacionais – são aliadas do imperialismo.
>
> 2º. Essas classes têm em suas mãos o governo de nossos países em troca de uma política de concessões, empréstimos e outras operações que os latifundiários, burgueses, grandes comerciantes e os grupos ou caudilhos políticos dessas classes negociam ou participam com o imperialismo.
>
> 3º. Como um resultado dessa aliança de classes, as riquezas naturais de nossos países são hipotecadas ou vendidas, a política financeira de nossos governos se reduz a uma louca sucessão de empréstimos e nossas classes trabalhadoras, que têm que produzir para os amos, são brutalmente exploradas. (Haya de La Torre, 2008b, p. 72-73)

Assim, o autor esboça um quadro de monopólio do poder estatal por uma coalizão das classes dominantes – incluindo as "incipientes

---

[12] Por isso, optei neste trabalho por empregar a sigla "APRA" de modo indistinto para me referir à organização continental da década de 1920 e ao partido de massas peruano dos 30 em diante.

burguesias nacionais" -, que, em estreita aliança com o imperialismo, super-explorariam os trabalhadores latino-americanos, de maneira coincidente com alguns elementos das versões mais radicais das teorias da dependência dos anos 1960. Já em carta à célula aprista de Cuzco, Haya de La Torre vinculou a APRA à luta pela instauração da "ditadura do proletariado, operário e camponês" (Apud. Manrique, 2009, p. 29-31).

Mesmo em um livro, como *El Antimperialismo y El APRA*, o qual expõe o pensamento do autor em contraposição ao dos comunistas, o marxismo também se faz presente de modo decisivo. Já no primeiro capítulo, discutindo os obstáculos à unidade da América Latina, Haya afirma a necessidade, para derrotar a aliança entre as classes dominantes latino-americanas e o imperialismo estado-unidense, de se tomar o poder estatal, socializar a produção e constituir uma federação de Estados no âmbito continental. (Haya de La Torre, 2008b, p. 74)

Desse modo, o autor apontava para um horizonte explicitamente socialista para a América Latina, como única alternativa à condição colonial que o capitalismo lhe reservaria (*Idem*, p. 76). Como bem sintetizou Manrique, ao comentar o pensamento de Haya entre os anos 1920 e o início dos 1930, as premissas de *El Antiimperialismo y El Apra* seriam marxistas na medida em que o autor preconizava a tomada do poder de Estado pelos produtores e a socialização dos meios de produção como pré-condições para a resolução dos problemas do Peru e do subcontinente como um todo (Manrique, 2009, p. 31).

Contudo, em que pese a clara influência do marxismo e do leninismo, Haya não era e nem nunca seria um marxista ortodoxo, tendo seu pensamento se formado em confronto aberto com este último (Montesinos, 2002, p. 26). Logo no início deste livro, já fiz referência à passagem na qual Haya de La Torre associa o uso do marxismo pelos intelectuais latino-americanos à tradição de colonialismo mental. Anos mais tarde, o autor argumentaria que os ritmos da história universal variariam no espaço e no tempo, de acordo com os distintos modos de inserção das sociedades humanas na civilização. Essa leitura, fundamentada nas obras de Arnold Toimbee, Oswald Spengler, Hegel e em um empréstimo da teoria da relatividade de Einstein, ficaria conhecida como "espaço/tempo histórico" (Haya de La Torre, 2008c, p. 11-13).

Portanto, não é por acaso que,na nota introdutória à primeira edição de *El Antimperialismo*..., por exemplo, o autor define sua controversa tese, que examinarei logo a seguir, do imperialismo como "primeira etapa" do capitalismo na América Latina, como sendo "neomarxista" (*Idem*, 2008b, p. 21).[13]Suas ideias, portanto, recorriam a fontes mais variadas, incluindo, por exemplo, o evolucionismo, o positivismo e a física relativista de Einstein que tinha grande repercussão no período.[14] Foi justamente dessa última fonte que retirou o conceito de espaço/tempo histórico relativo.

A Indo-América viveria em um outro espaço/tempo – o do feudalismo –, diferente do da Europa – o capitalismo. Desse modo, se o marxismo era uma doutrina aplicável à realidade européia, pois pertencia a seu espaço/tempo histórico, não o seria para a realidade indo-americana.

Um bom exemplo dessa combinação de relativismo espaço/temporal e evolucionismo é fornecido pela concepção de Haya de La Torre a respeito do fenômeno imperialista: "O aprismo, sintetizando seus pontos de vista teóricos, considera que o imperialismo, última etapa do capitalismo nos povos industriais, representa, entre os nossos, a primeira etapa. Nosso capitalismo nasce com o advento do imperialismo moderno. Nasce, pois, dependente e como resultado da culminação do capitalismo na Europa (...)." (*Idem*, p. 63)

---

13 Para Paul Drake, líderes como Haya procuravam produzir uma ideologia suficientemente "elástica" para adaptá-la às condições sociais e políticas de suas sociedades. Essa apropriação de ideias socialistas, para conformar um programa que fosse, ao mesmo tempo, uma alternativa ao capitalismo e ao comunismo soviético, o autor caracteriza como sendo um "marxismo diluído" (Drake, 1982, p. 233).

14 Para a repercussão da idéia de Einstein, segundo a qual espaço e tempo seriam categorias relativas, bem como de outras novas correntes filosóficas no pensamento latino-americano da década de vinte, cf. (Funes, 2006, p. 45-68 e 75-79).

Entre a nação e a revolução

Dessa maneira, se o autor endossa a famosa definição leninista do Imperialismo como "fase superior do capitalismo", ele a restringe à Europa e ao espaço-tempo do capitalismo avançado. Na Indo-América, o Imperialismo teria sido, pelo contrário, a "primeira fase" do capitalismo. Nessa chave, o Imperialismo seria não apenas uma etapa histórica incontornável, como também teria seu lado benéfico, por trazer às economias indo-americanas a técnica e os métodos produtivos modernos. O capitalismo seria uma etapa histórica destinada a ser substituída por outra – o socialismo -, mas seria um degrau do desenvolvimento histórico inescapável para todas as sociedades humanas.

Diante desse diagnóstico, o fundador da APRA rejeitava as teses que sustentavam, de um lado, a superação da dependência econômica por meio de uma revolução socialista, ou, por outro, a conciliação da independência com o desenvolvimento capitalista. No primeiro caso, ignorar-se-ia o caráter embrionário do capitalismo latino-americano, conforme enunciado acima. Já no segundo, desconhecia-se o obstáculo representado pelos capitais imperialistas, os quais não admitiriam a competição dos países da região (*Idem*, p. 61-62).

Para Haya, a solução do impasse estaria na constituição de um Estado anti-imperialista, o qual, por meio de uma progressiva nacionalização das fontes de produção, regularia os intercâmbios do país com o exterior, impedindo o capital imperialista de ameaçar a soberania nacional. Referindo-se à economia peruana em seu já mencionado discurso de campanha, o líder aprista afirmava:

> O Estado não tem protegido nossa economia nacional, de modo que sobre a economia estrangeira têm gravitado a vida econômica toda; não tem existido do outro lado a força econômica nacional, sob a proteção do Estado, que permita balancear essa força e estabelecer o desenvolvimento de uma economia total e harmônica e dirigida pelo próprio Estado. (*Idem*, 2008a, p. 27)

Esse Estado seria, em sua visão, um órgão de defesa das classes produtoras: camponeses, operários e classes médias (*Idem*, p. 65). Nas palavras de Haya de La Torre:

> Depois de derrubado o antigo Estado feudal, o movimento anti-imperialista organizará sua defesa, estabelecendo um novo sistema de economia, cientificamente planejada, e um novo mecanismo estatal que não poderá ser o do Estado democrático livre, mas sim o de um Estado de guerra, no qual o uso da liberdade econômica deve ser limitado para que não se exercite em benefício do imperialismo. (*Idem*, 2002c, p. 57)

É preciso frisar aqui que, ao falar em "Estado de guerra", o autor se refere à luta constante para controlar os interesses econômicos do capital estrangeiro e, assim, salvaguardar a soberania nacional. É nesse mesmo sentido que defende a restrição da liberdade de iniciativa econômica e o controle nacional sobre a produção (*Idem*, p. 56).

Em seguida, o autor diz, explicitamente, que o Estado anti-imperialista tem semelhanças com o capitalismo de Estado, praticado na Europa da Primeira Guerra Mundial, em particular na Alemanha. A diferença entre ambos é que, em quanto o segundo era uma medida de urgência para proteger o capital imperialista, o primeiro era a base para criar um novo sistema econômico, fundado no controle progressivo da produção pelo Estado, que beneficiaria as já mencionadas classes produtoras que compunham a base do novo regime (*Idem*, p. 58-59). Segundo Oliveiros Ferreira, ainda que criticasse a aplicação da teoria do imperialismo de Lênin à América Latina, seria no líder bolchevique, mais precisamente em seus textos do período da Nova Política Econômica (NEP), que Haya iria buscar sua definição do "Estado Anti-imperialista" como uma forma de Capitalismo de Estado (Ferreira, 1971, p. 272-273).

Para que o Estado fosse bem-sucedido nessa função de defesa econômica seria fundamental a unidade política da América Latina para evitar que o imperialismo pudesse, diante do controle que um país pretendesse exercer sobre seus investimentos, escolher outro que lhe abrisse as portas (Haya de La Torre, 2002b, p.64).

Quais seriam as forças sociais que dariam sustentação ao Estado anti-imperialista? Novamente o autor demarca suas divergências com o marxismo de matriz leninista. Sendo a industrialização da América Latina embrionária – restrita à mineração e a produtos semi-processados –, não haveria na região o proletariado maduro que Marx considerava a classe revolucionária. Além de muito reduzido, o operariado local seria muito jovem e não teria a possibilidade material de assumir aquele papel histórico. Quanto ao campesinato, o qual constituía a grande massa da população, pela servidão e atraso cultural e tecnológico em que vivia, estava também impossibilitado de assumir o protagonismo político.

Dessa maneira, a base social da Revolução seria integrada pelo proletariado, os camponeses e pela classe média (Haya de La Torre, 2000b, p. 64). A massa de pequenos proprietários e "trabalhadores intelectuais" era vista por Haya como elemento fundamental dessa aliança pluriclassista, pois além de ser prejudicada pelo Imperialismo, tinha as condições – ausentes entre as duas primeiras classes – para exercer um papel de liderança no novo Estado.Assim, a aliança entre operários, camponeses e a classe média formaria o pilar do "Estado Anti-Imperialista", o qual deveria dirigir o processo de desenvolvimento capitalista autônomo.

Quanto à forma, tal Estado assumiria um perfil corporativista, como fica claro na seguinte passagem do discurso, proferido em sua primeira campanha presidencial:

> Nós, os apristas, propiciamos um tipo de Estado baseado, não no cidadão como quantidade, mas sim no cidadão como qualidade. Assim, nosso Estado tenderá a ser um Estado baseado na participação de todos aqueles que contribuam, de uma forma ou de outra, com trabalho, isto é, à formação da riqueza nacional(*Idem*, 2008a, p. 38).

Desse modo, no plano político, Haya defende a adoção do que denomina como "democracia funcional": isto é, um critério de representação política baseada nas categorias produtivas, paralela à representação tradicional, cuja referência é o indivíduo. A este aspecto, típico do chamado corporativismo, retornarei ainda neste capítulo. Além da representação corporativista, a "democracia funcional" também se caracterizaria por uma orientação técnico-científica do aparelho estatal. Para tanto, os apristas defendiam a constituição de um serviço público moderno, baseado no acesso por concurso e na ascensão pelo mérito, que livraria o funcionário da "humilhação" dos "cartões de recomendação" e das pressões dos "caciques" (*Idem*, p. 40).

Em síntese, têm-se aí o caráter do Anti-Imperialismo aprista: estabelecer a dinâmica e o controle do desenvolvimento capitalista a partir "de dentro", afirmando-se a soberania nacional por meio da ação planificadora de um Estado corporativista.Como lembram Galindo e Burga, a atuação do imperialismo no Peru – país cuja economia era marcada, de um lado, pelos enclaves mineiros e, de outro, pela agricultura de exportação - gerou uma forte reação na forma de uma consciência nacional, calcada em um marcado nacionalismo econômico. O caráter desse nacionalismo, todavia, não era unívoco e dependia das diferentes classes que o expressavam. A liderança desse movimento nacionalista foi, no final dos anos 1920, disputada por Haya de La Torre e Mariátegui, os quais plasmaram suas versões mais duradouras (Galindo e Burga, 1994, p. 125).

A propósito, não se deve subestimar o apelo que uma mensagem avessa à presença do capital estrangeiro tinha na sociedade peruana dos anos 1920, em particular para pequenos comerciantes, empresários e proprietários rurais, que viam firmas monopolistas como as já citadas "Cartavio" e "Casa Grande" sufocarem e arruinarem seus negócios. Um exemplo interessante desse sentimento e do tipo de nacionalismo que nutria, pode ser encontrado em uma carta de Haya a um militante trujillano, na qual o autor vinculava imperialismo a monopólio, à crise do pequeno capital e, por conseguinte, identificava-o como inimigo da nação (Apud. Klaren, 1973, p. 155-156).

A defesa da organização de um partido poli-classista e da precedência dos objetivos nacionalistas sobre os socialistas levaram os apristas a romper com os comunistas, já na Conferência Anti-imperialista, realizada em Bruxelas em 1927, assunto que discutirei em maior profundidade no capítulo 5. No ano seguinte, a orientação de Haya para que os apristas peruanos se organizassem em um partido nacionalista que lançasse sua candidatura à presidência e iniciasse um levante contra Leguía, levou a ruptura com os simpatizantes peruanos da III. Internacional, reunidos em torno da revista *Amauta* e da liderança intelectual de José Carlos Mariátegui (Quijano, 1991, p. 122-123). Estes últimos se organizariam no Partido Socialista Peruano (PSP), fundado em 1928, rebatizado em 1930 como Partido Comunista do Peru (PCP).

Com seus principais líderes exilados e com a defecção dos marxistas, não seria até 1930-1931 que a APRA organizar-se-ia como partido político no Peru. Com a queda de Leguía e o retorno de Haya de La Torre, começam os esforços de organização do partido, o qual ganha rapidamente adeptos entre as classes médias e trabalhadores urbanos e rurais do litoral peruano, em especial do norte, de onde vinha não apenas seu líder máximo, como a maior parte do círculo dirigente que o cercava. Como bem demonstrou Klaren (1973), a já aludida expansão de dois grandes enclaves agroexportadores de capital estrangeiro nas regiões canavieiras do norte tendia a aproximar uma classe média radicalizada e um proletariado crescentemente organizado.[15] Muitos dos primeiros militantes apristas vinham do anarquismo e do anarco sindicalismo. Não

---

15 Uma parte importante do núcleo dirigente original da agremiação vinha de um círculo intelectual de Trujillo, conhecido como "la bohemia de Trujillo", originários da classe média local e com inclinações radicais. Além do próprio Haya, também fizeram parte desse círculo Antenor Orego, Alcides e Belisário Spelundín e Carlos Manuel Cox. Outra figura de relevo da "bohemia", foi o poeta Cesar Vallejo, o qual acabaria, no entanto, aderindo ao Partido Comunista. Sobre esse círculo e sua importância para a APRA, cf. (Klaren, 1973, cap. 6).

se deve subestimar também a influência de Gonzalez Prada na formação ideológica do núcleo dirigente original, o qual, como se viu acima, também foi anarquista. Esse peso originário das tradições anarquistas pode auxiliar a explicar a radicalidade e a inclinação insurreicional do aprismo em seus primeiros anos (Manrique, 2009, p. 73).

Nas eleições presidenciais de 1931, Haya de La Torre ficaria com o segundo lugar, derrotado pelo cel. Sánchez Serro, quem havia liderado a rebelião que derrubara Leguía e que contava com o apoio dos antigos grupos oligárquicos, temerosos de uma vitória da APRA. Não quero aqui entrar no debate suscitado pela acusação aprista de que o pleito teria sido fraudado. Desejo porém apontar um fato que pode auxiliar a entender a derrota de Haya: se a APRA obteve então 74% dos votos no departamento de La Libertad e 65% no departamento vizinho de Lambayeque, recebeu apenas 21% em Arequipa e Cuzco (Klaren, 1973, p. XIV). Essa concentração regional aponta para o fato de que o partido recebia seu apoio principalmente das classes médias, trabalhadores industriais dos grandes centros do litoral, além dos trabalhadores agrícolas e mineiros do norte, mas tinha escasso apoio nos departamentos do sul andino. É verdade que os indígenas, então em sua maioria analfabetos, não podiam votar, porém também o é que a mensagem aprista nunca teve grande apelo entre eles. Esse desencontro entre a APRA e a massa indígena é um fator crucial para compreender os malogros do partido, tema ao qual voltarei ao final do capítulo.

Retomando o fio dos acontecimentos, sob a já mencionada alegação de fraude eleitoral, os apristas desenvolveriam uma oposição intransigente ao governo de Sánchez Serro, o que levou este a proscrever o partido, prendendo e exilando seus dirigentes. As perseguições levaram os apristas de Trujillo (cidade natal de Haya e capital do departamento setentrional de La Libertad) a uma insurreição que terminaria com a morte de cerca de seis mil rebeldes.[16]

---

16   Antes da queda da cidade, os rebeldes acabaram, em desespero, massacrando um grupo de oficiais militares que eram mantidos reféns no quartel

Entre a nação e a revolução

O massacre de Trujillo acabaria servindo como um mito unificador do imaginário aprista, em torno das ideias de martírio e sacrifício, inúmeras vezes lembradas nos discursos do próprio Haya de La Torre (Klaren, 1973).Entre os anos 1930 e 60, a APRA manter-se-ia como principal partido de massas do país, apesar da repressão e da clandestinidade que viveria por períodos prolongados (1932-1945 e 1948-1956).

Para que a agremiação fosse aceita como parte da vida política legal, a direção aprista faria, a partir de meados dos anos 1940, não sem importantes oscilações, um esforço crescente de moderação de sua ideologia e programa. Em um primeiro momento, durante a 2ª. Guerra Mundial e no imediato pós-guerra, o partido de Haya subistituiria a consigna "contra o imperialismo *yankee*", de seu programa original, por "inter-americanismo democrático sem império", apoiando a "política de boa vizinhança" de FranklinD. Roosvelt (Manrique, 2009, p. 35-37). Para se ter uma ideia da envergadura da mudança na posição de Haya, basta observar o seguinte trecho, extraído da nota introdutória da primeira edição de *El Antimperialismo y El APRA*:

> Com a ascensão ao poder dos homens do Democratic Party, surgiu um novo lema, muito apropriado às difíceis circunstâncias da época: a política do 'bom vizinho'. Como o curso da história não depende da boa vontade de um homem ou de um grupo, quando incontroláveis leis econômicas regem seu destino, a nova política governamental norte-americana é transitória e precária (Haya de La Torre, 2008b, p. 23)

Como se pode passar de posições como estas para defesa da superação do imperialismo e da interdependência hemisférica? Para compreender essa mudança deve se ter em mente, como bem lembra Oliveiros Ferreira, que, ainda que Haya afirmasse que o imperialismo era um fe-

---

O'Donnavan. O caso acabou alimentando, como se verá mais adiante, um prolongado sentimento anti-aprista nas forças armadas peruanas, análogo ao que vigiu nas brasileiras contra o PCB após a rebelião da ANL em 1935.

nômeno econômico, seu pensamento se formou a partir da perspectiva "desesperada e romântica" dos anos 1920, época das constantes intervenções militares norte-americanas no Caribe e na América Central. Desse modo, o intervencionismo militar parecia a Haya como decorrência necessária da penetração econômica e esta última como prenúncio daquele (Ferreira, 1971, p. 264). Desse modo, uma vez cessados os desembarques com o segundo Roosvelt, o sentimento anti-americano se teria enfraquecido justamente naqueles que haviam sido os maiores opositores da política do *big stick* e da "diplomacia do dólar" (*Idem, Ibidem*).[17]

Em 1945, o partido integraria a frente nacional-democrática, dando o apoio decisivo à vitória de Luis Bustamante y Rivero. Durante os três anos de legalidade (1945-1948), a APRA criou escolas de quadros, um Departamento Índio-Camponês e enviou médicos e professores para dar assistência médica e alfabetizar as populações do interior (*Idem*, p. 259).

Porém, as relações conflituosas entre o novo presidente e a APRA, que controlava o legislativo, acabaram levando à ruptura com o governo e reacenderam no partido suas tradições insurreicionais, desembocando no movimento armado de 3 de outubro de 1948. O fracasso dessa insurreição – urdida mas desautorizada na última hora pela direção partidária – levaria, não apenas à cassação da agremiação, mas à ascensão do general Manuel A. Odría, quem ocuparia a presidência até 1956, promovendo duras perseguições à militância aprista (Manrique, 2009, p. 107).

A grande virada política e ideológica, no entanto, viria em 1956, quando o partido, ainda clandestino, apoia a candidatura de Manuel Prado y Ugarteche, conhecido representante da oligarquia, o qual já fora presidente entre 1939 e 1945, tendo promovido intensa repressão anti-aprista.

Outro importante divisor de águas ideológico foi a posição de Haya e de seu partido frente aos EUA, quando da Revolução Cubana. Ao

---

17 Esse raciocínio de Ferreira se aplica, não apenas a Haya, mas a outros nacionalistas e anti-imperialistas de sua geração que, como se verá a seguir, cuja trajetória será semelhante, tais como o venezuelano Bettancourt ou José Figueres da Costa Rica.

Entre a nação e a revolução

lado de outras organizações de esquerda moderada de origem semelhante – tais como a Ação Democrática da Venezuela ou a Liberação Nacional, da Costa Rica – a APRA condenou a Revolução Cubana e acabou aderindo à "Aliança Para O Progresso" proposta por Kennedy (*Idem*, p. 225).

Nesta questão estou em desacordo com a posição de Oliveiros Ferreira, para quem a posição de Haya de alinhamento com o "campo ocidental" na Guerra Fria seria coerente com seu pensamento de décadas anteriores, evitando o "anti-imperialismo fácil" da extrema esquerda (Ferreira, 1971, p. 260-261).[18]Como bem sintetizou Paul Drake:

> Em resposta às condições em transformação, alguns populistas, como Haya e Bettancourt, giraram à direita e assim se tornaram mais aceitáveis para as elites nativas e estrangeiras. Outros, notadamente no Peru e na Venezuela, moveram-se à esquerda do partido-mãe, chegando a fundar grupos guerrilheiros. (Drake, 1982, p. 239).[19]

A chamada "convivência", período no qual a APRA passa a aliar-se com forças oligárquicas, embora justificada pelos dirigentes como fruto da necessidade de obter-se um ambiente de convívio democrático, acabou corroendo parte do apoio eleitoral do partido (Manrique, 2009, 204-205). Para o sociólogo peruano Julio Cotler, ao não compreender as profundas transformações que se davam na sociedade peruana em meados do século XX – as quais solapavam as bases da dominação oligárquica – Haya e a APRA optaram por uma aliança com seus antigos inimigos em troca da legalidade e para facilitar o caminho para a presidência em 1962:

---

18 Aqui me parece que ao aderir às auto-justificações de Haya, Ferreira acaba fazendo uma auto-justificação de suas próprias posições diante da "Guerra Fria". Sobre o pensamento deste autor, cf. (Brandão, 2007, cap. 3).

19 Assim, a Revolução Cubana não deixou de entusiasmar a esquerda do partido, já desgostosa com a política de aproximação com a oligarquia. Essa ala acabou deixando o partido formando primeiro a "APRA Rebelde" e, em seguida, o Movimento de Izquierda Revolucionario (MIR), o qual tentará, sem sucesso, estabelecer um foco guerrilheiro no Departamento de Cuzco entre 1964-1965, experiência a qual terminará com a morte, entre outros, de uma das principais lideranças da organização, Luis de La Puente Uceda.

> (...) Com esse objetivo, a direção aprista abandonou seu ideário nacionalista e revolucionário e se isolou dos protestos sociais, enquanto o governo lhe oferecia os meios para atender e expandir sua clientela política, reproduzindo as tradicionais práticas assistencialistas. Depois de 25 anos de enfrentamentos entre a APRA e o bloco oligárquico, esta insólita decisão, sustentada no cálculo político imediato, determinou que importantes setores juvenis se desgarrassem do partido e, somando aos novos atores reformistas e nacionalistas, contribuíssem para o triunfo de Fernando Belaunde, chefe-fundador da Ação Popular em 1963. (Cotler, 2009, p. 20-21)

Além de não render os frutos eleitorais esperados, a acomodação dos apristas com setores conservadores, não conseguiu levantar o veto da cúpula militar, a qual impediu a ascensão de Haya ao poder em 1962. Como apontam Martucelli e Svampa (2011), a proscrição prolongada da APRA terá como seus principais efeitos a instabilidade permanente do sistema político-partidário peruano e a carência de legitimidade do regime. Algo análogo ao que ocorreu na Argentina entre 1955 e 1973 com a proscrição do peronismo. Não por acaso, Collier e Collier (2002) arrolam o Peru ao lado da Argentina como casos de uma incorporação bloqueada dos trabalhadores à arena política, levando a uma situação de impasse e conflito permanente.

Porém há uma diferença crucial entre os dois casos: enquanto o peronismo esteve à frente do Estado durante uma década (1945-1956), a APRA não alcançaria a presidência senão muito tardiamente (1985), após a morte de seu fundador e líder histórico, fato esse prenhe de consequências para o Peru. As sucessivas frustrações das tentativas apristas de tomar o poder – seja por via eleitoral, seja pela via armada –, seguidas de sua aliança com a oligarquia, explicariam o fato de que, ao contrário de países como a Argentina e o Brasil, o Peru tenha vivido um prolongamento da hegemonia oligárquica em plena década de 1950, a qual bloqueou qualquer ensaio redistributivo e/ou desenvolvimentista, como aqueles vividos por seus vizinhos no mesmo período (Manrique, 2009, p. 17-18). Mais do que isso, a transição da APRA para uma aliança com seus antigos inimigos – a oligarquia e os EUA – seria fundamental para entender porque a plataforma de revolução que o partido sempre havia defendido acabasse sendo implementada, ironicamente, pelos militares:

> As interações entre os institutos militares e a APRA, as duas instituições que mais contribuíram para moldar o sistema político peruano do século XX, assentariam as bases desse grande paradoxo da história política peruana de meados do século passado: que aqueles que, por seu passado, estavam destinados a enterrar a oligarquia, terminaram convertendo-se em seus aliados, prolongando sua vida, e aqueles que estavam chamados a defendê-la, terminaram fazendo essa revolução anti-oligárquica que virtualmente toda sociedade peruana demandava (*Idem*, p. 103-104)

Afirmação semelhante é feita pelo cientista político brasileiro Hélio Jaguaribe, para quem a APRA e os militares acabaram tomando "caminhos opostos". Escrevendo alguns anos antes do golpe de Velasco Alvarado contra Belaunde y Terry, este autor comenta:

> Enquanto Haya, cada vez mais desiludido com a idade, levava a APRA a aliar-se com a oligarquia e as forças reacionárias, a geração de oficiais mais jovens começava a preocupar-se com o desenvolvimento sócio-econômico, a integração nacional e a emancipação nacional. Isso os conduziu a uma aliança, embora frouxa e instável, com Belaunde e seu partido. (Jaguaribe, 1969, p. 111).[20]

---

20 A remissão da virada política do líder aprista à "desilusão" e à "idade" pode soar como uma recaída de Jaguaribe no "biografismo". Porém, essa visão é levada a sério por acadêmicos peruanos contemporâneos como Manrique. Este autor cita uma carta de Luís Alberto Sánchez na qual este alude justamente à "desilusão" e ao "cansaço da idade" que abalariam o ânimo de Haya (apud. Manrique, 2009, p. 177-178). Ainda que não seja algo central, esse fator não me parece de todo desprezível.

Para concluir gostaria de retornar ao plano propriamente ideológico, para sublinhar algumas particularidades do caso em tela. Antes de mais nada, é interessante notar que na ideologia aprista, como exemplificada nos trechos acima citados das obras de Haya de La Torre entre os anos 1920 e 30 estão muitos dos elementos que a literatura clássica sobre o "populismo" identifica como sendo típicos do que tenho chamado nesta obra de nacionalismo popular: a precedência do anti-imperialismo e do nacionalismo sobre a identidade de classe; o papel central conferido ao Estado como promotor do desenvolvimento e a defesa de estruturas corporativistas que organizem distintos interesses de classe. Tais elementos apontam para uma ideologia de forte viés estatista, que deposita no Estado o protagonismo das transformações sociais. Segundo Manrique (2009, p. 214), entre os anos 1920 e os 60, em que pese as muitas e drásticas reorientações de Haya de La Torre, um elemento não teria mudado em sua ideologia: as transformações das quais o Peru necessitaria viriam "de cima", isto é: do Estado.

Contudo, é importante enfatizar que tal ideário foi formulado por um partido organizado a partir de círculos intelectuais dissidentes, movimentos estudantis e sindicatos autônomos. É verdade, tratava-se de uma organização bastante verticalizada, na qual a liderança carismática de Haya não era passível de contestação. Porém, o que quero destacar é que, não apenas o partido não foi estruturado a partir do Estado, como o foi em oposição a ele. Inclusive, cabe relembrar a grande presença, referida acima, de trabalhadores de formação anarquista ou anarco-sindicalista nas fileiras da APRA.

Aqui, estou em desacordo com a leitura de Stein, para quem a adesão da classe operária peruana ao aprismo, não deveria ser entendida como um sinal de radicalização, mas sim como um elo de continuidade com relações de tipo patrimonial (Stein, 1982, p. 134). Nessa chave, a APRA seria uma organização vertical e multiclassista, diferindo, portanto, dos partidos classistas de caráter horizontal (*Idem*, p. 133). Dessa maneira, o autor estado-unidense considera o aprismo como sendo uma

Entre a nação e a revolução

variante do "populismo" latino-americano, caracterizado por relações interpessoais entre um líder, de um extrato social superior, e seguidores, das classes subalternas, assumindo feições clientelistas e patriarcais que remontariam ao passado colonial latino-americano (*Idem*, p. 132).

Ao contrário de interpretações como a de Stein, que enfatizam o caráter "populista" e manipulador da relação entre a APRA e os trabalhadores, se poderia sublinhar, como o faz Nelson Manrique, a importância da tradição anarco-sindicalista de auto-educação e auto-organização que muitos trabalhadores peruanos já possuíam quando se "aliaram" ao partido (Manrique, 2009, p. 74). Desse modo, se pode traçar um paralelo entre essas sugestões do historiador peruano – cujo trabalho não pode, de modo algum, ser considerado como simpático a APRA – e as leituras de historiadores brasileiros, como as de Angela de Castro Gomes, já citadas no primeiro capítulo e às quais retornarei no capítulo seguinte. Subjacente a ambas perspectivas está a ideia de que os trabalhadores não aderem "passivamente" a lideranças como Haya ou Getúlio, mas, de algum modo, também as recriam em seus próprios termos.

Retornando ao tema do corporativismo, que, como se viu acima, é um elemento importante do pensamento de Haya de La Torre, suas fontes ideológicasme parecem distintas daquelas geralmente aludidas. Ao invés do fascismo e dos regimes autoritários de direita da Europa dos anos 1920 e 1930 (Espanha, Portugal, Polônia, etc.), as referências explicitamente invocadas por Haya são, de um lado, a Constituição mexicana de 1917, com sua previsão de direitos sociais e da defesa da riqueza nacional, e o trabalhismo inglês.[21]Quanto a este último, Haya o mobiliza explicitamente como fonte inspiradora em seu "discurso/programa". Ao abordar a vinculação entre "trabalhadores manuais e intelectuais" que seria a base do aprismo, o líder afirma:

---

21 Como já ficou dito acima, o manifesto de criação da APRA, acima citado, foi publicado originalmente na Revista *Labour Monthly*, em Londres no ano de 1926.

> Além do mais, este fenômeno não é novo. Assim ocorreu na Inglaterra, a onde se fundou o Partido Trabalhista. Ali se produziu a iniciativa do mineiro Keir Hardie, a aliança do proletariado com os intelectuais da Sociedade Fabiana. Este operário, saído das minas de Gales, pensou que não era possível ainda para o proletariado inglês, apesar de sua velha organização e de seu tempo já longo de vida como classe, uma ação política independente, então os operários das *trade unions* se juntaram com os intelectuais fabianos, formando esse grande partido de esquerda que se chama *Labour Party*. (Haya de La Torre, 2008ª, p. 36-37)

Quanto à Revolução Mexicana, discutirei no capítulo 5 sua grande influência sobre o pensamento do político peruano e como este a empregou como fonte inspiradora do ideário aprista. Por hora, basta lembrar que Haya incluiu os artigos da constituição revolucionária – justamente aqueles que versavam sobre a nacionalização das fontes da riqueza do país e os direitos sociais – como apêndices em *El Antimperialismo y El APRA*(Haya de La Torre, 2008b, "Apêndice").

Dessa maneira, como lembra Hale (2001), se o corporativismo foi uma reação generalizada na América Latina à crise do liberalismo oligárquico, a defesa de formas de organização corporativas na região não necessariamente se vincula a programas conservadores e autoritários podendo também ser encontrada à esquerda no espectro político--ideológico.É sempre útil recordar que, na década de 1930, o liberalismo, tanto o político quanto, principalmente, o econômico encontrava-se em profundo descrédito diante da recessão mundial. Nesse clima, projetos de teor corporativo surgiram, não apenas à direita, mas também ao centro e a esquerda, como ilustram os casos do "New Deal" de Roosevelt ou a socialdemocracia sueca[22].Na América Latina o governo de Lázaro

---

22   Tanto o *New Deal* como a social-democracia nórdica, ao disciplinarem o conflito capital-trabalho e criarem formas institucionais de mediação entre associações patronais e de trabalhadores podem ser classificados como corporativistas, ainda que distinguindo-se das modalidades implementadas na Europa

Entre a nação e a revolução

Cárdenas no México (1934-1940) é um bom exemplo de um regime avançado, à esquerda na época, que se apoiou em métodos corporativistas de organização, tanto dos operários, como dos camponeses. Outra conclusão interessante a ser extraída da experiência aprista é a de que, ao contrário do que frequentemente ocorre na literatura sobre o "populismo", não se deve confundir a ideologia de um partido com sua origem ou estrutura. Assim se pode entender como uma organização de formação claramente societária e, por mais de um quarto de século, em antagonismo com o Estado então existente, poderia propugnar uma plataforma estatista e corporativista. Essa precisão é interessante para contrastar a trajetória da APRA com a do trabalhismo brasileiro que, como se verá no capítulo seguinte, possui uma trajetória oposta: não apenas o partido caminhou do Estado para a sociedade civil, como, no plano ideológico, passou de posições conservadoras para outras, crescentemente reformistas e radicais.

A título de conclusão deste capítulo, pretendo voltar ao tema, acima anunciado, da distância que separou a APRA e a população indígena, em que pese o indigenismo oficial do partido. As razões para esse desencontro estão abertas à discussão. Para Bourricaud, o camponês indígena mal saberia "ser peruano", tendo o Estado para ele uma existência etérea a não ser quando se materializava sob a forma de algum coletor de impostos ou de um recrutador do serviço militar (Bourricaud, 1966, p. 27). Assim, referindo-se ao insucesso do projeto aprista nos anos 1930, ele afirma:

> O fracasso da APRA durante os anos trinta pode ser explicado por duas causas principais: primeiro, as massas, com cujo apoio Haya de La Torre contava, estavam ainda muito imersas em suas tradições para se comprometerem com uma ideologia anti-feudal e anti-agrária. Os trabalhadores e mineiros eram ainda muito desorganizados e em pequeno número para contrabalançar a inércia indígena. A segunda

---

Oriental ou na América Latina do mesmo período por seu caráter democrático e não-autoritário.

causa é que a radicalização ideológica das classes médias foi apenas parcial. Amplos setores mantiveram-se indiferentes à pregação revolucionária. *Idem*, (p. 28)

Já Julio Cotler responsabiliza mais o próprio partido por não ter se voltado para os indígenas, preferindo dirigir-se a setores urbanos já incorporados ao sistema. Segundo o autor, certa feita, ao perguntar a um dirigente aprista porque seu partido não mobilizava os índios, seu interlocutor respondeu que "não havia interesse nisso", uma vez que os indígenas "não contavam politicamente" por não votarem (Cotler, 1967, p. 238). Assim, o partido teria sido responsável por uma incorporação de determinados segmentos médios e baixos ao sistema, preservando contudo a exclusão do campesinato do altiplano:

> Por quase 35 anos, a APRA procurou combinar os diferentes estratos da população: trabalhadores agrícolas e urbanos – os quais ajudou a se sindicalizar -, empregados, estudantes e profissionais para quebrar o controle que a oligarquia exerce sobre o governo. (...). Em face da forte oposição das 'forças vivas' e das forças armadas, a APRA manteve uma orientação corporativista, para obter seu apoio. Sua aliança com esses setores se dava com o entendimento de uma incorporação segmentária e da rejeição da massificação da sociedade. (*Idem, Ibidem*)

Para Oliveiros Ferreira, haveria, no pensamento de Haya uma cisão entre o "índio real", isto é a massa indígena concreta, e o "índio tipo" isto é o símbolo maior da tragédia da Indo América e, portanto, sua negação (Ferreira, 1971, p. 279). Essa cisão poderia ser bem observada nas oscilações do líder aprista a respeito dos indígenas: por um lado, seguindo Gonzalez Prada, Haya de La Torre considerava os indígenas representantes autênticos da nacionalidade, não apenas peruana, mas também "indo-americana, a serem incluídos na vida econômica e política pela revolução anti-imperialista.

Entre a nação e a revolução

A propósito, vale a pena abordar a discussão de Haya a respeito dos diferentes nomes dados ao conjunto das Repúblicas herdeiras dos antigos Impérios coloniais ibéricos. Polemizando com o escritor espanhol Jimenez de Azua, Haya justifica do seguinte modo a preferência pelo termo "Indo-américa":

> Os vanguardistas, os apristas, os anti-imperialistas da América, inclinados à interpretação econômica da história, adotamos a denominação Indo-américa como expressão fundamental. As invasões das raças saxônicas, ibéricas e negras, como as asiáticas e do resto da Europa que nos têm chegado, nos chegam e nos chegarão, contribuíram e contribuem a costurar a América nova. Porém, sobrevive sob todas elas a força de trabalho do índio. Se em Cuba foi extinto e na Argentina ou na Costa Rica muito absorvido, o índio segue sendo a base étnica e sócio econômica da América. (Haya de La Torre, 2008d, p. 26)

Dessa maneira, em que pese a diversidade étnico-cultural que caracterizaria a região, a escolha da denominação "Indo-américa" se justificaria pelo fato de os indígenas constituírem a maior parte da força de trabalho que moveria a economia.[23] Para além de controvérsias demográficas, Haya sustenta que o indígena estaria impresso na "cultura", ou no "espírito cósmico" que singularizariam os americanos ao sul do Rio Bravo (*Idem*, p. 37).[24] Em outra passagem, o líder aprista vincula explicitamente a identidade indígena a seu programa revolucionário:

---

23 Segundo Haya de La Torre, dos cerca de 100 milhões de habitantes da Indo-américa, 75 milhões seriam indígenas (*Idem*, p. 23). Ainda que se trate de um evidente exagero, sem qualquer base em dados demográficos aceitáveis, o interessante é observar como o autor pretende plasmar um projeto de identidade continental a partir da realidade do Peru, em particular, e dos países andinos, de modo mais geral.

24 Aqui fica clara a influência sobre o líder aprista do ensaísta mexicano José Vasconcelos, cuja obra comentarei no capítulo 5. Como se verá aí, Vasconcelos caracterizava a América Latina pela mestiçagem, sob o predomínio ibérico. Para ele, não haveria futuro para o índio "senão pela porta da cultura moderna." (Vasconcelos, 1992, p. 95).

> Os que vivemos esta época lutamos contra o imperialismo capitalista yankee, como os que viveram a cem anos lutaram contra o imperialismo feudal espanhol (...). A nova revolução de nossa América será revolução de base e de sentido índios. De consciência ou de subconsciência indígena expressada em uma renovação econômica e social. (*Idem*, p. 27)

Em síntese, o nome "Indo-américa" exprimiria, a um só tempo, uma reivindicação das raízes históricas e uma projeção para o futuro, "por tudo isso que já anuncia o espírito do que nossa pátria grande a de ser, Indo-américa é um nome de reivindicação integral, de afirmação emancipadora, de definição nacional." (*Idem*, p. 40). Por outro lado, ao se referir às classes sociais que seriam os sujeitos da revolução anti-imperialista, como já ficou dito acima, o autor considerava a massa de camponeses indígenas como "atrasados" e "incultos" e, portanto, incapazes de encabeçar o processo, tarefa que caberia às classes médias:

> Com uma agricultura assim não foi possível criar uma classe camponesa culta e, ainda que seja ela a maioria da classe trabalhadora nacional, em qualidade, por seu grau primitivo de técnica no trabalho, grau primitivo de cultura, não está capacitada a dominar por si mesma a coletividade e conduzir o governo do Estado. (*Idem*, 2008[a], p. 32)

Assim, nas palavras precisas de Oliveiros Ferreira: "(...) a raça exaltada no exílio perdeu historicidade na prática revolucionária e revelou-se mítica como aquela idealizada pelos *criollos* para os fins de sua rebelião contra a coroa espanhola." (Ferreira, 1972, p. 284). Aliás, não por acaso o trecho acima transcrito do intelectual peruano, escrito durante seu primeiro exílio, compara explicitamente a luta que conduzia contra o imperialismo dos EUA à luta pela Independência contra a Espanha. Nesse sentido, o índio parece mais um símbolo revolucionário a ser conjurado do que um sujeito político e social a ser convocado para a ação.

Entre a nação e a revolução

Desse modo, "o grande número", principal interessado nas reformas radicais propugnadas pelo aprismo, não foi o alvo preferencial de sua ação política. A grande ironia foi que as classes médias, que Haya via como as principais vítimas do imperialismo, ao incrementarem, durante e após o regime leguista, seus vínculos com o capital estrangeiro e a oligarquia, acabaram se distanciando das posições radicais sustentadas pelo partido (*Idem*, p. 292).

Seja como for, essa impossibilidade ou incapacidade de mobilizar os camponeses indígenas é um fator crucial para explicar o malogro da tentativa dos apristas de revolucionar a sociedade peruana. É interessante lembrar as observações gramscianas, apresentadas no segundo capítulo, a respeito da fraqueza do jacobinismo italiano do *Partito D'Azzione* o qual evitou apelar, como haviam feito os franceses, aos camponeses meridionais, preferindo aliar-se aos monarquistas do Piemonte (Gramsci, 2002c). Contudo, se os italianos lograram a unificação estatal, ainda que de uma maneira conservadora, os apristas não conseguiriam, senão já na década de 1980, chegar ao poder, quando muitas de suas propostas já haviam sido implementadaspelos militares, porém semque com isso se tivesse conseguido a tão almejada consolidação de uma nação moderna e integrada.

capítulo 4

O nacionalismo popular no Brasil

O Brasil entre dois nacionalismos

É comum tratar o período que vai da Revolução de 1930 ao golpe de 1964 como um período homogêneo da história brasileira. Os trabalhos de Weffort, discutidos no capítulo 1, por exemplo, abordam essa época como um período que teria o "Estado de compromisso", ou o "populismo" como marca definidora no plano político. Ainda que possam estar corretas em alguns ou em muitos aspectos, tais interpretações correm o risco de homogeneizarem demais um lapso histórico relativamente longo, perdendo de vista as descontinuidades e rupturas que o definem.

Em trabalho anterior, eu mesmo aderi a esse modo de ver o período, denominando-o como um "momento nacionalista" (Kaysel, 2012, cap. 3). Porém, a presente pesquisa me convenceu de que tal caracterização é, no mínimo, apressada. Afinal, o nacionalismo não é uma ideologia unívoca. Com isso não pretendo sustentar que não haja continuidades importantes entre 1930 e 1964, o que seria um equívoco patente, mas apenas destacar que, para entender o lugar do nacionalismo popular, de modo geral e do trabalhismo, em particular, é preciso, ao mesmo tempo, flagrar as continuidades e as descontinuidades ou rupturas que caracterizam a história brasileira entre a Revolução de 30 e o golpe de 1964. Para tanto, me parece indispensável recuar à Revolução de 1930, quando uma heterogênea coalizão social e política encabeçada por Getúlio Vargas derrubou o regime liberal oligárquico vinculado aos interesses primário-exportadores, que monopolizavam o poder desde o início do período republicano. A quebra do monopólio exercido pelos setores agroexportadores, em particular a cafeicultura paulista, possibilitou o acesso ao Estado de uma nova e complexa composição de classes. Segundo Werneck Vianna a oligarquia cafeeira, pela própria natureza das atividades agro-exportadoras, não se revelou capaz de encabeçar um bloco histórico, incorporar outras forças sociais, não sendo portanto uma classe hegemônica (Vianna, 1976, p. 101). A derrocada de seu regime de dominação ocorreu sob o impacto da confluência de duas forças díspares: a fração oligárquica não-exportadora, voltada para o mercado interno, e as classes médias urbanas, cujas insatisfações eram canalizadas pela rebeldia da jovem oficialidade tenentista (*Idem*, p. 102-103)[1].

Será essa heterogênea coalizão que irá reorganizar, após outubro de 1930, o Estado brasileiro e o pacto entre as classes e frações de classe dominantes. Ainda que destaque que a burguesia industrial não teve participação na conspiração que desembocou no movimento político-militar de 1930, sendo que a maior parte do empresariado paulista apoiou a oligarquia exportadora em 1932, Vianna não obstante sublinha que isso não significa que o novo regime não beneficiou essa classe social, tendo sido o empresariado industrial o principal favorecido pelo impulso modernizante propiciado pela nova ordem (*Idem*, p. 117). É nesse sentido que se poderia afirmar que o movimento de 1930 e o regime que o sucedeu inauguraram uma "revolução burguesa" no país. Tratar-se -ia, entretanto, de uma "revolução sem revolução", seguindo os modelos da "via prussiana" de Lênin e da "revolução passiva" de Gramsci, já discutidos no segundo capítulo. Para o autor:

> Entre nós, a singularidade da estruturação que chamamos de prussiana estaria no fato de o setor agrário mais desenvolvido em termos capitalistas, o

---

1 Sei que esta interpretação de Werneck Vianna é bastante controversa, porém ainda que os tenentes tivessem motivos especificamente corporativos ou profissionais para se rebelarem, não creio que a remissão a seus vínculos de classe com a pequena burguesia seja descartável para compreender o profundo impacto político que esse movimento teve para além dos quartéis.

Entre a nação e a revolução

agro-exportador, ter sido desalojado do poder pelo menos desenvolvido. Isso se explica, como vimos, pela impossibilidade daquele em dirigir o processo de modernização dado seu isolamento real incontornável das demais classes e estratos sociais em emergência na sociedade civil. (*Idem*, p. 139)

Dessa maneira, tratar-se ia de uma revolução burguesa, porém, sem burguesia hegemônica. Daí a "universalização do Estado" e a modernização econômica terem sido levados adiante, não segundo um modelo liberal-pluralista, mas sim sob forma nacional-corporativista (*Idem*, p. 135). Após um período de instabilidade e indefinição, o novo pacto se estabiliza no regime ditatorial do "Estado Novo" (1937-1945). Contudo, no momento da transição democrática de 1945, revelaram-se, como discutirei melhor na terceira sessão deste capítulo, importantes tensões no interior do próprio bloco dirigente que se havia consolidado no período anterior. Como também indicarei ao abordar o trabalhismo, tais divergências eram fruto de contradições internas ao processo de desenvolvimento capitalista que o país vivia desde 30. Seguiria o país em um processo de industrialização capitaneada pelo Estado, ou dever-se-ia retornar a um padrão agro-exportador pautado pelo livre comércio? Prevalecendo a opção industrializante, deveria o país apostar na formação de capitais próprios, ou necessitaria recorrer aos estrangeiros? Isso para não falar nos problemas derivados da incorporação de novas classes sociais ao Estado, como os trabalhadores urbanos: que papel poderiam ter em um contexto de abertura democrática?

As divergências entre as diferentes frações das classes dominantes em torno dessas questões acabariam por impedir um retorno a pactos oligárquicos, abrindo caminho para uma participação, ainda que limitada a princípio, dos grupos subalternos, como ficaria claro com o retorno de Vargas ao poder pelo voto popular em 1950, não apenas contra os setores agrupados na UDN, mas contra o próprio governo do general Dutra.Essa nova conjuntura política, caracterizada, de um lado, por uma crescente polarização ideológica em torno dos temas do desenvolvimento e, de outro, por uma participação popular, até então inédita no país, teve importantes consequências no âmbito propriamente intelectual. Como bem afirmou Lucília de Almeida Neves Delgado:

> A história brasileira a partir dos anos 1940 e, mais especificamente, dos anos 1950, tem uma marca muito especial, a da crença na transformação do presente com o objetivo de construção de um futuro alternativo ao próprio presente. Nesse sentido, as ações humanas projetavam-se, deliberadamente, para a construção do amanhã. (Delgado, 2001, p. 171)

Essa passagem caracteriza bem o sentido específico que passou a ter o nacionalismo no período assinalado. A defesa da soberania nacional, associada à categoria de desenvolvimento econômico e à defesa de ampliação de direitos sociais, formava parte de uma visão de mundo eminentemente progressista, o que, como se verá melhor adiante, diferencia o nacionalismo da década de 1950 daquele dos anos 1930, predominantemente conservador e autocrático.

Para a elaboração dessa nova variante do nacionalismo teve importância crucial o advento de um grupo de intelectuais que, a partir de 1952, passou a se reunir no parque nacional de Itatiaia para refletir sobre os grandes problemas nacionais à luz das principais questões do mundo de então. O chamado "grupo de Itatiaia" daria origem, no ano seguinte, ao Instituto Brasileiro de Economia Sociologia e Política (IBESP) e à revista *Cadernos do Nosso Tempo*, os quais foram o ponto de partida da criação, em 1955, do Instituto Superior de Estudos Brasileiros (ISEB), órgão de pesquisa e ensino de pós-graduação vinculado ao ministério da educação (Jaguaribe, 2005), (Almeida, 2005). Como salienta Simon Schwartzman, deixando de lado considerações sobre os resultados de suas propostas ou a validade de suas interpretações:

> (...)o IBESP foi responsável por uma série de ingredientes que teriam uma presença duradoura no

Entre a nação e a revolução

> ambiente político brasileiro: o desenvolvimento de uma ideologia nacionalista que se pretendia de esquerda, em contraposição aos nacionalismos conservadores do pré-guerra; a difusão da ideia de uma terceira posição, tanto em relação aos dois blocos liderados pelos Estados Unidos e União Soviética, quanto em relação aos pensamentos marxista e liberal clássico; uma visão interessada a respeito do que ocorria nos novos países da África e Ásia; a introdução do pensamento existencialista entre a intelectualidade brasileira e, acima de tudo, uma visão muito particular e ambiciosa do papel da ideologia e dos intelectuais na condução do futuro do país (Schwartzman, 1997, p. 5-6).

A consciência do papel histórico daquela nova forma de nacionalismo pode ser encontrada, de modo bastante explícito, nas páginas de *Cadernos do Nosso Tempo*. Comparando o sentimento nacionalista do período da independência com o que se expressava naquele momento, Hermes Lima afirmou: "Naquela época, tratava-se de conquistar os direitos que a soberania política confere. Na atualidade, trata-se de completar nossa maioridade econômica." (Lima, 1997, p. 72)

Para o publicista baiano, o nacionalismo forneceria o "clima político" indispensável à tarefa da industrialização e da formação de um mercado interno, na medida em que os únicos interessados nela seriam os próprios brasileiros. Exemplos disso seriam a criação da indústria siderúrgica e a da extração do petróleo. A implementação de tais ramos da indústria de base só poderia partir de uma decisão do Estado baseada na ideia de um "interesse nacional", na medida em que os capitais privados estrangeiros não se interessariam pela empreitada (p. 74). Mais adiante, o autor sintetiza qual seria o papel do nacionalismo em uma sociedade como a brasileira:

> Para um país subdesenvolvido como o Brasil, o nacionalismo representa, acima de tudo, a consciência do seu tempo histórico e social, a consciência dos problemas que lhe são específicos em deter-

minada conjuntura do subdesenvolvimento nacional. Descobrir possibilidades de superação do atraso através de concepções e métodos extraídos das condições características da respectiva situação histórica, econômica e social, constitui a tarefa principal do nacionalismo nos países subdesenvolvidos. (*Idem*, p. 79).

Tal definição é interessante, na medida em que parece representar bem como o nacionalismo era pensado na época. Já o sociólogo Alberto Guerreiro Ramos, fornece a definição mais incisiva daquilo que o nacionalismo parecia representar naquela altura. Após rejeitar a identificação do nacionalismo com atitudes xenófobas ou com "modismos", sustentava que:"O nacionalismo, na fase atual da vida brasileira, se me permitem é algo ontológico, é um verdadeiro processo, é um princípio que permeia a vida do povo, é, em suma, a expressão da emergência do ser nacional" (Ramos, 1956, p. 32).

Esta última passagem, bastante forte para a sensibilidade prevalecente nos dias atuais, dá uma boa medida de como o nacionalismo era percebido no clima ideológico do Brasil de meados daquela década: com o advento de um novo sujeito, o "ser nacional", por meio da "tomada de consciência" da condição de subdesenvolvimento e da necessidade de superá-la.Para entender de modo mais adequado a especificidade histórica da variedade de nacionalismo que se configurou no país entre os anos 1950 e 60, é útil contrastá-la com aquela que prevaleceu no período anterior, entre os anos 1920 e 30. O eixo fundamental dessa corrente ideológica era o caráter "amorfo", "insolidário" ou "centrífugo" da nacionalidade brasileira, o que pediria a intervenção de um poder central e autoritário para dar-lhe forma. Oliveira Vianna, por exemplo, formulou uma leitura da realidade nacional calcada na ausência de coesão social legada pela força centrífuga e pela função simplificadora da vida social exercidas pelo latifúndio (Vianna, 1974).

Nessa direção, vale a pena retomar uma distinção entre um nacionalismo *conservador* e outro *popular*, proposta por Daniel Pecaut. O

Entre a nação e a revolução

primeiro – calcado numa leitura autoritária e elitista da sociedade brasileira – predominou na geração intelectual que vai da década de 1925 à 1945. Já a geração seguinte, 1954-1964, foi marcada pelo segundo tipo de nacionalismo que, como se verá melhor a seguir, apoiava-se na ideia de "desenvolvimento" e na valorização da participação política das classes populares (Pecaut, 1989, p. 85-90).

Enquanto o nacionalismo dos anos 1920 e 30, partindo do diagnóstico do caráter amorfo da nação, se propunha a construí-la "de cima para baixo", o nacionalismo popular do período seguinte procurava identificar a nação com as práticas políticas e culturais de um povo em formação, como fica patente no seguinte extrato de Guerreiro Ramos:

> Hoje, já existe no Brasil sociedade, já existe povo e esse fato inédito funda historicamente a nação brasileira. A nação, de forma jurídica fictícia que era, passa a ser uma realidade concreta, lastreada numa experiência popular coletiva. (Ramos, 1960, p. 29)

Mais ao final da mesma obra, criticando o "aristocratismo" persistente nos partidos e lideranças políticas, o sociólogo adverte: "o nacionalismo é essencialmente uma ideologia popular e só poderá ser formulada induzindo-se da prática do povo os seus verdadeiros princípios." (*Idem*, p. 230). Contudo, Pecaut aponta a existência de continuidades entre ambas as gerações: a noção de uma "missão" dos intelectuais de fornecer representações da nação e, assim, orientar a ação política do Estado ou das classes sociais (*Idem*, p. 4-11, 81-82 e p. 91). É importante deixar claro que tais continuidades vão muito além de meras coincidências ou aproximações formais. Dada a rarefação de uma tradição radical no pensamento político brasileiro, o nacionalismo popular dos 50 terá como uma de suas fontes o nacionalismo conservador do período precedente.

Nesse sentido, é interessante observar os textos de Guerreiro Ramos sobre a história do pensamento social brasileiro. Os autores que o sociólogo baiano mais valoriza como precursores de uma "consciência sociológica" nacional são, em geral, os chamados "autoritários" dos anos

1920 e 30, já referidos acima, especialmente Alberto Torres, Gilberto Amado, Oliveira Vianna e Azevedo Amaral (Ramos, 1956, p. 52) e (1961, p. 46-47). Nestes autores de orientação conservadora, Ramos valoriza a crítica à cópia de modelos estrangeiros e a preocupação realista com a construção do Estado Nacional.

A propósito, é sintomático que uma das obras desse autor, publicada pela primeira vez em 1959, citada a pouco, fosse intitulada justamente "O Problema Nacional do Brasil", portanto, quase idêntico ao da obra mais conhecida de Alberto Torres, "O Problema Nacional Brasileiro", de 1914. É óbvio que a homenagem foi intencional. Aliás, o próprio autor a comenta nos seguintes termos:

> Demos a este livro o título de 'O Problema Nacional do Brasil' com plena consciência de que ele vai situar-se na tradição de sociologia militante no país, que vem desde o Visconde do Uruguai, Paulino José Soares de Souza, até Oliveira Vianna, passando por Sílvio Romero, Euclides da Cunha e Alberto Torres. Este último autor, publicou, em 1914, 'O Problema Nacional Brasileiro'. O presente livro, como o de Alberto Torres, é uma tentativa de utilizar a ciência social como instrumento de organização da sociedade brasileira. (*Idem*, 1960, p. 13-14)

Desse modo, Ramos propõe a construção de um autêntico cânone do pensamento político-social brasileiro, no qual ele se coloca como herdeiro dos autoritários dos anos 1920 e 30 e mesmo dos "saquaremas" do século XIX. Uma reapropriação semelhante do pensamento autoritário pode ser encontrada na seguinte passagem de uma conferência de Rolland Corbisier, intitulada *Formação e Problema da Cultura Brasileira*:

> Tínhamos de nós mesmos a ideia que convinha aos colonizadores que tivéssemos, a ideia que coincidia com os interesses da exploração e os justificava. Do livro do Conde Afonso Celso ao de Paulo Prado, se excetuarmos algumas figuras isoladas que não chegaram a fazer escola e influir na vida do país, como José Veríssimo, Sílvio Romero, Alberto Torres,

Entre a nação e a revolução

> Euclides da Cunha e, posteriormente, Oliveira Vianna, a inteligência brasileira transita de uma visão ufanista e otimista do Brasil para uma visão pessimista e quase desesperada, como se o problema, ou melhor, a missão da nossa inteligência não fosse a de conhecer e de compreender o país, mas a de exaltá-lo nos panegíricos ou denegrí-lo nos requisitórios. (Corbisier, 1959, p. 41)[2]

Ao final desta obra, em uma nota, o autor transcreve um longo e conhecido trecho da obra *Instituições Políticas* Brasileiras, de Oliveira Vianna, que aplica o conceito de "homem marginal", cunhado pelo sociólogo estado-unidense Robert Park, para referir-se aos intelectuais brasileiros e à sua tendência à alienação a respeito da realidade nacional (*Idem*, p. 103-104).

Aliás, tanto Guerreiro Ramos como Corbisier, bem como outros isebianos, como Álvaro Vieira Pinto, além de mais de um destacado nacionalista reformista, como o chefe da Assessoria Econômica do segundo governo Vargas, Rômulo Almeida e o futuro ministro das relações exteriores Santiago Dantas, tinha origem na Ação Integralista Brasileira (AIB), encabeçada por Plínio Salgado (Oliveira, 1995, p. 26-27). Os nomes acima citados, aos quais se poderia agregar o do bispo reformador de Recife, D. Helder Câmara, sugerem que a passagem do integralismo para posições de esquerda não foi um dado biográfico isolado desta ou daquela personalidade, mas um movimento mais amplo, constituindo um verdadeiro traço geracional. Tal dinâmica se poderia explicar pelo fato de o movimento integralista, em que pese sua inspiração no fascismo, nas condições brasileiras dos anos 1930, assumir posturas anti-oligárquicas.Além disso, Antonio Cândido sublinha que a adesão de muitos jovens de sua

---

2   Afirmar, como o faz Corbisier, que homens como Alberto Torres e, em especial, Oliveira Vianna "não fizeram escola" e não chegaram "a influir na vida do país" é hoje um evidente exagero que, diga-se de passagem, reafirma a auto-imagem que estes autores tinham de si mesmos. Mas o interessante, no caso, é a tentativa de apropriá-los para sustentar um projeto anti-imperialista, estranho às suas obras e intenções.

geração ao integralismo exprimia, frequentemente, "um interesse genuíno pelas coisas do brasil", motivo que explicaria, em sua opinião, a conversão posterior de muitos deles a posições de esquerda (Cândido, 2002).

Aqui vale apena sublinhar que a influência ideológica do fascismo europeu durante os anos 1930 não se restringiu ao Brasil, mas teve peso significativo em boa parte da América Latina. Porém, seria um equívoco supor que os movimentos, lideranças políticas e intelectuais da região que tomavam o fascismo como inspiração fossem propriamente fascistas. Comentando o fenômeno, Eric Hobsbawm assinala: "A América Latina da década de 1930 não se inclinava a olhar para o Norte.

Mas, visto do outro lado do Atlântico, o fascismo sem dúvida parecia a história de sucesso da década. Se havia um modelo no mundo a ser imitado por políticos promissores de um continente que sempre recebera inspiração das regiões culturalmente hegemônicas, esses líderes potenciais de países sempre à espreita da receita para tornar-se modernos, ricos e grandes, esse modelo certamente podia ser encontrado em Berlim e Roma, uma vez que Londres e Paris não mais ofereciam muita inspiração política, e Washington estava fora de ação. (Moscou ainda era vista essencialmente como um modelo para a revolução social, o que restringia seu apelo político.)

E, no entanto, como eram diferentes de seus modelos europeus as atividades e realizações políticas de homens que não faziam segredo de sua dívida intelectual para com Mussolini e Hitler! Ainda lembro o choque que senti ao ouvir o presidente da Bolívia revolucionária admiti-la sem hesitação numa conversa em particular. Na Bolívia, soldados e políticos de olho na Alemanha se viram organizando a revolução de 1952, que nacionalizou as minas de estanho e deu ao campesinato índio uma radical reforma agrária." (Hobsbawm, 1995, p. 110)

Desse modo, a recepção do fascismo no Brasil, bem como no restante do subcontinente, se deu mais como ideologia modernizadora, alternativa aos antigos modelos liberais, então em descrédito, do que em seu sentido originário de ideologia contra-revolucionária. Sem levá-

Entre a nação e a revolução

-lo em consideração, fenômenos como a inspiração fascista original do Movimento Nacionalista Revolucionário (MNR) da Bolívia, aludida por Hobsbawm, ou a passagem de alguns antigos integralistas brasileiros para posições de esquerda tornam-se simplesmente incompreensíveis. Essas continuidades entre o nacionalismo conservador dos 20 e 30 e o nacionalismo popular dos 50 e 60, a qual se reflete até nas trajetórias de diferentes intelectuais e políticos, jogam luz sobre uma faceta do nacionalismo em geral, discutida no capítulo 2: isto é, a ambiguidade intrínseca ao fenômeno. Retomando o argumento de Tom Nairn, os nacionalismos, tanto os de direita, como os de esquerda, compartilhariam alguns traços comuns. Tais traços podem ser vislumbrados, por exemplo, nos comentários elogiosos, acima mencionados, que Guerreiro Ramos e Corbisier fazem a autores como Alberto Torres e Oliveira Vianna. O que o sociólogo baiano e o filósofo paulista admiravam nos assim chamados "autoritários" era a crítica à cópia de modelos, culturais ou políticos, estrangeiros e a busca de adaptar as referências europeias ou estado-unidenses ao que julgavam ser as singularidades da realidade nacional.

Dessa maneira, a rejeição da adoção acrítica de formas de pensar e instituições políticas dos países centrais é um traço importante que une as duas etapas do nacionalismo brasileiro. Como também já se viu com Nairn, a defesa por parte dos nacionalistas da necessidade de se empreender um "caminho próprio" adviria da consciência da impossibilidade de se superar, por meio da simples importação dos modelos metropolitanos, a situação de subdesenvolvimento e atraso que caracteriza as sociedades periféricas. Na realidade, a maneira de equacionar o problema do desenvolvimento é outro terreno no qual se confundem continuidades e descontinuidades entre os dois momentos nacionalistas. Para alguns intérpretes, ainda que se possa argumentar que as reflexões de autores como Vianna, por exemplo, guardem alguma relação com a crise do modelo agro-exportador então em curso, a geração do jurista fluminense, não apenas não teria formulado o problema, como se teria mantido fiel à visão do Brasil como país de vocação agrícola[3]. Nas palavras de Luís Werneck Vianna: "O anti-liberalismo prenunciador do Estado autoritário e modernizante inicia-se segundo os acordes de uma pauta viciada pelo ranço conservador." (Vianna, 1976, p. 110)

Para este autor, Alberto Torres por exemplo, uma das principais influências dos chamados "autoritários" e figura destacada nas genealogias propostas por Ramos e Corbisier, defenderia um programa econômico antiliberal, mas não a industrialização, da qual desacreditava (*Idem, Ibidem*). Segundo Vianna, uma das características ideológicas dos regimes autoritário-corporativistas seria, justamente disfarçar seu impulso modernizante por meio de uma ideologia passadista. No caso brasileiro, autores como Oliveira Vianna, Azevedo Amaral, Alceu Amoroso Lima ou Plínio Salgado, todos consensualmente autoritários, criariam uma imagem idílica do mundo rural e do paternalismo das antigas aristocracias rurais (*Idem*, p. 132-133).

Essa interpretação de Werneck Vianna sobre o caráter agrarista dos pensadores "autoritários" das décadas de 1920 e 1930 me parece, no mínimo, exagerada. Se a nostalgia do mundo rural e a desconfiança do capitalismo industrial podem ser identificados na obra de Oliveira Vianna (Brandão, 2007, cap. 2), o mesmo não se pode dizer de Azevedo Amaral, quem defendia abertamente um programa industrializante (Fernandes, 2014). Além disso, o mesmo Josef Love (1996), citado na nota anterior, afirma que uma das primeiras fontes ideológicas do industrialismo latino-americano teria sido, justamente, o ideário corporativista, cujo principal expoente foi o romeno Mikhail Manoilescu.

Dessa maneira, me parece que o divisor de águas entre as duas variantes do nacionalismo estaria menos na adesão ou não a um programa

---

3   Seguindo as sugestões de Love (1996) pode-se afirmar que a defesa da industrialização como alternativa à economia primário-exportadora estava fora dos horizontes das elites políticas e intelectuais brasileiras e latino-americanas antes da década de 1940. Pode-se mesmo falar, recorrendo-se a Lukács, que a industrialização estaria fora dos limites da "consciência possível" dos grupos dominantes do período assinalado.

Entre a nação e a revolução

desenvolvimentista, mas sim na relação entre o desenvolvimento econômico e a justiça social. Enquanto nas décadas de 1930 e 1940, a industrialização seria o fim, sendo a incorporação social dos trabalhadores um meio, entre os decênios de 1950 e 1960 o desenvolvimento econômico passaria a ser visto pelos nacionalistas como meio indispensável para a integração das massas populares, como se poderá ver na sessão seguinte, em algumas passagens de Álvaro Vieira Pinto, ou ainda, mais adiante, na última mensagem presidencial de João Goulart.[4]

Seja como for, o problema do subdesenvolvimento iria ocupar um lugar central no modo pelo qual o nacionalismo popular definiria a "questão nacional" brasileira. Daí que o advento do desenvolvimentismo como elaboração teórica mais sistemática no pós-guerra desempenhe um papel de destaque na metamorfose do nacionalismo brasileiro nesse período. Porém, o vínculo entre nacionalismo e desenvolvimento está longe de ser algo pacífico e livre de contradições. Embora os nacionalistas a partir dos anos 1950 fossem, via de regra, desenvolvimentistas, a recíproca não é verdadeira. Além disso, o modo pelo qual os dois termos – nacionalismo e desenvolvimento – eram entendidos, bem como o grau de radicalidade de ambos, podia variar muito, gerando intensas polêmicas. Por essas razões faz-se necessário observar esse vínculo mais de perto.

Nacionalismo e desenvolvimentismo

Antes de mais nada, é preciso definir bem o que se entendia então por "desenvolvimento". O ideário desenvolvimentista centrou-se na necessidade de se modernizar as estruturas econômicas e sociais do país tendo a industrialização como motor desse processo. É bom lembrar, seguindo as indicações de Bresser Pereira, que até a década de 1940 a ideologia dominante afirmava a "vocação agrícola" do Brasil (Bresser-Pereira, 1977, p. 271).

---

4 Agradeço aqui às observações da professora Angela de Castro Gomes, quem me sugeriu essa hipótese interpretativa que incorporo aqui.

Segundo essa visão, calcada na teoria liberal das "vantagens comparativas", a economia brasileira seria propensa à uma especialização agro-exportadora, sendo a indústria um elemento secundário e complementar. Os defensores da "vocação agrícola" argumentavam que o investimento na industrialização seria artificial e imporia um custo com o qual o país não poderia arcar. As dificuldades financeiras oriundas da crise de 1929 e da queda nos preços das *comodities* agrícolas, em especial do café, deram alento aos primeiros defensores de uma política industrializante. Entre estes destacava-se o empresário paulista Roberto C. Simonsen, um dos mais proeminentes dirigentes da Federação das Indústrias do Estado de São Paulo (FIESP), o qual travou, em meados da década de 1940, uma intensa polêmica com o liberal ortodoxo Eugênio Gudin. Tanto um quanto o outro eram membros de órgãos técnicos e de acessoria do "Estado Novo", mas as posições pró-industrialização de Simonsen acabaram prevalecendo.

Contudo, o grande salto teórico do desenvolvimentismo viria, em 1949, com a criação da Comissão Econômica Para a América Latina (CEPAL) e a publicação do artigo *El Desarollo de América Latina y Sus Principales Problemas*, do dirigente do órgão, o argentino Raúl Prebisch (Prebisch, 2000). A crítica do economista argentino à teoria das vantagens comparativas e sua proposição da deterioração dos termos de troca deu aos defensores da industrialização uma base sólida como nunca haviam tido. Também aparecia então o brasileiro Celso Furtado, que fará boa parte de sua carreira no âmbito da CEPAL, que publicaria, uma década mais tarde, o livro que o colocaria entre os clássicos do pensamento brasileiro: *Formação Econômica do Brasil*, obra que historicizou o modelo cepalino, empregando-o na interpretação da realidade brasileira (Furtado, 1962).

Outro marco no sentido da difusão das concepções desenvolvimentistas no interior do Estado brasileiro foi a criação da Assessoria Econômica da Presidência da República no segundo governo Vargas (1951-1954). Logo após ser eleito, Vargas reuniu um grupo de assessores

Entre a nação e a revolução

técnicos para servir, ao mesmo tempo, como órgão de planejamento informal e assessoria ao gabinete presidencial para as questões do dia-a-dia (Leopoldi, 1995, p. 165). Para encabeçar a assessoria, Getúlio nomeou o economista baiano Rômulo de Almeida, o qual também era assessor da Confederação Nacional da Indústria, presidida então pelo empresário e político mineiro Ewaldo Corrêa Lodi, aliado próximo de Vargas.

Como integrantes da equipe fixa, Almeida recrutou Jesus Soares Pereira, Ignácio Rangel, Pompeu Accioli Borges e Saldanha da Gama (*Idem*, p. 166). Outros dois colaboradores eventuais eram o comandante Lúcio Meira, subchefe da Casa Militar, e Cleanto de Paiva Leite, servidor do DASP com passagem também pela ONU (*Idem, Ibidem*). Além dos membros e colaboradores eventuais acima listados, a Assessoria podia contar com a contribuição de servidores de outros órgãos da administração federal. Um desses foi o sociólogo Guerreiro Ramos, já citado anteriormente, e que, como apontarei ao longo deste estudo, seria um dos mais destacados pensadores nacionalistas do país até 1964.

Em depoimento concedido no final da vida, Ramos dá grande destaque à sua participação, ainda que marginal, na Assessoria Econômica para sua formação política:

> Quando o Getúlio reassumiu, em 1951, fui trabalhar na Casa Civil e pude ver o governo mais diretamente. Eu trabalhava com o Rômulo Almeida, que foi o chefe da assessoria econômica. Éramos Rômulo, Jesus Soares Pereira, Inácio Rangel e eu. Fazíamos as mensagens e eu participava, não profundamente, mas participava. Foi nessa época que comecei a compreender o governo do Brasil, comecei a ver o que era a Presidência da República. (...) O governo do Getúlio foi muito importante para eu compreender o Brasil. (Ramos, 1995, p. 147)

Ao ser perguntado sobre a influência dos primeiros trabalhos da CEPAL sobre aquela geração de intelectuais nacionalistas e desenvolvimentistas, o autor é taxativo: "Ah sim, tiveram uma importância enorme, um impacto. Aquilo foi uma coisa muito importante, a coisa mais eminente na história cultural da América Latina. (...). Aquilo teve uma grande influência sobre mim e sobre todos nós." (*Idem*, p. 151-152)

Assim, ao longo dos anos 1950, homens como Almeida, Pereira, Rangel e Ramos, engajados na elaboração de políticas públicas, difundirão as concepções da CEPAL no interior do aparelho de Estado, exercendo grande influência sobre a política econômica brasileira, calcada na substituição de importações. Todavia, é importante advertir que, a convergência entre a CEPAL e o pensamento nacionalista não era uma coisa óbvia e automática. Pelo contrário, como nos lembra Love (1996), se essa convergência ocorreu no Brasil, o mesmo não se deu, por exemplo, na Argentina, onde os nacionalistas, que apoiavam a política econômica do governo Perón (1945-1955), rejeitavam Prebisch por seus laços com a Sociedad Rural Argentina, da qual havia sido assessor no início da carreira, além de sua participação, como primeiro presidente do Banco Central, nos governos oligárquicos dos anos 1930.

Segundo Maria Antonieta Leopoldi, em uma afirmação que me parece exagerada, a convergência de ideias que se deu no Brasil entre a CEPAL, o Estado e um setor da classe empresarial foi única na América Latina (Leopoldi, 1995, p. 196).[5] Nesse sentido, destaca a V. Série de Sessões da CEPAL, ocorridas em Petrópoles em 1953, presididas pelo já citado Ewaldo Lodi e abertas com um discurso do presidente Vargas (*Idem*, p. 195). Getúlio via a CEPAL com bons olhos na medida em que esta fornecia uma "base racional" para as políticas industrializantes, apoiadas no planejamento e na intervenção estatal. Por isso, quando a ONU se reuniu para deliberar pela continuidade ou não do órgão, o pró-

---

5 A afirmação, no que diz respeito à América Latina, me parece equivocada. Basta pensar, por exemplo, no caso do Chile, país onde a CEPAL se localiza e em cuja política econômica o órgão teve grande influência, pelo menos até o golpe militar de 1973, após o qual será deslocada pelo neoliberalismo dos "Chicago boys" de Pinochet. Seria o caso também de indagar pelo exemplo mexicano país que também adotou por longos períodos políticas industrializantes. Seja como for, a autora, afora a atuação no da CEPAL, não fornece informações que corroborem uma afirmação tão taxativa.

Entre a nação e a revolução

prio Vargas determinou, contra a posição do chanceler brasileiro, que o voto do país fosse favorável (p. 196).

Porém, a CEPAL não foi a única, nem talvez a principal fonte do nacionalismo brasileiro no período aqui estudado. Como afirmei no início da sessão anterior, a agência de formulação ideológica fundamental do período começou a ganhar forma com o chamado "grupo de Itatiaia", passando pelo IBESP e por *Cadernos de Nosso Tempo*, desaguando no ISEB, cujo objetivo autoproclamado era o de estabelecer uma "ideologia do desenvolvimento". A exposição mais condensada e divulgada dessa meta encontra-se em *Ideologia e Desenvolvimento Nacional*, aula inaugural do primeiro ano letivo do instituto, proferida por Álvaro Vieira pinto.

Neste texto, o filósofo fluminense define o desenvolvimento como processo, ou seja, como sucessão de fenômenos a qual subjaz uma unidade interna, decorrente, por sua vez, de uma finalidade ou fim próprio ao processo (Pinto, 1956, p. 19-20). Esse caráter teleológico do processo de desenvolvimento é que permitiria sua direção ou planificação, guiada por uma interpretação que flagrasse sua unidade e finalidades próprias:"Só quando subordinamos os fatos e seu desenrolar a uma interpretação que, em última análise, decorre de um projeto, é que lhes damos consistência histórica. Só então é possível falar em desenvolvimento nacional." (p. 24).

Porém, como compatibilizar o caráter compulsório do planejamento estatal e a adesão voluntária dos indivíduos, base de uma democracia política? A resposta para o autor estaria, precisamente, na formulação de uma "ideologia do desenvolvimento", a qual garantiria o consentimento dos indivíduos por meio de seu esclarecimento (p. 23).

Dessa maneira, Álvaro Vieira Pinto apresenta uma concepção altamente racionalista e mesmo idealista – no sentido filosófico do termo – do desenvolvimento, na qual os intelectuais e a ideologia ocupariam um lugar central.Porém, o desenvolvimento não seria apenas decorrente de uma vontade consciente, mas também de determinações e exigências materiais. Por exemplo, ao refletir sobre os altos índices de crescimento demográfico, então experimentados pelo país, o autor propõe o seguinte dilema taxativo:

> Esse fenômeno, de aumento da população brasileira, parece-nos o dado fundamental, porque nos coloca em face dessa encruzilhada: ou tomamos o rumo do desenvolvimento, o que se dará na medida em que formos capazes de utilizar os dados da ciência e os instrumentos da técnica a serviço de uma ideologia do progresso; ou, se o não fizermos, enveredaremos pela estrada do pauperismo que nos conduziria à condição das grandes massas asiáticas. (p. 13)

O que me parece fundamental destacar nessa formulação do problema é seu tom categórico e o sentido de urgência que imprime à questão. Trata-se, em termos familiares ao próprio autor, da "tomada de consciência" de uma tragédia: a "tragédia do subdesenvolvimento". Mais uma vez, fazem sentido as observações de Nairn sobre o nacionalismo. Basta pensar na alegoria proposta pelo autor escocês da figura de Janus sobre o portão do desenvolvimento, pelo qual procuram passar desesperadamente as sociedades periféricas. É esse sentido de desespero e urgência que transparece na passagem de Vieira Pinto.

Para o filósofo fluminense, a pressão quantitativa das massas populares – fator "material" do desenvolvimento – geraria um fenômeno qualitativamente novo, isto é: a desalienação das massas, as quais deixariam sua posição passiva, transformando-se em sujeitos históricos, como transparece na seguinte passagem:

> Quando o processo do desenvolvimento nacional, em todos os seus setores, dá a indivíduos existentes no seio das massas sua oportunidade de superação, ocorre a súbita tomada de consciência de sua situação e, através dela, da realidade brasileira em geral. Esse indivíduo converte-se de ser meramente sensitivo (...) em ser expressivo, em centro de forças vivas, em exigência consciente. (p. 15)

Entre a nação e a revolução

Estas linhas, carregadas de hegelianismo, filtrado pelo existencialismo francês, associa a categoria de desenvolvimento à passagem da "alienação" para a "autonomia" e, portanto, ao conceito de "emancipação". O desenvolvimento seria o processo pelo qual se passaria da "colônia", isto é, uma condição alienada, para a "nação", ou seja, a emancipação da coletividade. Aqui, o "sistema colonial" é concebido como um "fato social total" que molda, não apenas a esfera da produção propriamente dita, mas o conjunto da vida social, concepção esta presente em obras do antropólogo francês Georges Balandier e do filósofo Jean-Paul Sartre, ambos autores bastante influentes no âmbito do ISEB (Ortiz, 1985. p. 53). Assim entendido, o desenvolvimento não poderia estar mais distante do mero crescimento econômico quantitativo – ainda que o inclua –, pressupondo uma transformação qualitativa e de conjunto da ordem social e política.

Essa ideia do desenvolvimento como transformação das estruturas econômicas e sociais do país no sentido de uma sociedade moderna e socialmente integrada, ganhou espaço, não apenas no aparelho de Estado, mas também na sociedade civil, convertendo-se em ponto crucial de um amplo movimento nacionalista. Em 1953, por exemplo, uma grande mobilização que envolveu os estudantes, trabalhadores, intelectuais e militares nacionalistas sob a consigna "O Petróleo É Nosso!", resultou na assinatura, por parte de Getúlio Vargas, de um decreto que nacionalizava o petróleo.

Durante o governo seguinte, de Juscelino Kubistcheck, travou-se, nos meios políticos e intelectuais, uma intensa polêmica a respeito da entrada de capitais estrangeiros, cuja participação na economia brasileira vinha sendo estimulada pelo governo. Desse modo, se pode ver como, além da defesa de uma política industrializante, típica do receituário cepalino, outro elemento ideológico fundamental do nacionalismo popular no Brasil, em especial entre meados da década de 1950 e o início dos 60, será o nacionalismo econômico, fortemente inspirado nas concepções isebianas acima expostas. Esse nacionalismo calcava-se na ideia de que a emancipação econômica do país era o alicerce de uma nação moderna e soberana. Sintetizando o significado que tinha o desenvolvimento econômico para os nacionalistas, Guerreiro Ramos afirmava:"Na fase em que se encontra o Brasil, "autodeterminação" é sinônimo de desenvolvimento econômico. Não tem capacidade auto determinativa o país cujo comando dos fatores de sua economia está fora do seu alcance." (Ramos, 1960, p. 59)

Ao estabelecer um nexo entre "autodeterminação", ou "soberania", e "desenvolvimento econômico", Ramos propõe uma relação de meios e fins, pela qual o segundo seria o caminho para a primeira. Páginas antes, o mesmo autor especificava quais as consequências desse vínculo entre nacionalismo e desenvolvimentismo:"Desenvolvimento econômico significa a ruptura com os antigos quadros de complementariedade e de dominação espoliativa de que se beneficiavam grupos oligárquicos" (p. 39)

Dessa maneira, a busca do desenvolvimento como condição da soberania nacional tinha como implicações a ruptura com o lugar ocupado pelo país no sistema capitalista mundial e com a dominação oligárquica no plano interno, na medida em que as oligarquias se "beneficiariam" dos "quadros de complementariedade e dominação espoliativa" nos quais viveria o Brasil. O nexo entre nacionalismo e desenvolvimento implicaria, portanto, um terceiro termo na relação: a reforma social.

Tais passagens sugerem que se poderia falar em um ideário "nacional-desenvolvimentista" ou, como prefere Bresser-Pereira, em uma interpretação "nacional-burguesa" do país, na qual se incluiriam, tanto os teóricos do ISEB, quanto os ligados ao PCB. Segundo Bresser-Pereira, essa corrente interpretativa se distinguiria por sustentar que o Brasil estaria em uma transição entre um passado "feudal" ou "pré-capitalista" e uma "Revolução burguesa" que iria conduzir o país a um desenvolvimento autônomo (Bresser-Pereira, 1979, p. 272-273; 2005, p. 201).

Contudo, a proposta de uma interpretação "nacional-burguesa" da realidade brasileira, ainda que se apoie em um diagnóstico amplamente compartilhado à época sobre os problemas do país, não me parece a forma mais adequada de pensar o campo nacionalista que então se configurava, pois obscurece tensões e contradições que tinham lugar nessa formação ideológica plural. Um bom exemplo de tais contradições, acima citado, é o da controvérsia a respeito da participação do capital estrangeiro na economia do país. No ano de 1958, o lançamento do livro O Nacionalismo na Atualidade Brasileira, de Hélio Jaguaribe – o qual defendia a importância do recurso ao capital estrangeiro para lograr o desenvolvimento – gerou uma intensa polêmica no interior do ISEB, opondo Jaguaribe a Guerreiro Ramos.[6] Em seu livro, Jaguaribe afirma que, ao contrário do que sucederia com a controvérsia acerca do petróleo, as posições "nacionalistas" e "cosmopolitas" a respeito do ingresso de capitais estrangeiros no país não seriam irreconciliáveis e tampouco transcenderiam o terreno do debate propriamente econômico (Jaguaribe, 2005b, p. 171). Criticando as posições extremadas sobre a matéria, o autor defendia a legislação sobre remessa de lucros aprovada no 2º. governo Vargas, afirmando que esta já controlaria, com as modificações necessárias, o "efeito espoliativo" causado pelo capital estrangeiro, ao mesmo tempo retendo os efeitos benéficos que este traria para o país (p. 174-175).

Para Jaguaribe, a questão estaria mal formulada: ao invés de se discutir *a priori* os efeitos "colonizadores" ou "germinativos" dos investimentos externos, antes se deveria indagar pela necessidade que o país teria deles e das condições de afluxo destes para o país (p. 279). O autor conclui que o Brasil não seria obrigado a aceitar os investimentos externos sob quaisquer condições, mas tampouco poderia dispensá-los: "Trata-se de considerá-lo como valioso fator auxiliar, tanto mais útil quanto mais possível for enquadrar a sua participação na linha de nossas conveniências nacionais." (p. 185)

---

6   A disputa entre Jaguaribe e Ramos em torno da questão dos investimentos estrangeiros, ocorrida em 1958, culminaria com o desligamento de ambos intelectuais da instituição. A respeito, vejam-se os depoimentos de ex-isebianos contidos em (Toledo, 2005). Para mais informações, cf. (Pereira, 2002).

Já Ramos, ainda que não se opusesse à entrada de capitais estrangeiros *tout* court, propunha restrições mais estritas ao recurso ao investimento externo:

> No tocante ao capital estrangeiro, o critério essencial a ser observado é o de que sua remuneração deve ser estritamente proporcional aos efeitos internos que produz, bem como de que não pode, por motivo de segurança, ocorrer em amplitude tal que se habilite a comandar as alavancas do sistema econômico. (Ramos, 1960, p. 195)

Nessa direção, o autor criticava o Plano de Metas do governo JK, afirmando que o programador econômico teria previsto uma oferta de dólares irrealista, o que responderia pela dimensão "entreguista" do plano (p. 197).Assim, parece preferir uma via de desenvolvimento mais apoiada nos recursos internos do país, chegando mesmo a afirmar que as capacidades econômicas seriam geradas pelas capacidades políticas (p. 208). Se Jaguaribe, como visto acima, procurava restringir o debate ao terreno econômico, o sociólogo baiano afirmava que toda discussão econômica ou técnica era, em última análise, sociológica, ou seja, uma questão "de organização social e política da capacidade humana" (p. 209).

Cabe lembrar que o debate tinha como pomo da discórdia, não a entrada de capitais estrangeiros de modo abstrato, mas a decisão de Kubitchek de recorrer a eles para alavancar o desenvolvimento industrial do país. Daí que a controvérsia tenha ido muito além do instituto, envolvendo a União Nacional dos Estudantes (UNE), os sindicatos, os comunistas, a imprensa (em particular o jornal *A Última Hora*), etc. Não pretendo aprofundar esse tema, nem entrar no mérito do debate que se travou à época. O que me interessa assinalar é que, se, como dito acima, o nacionalismo da década de 1950 se singularizou pela associação com o desenvolvimentismo, o modo pelo qual esse nexo era entendido e estabelecido podia variar muito.

Entre a nação e a revolução

Como alternativa à conceituação de Bresser-Pereira, penso ser útil formular a distinção entre um campo desenvolvimentista ou "nacional-desenvolvimentista" mais amplo e, no interior deste último, uma corrente nacionalista radical, nos termos aqui propostos, "nacionalista popular", a qual se distinguiria do nacional-desenvolvimentismo mais moderado por defender uma via de desenvolvimento estatizante, pela associação mais clara entre anti-imperialismo e reformas estruturais e pelo recurso à mobilização das camadas subalternas. As origens dessa vertente datariam do segundo governo Vargas, mas seus contornos só se tornariam mais nítidos no início dos anos 1960, com a crise da renúncia de Jânio Quadros e a ascensão ao poder de João Goulart em 1961, abrindo-se o período até então mais intenso de lutas sociais na história brasileira.

Com essa distinção, fica mais fácil captar o que diferencia o nacionalismo brasileiro dos anos 1950-1960. Nesse tocante, estou de acordo com Lúcio Flávio de Almeida(Almeida, 2004, p. 4), em que se faz necessário distinguir as variações ideológicas e as diferentes apropriações de classe da ideologia nacionalista no Brasil.[7] Também concordo que o delineamento de um nacionalismo popular, caracterizado pelo autor como "reformista", assinala a crise do amplo leque de forças que se agrupou em torno do desenvolvimentismo *(p. 7)*. Contudo, ao contrário de Almeida, não emprego o conceito de "nacional-populismo" – que, aliás, o autor não define – para caracterizar essa aliança, como também divirjo de sua caracterização da nação como inerentemente burguesa (p. 1-3). Seguindo as observações tanto de Anderson (1993), como de Nairn (1981), expostas no capítulo 2, ainda que o advento das comunidades nacionais esteja historicamente ligado ao advento do Estado burguês, isso não implica em que a forma nacional não possa transcender essa ligação. A meu ver, só assim se pode compreender adequadamente o papel disruptivo que o

---

7   Porém, não pretendo, como faz Almeida, propor uma tipologia de etapas do nacionalismo no Brasil entre 1930 e 1964, mas apenas traçar as origens ideológicas do que tenho denominado como sua variedade "popular". Para a tipologia estabelecida pelo autor, cf. *(Idem*, p. 6-7).

nacionalismo popular teve no ambiente crescentemente radicalizado do Brasil de inícios dos anos 1960.

Na próxima sessão, abordarei como se deu esse movimento de radicalização no caso da principal corrente política nacionalista pós-1945: o trabalhismo. Como já mencionei anteriormente os partidos políticos me interessam aqui na sua faceta de correntes ideológicas. Desse modo, abordarei esta corrente partidária por ter sido o principal veículo político de difusão do nacionalismo na sociedade brasileira do período aqui considerado.

Entre o getulismo e o reformismo: a trajetória do trabalhismo brasileiro

Como dito no início do capítulo anterior se o caso do aprismo apresenta claras dificuldades para as teorias clássicas do "populismo", o caso do trabalhismo brasileiro costuma ser empregado, assim como o peronismo, como um dos exemplos mais ilustrativos dos movimentos e regimes tidos como "populistas" no período entre os anos 1930 e 60. Porém, pretendo indicar que, em que pese suas origens na estrutura do Estado Novo, o Partido Trabalhista Brasileiro, interagindo com as contradições do processo de desenvolvimento capitalista desencadeado a partir de 1930, ganhou rumos políticos inesperados, convertendo-se, as vésperas do golpe civil-militar de 1964, na principal organização reformista, abrigando, em seu interior, uma importante corrente de esquerda nacionalista. Como assinalou Maria Celina D'Araújo, o PTB foi o primeiro partido de massas do país, solidamente apoiado no voto urbano, tornando-se o "principal fórum de debate e agitação" das ideias nacionalistas (D'Araújo, 1996, p. 15). Para entender a história do trabalhismo, faz-se necessário retroceder ao momento da abertura política de 1945, para que se possa compreender as razões que levaram Getúlio Vargas a decidir criar uma organização partidária especificamente voltada à classe operária. Como é fartamente conhecido, sob o regime do "Estado Novo", Getúlio Vargas promoveu a incorporação, ainda que subalterna, dos trabalhadores urbanos pelo duplo mecanismo da CLT e do sindicalismo corporativo que, se por um lado, garantiu acesso à cidadania, por outro, controlava a representação da classe.

Embora o tema do corporativismo já tenha sido muito discutido, é útil recordar, como assinala Gomes (2005, p. 175-178), que a mobilização dos trabalhadores em torno da figura de Vargas e dos direitos sociais por parte do sindicalismo corporativo, não é uma característica de todo o período estado-novista. Pelo contrário, nos primeiros cinco anos do regime, o movimento operário encontrava-se inteiramente prostrado pela repressão e a estrutura sindical oficial seria completamente desprovida de representatividade junto aos trabalhadores, não havendo esforços significativos no sentido de dar-lhe vida. A situação só iria mudar no final do ano de 1942 com a entrada de Alexandre Marcondes Filho no ministério do trabalho, o qual também acumulou a pasta da Justiça até o início de 1945. O novo ministro deu início a uma grande campanha de mobilização da classe operária, valendo-se de instrumentos como as transmissões da "Hora do Brasil" na Rádio Nacional, de publicações oficiais, dos comícios do 1º. De Maio e de programas de formação de lideranças sindicais, procurando interpelar os trabalhadores e difundir uma nova ideologia: o trabalhismo (p. 211-218).

Esse ideário seria voltado para a construção da imagem do trabalhador brasileiro como sendo uma parte fundamental da comunidade nacional e, por isso mesmo, portador de legítimas aspirações a serem satisfeitas pelo Estado. Por outro lado, o trabalhismo enfatizaria a importância da figura do presidente Vargas, o qual justamente teria reconhecido essas aspirações, consagradas por meio da Consolidação das Leis Trabalhistas (CLT), promulgada em 1943 (p. 218-226). Dessa maneira, tanto Marcondes quanto Vargas procurariam constituir os trabalhadores como uma das principais bases organizadas para a sustentação de sua política, já antecipando que a ditadura estaria se esgotando e que uma abertura teria de ser feita.

Entretanto, o caráter dessa abertura não estava claro. No que tange à necessidade de organização partidária, uma primeira opção seria a de organizar as duas bases do regime em um único partido: os interventores e suas máquinas estaduais e os sindicatos e sua base operária. Porém, tanto os interventores, quanto os sindicalistas, acabariam resistindo à proposta (p. 269-270). Em 1945, diante da ofensiva da oposição, expressa na União Democrática Nacional (UDN), e da iniciativa dos interventores de organizar um partido de perfil conservador e que excluía os trabalhadores, o Partido Social Democrático (PSD), o grupo organizado em torno do ministério do trabalho optou, com o aval de Vargas, por criar o Partido Trabalhista Brasileiro (PTB), nominalmente inspirado no trabalhismo inglês. Outra motivação para a criação de um partido trabalhista baseado nos sindicatos seria a competição com os comunistas, os quais, recém-legalizados, tinham crescente prestígio junto aos operários (Delgado, 1993, cap. 1).

Ainda que o anticomunismo tenha um papel inegável na criação do novo partido, o que desejo frisar aqui é que a criação do PTB aponta para as tenções internas ao próprio grupo dirigente do Estado Novo e entre os componentes conservador e popular do Varguismo, as quais irão levar à queda do próprio Getúlio, deposto por um golpe encabeçado pelo general Dutra em 29 de outubro de 1945. Afinal, o fato de Vargas dirigir-se aos trabalhadores com um discurso mobilizador, inclusive com uma aproximação com o PCB – o qual aderiu ao "queremismo" -, para permanecer no poder, assustava as elites conservadoras.

Mas por que mobilizar a classe trabalhadora? Qual era o lugar do trabalhismo no projeto de Vargas? Formado na matriz ideológica do positivismo da oligarquia castilhista gaúcha, modernizante e antiliberal,

Entre a nação e a revolução

Vargas perseguiria um projeto de desenvolvimento nacional autônomo e centralização política, culminando na ditadura do "Estado Novo".[8] Porém, nos momentos finais desse regime, quando o novo balanço de poder mundial do pós-guerra deixava claro que seria preciso retornar à democracia, Getúlio teria se defrontado com a ameaça aos dois pilares desse projeto – a legislação trabalhista e o nacionalismo econômico – representada pelo retorno dos grupos liberal oligárquicos e a avassaladora hegemonia internacional dos EUA (Bodea, 1992, p. 148-149).

Assim, Vargas, o qual tinha uma notável aversão aos partidos, se viu diante da necessidade de considerar o problema da organização partidária. Diante dele se colocavam duas opções: organizar um partido que centralizasse as máquinas regionais das oligarquias (enfatizando o aspecto conservador e conciliador de seu projeto) ou criar um partido de massas com base nos trabalhadores urbanos (dando a sua liderança uma base de sustentação popular autônoma em relação aos grupos dominantes). Ambas as apostas continham riscos. No primeiro caso, o de que o partido, permeável aos interesses liberal-conservadores, se voltasse contra seu criador e seu projeto nacional. No segundo, o de que um partido popular conduzisse a um conflito aberto com as classes dominantes, o qual sairia do controle do próprio Vargas (*Idem*, p. 151). Vargas tentaria combinar os dois caminhos, porém, o golpe de 29 de outubro de 1945 eliminaria sua pretensão de fazê-lo a partir de uma posição de poder. A nova situação dificultava sobremaneira o controle de Vargas sobre o PSD – partido de vocação eminentemente oficialista – o que o leva a dar maior importância ao PTB. Apesar do distanciamento em relação ao

---

8 O ramo dominante da oligarquia gaúcha, organizado no Partido Republicano Rio-grandense (PRR), sob a liderança de Júlio de Castilhos, se notabilizou pela adesão ao positivismo comteano, o que o levou à defender, na contramão do liberalismo hegemônico na 1ª. República, um Estado interventor e que conciliasse os interesses do capital e do trabalho. Para uma discussão desta formação ideológica, cf. (Bosi, 1992).

PSD, após a aliança entre Dutra e a UDN para depô-lo, Vargas manterá essa estratégia dual durante todo o período 1945-1954.[9]

É interessante notar, como o faz Bodea, que os riscos acima aludidos das duas estratégias, se concretizaram. No primeiro caso, o melhor exemplo é o já referido golpe de 29 de outubro de 1945 e, no segundo, a crise de seu segundo governo que o conduziria ao suicídio em 24 de agosto de 1954 (*Idem*, p. 150-151).

A crise do segundo governo de Getúlio Vargas ilustra bem as contradições que afloravam no processo de desenvolvimento capitalista ao qual ele mesmo dera impulso desde 30. Como analisa Ruy Mauro Marini, o desenvolvimento capitalista dependente gerou no Brasil em inícios dos anos 1950, de um lado, uma "cisão vertical", opondo os interesses do capital industrial e agroexportador e, de outro, uma crescente pressão de baixo, vinda da classe trabalhadora que ameaçava romper os limites impostos à sua ação pela legislação herdada do "Estado Novo"(Marini, 2000, p. 14). Os efeitos sobre o trabalhismo da maior autonomização da classe operária podem ser bem exemplificados pelas mudanças na política sindical do ministério do trabalho. Gomes e D'Araújo, por exemplo, apontam que, se no governo de Dutra o ministério do trabalho interveio ativamente nos sindicatos com propósitos repressivos, no segundo governo Vargas, em especial na gestão de João Goulart na referida pasta, os mecanismos repressivos foram, em grande medida, abandonados, abrindo novas perspectivas para a atuação do movimento operário, inclusive dos comunistas (Gomes e D'Araújo, 1985, p. 46-47 e 60-62).

---

9   Aqui é bom lembrar que, entre 1948 e 1950, Dutra buscou ativamente um acordo estável com a UDN para isolar o PTB e a figura de Vargas na política brasileira (Delgado, 1993). Se este acordo, frustrado pelas divergências quanto a uma candidatura única em 1950 e pela influência de Getúlio no PSD, teria representado uma reoligarquização da política nacional, já que PSD e UDN eram os partidos que dividiam o apoio dos grandes proprietários do interior.

Entre a nação e a revolução

A gestão de Goulart no Ministério do Trabalho foi, sem dúvida, um importante divisor de águas na atuação do trabalhismo[10]. Sua política durante a "Greve dos trezentos mil" de 1953, por exemplo, ao defender a negociação entre capitalistas e trabalhadores, ao invés de apoiar incondicionalmente os primeiros e reprimir os últimos, como até então era a praxe no país, atraiu a antipatia do empresariado.[11]

Goulart seguia o ideário trabalhista originário de promover uma conciliação ou harmonia entre o capital e o trabalho. Uma fonte de inspiração pode ser encontrada em um discurso, proferido em dezembro de 1946, pelo então candidato a governador do Rio Grande do Sul e principal ideólogo trabalhista Alberto Pasqualini. Na ocasião, o político gaúcho distinguiu entre um "capitalismo egoísta", voltado exclusivamente para o lucro privado à custa da exploração do trabalhador, e um capitalismo "solidarista" ou "humanizado", alicerçado na ideia da função social da propriedade e na solidariedade entre as classes (Pasqualini, 2008, p. 48-49). Seria com esta última modalidade de capitalismo que se identificaria o programa trabalhista:

"A essa forma de capitalismo humanizado, que não desconhece os princípios da solidariedade social, mas neles se assenta, damos o nome de capitalismo solidarista. Ele exclui, de um lado, o capitalismo individualista e, de outro lado, a socialização dos meios de produção. Sua concepção fundamental é que o capital não deve ser apenas um instrumento produtor de lucro, mas principalmente um meio de expansão econômica e de bem estar coletivo. Esta é também, senhores, a ideia substancial do

---

10 Para uma abordagem bastante detalhada da atuação de Jango no Ministério do Trabalho ente 1953 e 1954, cf. (Ferreira, 2011)

11 Em resposta, o ministro, em cerimônia ocorrida em São Paulo, pouco após a onda grevista de 1953, negou que sua gestão tivesse uma orientação avessa ao empresariado. Nessa direção, o então ministro distinguia entre um "capitalismo sadio", que faria de sua força econômica "um meio legítimo" de gerar riqueza, e um "capitalismo sem escrúpulos", o qual seria gerador de maiores conflitos e tensões. Enquanto o primeiro mereceria todo o apoio do ministério, o segundo deveria ser combatido com a "mesma energia e decisão" (Goulart, 1953, p. 2).

nosso programa. Para nós, trabalhismo e capitalismo solidarista são expressões equivalentes." (*Idem*, p. 49)

Retomando o discurso de Jango, mais adiante, o ministro sustenta que os problemas da classe operária não deviam ser pensados do ponto de vista dos capitalistas,reconhecendo sua especificidade e sua legitimidade:

> Lá atrás, sepultada nos anos, ainda que assim não queiram alguns, ficou a época em que a realidade popular, a realidade operária, digamos assim, era apenas uma variação intelectual ou mesmo espiritual da burguesia. O problema das grandes multidões, hoje em dia, precisa ser examinado sob novos ângulos, sob pena de amargas e talvez irremediáveis surpresas no futuro. (Goulart, 1953, p. 2-3)

Aqui é fundamental lembrar o contexto no qual essa afirmação foi feita: logo após uma greve na qual, de modo inédito, o ministério evitou a saída repressiva e negociou uma solução favorável aos trabalhadores. Dessa maneira, delineava-se uma política que, ainda que norteada pela busca de uma concertação de classes, possuía um claro horizonte de reforma social e reconhecia à classe trabalhadora o direito à organização e atuação políticas.

As pressões empresariais e militares contra a política de Goulart, principalmente após o anúncio de um reajuste de 100% no salário mínimo, acabariam levando à sua queda em 1954. Naquele ano, no 1º. De maio, Getúlio Vargas pronunciaria um discurso que deixaria mais clara a radicalização do trabalhismo. Após enumerar uma série de realizações governamentais e reafirmar que sempre estaria ao lado dos trabalhadores, Vargas advertia os seus ouvintes de que ainda que seu governo estivesse se encerrando as "tarefas" da classe trabalhadora apenas se iniciavam, pois seria preciso conservar e ampliar os direitos sociais já conquistados. Nesse sentido, dizia Getúlio que só haveria um caminho a seguir:

> Há um direito de que ninguém vos pode privar, o direito do voto. E pelo voto podeis não só defender os vossos interesses como influir nos próprios destinos

da Nação. Como cidadãos, a vossa vontade pesará nas urnas. Como classe, podeis imprimir ao vosso sufrágio a força decisória do número. Constituís a maioria. Hoje estais com o governo. Amanhã sereis o governo. (Vargas, 1954b, p. 5)

Diante da crise política e do ocaso próximo de seu governo, Getúlio conclama os trabalhadores a se organizarem para a luta. Mais do que isso, retomando as observações de Angela Castro Gomes e John French, além da discussão de Laclau sobre as interpelações discursivas, abordadas no capítulo 1, pode-se perceber como o discurso de Vargas interpela os trabalhadores, constituindo-os como "classe" e como sujeito político e não como objetos passivos, recebedores de "dádivas" do "alto". Essa virada à esquerda foi acompanhada de um esforço de maior definição ideológica. Logo após a saída de Goulart da pasta do trabalho, o Diretório Nacional do PTB publicou uma nota oficial, solidarizando-se com o ex-ministro – que então era presidente do partido – além de reafirmar sua lealdade ao governo. O texto afirmava o seguinte:

> 3 – O PTB prosseguirá na sua luta contra a usura social e os desmandos do poder econômico, batendo-se: a) pela adoção das novas tabelas do salário mínimo; b) pelo congelamento dos gêneros e utilidades e fiscalização desse congelamento através dos órgãos sindicais e dos trabalhadores; c) pela extensão da legislação social ao homem do campo; d) pela reforma agrária; e) pela aposentadoria integral; f) pela unidade e liberdade sindical e contra a assiduidade integral; g) pela participação do trabalhador nos lucros das empresas; h) pela libertação econômica nacional e contra a agiotagem internacional. (PTB, 1954)

Esse documento já apresenta, de modo sintético, as reivindicações fundamentais que, uma década mais tarde, constituirão a plataforma das "reformas de base". Mas o documento que melhor sintetiza o ideário trabalhista é, sem dúvida, a arqui-conhecida "Carta-Testamento" de Getúlio

Vargas, deixada pelo presidente após seu suicídio em 24 de agosto de 1954. Nela Getúlio começa por demarcar claramente "inimigos" e "aliados":

> A campanha subterrânea dos grupos internacionais aliou-se a dos grupos nacionais revoltados contra o regime de garantia do trabalho. (...) Não querem que o trabalhador seja livre. Não querem que o povo seja independente (Vargas, 1954a, p. 1).

Assim, o ex-presidente demarca, de modo bastante similar às sugestões de Laclau (1978) e (2005), a existência de dois campos antagônicos: de um lado, o campo "nacional" e "popular" – integrado pelos "trabalhadores" e o "povo" brasileiro – e, de outro, o campo "antinacional" e o "antipopular", constituído pelos "interesses" estrangeiros (imperialismo) e por seus aliados nacionais (a oligarquia). Em seguida, Vargas, em uma passagemcom forte carga emocional e de ampla repercussão, transforma seu próprio nome em ponto de unificação do campo nacionalista e popular: "Meu sacrifício vos manterá unidos e meu nome será a vossa bandeira de luta."(*Idem*, p. 1-2)

Desse modo, Vargas, de maneira lapidar, articula, através de sua figura carismática, demandas de "classe", de "cidadania" e de "nação", como indicado na fórmula de Portantiero, citada ao final do primeiro capítulo. Mais do que isso, a "Carta-Testamento" definiria um padrão de entrelaçamento entre carisma e ideologia nacionalista que seria a marca do trabalhismo até o golpe de 1964, como bem definido por Maria Celina D'Araújo, o partido se projetaria de forma "personalista", associando o nome do líder às grandes questões nacionais. Além disso, o trabalhismo formularia as conquistas trabalhistas como "subproduto" da luta pela soberania nacional, apresentando-se, após o suicídio de Vargas, como "partido de libertação nacional" (D'Araújo, 1996, p. 96).

Para esta autora não faria sentido distinguir entre um trabalhismo "fisiológico" e outro "ideológico", na medida em que todas as facções se valeriam, cada uma a seu modo,de práticas clientelistas e, ao mesmo tempo, da ideologia nacionalista, disputando o espólio do carisma de Vargas

Entre a nação e a revolução

(p. 20). Já O historiador Jorge Ferreira sustenta que no segundo governo de Getúlio cresceram as tensões entre duas distintas correntes no interior do trabalhismo: de um lado, uma ala mais centrada na preservação da liderança carismática do presidente e afeita a práticas fisiológicas e outra, mais ideológica, nacionalista e reformista (Ferreira, 2011, p. 76-77).

Não seria o caso de me aprofundar nessa polêmica, dado que meu interesse aqui recai menos sobre o partido em si do que sobre sua dimensão ideológica. O que me interessa enfatizar é que, como demonstrou Lucília Neves de Almeida Delgado, ao longo da experiência democrática de 1945-1964, o trabalhismo definiu um ideário característico formado pelo nacionalismo desenvolvimentista, bem representado por Getúlio Vargas em seus últimos anos, e pela defesa de políticas de reforma e bem-estar social, cujo principal expoente foi o já citado Alberto Pasqualini (Delgado, 2001). Essas duas influências foram sintetizadas pela geração de dirigentes que comandariam o partido após a morte de seu fundador, em especial João Goulart e Leonel Brizola.

Essa definição reformista é bem ilustrada pela passagem, citada na introdução desta obra, da última mensagem presidencial de Jango, na qual o ex-presidente afirma o caráter "estrutural" dos problemas nacionais, os quais só poderiam ser resolvidos por reformas igualmente "estruturais".

Em outras passagens do mesmo discurso, o presidente detalha a natureza dos problemas que as "reformas" deveriam atacar:

> O grande problema do nosso tempo não reside apenas na desigualdade entre países ricos e pobres, que tão flagrantemente caracteriza o cenário mundial, mas o fato de que o fosso entre uns e outros tende a aprofundar-se progressivamente, por força de maior velocidade de capitalização das nações industrializadas. Assim, se o desnível entre os dois mundos –

> industrializados e em vias de desenvolvimento – já é de si insuportável, tende a assumir proporções explosivas se não forem retificadas as condições atuais da economia internacional. Os países em desenvolvimento, como o Brasil, basicamente exportadores de produtos primários, não mais podem assistir impassíveis ao continuado aviltamento dos preços de suas exportações, no processo residual de um sistema colonialista já ultrapassado e repelido. (p. 2)

As passagens citadas ilustram bem as feições assumidas pelo ideário descrito por Delgado (2001), calcado noentrelaçamento entre a lutapela soberania econômica, no plano externo, e a luta por reformas sociais, no plano interno, em especial a agrária. Aliás, o nacionalismo reformista foi o ponto de encontro de boa parte das esquerdas brasileiras em inícios da década de 1960, cristalizados na consigna, mencionada a pouco, das "reformas de base".[12]

Em síntese, o trabalhismo foi, ao mesmo tempo, causa e consequência de fissuras no pacto entre as elites forjado no "Estado Novo", as quais se aprofundaram com as crescentes contradições ensejadas pelo desenvolvimento dependente do capitalismo brasileiro.Para o historiador Reneé Armand Dreyfus, no ambiente radicalizado de inícios dos anos 1960, teriam-se delineado no Brasil dois blocos históricos antagônicos: um "multinacional associado", encabeçado pelos tecno-empresários vinculados ao capital estrangeiro, e outro, "nacional-populista", ou, nos termos aqui adotados, nacionalista popular (Dreyfus, 1987, cap. 1).Dessa forma, se pode entender como um partido oriundo da burocracia de um Estado autoritário e conservador pôde se converter em cerca de 15 anos na principal força progressista e reformista do país.

---

12 Nem toda a esquerda brasileira do período adotava a consigna das reformas de base. Grupos como a Organização Revolucionária Marxista Político-Operária (ORM-POLOP), por exemplo, recusavam as "reformas de base" por ser este um programa reformista, defendendo a luta direta por uma revolução socialista. Cf. Gorender (1987)

Entre a nação e a revolução

Outra frente na qual se pode observar essa guinada do trabalhismo é na de suas relações com os comunistas. Se em 1947, com o objetivo de eliminar um competidor pela direção do operariado, o PTB votou pela cassação do registro do PCB, após o suicídio de Vargas, as duas organizações, antes hostis, começaram a colaborar, primeiro no plano sindical e, em seguida, no político-partidário (Brandão, 1997, cap. 6).

As relações entre trabalhistas e comunistas no período 1945-1964 foram marcadas pela ambiguidade, indo de uma aliança tática em 1945, passando à hostilidade aberta nos anos seguintes e, por fim, culminando em uma aliança estratégica no final do período. Para autores como Weffort (1978/1979) esse padrão assinalaria uma capitulação do PCB ao nacionalismo e ao corporativismo, estranhos à sua orientação classista original. Já para Brandão (1997), com o qual estou de acordo, a aliança com os trabalhistas talvez fosse a única opção de um partido clandestino e que, além disso, compartilhava com os trabalhistas uma origem no positivismo e a defesa da industrialização e do desenvolvimento. Retomarei e aprofundarei este assunto no capítulo seis deste livro.[13]

Resta ainda tratar de modo mais específico da relação entre o trabalhismo, a ideologia nacionalista popular e os intelectuais. Para tanto, creio ser útil começar retomando a formulação de Darcy Ribeiro, citada no início do capítulo precedente, acerca dos partidos "reformistas" latino-americanos. Ainda que generalizando suas afirmações para o conjunto do subcontinente, as observações do antropólogo brasileiro – até por se apoiarem em sua própria vivência política – se prestam melhor ao entendimento do trabalhismo. Penso particularmente na relação, estabelecida por Ribeiro, entre o vínculo da liderança reformista e as classes trabalhadoras e sua adesão aos postulados nacionalistas populares. Pela análise até aqui empreendida, este parece ter sido o caso dos trabalhistas, os quais foram, na feliz expressão de Delgado (1993), "do getulismo" –

---

13 A relação entre trabalhismo e positivismo está bem discutida no trabalho, já citado, de Alfredo Bosi (Bosi, 1992). Já aquela entre o positivismo e o marxismo de matriz comunista brasileiro foi tratada por Konder (1988).

isto é, de uma relativa indefinição ideológica – "ao reformismo", ou seja, a formulação de um ideário mais consistente, o qual combinava temas nacionalistas e de reforma social.

A ideia de que essa transição deve ser entendida apartir da opção estratégica de Vargas, bem como dos políticos que o cercavam, de uma aliança com os trabalhadores, é reforçada, a meu ver, pela relativa fragilidade de tradições ideológicas de nacionalismo popular no Brasil. Como discuti no início do presente capítulo, o nacionalismo do período pré-1945, era de tipo bem mais conservador do que aquele que veio a se desenvolver após o 2º. governo Vargas. Além disso, ao contrário do caso peruano, abordado no capítulo anterior, inexistia no país uma tradição de nacionalismo radical auto-identificada, tema ao qual retornarei no último capítulo.

Dessa maneira, sugiro a hipótese de que, nas condições brasileiras do início dos anos 1950, haveria uma afinidade entre as demandas redistributivas dos trabalhadores e as reivindicações nacionalistas por soberania nacional, na medida em que a capacidade do Estado de alargar os direitos sociais dependia de sua capacidade de promover o desenvolvimento econômico, e esta, por seu turno, era duramente afetada pela estrutura econômica dependente do país. Por outro lado, retomando mais uma vez as sugestões de Nairn (1981) sobre o nacionalismo, com que recursos poderiam os nacionalistas brasileiros contar para o grande esforço de superação da condição de subdesenvolvimento? A resposta me parece ser, pouco, além da mobilização política popular. Assim, pelos dois ângulos, "trabalhismo" e "nacionalismo" tendiam a se aproximar e amalgamar.

Contudo, esse raciocínio deve ser tomado *cum grano sales*, na medida em que pode sugerir uma interpretação demasiado economicista do processo histórico. Nesse sentido, merece atenção o fato, apontado por Bodea (1992), de que o principal formulador do trabalhismo como doutrina, o gaúcho Alberto Pasqualini, não dava tanta importância ao nacionalismo econômico, o qual era mais presente nos discursos do próprio Getúlio. Além disso, a tensão que sempre existiu entre o "doutrinador"

Entre a nação e a revolução

Pasqualini e o "estadista" Vargas, tema em torno do qual gira o argumento de Bodea, é suficiente para ver que a afinidade entre trabalhismo e nacionalismo não era isenta de contradições.

A solução oferecida por Bodea é a de pensar Vargas e Pasqualini como figuras representativas dos dois polos do par gramsciano sociedade política/sociedade civil (cap. 3). Em linhas gerais, estou de acordo com essa hipótese interpretativa, apenas lembrando, como já comentei no primeiro capítulo, que Gramsci nunca pensou que a sociedade política e a sociedade civil representariam uma disjuntiva, conformando antes uma totalidade contraditória.Para compreender essa fricção entre a dimensão societária e a estatal do PTB se faz necessário, a meu ver,retornar ao tema da origemdo partido e seus resultados de longo prazo.

Como bem aponta Angela de Castro Gomes (Gomes, 1995, p. 134-135), as origens carismáticas e a debilidade organizacional do PTB revelaram todo seu potencial negativo após o suicídio do presidente, na medida em que a legenda revelou-se incapaz de aproveitar o potencial eleitoral da tragédia, inclusive sofrendo derrotas importantes em São Paulo e no Rio Grande do Sul. Assim, se colocavam para os trabalhistas duas ordens de desafios: aperfeiçoar e ampliar a capacidade organizacional da sigla e disputar, no plano ideológico, o legado varguista, adaptando-o às necessidades do Brasil de então (p. 136).

Maria Celina D'Araújo, por seu turno, aponta o padrão pelo qual o PTB encaminhou esses dois dilemas:

> De um lado, fixou-se um eixo ideológico, fortemente comprometido com a defesa de reformas estruturais e do nacionalismo. De outro, um eixo tradicional da parentela, do nepotismo e do clientelismo. Apropriar-se do carisma e rotinizá-lo, segundo a fórmula mais ao alcance de cada facção, constituiu daí por diante o cerne do conflito no interior do partido. (D'Araújo, 1996, p. 20)

As observações das duas autoras deixam claro que as origens do partido legaram problemas estruturais com os quais a agremiação conviveu ao longo de toda sua existência. Além disso, o convívio entre uma ideologia moderna crescentemente coerente e métodos políticos mais tradicionais gerou tensões e dificuldades no relacionamento entre a organização e a intelectualidade nacionalista que delase aproximou.

Para constatá-loé instrutivo examinar alguns comentários do sociólogo Alberto Guerreiro Ramos, o qual, em inícios dos anos 1960, se lançou à vida política no trabalhismo da Guanabara. No final da vida, em depoimento à Lúcia Lippi de Oliveira e Alzira Alves de Abreu, Guerreiro Ramos assim se refere à sua relação com o trabalhismo:

> Aí eu já tinha profundas ligações com os políticos do PTB: Sérgio Magalhães, 'Baby' Bocaiúva, Almino Afonso, a cúpula do PTB que era o nosso grupo. Eu era tido às vezes como teórico, quer dizer, os sujeitos que estavam disputando a posição de teórico do PTB, pelo menos eu me sentia disputando, eram o Santiago Dantas e eu. (Ramos, 1995, p. 153)

De fato, Santiago Dantas que, conforme já se viu, tinha como Ramos origem no integralismo, aderiu ao PTB em 1955 (Gomes, 1995, p. 138).Segundo a autora, em inícios dos anos 1960, Leonel Brizola e Dantas constituiriam os polos ideológicos do trabalhismo, o primeiro defendendo uma linha de ruptura e o segundo uma alternativa gradualista (p. 143). Retornando a Guerreiro Ramos, este autor assim se refere à tentativa de renovação ideológica empreendida pela direção trabalhista:

> Em período passado, esboçara-se no PTB tentativa de lhe conferir consistência programática. O extinto senador Alberto Pasqualini é a figura ordinariamente associada a esse primeiro esforço que, entretanto, não alcançou resultados ponderáveis, dele restando nobre intensão. Posteriormente, a renovação doutrinária e prática foi tentada pela cúpula do PTB quando a ele se incorporou o Sr. Santiago Dantas, sob o patrocínio do líder João Goulart. Esta renovação por cima, esbatendo-se com atitudes reticentes das bases do PTB, igualmente não obteve êxito. (Ramos, 1961, p. 89-90)

Entre a nação e a revolução

Assim, a principal crítica do autor aos esforços de dotar a agremiação de feições programáticas mais nítidas apontava para seu caráter pelo "alto" e alheio às bases partidárias. Para ele as "enfermidades de infância" do trabalhismo, o culto personalista das lideranças – o "varguismo" e o "janguismo" -, bem como a burocracia sindical, "o peleguismo", não poderiam ser superados pelo que denominava como "expertismo", isto é a encomenda de um programa a um "doutor". Tal superação só poderia vir da própria luta interna na organização, que lhe daria maior coerência:

> O PTB poderá revigorar-se com esta luta interior de seus quadros, desde que nãose verifique em termos personalísticos, desde que não assuma o propósito invariável de hostilizar o líder João Goulart, mas se submeta a princípios. Somente a luta interna, assim entendida, logrará conjurar as doenças infantis de que padece e converter essa agremiação partidária a sua verdadeira missão de estruturar politicamente as aspirações do povo trabalhador no Brasil. (p. 93)

Ramos criticava a falta de espaço no interior do PTB para a formulação ideológica e, portanto, para intelectuais como ele. Assim, o autor buscava estabelecer um padrão novo de interação entre intelectuais e política no Brasil. Aqui é interessante mencionar a apropriação, feita pelo sociólogo baiano, do exemplo da *Fabian Society* britânica. Discutindo o conceito de intelligentsia, o sociólogo arrola, ao lado da intelectualidade russa do século XIX e do círculo de Max Weber, o exemplo da *Fabian* Society, destacando nomes como os de George Bernard Shaw, Sidney e Beatrice Webb e G. H. D. Cole.[14] Entre outros aspectos da atuação dos "fabianos", o autor aponta sua influência sobre os governos locais, a proposição de reformas e a propaganda socialista nos meios políticos ingleses: "Levaram as ideias socialistas às organizações partidárias dos liberais e dos conservadores e ajudaram a formar o *Labour* Party em 1906" (p. 189)

---

14 No último capítulo retomarei as referências de Guerreiro Ramos aos "fabianos" para mostrar como se pode ler nesta apropriação uma crítica oblíqua ao PCB e ao marxismo-leninismo.

Já se viu, no capítulo 3, como o "fabianismo" aparece também em um discurso de Haya de La Torre, no qual o líder aprista estabelecia um paralelo entre o trabalhismo britânico e a APRA. Em ambos os casos, pouco importa se as afirmações de Haya ou de Ramos correspondem a apreciações fiéis sobre o que foi realmente a Sociedade Fabiana, mas sim como ambos dela se apropriaram para sustentar posições em seus contextos locais.

No caso do autor brasileiro, o intuito da invocação dessa tradição inglesa na passagem acima citada é o de postular um papel proeminente para os intelectuais em um movimento de reforma da sociedade. Não é por acaso que Ramos enfatize justamente a contribuição Fabiana para a criação do Partido Trabalhista que, como já ficou dito, foi a fonte inspiradora original do PTB.

A discussão dessas intervenções de Ramos é bastante reveladora das tensões e contradições, as quais me referi acima, entre a crescente ideologização do trabalhismo e seus métodos e formas organizativas. Como discutirei na próxima sessão, ainda que a APRA também tivesse uma estrutura vertical e talvez ainda mais personalista que o PTB, sua origem propiciou um papel mais central para a ideologia na vida partidária, do que em seu congênere brasileiro. Ainda que tenha sido uma das principais agências de veiculação do ideário nacionalista popular, o trabalhismo não foi seu principal centro produtor. Tal produção ocorreu de modo difuso por diversos aparelhos privados de hegemonia, incluindo, além do trabalhismo, o ISEB por exemplo.[15] Entre essas agências, como discutirei no capítulo 6, esteve o próprio PCB, o qual acabou desempenhando, ainda que não sem ambiguidades, um papel de destaque

---

15 O conceito de "aparelhos privados de hegemonia" é retirado da obra de Antonio Gramsci e de seu conceito de sociedade civil (Gramsci, 2002b). É importante frisar aqui que o termo "privado" não possui na obra do marxista sardo seu sentido usual de "propriedade privada", mas sim o de "adesão voluntária". Assim, uma instituição de direito público, como o ISEB, pode muito bem ser incluída nessa categoria. A respeito, cf. (Coutinho, 1999).

na produção de uma teoria que pudesse dar sustentação ao nacionalismo popular no Brasil.

Os nacionalismos populares no Brasil e no Peru

Vistas em chave comparada, a ideologiada APRA peruana e do PTB brasileiro compartilham algumas semelhanças: o nacionalismo anti-imperialista, o apelo aos subalternos, o "povo", contra as classes dominantes ou elites, as "oligarquias", além da defesa de um desenvolvimento econômico soberano encabeçado pelo Estado. Porém, suas trajetórias, como procurei demonstrar ao longo dos últimos dois capítulos, foram em grande medida opostas. O aprismo nasceu como um movimento de reforma a partir de baixo e contra um Estado oligárquico, posteriormente se moderando e se aproximando de posições conservadoras para se inserir legalmente na vida política. Já o trabalhismo surgiu a partir de uma fração do grupo dirigente do Estado brasileiro, mas, diante dos antagonismos com outras frações dominantes, foi se aproximando dos trabalhadores e se radicalizando no processo.

Tais discrepâncias podem ser melhor compreendidas comparando-se alguns traços fundamentais das formações sociais peruana e brasileira, nos períodos históricos já assinalados. A exposição, feita no capítulo anterior, sobre o contexto histórico peruano da "República aaristocrática" ao "oncênio" de Leguía e o papel da intelectualidade nesse período demarca grandes diferenças com o caso brasileiro. Embora o Brasil tenha vivido de 1889 até 1930 um regime republicano de caráter oligárquico, este foi muito diferente do peruano.

Em primeiro lugar, a economia agrário-exportadora centrada na lavoura cafeeira foi muito mais dinâmica do que a peruana, gerando uma estrutura produtiva mais complexa e criando bases mais sólidas para o posterior arranque capitalista do país. É bom lembrar que o Brasil foi, por décadas, de longe o maior produtor de café do mundo e que os excedentes desse comércio alimentaram, em São Paulo, atividades produtivas voltadas para o mercado interno que começava a se esboçar (Furtado, 1962). Já no Peru, nem seus principais produtos de exportação – açúcar, algodão, prata, cobre e petróleo – gozavam de uma situação tão privilegiada no mercado internacional, nem os centros exportadores foram capazes de criar excedentes que integrassem a economia nacional (Galindo e Burga, 1994, caps 1,2 e 3). Segundo Quijano, quando se atribui à economia peruana da época o caráter de "enclave", o que se quer dizer é que a ausência de circuitos internos de acumulação impediria a absorção interna do excedente (Quijano, 2014, p. 340).

Em segundo lugar, o regime federativo assumido no Brasil, em contraste com o centralismo do Peru, sugere uma maior dispersão e equilíbrio do poder político entre as elites regionais no primeiro caso. É certo que, como se viu acima, a oligarquia de Lima dependia do poder local dos *gamonales* serranos. Todavia, o equilíbrio entre o poder central e os poderes estaduais no Brasil é inegavelmente maior do que no país andino.

Esses distintos padrões de equilíbrio político podem ser ilustrados por uma sútil, porém significativa discrepância no vocabulário político nos dois países. Como se viu, pelas referências ao artigo de Bourricaud, o termo "oligarquia" no Peru indica um grupo muito reduzido, econômica, social e geograficamente bem delimitado: as "quarenta famílias" que controlavam o setor exportador a partir de Lima e do litoral. Não por acaso o termo sempre aparece no singular: "la oligarquía". Já no Brasil, o termo designa em geral as diferentes elites agrárias de base regional. Daí que o termo apareça com frequência no plural: "as oligarquias". Se no país andino, "a oligarquia" costuma ser identificada com o "centralismo" limenho, no Brasil, como pode ser bem ilustrado pelo discurso dos intelectuais autoritários ligados ao "Estado Novo", "as oligarquias" tendem a ser identificadas com o regime federalista.

Por fim, embora a abolição da escravidão (1888) tenha deixado em aberto o problema da integração dos negros ex-escravos à sociedade brasileira, este nunca assumiu explicitamente o caráter de polarização aguda que a questão indígena tem no Peru. Nesse último caso a estratifi-

Entre a nação e a revolução

cação social em linhas étnicas é bem mais demarcada, criando uma fratura mais profunda. Basta pensar que, no Peru, uma parcela significativa da população tem, como língua materna, - seja o quéchua ou o aymará - outra que não o Espanhol, situação que não se verifica no Brasil.

O ano de 1930 marca para o Brasil, como também para o Peru, um momento crucial de crise da economia primário-exportadora e dos arranjos oligárquicos que esta sustentava. No caso brasileiro, foi em outubro daquele ano que uma heterogênea coalizão – a Aliança Liberal, que reunia oligarquias estaduais dissidentes, jovens oficiais militares rebeldes, os quais representavam uma ampla parcela das classes médias urbanas, derrubou o governo de Washington Luís, levando o ex-governador do Rio Grande do Sul, Getúlio Vargas, ao poder. Esse movimento, conhecido como Revolução de 1930, liquidou o arranjo oligárquico da Primeira República, abrindo caminho para a modernização capitalista do país.

O contraste entre a Revolução de 1930 e a queda de Leguía, bem como entre os acontecimentos que os sucederam, sugere uma maior capacidade das oligarquias brasileiras de se adaptarem à nova situação e de se incorporarem, ainda que com conflitos e tensões, em um bloco de classes mais amplo. O Estado que resultou da ascensão de Getúlio Vargas ao poder se mostrou muito mais forte e poderoso que o peruano.

Pode-se observar essa diferença, por exemplo, no plano econômico. O desenvolvimento industrial que o Brasil viveria após 1930 – incomparavelmente maior que o do Peru – se liga à maior capacidade do Estado brasileiro de promover políticas públicas e forjar consensos sociais. É verdade que Leguía, durante seus onze anos de governo, promoveu diversas iniciativas modernizadoras, como a criação de uma força pública efetiva, obras viárias e de irrigação, desarmamento das milícias dos *gamonales* e a modernização da infra-estrutura urbana de Lima.[16] Contudo, essas medidas de desenvolvimento capitalista e de fortalecimento do Estado não tiveram por escopo desenvolver a indústria do país, o qual permaneceria

---

16   Sobre a política econômica do regime de Leguía, cf. (Galindo e Burga, 1994, cap. 3).

sendo, fundamentalmente, um produtor de matérias-primas agrícolas e minerais. Como bem sintetiza Oliveiros Ferreira, o Peru dos anos 1920 era um país sem perspectivas de desenvolvimento industrial (Ferreira, 1972, p. 244). Já o Brasil posterior à 1930 testemunhou uma reorientação do eixo dinâmico da economia, do mercado externo para o interno, o que precedeu e propiciou a acumulação industrial (Vianna, 1976, p. 117). Essa diferença é fundamental para entender o contraste entre o entusiasmo dos nacionalistas populares brasileiros em face da industrialização e o relativo pessimismo de Haya em relação à industrialização de seu país nos anos 1930 (Ferreira, 1972, p. 251-252).

Quanto ao nível político, essa maior capacidade hegemônica do Estado no Brasil pode ser bem ilustrada pela trajetória das respectivas forças político-partidárias que deram expressão ao nacionalismo popular.Ainda que aponte o enraizamento do trabalhismo na cultura política da classe trabalhadora brasileira, forjada nas décadas anteriores, Gomes (2005) demonstra como o PTB foi o resultado de fissuras internas entre os distintos grupos que apoiavam o Estado Novo. Assim, mesmo considerando que o trabalhismo, como faz Delgado (1993), foi ganhando um maior enraizamento popular e nitidez ideológica, a origem estatal do partido não pode ser ignorada, influenciando o conjunto de sua trajetória. Já no Peru, o aprismo de Haya de La Torre – o qual pode ser considerado a expressão peruana do nacionalismo popular - nasceu como movimento "de baixo para cima" das classes médias e trabalhadoras e não conseguiu, durante a vida de seu fundador, chegar ao poder político, ainda que o tenha partilhado em diferentes momentos (Manrique, 2009). Já Stein (1982), destaca como a solidez dos vínculos entre a liderança de Haya e os dirigentes sindicais, forjados ainda nos tempos das

Entre a nação e a revolução

Universidades Populares, auxiliam a entender a longevidade do aprismo, em que pese seus longos períodos de clandestinidade.

Por fim, no plano ideológico, por exemplo, o Estado brasileiro teve maior sucesso em atrair e organizar os intelectuais em torno de suas instituições e políticas culturais. Pode-se contrastar, por exemplo, a situação de relativa exclusão dos intelectuais, acima apontada, no "oncênio" com o papel representado, durante o Estado Novo de Vargas (1937-1945) pelo Ministério da Educação de Capanema, o qual atraiu para sua órbita, não apenas intelectuais conservadores, mas também outros de orientação progressista ou mesmo de esquerda, como bem exemplifica o caso do poeta Carlos Drummond de Andrade, chefe-de-gabinete do ministro (Pecault, 1989, p. 8-72)[17] Comparando-se os contextos histórico-sociais mais amplos das duas sociedades pode-se constatar que essa maior capacidade de controle do Estado – seja por meio da violência, seja por meio do consenso – favoreceu a estabilidade da ordem social brasileira, mais difícil de abalar que a do Peru. Assim, ao manter-se mais fechada e avessa às concessões a oligarquia peruana fragilizou muito mais seu domínio sobre as demais classes.

Aqui vale apena retomar os temas da "via prussiana" e da "revolução passiva". Procurando caracterizar o grupo dirigente que assumiu o Estado brasileiro no pós-1930, Werneck Vianna faz a seguinte e curiosa afirmação:

> Os junkers cabloclos dessa transição virão de latifúndios excelsos e ancestrais, como o de Vargas, de Francisco Campos (...), o de Mello Franco, o de Capanema, o de Távora, o de Magalhães, em Pernambuco, e o de Góes Monteiro, nas Alagoas, a que se acoplará, depois de 1935, o severo tronco paulista, sem os pruridos aristocráticos da elite deposta, conviverão em boa comunhão com os nomes

---

17 Além de Drummond, o autor francês também lembra o nome do arquiteto Oscar Niemayer, a quem Capanema encomendou o prédio do Ministério da Educação e Cultura. Seria possível acrescentar ainda nomes tão importantes como os de Mário de Andrade, Rodrigo Mello Franco e Heitor Villa-Lobos, entre outros.

estrangeirados empresários imigrantes, sabendo ainda cooptar os intelectuais de talento da pequena burguesia, como Evaristo de Moraes, Joaquim Pimenta, entre outros. (Vianna, 1976, p. 134)

Ora, independentemente das opiniões que se possa ter a respeito das inclinações teóricas deste autor, ou ainda da felicidade ou infelicidade do epíteto "junkers caboclos", está fora de questão que algum sociólogo ou cientista político peruano pudesse chamar o coronel Sánchez Serro ou Manuel Prado de "junkers criollos", sem que isso soasse ridículo. Dessa maneira, se no caso do Brasil, frações das oligarquias tiveram participação de destaque na Revolução de 1930, garantindo um maior controle sobre o processo de mudança, no Peru, a crise teve um aspecto mais disruptivo. Merece ênfase aqui, nem tanto as greves operárias e as mobilizações estudantis de 1919, mas sim a grande rebelião camponesa do sul andino do início dos anos 1920. Não houve no Brasil, pelo menos até os anos 1950, nenhum movimento camponês dessa magnitude.

A questão agrária é, aliás, o melhor exemplo da maior capacidade dos grandes proprietários rurais brasileiros de assegurarem sua situação de classe do que seus similares peruanos. Ao encabeçar a coalizão vencedora em 1930, a fração oligárquica voltada para o mercado interno foi capaz de conciliar a arrancada industrializante com a preservação da estrutura fundiária então vigente. Já a oligarquia litorânea peruana, ao vetar o advento de um Estado modernizador, acabou comprometendo a legitimidade das relações sociais que lhe davam sustentação.

Nesse sentido, uma breve comparação entre os regimes militares vividos pelos dois países a partir da segunda metade da década de 1960,

Entre a nação e a revolução

mesmo que fuja ao escopo temporal desta pesquisa, é ilustrativa. Se o regime militar brasileiro (1964-1985) foi capaz de bloquear as pressões, que haviam apenas começado, pela reforma agrária e modernizar o latifúndio[18], o Peru viveu uma situação oposta: diante de um movimento camponês ativo e de latifundiários cambaleantes, o governo do general Velasco Alvarado (1969-1974) teve, como principal medida, a liquidação do latifúndio por meio de uma lei de reforma agrária cuja radicalidade só é comparável na América Latina aos casos boliviano, mexicano e cubano.

Em que pese a agudeza destes contrastes, o período da história brasileira aberto pelo retorno de Vargas ao poder em 1950 e encerrado pela derrubada de Goulart em 1964 possui um aspecto análogo ao período da história peruana iniciado com as manifestações operárias e estudantis de Lima em 1918-1919 e concluído com a repressão à APRA em 1932-1933: em ambos os casos, a crise orgânica experimentada pelos respectivos blocos dominantes possibilitou a ascensão de novas formações ideológicas que articulavam demandas nacionalistas (anti-imperialismo e soberania nacional) e populares (justiça social e ampliação de direitos políticos e sociais).Entretanto, esses dois processos análogos se darão de modo muito diverso nos dois casos. Os intelectuais brasileiros e peruanos – nos períodos aqui abordados– procurarão dar respostas aos processos de crise e transformação vivenciados, de modo muito distinto, por suas respectivas sociedades.

Nesses dois momentos históricos o nacionalismo teve um papel central em ambas as inteligências. Como se viu nas sessões anteriores, tanto no Brasil, quanto no Peru, se colocou o problema do caráter inacabado e inarticulado da nação. Nos dois casos os intelectuais se colocaram

---

18 Não ignoro que as pressões no período pré-64 pela reforma agrária tenham exercido algum efeito sobre a política da ditadura para o setor, o que pode ser identificado em medidas como a aprovação do Estatuto da Terra ou a implementação da previdência rural (FUNRURAL). Porém, não se deve perder de vista que o regime militar não só preservou como talvez tenha até aprofundado a concentração fundiária, o que pode ser observado nas regiões da chamada fronteira agrícola do Centro-Oeste e do Norte do país.

a missão de repensar a formação social para poder orientá-la no sentido de uma nação integrada. Todavia, os nacionalismos estabeleceram, nos dois casos, relações muito diferentes com o passado nacional. No Brasil, houve intérpretes – como Oliveira Vianna e Gilberto Freyre – que, de maneiras e por motivos diferentes, valorizavam o passado, tanto o colonial, quanto o imperial. Contudo, se se observar a obra de autores mais inclinados à esquerda – há uma clara rejeição do passado, em especial o da colônia, ressaltando-se seus aspectos negativos.

Já no Peru, conservadores e progressistas se dividiam entre dois passados. Os primeiros, como Belaúnde e Riva Agüero, exaltavam a herança ibérica e católica. Já os últimos, Mariátegui, Haya e Valcárcel à frente, rejeitavam o legado do Vice-reinado e buscavam os elementos da nação no passado incaico. Os brasileiros não possuíam os antecedentes de uma grande civilização pré-colombiana, cuja herança cultural permanecia viva na massa popular, às qual recorrer. Esse juízo negativo sobre o legado indígena fica patente na seguinte passagem de um destacado autor nacionalista dos anos 1950:

> No cenário vazio, que era apenas geografia, não ocorreu, porque não poderia ter ocorrido, o conflito da cultura local com a cultura dos conquistadores, como aconteceu no México e no Peru. Não havia uma cultura local que pudesse resistir ao impacto dos invasores e defender-se, a fim de preservar sua originalidade e a sua autonomia. (Corbisier, 1959, p. 36)

Para os efeitos de meu argumento, pouco importa se a exposição de Corbisier é "etnocêntrica" ou não faz justiça à resistência cultural dos indígenas frente à colonização portuguesa. O fato é que, diante do caráter "negativo" do passado colonial, não haveria, como no Peru, aliás, explicitamente lembrado ao lado do México, um passado anterior que serviria de apoio à negação da colônia. Daí que, por assim dizer, os nacionalistas populares no Brasil davam as costas ao passado e olhavam para o futuro, como fica explícito nesta outra formulação lapidar:

Entre a nação e a revolução

> Se as atitudes conservadoras e reacionárias nos parecem absurdas inclusive na Europa, herdeira de milênios de tradição e de cultura, porque contrariam a essência do processo histórico que é a mudança e a irreversibilidade, com mais razão seriam absurdas em um país como o Brasil que não tem passado e, por isso mesmo, só pode ter futuro. (p. 50)

Já os peruanos procuraram lastrear o futuro em um passado mais longínquo, o qual funcionava como negação daquele mais recente:

> A esperança indígena é absolutamente revolucionária. O mesmo mito, a mesma ideia, são agentes decisivos do despertar de outros velhos povos, de outras velhas raças em colapso: hindus, chineses, etc. A história universal, hoje como nunca, tende a reger-se pelo mesmo quadrante. Por que há de ser o povo incaico, que construiu o mais desenvolvido e harmônico sistema comunista, o único insensível à emoção mundial? A consanguinidade entre o movimento indigenista e as correntes revolucionárias mundiais é demasiadamente evidente para que precise documenta-la. (Mariátegui, 2008, p. 26-27)

Em um artigo de crítica literária escrito alguns anos antes, o marxista peruano deixa ainda mais clara essa oposição entre os dois passados que dividiriam o imaginário político-cultural do país:

> O passadismo que tanto tem oprimido e deprimido o coração dos peruanos é (...) um passadismo ruim. O período de nossa história que mais nos tem atraído nunca foi o período incaico. Essa idade é demasiadamente autóctone, demasiadamente nacional, demasiadamente indígena para emocionar os criollos da República. Estes criollos não se sentem, não puderam se sentir herdeiros do incaico. (...). O vice-reinado, em troca, está mais próximo de nós. O amor ao vice-reinado parece a nossa gente um sentimento distinto, aristocrático, elegante. (1995e, p. 287)

Essa reivindicação do passado também é compartilhada por Haya de La Torre, que a estende para o conjunto da Indo-américa. Ao comentar as potencialidades abertas por um futuro aproveitamento das comunidades agrárias dos indígenas, tema que, como se verá no próximo capítulo, compartilha, ainda que de modo ambíguo com Mariátegui, o líder aprista afirma:" (...) restaurado em essência e modernizado pela técnica contemporânea, teremos utilizado o passado como nenhum outro povo em condições favoráveis para acelerar o advento do porvir." (Haya de La Torre, 2008b, p. 210)

Além dessas discrepâncias de conteúdo, também chama a atenção, como sublinhei já na introdução, a precocidade da emergência do nacionalismo anti-imperialista no Peru, em contraste com o caráter tardio deste último no Brasil. Para entender essa distância, creio ser útil retomar a distinção entre economias, como a do Peru, aonde os setores exportadores encontravam-se em mãos de estrangeiros, e outras, como a brasileira, nas quais o setor agroexportadorestava em grande medida, em mãos de nacionais (Cardoso e Falleto, 1970). Uma consequência ideológica importante daí derivada é que, enquanto no Peru a presença dos capitais estrangeiros era evidente e foi logo formulada como um problema político crucial (Klaren 1973), (Galindo e Burga, 1994), no Brasil o problema só ganhou proeminência a partir da década de 1950, quando as contradições oriundas da ISI já começavam a maturar.

Referindo-se ao início da penetração do capital financeiro internacional na economia brasileira, entre o final do século XIX e o início do XX, Caio Prado Jr. afirma que teria havido uma recepção relativamente favorável à entrada de capitais estrangeiros por parte da burguesia brasileira devido aos progressos técnicos e financeiros que trouxeram para seus empreendimentos. Mesmo as poucas vozes que apontavam os inconvenientes da associação com a finança internacional, nunca tiveram do fenômeno uma visão de conjunto (Prado Jr., 1954, p. 89-90). Para este autor, o marco inicial do nacionalismo econômico no país, seu batismo

Entre a nação e a revolução

de fogo, teria sido, justamente, a campanha o "Petróleo é Nosso!" e a subsequente criação da Petrobrás (1966, p. 317-318).

Já no caso peruano, como ficou claro no capítulo precedente, os enclaves agrícolas e mineiros deram origem a um nacionalismo econômico precoce, já nos anos 1920, do qual se nutriu o ideário aprista. A propósito, não deixa de ser curioso colher algumas observações de Haya a respeito do Brasil em sua obra mais importante. Aí o autor afirmava que o imperialismo yankee estimulava nos capitalistas industriais e nas oligarquias brasileiras "os sonhos de dominação total da América do Sul". Por outro lado, segundo ele, a consciência anti-imperialista se teria aprofundado entre os "trabalhadores manuais e intelectuais" brasileiros como em nenhum outro país da região(Haya de La Torre, 2008b, p. 211).

Ora, essa passagem parece absurda diante da constatação acima exposta sobre a precocidade do anti-imperialismo peruano, em contraste com o caráter tardio do símile brasileiro. Porém, talvez se possa entender o exagero de Haya se se levar em conta que a obra em questão, *El Antimperialismo y el* APRA, ainda que tenha começado a ser escrita em 1928, só viria a ser concluída ao final de 1935. Este foi o ano de atuação da Aliança Nacional Libertadora (ANL), frente anti-imperialista com características similares à APRA anterior à ruptura entre Haya e a IC. Seja como for, conforme abordarei no último capítulo, a ANL foi um movimento de vida curta, esmagado pela repressão e pela desastrada insurreição comunista daquele ano.

Em suma, para entender as características distintas do nacionalismo popular nos dois países e, sobretudo, a distância entre os momentos de emergência dessa formação ideológica faz-se necessário atentar, tanto para as diferenças entre as duas formações sociais, como para as discrepâncias nos processos de crise da dominação oligárquica. No caso peruano, chama a atenção a grande instabilidade da dominação oligárquica, tendo sido abalada já em 1919. Além disso, também é notável a resistência das elites tradicionais, após 1930, em permitir o alargamento da arena política, com a incorporação de novos atores sociais e políticos.

Já no caso brasileiro, se dá o oposto. É flagrante a capacidade de algumas frações das antigas elites regionais de recomporem um bloco de poder, incorporando as classes médias, a burguesia industrial e mesmo os trabalhadores urbanos. Assim, enquanto as elites peruanas conformavam uma classe dominante, mas não dirigente, dependendo sobretudo da coerção, as brasileiras, ainda que recorrendo ao autoritarismo, revelaram uma maior capacidade hegemônica. Aqui é interessante retomar a tipologia de ocidente/oriente proposta por Gramsci. Como foi exposto no capítulo 2, gramscianos latino-americanos como Portantiero e Coutinho formularam a ideia de que as sociedades latino-americanasocupariam um lugar intermediário no contínuo ocidente/oriente. Assim sendo, o Brasil, no período estudado, estaria mais próximo do polo ocidental, ao passo que o Peru teria traços orientais mais fortes. Dessa maneira, se pode entender porque o bloco dirigente foi capaz, em um caso, de incorporar parcialmente as camadas subalternas, o que se revelou impossível no outro.

Partindo-se da hipótese de que o nacionalismo popular é uma formação ideológica contra-hegemônica que costuma emergir em momentos de crise da hegemonia dos grupos dominantes, esse diferencial na capacidade diretiva pode explicar porque, no Peru, o advento de uma força nacionalista popular foi relativamente precoce – tendo sido a APRA fundada ainda em 1924 –, ao passo que no Brasil foi mais tardia, datando do início dos anos 1950 com a crise do segundo governo Vargas.

Outro traço distintivo importante é a relação entre as organizações político-partidárias que veiculavam o ideário nacionalista popular e o Estado. Esse elemento pode ser a chave para explicar o problema levantado ao final da sessão anterior: o peso desigual dos ideólogos e intelectuais nas tradições aprista e trabalhista. Afinal, uma figura como Haya de La Torre, o qual era, a um só tempo, o principal líder de massas e o ideólogo oficial da APRA, não tem paralelo em nenhuma das lideranças trabalhistas como Vargas, Goulart ou Brizola. Se a fórmula "*junkers criollos*" certamente causaria estranheza para ouvidos peruanos, algo semelhante aconteceria para brasileiros diante da ideia de um híbrido, por exemplo, de Brizola e Guerreiro Ramos.

Os intelectuais ou doutrinadores, ou tinham importância regional – como o já citado Pasqualini –, ou tinham peso secundário, como foram os casos de Rolland Corbisierou Guerreiro Ramos.[19] Aliás, as críticas deste último ao trabalhismo, acima discutidas, sugerem que os intelectuais, os quais começaram a aproximar-se do trabalhismo em meados da década de 1950, ocuparam um lugar secundário no partido em relação aos políticos profissionais que o controlavam.

Já no caso da APRA, a situação era significativamente diferente. Surgida na sociedade civil e, mais especificamente, a partir de uma aliança entre estudantes e operários, na qual os primeiros ocupavam a liderança, o lugar da ideologia era bem mais destacado. Nas palavras de Stein: "Os discursos longos e frequentemente complicados de Haya pareciam preleções em sala de aula, nas quais ele desfiava evidências e lógica para convencer seus ouvintes da retidão de suas posições." (Stein, 1982, p. 130)

Não por acaso Darcy Ribeiro aponta, na nota citada no capítulo anterior, como uma das singularidades da APRA seu caráter de movimento ideológico.Mas além de um caso jogar luz sobre as especificida-

---

19 Ambos intelectuais, os quais foram ligados ao Instituto Superior de Estudos Brasileiros (ISEB), procuraram entrar na política profissional por meio do trabalhismo. Corbisier foi eleito deputado estadual pelo PTB na Guanabara em 1960, já Ramos se candidatou a deputado federal em 1962 mas não se elegeu, assumindo mais tarde uma suplência. Para a atuação política dos intelectuais vinculados ao ISEB, cf. (Pereira, 2002). Já para o lugar de Pasqualini no trabalhismo gaúcho e sua relação contraditória com Vargas, cf. (Bodea, 1992, cap. 2).

des do outro, a comparação entre o aprismo e o trabalhismo auxilia a repensar alguns pressupostos teóricos do debate sobre o assim chamado "populismo", apresentados no primeiro capítulo. Um bom exemplo seria o da definição do fenômeno "populista" como sendo funcional para um determinado padrão de acumulação de capital. Essa "funcionalidade" se daria por meio das estruturas corporativistas que controlariam os trabalhadores e conciliariam o conflito capital e trabalho. No caso peruano esse padrão simplesmente nunca ocorreu. Não apenas o partido nacionalista popular foi proscrito por longos períodos, como a oligarquia vetou qualquer ensaio desenvolvimentista ou industrializante mais substantivo. Mesmo no caso brasileiro em que os arranjos corporativos foram de fato implementados, a guinada nacionalista popular do varguismo esteve claramente associada com a crise de tais mecanismos, haja vista a mudança representada pela gestão de Goulart no ministério do trabalho, discutida acima. Seguindo sugestões de Paul Drake, a relação entre os movimentos ditos "populistas" e os mecanismos corporativistas entrou em crise na América Latina entre as décadas de 1950 e 1960, à medida em que a mobilização popular extravasava os limites daquelas estruturas de controle (Drake, 1982, p. 234).

Como tenho procurado argumentar, a comparação dos processos históricos brasileiro e peruano sugere que a emergência e difusão do nacionalismo popular não deve ser entendida, como propuseram os "teóricos do populismo", como a manifestação superestrutural de um determinado padrão de acumulação. Antes, as condições para a emergência desse modo de articulação das interpelações popular-democráticas deveriam ser buscadas na crise da capacidade do bloco de poder de neutralizar os antagonismos das classes subalternas, ou seja, uma crise do transformismo. Essa definição, que associa a emergência de novas formações ideológicas que articulam um campo popular em oposição ao bloco de poder põem em acordo tanto Laclau (1978), como também Portantiero e De Ipola (1981). Ainda que rejeite a classificação do nacionalismo popular como "populismo", acredito que esseponto do que denominei como "abordagem discursiva seja bastante frutífero para a análise dos dois casos em exame.afinal,a crise da hegemonia como condição para a emergência do discurso nacionalista popular comparece nos dois contextos.

Outro elemento dessa mesma abordagem do "populismo" que me parece pertinente é a ideia de uma articulação discursiva de um "campo popular" em oposição ao bloco de poder. Tanto Haya de La torre, em seu "discurso/programa" de 1931, quanto Vargas em sua "Carta-Testamento" de 1954, ou Goulart, em sua mensagem presidencial de 1964, opõem o "imperialismo" e seus aliados internos, de um lado, à nação e ao povo, de outro.

Porém, considero que essas sugestões recolhidas dos trabalhos mencionados de Laclau e de Portantiero e De Ipola não são, por si sós, suficientes para compreender melhor a especificidade de formações ideológico-discursivas como o aprismo e o trabalhismo.para tanto, faz-se necessário, a meu ver, referir-se ao tipo de nacionalismo que ambos representam. Para Itzigson e Von Hau (2006), como foi discutido no final do segundo capítulo, a singularidade da formação das identidades nacionais na América Latina estaria no caráter "inacabado" das comunidades imaginadas nacionais. Devido à persistência de estruturas de dominação legadas pelo passado colonial, classes sociais e grupos étnicos se encontrariam excluídos da comunidade nacional, imaginada após as independências do século XIX. Como resultado, em meados do século XX, teriam surgido formas de nacionalismo popular que, por meio da articulação de elementos como anti-imperialismo, oposição entre "povo" e "elites", ou corporativismo, procurariam reformular a comunidade nacional, alargando seus limites para incorporar os grupos anteriormente excluídos. Indo em direção semelhante, Drake observa que as lideranças que ele denomina como "populistas":

> (...) exaltavam as virtudes da 'gente comum' como a essência da identidade nacional, enquanto denunciavam as elites culturais e econômicas antinacionais, bem como o imperialismo. Eles aderiram ao nacionalismo em países ainda em busca da nacionalidade, procurando preencher o foço entre os ricos e os pobres, internacional e nacionalmente ao mesmo tempo. (pp. 232-233)

Retornando ao argumento de Itzigson e Von Hau,o sucesso dos movimentos nacionalistas populares – apoiados nos subalternos e em elites marginalizadas – poderia variar: indo de um caso bem-sucedido de reorganização do imaginário nacional (como no México, pós-revolucionário), sucesso parcial (como no caso da Argentina dos períodos yrigoyenista e peronista) ou fracasso (como no caso do Peru com o aprismo) (Itzigson e Von Hau, 2006).

Ainda que a abordagem proposta pelos dois autores se preste bem ao tratamento do tema desta pesquisa – daí que tenha adotado as definições por eles propostas – acredito, como já adiantei em nota ao final do capítulo 2, que o modelo por eles formulado é um tanto esquemático. O principal problema, a meu ver, reside no conceito de "elites marginalizadas", aparentemente próximo ao empregado pela sociologia funcionalista da modernização.[20] O tratamento dos casos peruano e brasileiro evidencia, a meu ver, a necessidade de distinguir as diferentes composições sociais dos grupos dirigentes dos nacionalismos populares. Faz muita diferença, como já apontei, o líder máximo de um partido ser um ideólogo, como Haya de La Torre, ou um político profissional como Vargas. Além disso, mesmo quando não ocupam posições centrais, como no caso do trabalhismo, os intelectuais têm um papel importante nos movimentos nacionalistas populares, na medida em que dão forma as ideologias que os impulsionam. Desse modo, seu papel deve ser distinguido em relação

---

20   Veja-se o uso dessa categoria, por exemplo, nos trabalhos de Germani e Di Tella, discutidos no capítulo 1.

Entre a nação e a revolução

ao de outras "elites": empresários, lideranças sindicais, militares, políticos profissionais etc.

Apesar destas ressalvas, o tema da nação, como proposto por Itzigson e Von Hau, também é pertinente pois confere centralidade ao problema da inclusão/exclusão das classes subalternas, o que retoma o tema com que iniciei o capítulo precedente: o do acesso à cidadania política das camadas populares como pré-condição para a democracia. Na América Latina, os movimentos nacionalistas populares foram o veículo privilegiado para a incorporação das classes subalternas à comunidade nacional.

A emergência do nacionalismo popular em diferentes espaços e tempos indica que essa formação ideológica ultrapassa os limites históricos aos quais a "teoria do populismo" a quis confinar. Além disso, sua recorrência sugere que os temas articulados por essa ideologia respondem a obstáculos persistentes no caminho da plena incorporação política dos trabalhadores nas sociedades latino-americanas.

Porém, o nacionalismo popular, evidentemente, não estava sozinho. Houve outro tipo de ator político e de ideologia que, nos períodos aqui investigados, procuraram representar política e simbolicamente as classes trabalhadoras no Brasil e no Peru: os Partidos Comunistas e o marxismo-leninismo. Como os comunistas se comportaram diante do nacionalismo popular? É à resposta desta última indagação que está dedicada a terceira e última parte desta obra.

Parte III

Marxismo e nacionalismo popular: conflitos e aproximações

capítulo 5

Origens comuns, caminhos opostos: o marxismo e o nacionalismo no Peru

Marxismo e nacionalismo na América Latina: algumas questões preliminares

Os dois próximos capítulostratamdo problema enunciado ao final do capítulo anterior: o das relações entre a corrente nacionalista popular e o marxismo de matriz comunista, marcadas, como ficou dito já no início deste estudo, antes de mais nada, por tensões e conflitos. Todavia, procurarei demonstrar que os padrões de relacionamento entre essas correntes ideológicas desiguais variaram grandemente nos dois casos analisados. Se no Brasil, tal relação se caracterizou pela ambiguidade, indo da hostilidade à uma aproximação parcial, no Peru, o nacionalismo popular e o marxismo têm uma origem comum, mas bifurcaram seus caminhos ainda no final dos anos 1920, bifurcação essa expressa na conhecida polêmica entre Haya de La Torre e Mariátegui.

Tais diferenças se refletem, a meu ver, nos próprios estudos especializados sobre o problema aqui em exame.Quando se compara a bibliografia sobre a história do marxismo e da esquerda na América Latina e no Brasil, encontra-se um aparente paradoxo. Autores como José Aricó e Juan Carlos Portantiero, escrevendo a partir da experiência argentina, mas generalizando suas afirmações para o âmbito continental, enfatizam o "desencontro" ou "divórcio" entre a "teoria" marxista e a "realidade latino-americana" (Aricó, 1982), (1985).Ainda que este problema teórico seja bem mais complexo, uma das consequências deste desencontro no plano propriamente político poderia ser identificada na dificuldade das organizações de inspiração marxista, notadamente os PCs, de fazer frente a alternativas de cunho nacionalista popular, como a APRA no Peru, o peronismo na Argentina, o MNR na Bolívia, etc.

Já no caso brasileiro, como discutirei de modo mais aprofundado no próximo capítulo, estudiosos como Weffort (1978/1979) e Ianni (1968) sublinharam a "adesão" do PCB – como principal organização marxista do país – ao nacionalismo do pré-1964. O mais curioso não é a aparente exceção que o Brasil parece representar, mas o fato de que, na perspectiva de Weffort e Ianni, esse encontro do marxismo e do nacionalismo, longe de representar um fortalecimento do PC brasileiro, seria a razão de sua fraqueza.Meu objetivo, nos dois capítulos que se seguem, será o de elucidar esse aparente paradoxo.

No presente capítulo, me ocuparei das relações entre marxismo e nacionalismo radical no Peru. Como ficou dito acima, estas foram marcadas por uma ruptura política e teórica no final da década de 1920, a qual interrompeu uma trajetória compartilhada de oposição à oligarquia e ao imperialismo. Aqui é fundamental deixar claro que essa dinâmica da esquerda peruana entre os anos 1920 e 30 está umbilicalmente ligada a um contexto mais amplo: o da esquerda latino-americana. Daí que, além da já citada polêmica entre Mariátegui e Haya, abordarei também a controvérsia entre este último e o cubano Julio Antonio Mella.

Antes de mais nada, devo retomar algumas questões preliminares sobre a relação entre comunismo e nacionalismo em geral. Creio que na formulação de Hobsbawm, citada na introdução, já está posto de modo sintético o núcleo fundamental do problema. Com a "Revolução de outubro", seus adeptos acreditaram ter encontrado esquemas teóricos, formas organizativas e estratégias de ação, inicialmente pensados para a situação da Rússia, aplicáveis à revolução em escala mundial, possuindo, dessa maneira, validade universal. Além disso, a Revolução Russa foi um acontecimento histórico de significação mundial, impactando o imaginário político de atores e coletividades muito heterogêneos ao redor do globo.

Entre a nação e a revolução

Estão postos, dessa maneira, dois interlocutores dissimiles; de um lado o grupo dirigente bolchevique e, de outro, um conjunto heteróclito de "esquerdas nacionais". O que moveu as segundas em direção ao primeiro foi, justamente, o sucesso deste último em estabelecer o primeiro Estado socialista no mundo. Contudo, tal prestígio não implicava, como talvez a autoproclamada "vanguarda" parecia crer, que todos seus simpatizantes estariam dispostos a adotar o conjunto de suas categorias de análise, formas organizativas e métodos políticos a qualquer preço e em qualquer situação. Essa "crença" dos bolcheviques na eficácia generalizada de suas invenções políticas fica patente no próprio desenho institucional e estatutário da Internacional Comunista, pensada como estrutura hierárquica e centralizada, cujos membros, os partidos comunistas, não seriam mais que sessões locais (Caballero, 1988).

Entre as "esquerdas nacionais" que passaram a tomar a Revolução Russa como um exemplo estavam os militantes nacionalistas, anti-imperialistas ou anticoloniais da vasta periferia capitalista. Não é o caso aqui de retomar o conhecido tema dos debates e formulações da IC sobre a "questão nacional" e a "questão colonial". Basta assinalar que, a relação entre os herdeiros de Lênin e os movimentos nacionalistas da periferia é perpassada pela ambiguidade. Por um lado, o marxismo da III. Internacional se aproximou das demandas e aspirações dos movimentos anticoloniais de um modo que o da II Internacional (demasiado eurocêntrico e evolucionista) jamais conseguiu. Por outro, a excessiva rigidez da organização e da ideologia da IC – que procuravam subordinar as organizações filiadas às conveniências da política externa da URSS - acabou por afastar a maior parte das lideranças anti-imperialistas de si, as quais optaram pela organização de movimentos de emancipação nacional fora da, e, por vezes opostos, à órbita do comunismo.Na América Latina, o exemplo mais conhecido dessecisma foi a polêmica que, a partir de 1927, opôs os adeptos daAPRA e os adeptos da IC.

Embora a APRA só tenha se viabilizado como partido nacional no Peru, a difusão das ideias de Haya foi grande no subcontinente, influenciando agrupamentos radicais em países que, como os da América Central ou a Venezuela, viviam sob intermitente intervenção estrangeira, ditaduras altamente repressivas, ou onde os interesses econômicos estrangeiros (em geral sob a forma de enclave) tinham uma presença ostensiva (Di Tella, 1993, cap. 2). São exemplos de partidos influenciados pelo aprismo o Partido de Libertação Nacional (PLN), da Costa Rica, o Partido Revolucionário Dominicano (PRD), da República Dominicana liderado por Juan Bosch, a União Revolucionária (U.R.) da Guatemala, encabeçada por Juan José Árevalo e Jacobo Arbenz, e a Ação Democrática (AD), da Venezuela, sob a liderança de Rômulo Bettancourt. Todos esses partidos tiveram importância capital na vida política de seus respectivos países, chegando, por via eleitoral ou armada, ao poder em distintos momentos em todos eles.

Aliás, essas afinidades, não apenas eram percebidas pelos atores políticos, como resultaram, por parte de alguns partidos, de um esforço de organização e articulação supranacionais. Em 1940, foi celebrado, em Santiago, sob os auspícios do Partido Socialista Chileno, o "Primer Congreso de Partidos Democráticos de Latinoamerica", que procurava aglutinar agremiações da esquerda não comunista, de inclinações anti-imperialistas. Dentre os participantes, além dos anfitriões, cabe destacar a presença da APRA, da Ação Democrática e do Partido Revolucionário oficial do México (Drake, 1982, p. 238).[1]

A relação com os comunistas variou conforme o tempo e o lugar. Todavia, a nota geral foi de distanciamento, quando não de hostilidade

---

1   As atas do referido encontro foram publicadas pelo PS chileno, conforme a nota 8 em (Drake, 1982, p. 245). Seria interessante ter acesso a esse material para saber que outros partidos eventualmente participaram; quais os temas abordados e quais as posições expressas. Pode causar hoje alguma espécie o fato de o encontro ter sido sediado pelos socialistas chilenos. Para Drake, no entanto, o PS chileno teve, em sua fase inicial nos anos 1930, traços que o aproximam de outros partidos tidos geralmente como "populistas": um ideário socialista um tanto genérico e uma liderança personalista como a de Marmaduk Grove. Quanto a participação do PRM, mais tarde PRI, cabe lembrar que se tratava do final da presidência de Lazaro Cardenas e, portanto, antes da guinada conservadora do regime.

Entre a nação e a revolução

aberta. Se a polêmica Haya/Mariátegui/IC do final dos anos 1920 marcou o início da polarização entre nacionalistas populares e marxistas de matriz comunista, a Revolução Cubana de 1959, como afirmei logo no início deste livro, marcou uma profunda alteração nesse padrão, pois acabou por conduzir a uma inédita passagem de uma revolução nacionalista e anti-imperialista a uma ruptura socialista.

Dessa maneira, a polarização entre marxistas – comunistas em particular – e nacionalistas populares será a marca distintiva da história daquela corrente político-intelectual na América Latina, especialmente entre os anos 1920 e 60. O presente capítulo pretende, justamente, flagrar e reconstituir o momento histórico no qual aflorou esse antagonismo tão duradouro. Para tanto, proponho localizar esse ponto de partida em duas polêmicas, travadas no final da década de 1920, envolvendo, de um lado, posições vinculadas ao movimento comunista internacional, e, por outro, uma posição que propugnava a constituição de uma esquerda latino--americana independente deste último.

Assim, procurarei reconstituir os termos das polêmicas travadas, no ano de 1928, entre os peruanos José Carlos Mariátegui (1894-1930) e Victor Raúl Haya de La Torre (1895-1979) e entre este último e o cubano Julio Antonio Mella (1903-1928). Minha hipótese é a de que as duas controvérsias estabeleceram as problemáticas que balizariam os termos do debate marxista latino-americano ao longo do século XX. Nesse sentido, a questão subjacente às posições dos três autores seria a problemática, aludida logo de início, da universalidade de uma vertente da teoria política, em confronto com a singularidade de uma realidade histórico-social estranha ao contexto originário daquela tradição intelectual.

A partir dessa constatação, procurarei demonstrar como a tentativa de enraizamento latino-americano do marxismo, empreendida por Mariátegui, não encontrou condições políticas para frutificar naquele momento, tendo que aguardar uma conjuntura mais propícia, representada pela Revolução Cubana. Em seguida, apontarei como os termos do debate entre Mariátegui, Haya de La Torre e Mella auxiliam a elucidar as dificuldades políticas e teóricas enfrentadas pelos marxistas latino-americanos. Por fim, abordarei a questão do porquê de um debate tão central e influente ter se dado, sobretudo, no ambiente político-intelectual do Peru, relativamente periférico em relação aos dois centros mais importantes da vida política e cultural latino-americanas de então: México e Argentina. Sugerirei a hipótese de que, precisamente por seu caráter mais excêntrico em relação aos modelos ocidentais e pelo bloqueio de movimentos de transformação política e social, a realidade peruana propiciou o aparecimento de elaborações teóricas mais originais.

Nacionalismo, anti-imperialismo e evolução na América Latina

As duas polêmicas acima delineadas ocorreram ao final da década de 1920, período crucial na história do pensamento político na região. Como assinala Bourricaud (1972, p. 110-111), o decênio, no plano especificamente intelectual, propiciou uma ruptura mais drástica do que o período da Independência, podendo-se mesmo falar em uma "conjuntura latino-americana". Bem representativo desse ambiente político-intelectual e da busca por uma "emancipação mental" que completasse e ampliasse o legado da Independência, é a seguinte passagem do já citado José Vasconcelos, cujo diagnóstico, como se verá a seguir, era amplamente compartilhado na época:

> A rebelião das armas não foi seguida pela rebelião das consciências. Nos rebelamos contra o poder político da Espanha e não advertimos que, junto com a Espanha, caímos na dominação econômica e moral da raça que tem sido senhora do mundo desde que terminou a grandeza da Espanha. Sacudimos um julgo, para cair sob outro novo. (Vasconcelos, 1992, p. 110)

Mas, para que se compreenda o contexto político-intelectual no qual se deram as controvérsias entre os três autores citados, antes de mais

Entre a nação e a revolução

nada, faz-se necessário retroceder cerca de uma década antes e examinar a confluência de quatro acontecimentos históricos cruciais, tanto internos como externos à região, os quais, ainda que não tenham relações diretas entre si, contribuíram para promover, de diferentes modos, fissuras na hegemonia liberal-oligárquica que caracterizava as sociedades latino-americanas desde o último quartel do século anterior: a Revolução Mexicana (1910-1920); a 1ª. Guerra Mundial (1914-1918); a Revolução Russa (1917) e a Reforma Universitária (1918).

A 1ª Guerra, no nível cultural, rompeu a imagem de uma Europa "civilizada" que serviria de norte à uma América "bárbara", representação esta central no universo de referências do liberalismo das oligarquias latino-americanas.Já a Revolução Russa, em grande medida uma consequência do conflito bélico europeu, teve um significado de alcance universal, ao estabelecer o primeiro Estado que pretendia implantar o socialismo, não apenas nos limites das fronteiras do antigo Império czarista, mas em escala mundial. Mas, além disso, a Revolução de Outubro teve um significado particularmente importante para as periferias do capitalismo, dentre as quais a América Latina. Afinal, não apenas o novo regime soviético condenava abertamente o imperialismo e o colonialismo, mas também apontava um caminho de modernização para os países "atrasados", alternativo ao capitalismo (Godio, 1983, p. 32-33).

Sete anos antes de os bolcheviques tomarem o Palácio de Inverno, a América Latina foi o palco da primeira revolução social do século XX. A Revolução Mexicana, iniciada como um movimento de classe média contra a autocracia de Porfirio Díaz, mas logo convertida em um amplo movimento camponês pelo acesso à terra, pode ser compreendida como a única revolução propriamente social no subcontinente até a Revolução Cubana de 1959. Nessa condição, teria uma influência decisiva entre aqueles que tentaram pensar caminhos políticos próprios para a região.

Os três acontecimentos mencionados tiveram influência destacada no movimento político-cultural que assinalou a ruptura dos intelectuais de classe média com o *establishment* ideológico das oligarquias:a Reforma

Universitária. Iniciado na Universidade de Córdoba (Argentina), o movimento reformista logo se disseminou pelos países da região. Influenciados por intelectuais da chamada "geração de 1900", tais como José Ingenieros e Alfredo Palacios, os estudantes defendiam um ideário genérico, ao mesmo tempo anti-oligárquico, democrático e latino-americanista. Este último aspecto fica patente na seguinte passagem do famoso "Manifesto Liminar", veiculado pelo movimento estudantil cordobês em 21 de junho de 1918:"Na Universidade Nacional de Córdoba e nesta cidade não se hão presenciado desordens: se contemplou e se contempla o nascimento de uma revolução que, em breve, há de agrupar sob uma bandeira a todos os homens livres do continente" (FEC, 2009, p. 5)Assim, fica patente que, desde o primeiro momento, a Reforma Universitária tinha a pretensão de ir "para além dos muros" da universidade, como se tornou praxe dizer, e impactar a esfera política, tanto em âmbito nacional, como também no continental. Em discurso em homenagem a José Vasconcelos, proferido em Buenos Aires em 11 de outubro de 1922, José Ingenieros procurou sintetizar, ainda que reconhecendo seus contornos vagos e imprecisos,o ideário que animava a nova geração:

> Esse nobre idealismo, felizmente impreciso, como toda ideologia de transição, compensa com sua muita unidade militante contra o que não quer ser, a ainda incompleta unidade filosófica de seus aspectos afirmativos. Não quer ser uma volta ao passado longínquo, e por isso foge do neoescolasticismo. Porém tampouco deseja atar-se ao passado imediato e por isso deseja superar o ciclo do positivismo. Movido por ideais de ação, todos compreendemos suas aspirações comuns. É, com efeito, idealismo político, enquanto tende a aperfeiçoar radicalmente as instituições mais avançadas da democracia; é idealismo filosófico, enquanto nega sua cumplicidade ao velho escolasticismo e anela satisfazer necessidades morais que descuidou o positivismo; é idealismo social, enquanto deseja remover os cimentos imorais do parasitismo e do privilégio, difundindo

Entre a nação e a revolução

e experimentando os mais generosos princípios de justiça social. (Ingenieros, 2011, p. 348)

Intenções políticas, filosóficas e sociais à parte, Juan Carlos Portantiero (1979) destaca que em uma sociedade mais complexa e democratizada como era já a Argentina, não teria havido espaço para que os estudantes reformistas dessem origem à novas forças político-partidárias, sendo absorvidos pelo radicalismo do presidente Hipólito Yrigoyen.

Essa passagem da política universitária à política propriamente dita só ocorreu em países nos quais os círculos oligárquicos e/ou a presença estrangeira direta vedassem todo o espaço aos anseios de participação da classe média emergente. Assim, não seria por acaso que os dois países nos quais a reforma universitária foi mais decisiva no fornecimento de lideranças para novos partidos políticos tenham sido o Peru e Cuba. No primeiro caso, como discuti no terceiro capítulo, um estreitíssimo círculo oligárquico litorâneo, organizado no civilismo, monopolizava quase por completo as posições de poder político e o prestígio cultural. Já no segundo, a presença ostensiva dos EUA – consagrada na conhecida "Emenda Platt" – fomentava um forte sentimento nacionalista nas camadas intermediárias e populares.

Um elemento ideológico que assinala a ruptura político-cultural com o *establishment* intelectual do liberalismo oligárquico é o tema do anti-imperialismo. Desde o final do século anterior, com a vitória dos EUA na Guerra Hispano-Americana e a ocupação militar estado-unidense em Cuba, parte dos intelectuais latino-americanos passou a se preocupar com o crescente expansionismo, econômico, diplomático e militar, dos EUA na região. José Martí, por exemplo, em seus artigos sobre a 1ª. Conferência Panamericana celebrada em Washington (1889-1890), escritos como correspondente do diário argentino *La Nación*, advertia sobre as intenções expansionistas dos patrocinadores do evento e vaticinava: "Da tirania da Espanha soube salvar-se a América espanhola e agora, depois de ver com olhos judiciosos causas e fatores do convite, urge dizer, porque é a verdade, que chegou a hora de a América espanhola declarar sua segunda independência." (Martí, 2005a, p. 57)

Já no início do século XX, a inquietação com o perigo representado pelos EUA se exprimiu por meio da ideia de um conflito cultural entre "anglo-saxões" e "latinos", consagrada em *El Ariel*, do uruguaio José Enrique Rodó. Nesse conhecido ensaio, o autor, recuperando o tema shakespeeriano do conflito entre "Ariel" e "Caliban", aludia à oposição entre uma "cultura do espírito" – da qual os povos ibero-americanos seriam herdeiros – e uma "cultura materialista", representada pelos norte-americanos. Nessa chave, Rodó expressava sua preocupaçãoo com a influência cultural anglo-xaxã sobre os latino-americanos:

> Se pôde dizer do utilitarismo que é o verbo do espírito inglês, os Estados Unidos podem ser considerados a encarnação do verbo utilitário. O evangélio desse verbo se difunde por todas as partes a favor dos milagres materiais do triunfo. (...) A poderosa federação vai realizando entre nós uma espécie de conquista moral. (Rodó, 1966, p. 69)

Para François Bourricaud, em "Ariel", Rodó oporia a "sociedade", entendida como associação guiada pela persecução dos interesses materiais de seus membros, e a "cidade", forjada pela comunhão "espiritual" entre os cidadãos e orientada pelos valores mais elevados da "beleza" e da "cultura". Ainda que o desprezo de Rodó pela indústria e a técnica tenha sido objeto de crítica de gerações posteriores, a oposição "sociedade/ cidade", associada à rejeição do modelo de sociedade anglo-saxão, teria tido grande persistência entre a intelectualidade latino-americana, seja ela revolucionária ou humanista-cristã (Bourricaud, 1972, p. 122).[2]

---

2   Essa afirmação do autor francês sobre o caráter seminal de *Ariel*, ainda que possa estar correta, deve ser tomada *cum grano sallis*. Afinal, intelectuais revolucionários "anti-imperialistas" podiam ter uma visão mais matizada dos EUA, caso de Mariátegui, aqui discutido e que chega a ser citado por Bourricaud. No quarto dos *Siete Ensayos*, por exemplo, o autor peruano contrasta favoravelmente o papel histórico do protestantismo nas colônias inglesas do norte, com o do catolicismo no Império espanhol, em um raciocínio com fortes analogias

Entre a nação e a revolução

Mas o primeiro formulador e divulgador de um pensamento anti-imperialista na região foi o argentino Manuel Ugarte. Este autor, o qual, a partir de sua vivência na Europa, havia travado contato com escritores de outras partes do subcontinente, adotou uma forte posição em favor da unidade latino-americana. Ao longo das duas primeiras décadas do século, Ugarte iniciou uma série de viagens proferindo conferências, nas quais defendia a confederação dos Estados latino-americanos como única forma de contrabalançar o "perigo yankee". Em um de seus artigos, o escritor alertava:

> Contemplemos com a imaginação o mapa da América. Ao norte, bulhem 100 milhões de anglo-saxões febris e imperialistas, reunidos dentro da harmonia mais perfeita em uma nação única; ao sul, se agitam 80 milhões de homens hispano-americanos, de cultura e atividade desigual. Divididos em 20 repúblicas que em muitos casos se ignoram ou se combatem. Cada dia que passa, marca um triunfo dos do norte. Cada dia que passa registra uma derrota dos do sul. É uma avalanche que se precipita. (Ugarte, 1987, p. 10)

Outro destacado intelectual da época que assumiu as bandeiras do anti-imperialismo e da unidade continental foi o já citado Ingenieros. Assim como Ugarte e Alfredo Palácios, Ingenieros era parte de uma corrente dissidente do Partido Socialista Argentino, marcada por suas inclinações nacionalistas (Godio, 1983, p. 71-72. Em 1922, o já célebre ensaísta, ao lado de Palácios, Ugarte e José Vasconcelos seria um dos fundadores da União Latino-americana, uma associação de intelectuais de orientação latino-americanista, com sede em Buenos Aires. O nome da organização era uma clara alusão à União Panamericana, organismo multilateral sediado em Washington, que reunia os EUA e os Estados

---

com a obra de Weber. Não tenho condições de aprofundar o tema aqui, mas para uma leitura sobre esse aspecto da obra mariateguiana, cf. (Löwy, 2005). Por outro lado, não é o caso do citado José Vasconcelos.

latino-americanos, sendo identificado por muitos como instrumento destacado da política estado-unidense de dominação da região.

Outro leitor de Rodó que também advogaria para a América Latina uma "missão" de sentido universal seria o mexicano Vasconcelos. Em seu já citado ensaio de 1925, intitulado *La Raza Cósmica*, o ex--ministro da educação do México pós-revolucionário sustenta que, se os anglo-saxões teriam tido por tarefa histórica "mecanizar" e unificar o globo, aos ibero-americanos caberia o destino de promover uma síntese superior das "raças" humanas. Assim, contrastando as missões de anglo--saxões e latino-americanos, o autor afirma que: "O objeto do continente novo e antigo é muito mais importante. Sua predestinação obedece ao desígnio de constituir o berço de uma quinta raça, na qual se fundirão todos os povos para substituir as quatro que isoladamente têm forjado a história." (Vasconcelos, 1992, p. 96)[3]

Assim, a América Latina, cuja colonização ibérica já teria, ao contrário da anglo-saxã ao norte, praticado a mestiçagem entre europeus, índios e negros, teria a tarefa de fundir todas as raças em uma "raça síntese", que representaria o início de uma nova fase da história universal singularizada, não pelo império dos "apetites" materiais ou do "racionalismo", mas sim da espiritualidade e dos ideais de beleza (p. 105-106). Porém, para que a mestiçagem biológica pudesse se converter em mescla "espiritual" seria preciso deixar de lado as ideologias imperialistas que afirmavam a existência de "raças superiores" e "inferiores", substituindo--as por ideias próprias.[4]

---

3   Ainda que de modo bastante ambíguo, o uso do termo "raça" no texto do autor mexicano se refere mais a uma unidade "cultural" do que biológica. Daí o lema que Vasconcelos fez inscrever no escudo da Universidad Nacional Autonoma de México (UNAM) e que até hoje figura no timbre da instituição: "por mi raza hablara el espirito."

4   Ainda que se possam encontrar passagens racistas no texto do autor mexicano e que sua trajetória posterior o tenha afastado das posiçõs revolucionárias, com sua aproximação do catolicismo ultramontano e falangista, nunca é demais sublinhar o apelo progressista de uma passagem como esta, ainda mais

Entre a nação e a revolução

Diante do que já se viu no capítulo 3 e como se verá melhor nas próximas sessões, as posiçõesde Palacios e Vasconcelos antecipam muito do que será o projeto político do aprismo.Ideias como as defendidas por estes quatro intelectuais da geração precedente tiveram ampla difusão emdiversos países latino-americanos. A propósito, merece destaque o fato de que Palácios, o qual era decano da Faculdade de Direito da Universidade de Buenos Aires, bem como Ugarte e Ingenieros, deram apoio público ao movimento da "reforma universitária", sendo três de suas principais influências. Além disso, Ugarte foi também um importante propagandista da Revolução Mexicana, defendendo-a contra a intervenção militar dos EUA em 1914.

No já citado discurso em honra de Vasconcelos, Ingenieros faz um balanço das conquistas da Revolução Mexicana e do exemplo que esta fornecia ao conjunto dos latino-americanos:

> (...) Por tudo isso, os escritores aqui reunidos, saudamos no amigo ilustre e querido companheiro a todos os homens dessa geração mexicana Belas iniciativas, (...)fazem com que hoje o México mereça, além de nossa simpatia, nosso estudo. Convertido em vasto laboratório social, os países da América Latina, poderemos aproveitar muitas de suas lições para nosso desenvolvimento futuro. (Ingenieros, 2011, p. 349)

Esta passagemdo pensador argentino ilustra bem as expectativas que a intelectualidade latino-americana mais radical depositava no processo mexicano em curso. Haya de La Torre, por exemplo, considerava, como se verá mais adiante neste capítulo, o aprismo como uma tentativa de sistematizar a prática da Revolução Mexicana em uma doutrina política.Desse modo, formava-se na América Latina um caldo de cultura ideológico no qual se combinavam ideias democráticas – oposição às oligarquias e defesa da integração política das massas trabalhadoras –,

---

em um momento no qual o racismo científico gozava de boa reputação nos meios científicos internacionais.

nacionalistas – defesa da soberania nacional contra o imperialismo – e continentalistas, busca de uma maior integração, política, cultural e econômica entre os países da região. Será nesse novo ambiente intelectual que se formará o pensamento de Haya de La Torre, Mella e Mariátegui e no qual os três travarão as duas polêmicas que analisarei a seguir.

A Polêmica entre Haya de La Torre e Julio Antonio Mella

Tanto Victor Raúl Haya de La Torre, como Julio Antonio Mella iniciaram suas carreiras políticas como dirigentes estudantis e, a partir dessa posição, lograram projetar-se em seusrespectivos cenários políticos nacionais, propugnando por uma aliança entre os estudantes e as classes trabalhadoras (Teixeira, 2001, p. 19) Em ambos os casos, tal aproximação teve como instrumento privilegiado a criação, por parte das respectivas federações estudantis, de Universidades populares, voltadas aos operários: no primeiro caso, as Universidades Populares "Manuel Gonzalez Prada" e, no segundo, as Universidades Populares "José Martí", diretamente inspiradas no exemplo peruano (p. 30 e 48)[5].

Após ter sido preso por conta de seu protagonismo nas manifestações de 23 de maio de 1923 contra o governo ditatorial de Augusto B. Leguía, Haya de La Torre foi deportado para o Panamá, de onde seguiu para Cuba, a onde já era conhecido por sua militância política. Lá o recebeu Mella quem, não apenas acompanhou Haya durante sua estada, como escreveu um artigo de homenagem ao visitante peruano no número de novembro/dezembro de *La Juventud*, órgão da Federação dos Estudantes de Cuba (p. 49). Em seguida, Haya de La Torre irá para o México, onde Vasconcelos, então ministro da educação do presidente Alvaro Obregón,lhe oferecera um emprego como secretário.

---

5   Foram fundadas universidades populares também em outros países latino-americanos, como é o caso do México pós-revolucionário.

Entre a nação e a revolução

Em 7 de maio de 1924, o ex-líder da Federação dos Estudantes do Peru, a partir de seu exílio no México, funda a Aliança Popular Revolucionária Americana (APRA). Inicialmente pensada como uma "frente única de trabalhadores intelectuais e manuais", a APRA tinha como seu principal objetivo a união dos povos latino-americanos – ou "indo--americanos" – contra o imperialismo dos EUA e as elites locais que o apoiavam. Já se viu, no capítulo 3, o conteúdo do manifesto de criação da APRA, que seu fundador publicaria na Inglaterra dois anos mais tarde.

O referido artigo esboçava as linhas geraisde um programa anti--imperialista, nacionalista, latino-americanista e socializante que deveria unir intelectuais, trabalhadores e camponeses em um partido-frente de âmbito latino-americano, tendo por modelo o Partido Nacionalista (Kuomintang) que conduzia a Revolução Chinesa, baseado em uma aliançapluriclassista.

Nesse mesmo período, conforme abordado no segundo capítulo, a Internacional Comunista – confrontada com a derrota da onda revolucionária na Europa Central (1918-1923) – passara a observar com atenção o desenrolar dos acontecimentos na China e, a partir daí, aos inúmeros movimentos nacionalistas e anti-imperialistas que se passavam na periferia do capitalismo. Tomando a China como modelo paradigmático, a IC elaborou uma estratégia para a luta anti-imperialista no "mundo colonial e semi-colonial" que defendia constituição de frentes anti-imperialistas, em conjunto com setores nacionalistas burgueses e pequeno-burgueses (Slessinger, 1974, p. 43-53).

Por outro lado, como afirmei acima, muitos nacionalistas da periferia capitalista simpatizavam com a IC por suas declarações incisivas contra o imperialismo – a partir da "Conferência de Baku" em 1921 –, além de acompanharem com interesse os primeiros passos da União Soviética rumo à industrialização. Afinal, tratava-se de um país de estrutura sócio-econômica atrasada que se propunha a modernizar-se sem passar por uma etapa de pleno desenvolvimento capitalista.

Um destes foi justamente Haya de La Torre, o qual, em 1924, esteve na URSS. Da experiência soviética, Haya extrairia o modelo de industrialização a partir da planificação estatal e a concepção de partido leninista centralizado, os quais teriam grande impacto na posterior teorização do aprismo (Montesinos, 2000, p. 26).[6]

Todavia, como foi discutido no terceiro capítulo, o pensamento de Haya condicionava a incorporação do marxismo à afirmação da especificidade, ou mesmo da singularidade histórica da América Latina. Comentando uma troca de cartas com Losowsky, dirigente da Internacional Sindical Vermelha, acerca da especificidade da luta contra o imperialismo na América Latina, Haya expressou assim suas divergências com a ortodoxia:

> Reiterei-lhe minha convicção sincera de que não é possível dar desde a Europa receitas mágicas soluções para tais problemas, expressando-lhe que, assim como admirava o conhecimento que os dirigentes da nova Rússia tinham de seu país, anotava sua carência palmar de informação científicasobre a realidade da América. O adverti ademais que estas opiniões, já emitidas pessoalmente em conversas com Lunacharsky, Frunze, Trotsky e outros dirigentes russos, me determinaram, depois de uma serena e muito minuciosa visita ao grande país dos sovietes, a não ingressar no Partido Comunista, por crer, como creio, que não será a IIIa Internacional que há de resolver os graves e complicadíssimos problemas da Indo-américa. (Haya de La Torre, 2008b, p. 81)

Esta passagem deixa claro que Haya não estava disposto a aceitar a direção política e intelectual da IC, a qual, por seu turno, dado seu caráter altamente verticalizado, concebia-se como única direção revolucionária possível. Já no manifesto de fundação, o líder peruano se preo-

---

6 Para além dessas influências, pode-se acrescentar que a IC forneceu a Haya, bem como a outros nacionalistas radicais latino-americanos, como o venezuelano Rómolo Betancourt, um vocabulário e um aparato conceitual com os quais pensar suas realidades sociais (Caballero, 1988, p. 25).

cupou em afirmar a independência do movimento aprista em relação a qualquer direção internacional fora da América Latina: "A APRA é um movimento autônomo latino-americano, sem nenhuma intervenção ou influência estrangeira. É o resultado de um espontâneo anelo de nossos povos para defender unidos sua liberdade, vencendo os inimigos de dentro e os de fora." (p. 77)

Entretanto, as divergências potenciais entre apristas e comunistas foram mantidas em segundo plano até o Congresso Mundial Anti-imperialista de Bruxelas (realizado em fevereiro de 1927). A ruptura ocorrida em Bruxelas se deve ao fato de que Haya disputava com as Ligas Anti-Imperialistas (organizadas pelos comunistas) a liderança do movimento anti-imperialista na América Latina. Isso o levou a reafirmar a APRA como organização continental "sem influência estrangeira" e a criticar os comunistas por aplicarem à região a linha política emanada da Europa (Montesinos, 2000, p. 34-35). Isso fica claro no relato que o militante peruano fez do congresso:

> A influência e o controle do Partido Comunista resultaram inocultáveis naquela assembleia, que reuniu as mais ilustres figuras da esquerda mundial. Apesar da forte pressão comunista e do ambiente de fácil otimismo, frequente em tais assembleias, mantivemos nossa posição ideológica e o caráter da APRA como organismo político autônomo, tendente a constituir-se em partido. (...) Nos debates, negamo-nos a ficar incluídos sob o comando da Liga Anti-imperialista Mundial, que, sabíamos, era uma organização completamente controlada pela IIIa. Internacional, não no interesse da luta anti-imperialista, senão a serviço do comunismo. (Haya de La Torre, 2008b, p. 82-83)

Ainda segundo seu relato, o "ponto nevrálgico" da discussão que dividiu os delegados latino-americanos, além da questão de a quem caberia a direção do movimento anti-imperialista na região, foi o da aliança com as burguesias nacionais (p. 83). Como já se viu na análise do manifesto de criação da APRA, feita no capítulo 3, Haya de La Torre considerava as "incipientes burguesias nacionais" como "cúmplices" do imperialismo. Já a IC, como se viu pelo discurso de Stalin, abordado no capítulo 2, considerava que as burguesias nacionais poderiam ter um papel positivo em uma primeira etapa da revolução nos "países coloniais". Assim, além de disputas pela direção política das esquerdas latino-americanas, apristas e comunistas também tinham divergências programáticas substantivas.

Por fim, olíder aprista conclui seu relato com o seguinte balanço:

> O Congresso de Bruxelas, que foi um efetivo passo adiante para a luta na Ásia e na África contra o imperialismo, resultou em um fracasso no que se refere à Indo-América. A delegação indo-americana foi dirigida por delegados comunistas. Bruxelas definiu, pois, a linha teórica aprista, e colocou bem nossas diferenças com o comunismo. Era de se esperar que, desde então, a APRA fosse o alvo de críticas acerbas. Para o comunismo, não pode existir outro partido de esquerda que não o oficial da IIIa Internacional de Moscou. Toda organização que não comanda Moscou deve ser execrada e combatida. (p. 83-84)

Já Julio Antonio Mella foi, em 1925, um dos fundadores do Partido Comunista de Cuba. Forçado a se exilar pela ditadura de Gerardo Machado, o jovem se estabeleceu na Cidade do México.Em 1928, diante da ruptura entre os apristas e os comunistas, ocorrida no ano anterior, Mella publica em El Machete, órgão do Partido Comunista Mexicano, um duro panfleto contra Haya de La Torre, intitulado "Que és el ARPA?".[7]

O texto se inicia com uma dura crítica ao programa da APRA, para demonstrar seu caráter reformista. No que tange, por exemplo, à consigna de "nacionalização de terras e indústrias", Mella afirma:

> "Nacionalizar" pode ser sinônimo de 'socializar', com a condição de que seja o proletariado que ocu-

---

7   O título é uma evidente ironia com o título "Que és el APRA?", do artigo-manifesto já citado de Haya de La Torre, publicado dois anos antes na Inglaterra.

> pe o poder por meio de uma revolução. Quando se diz ambas as coisas: 'nacionalização' e em mãos do proletariado e do novo Estado (proletário), se está falando marxistamente. Porém, se se diz a seco, 'nacionalização', se está falando com a linguagem de todos os reformistas e enganadores da classe operária. Toda a pequena-burguesia é favorável à nacionalização das indústrias que lhe fazem competição. Até os trabalhistas ingleses e os conservadores (seus aliados) discutem a nacionalização das minas. (Mella, 1975, p. 85).

Desse modo, Mella acusa o programa formulado por Haya de La Torre de ser propositalmente ambíguo. Tal ambiguidade se explicaria pela base social à qual o autor pretendia apelar, a pequena-burguesia, como fica claro na seguinte passagem:

> (...) Como sempre, a fórmula é ambígua, obscura e suscetível de várias interpretações para acomodar a todos, e, em especial, aos pequeno-burgueses, os quais são chamados com uma série de nomes ambíguos: 'produtores', 'classes médias', 'trabalhadores intelectuais', etc. Estes pequenos-burgueses são a base do programa da ARPA e os sustentáculos de sua ideologia. (p. 87)

Segundo Mella, para que a ideia, defendida por Haya de La Torre, do deslocamento do marxismo e, por conseguinte, dos PCs, em relação à América Latina estivesse correta, seria necessário provar que o subcontinente não experimentava o avanço das forças produtivas, das relações de exploração capitalistas e, por conseguinte, desconheceria a classe operária. "Porém", dizia o militante cubano: "A América Latina não é um continente de Júpiter, mas sim da terra. É algo elementar para todos que se dizem marxistas (...) que a aplicação de seus princípios é universal, posto que a sociedade imperialista é universal" (p. 89)

Como se pode ver, aqui se exprime claramente o dilema citado logo de início, isto é: o da contradição entre uma teoria supostamente universal e uma realidade histórica que parece escapar ao seu escopo.

Fica claro pelo trecho acima, que Mella simplesmente não reconhecia o problema, supondo que, apenas por se inserir na órbita do imperialismo, a América Latina não ofereceria quaisquer problemas à "aplicação" do materialismo histórico.

Nesse sentido, é bastante sugestiva a aproximação, já discutida no primeiro capítulo, estabelecida pelo comunista cubano entre o ideário aprista e o dos *narodnikis*, ou "populistas" russos e os nacionalistas chineses de Sun Yat Sem (os quais Haya assumia explicitamente como fonte de inspiração), afirmando que os três movimentos fariam parte de uma mesma família "populista", da qual a APRA seria a representante latino-americana:

> É curioso ressaltar como as mesmas condições na América Latina criaram uma ideologia similar a criada na Rússia, da qual eram representativos os populistas, tão atacados por todo o socialismo marxista. A não existência de um forte e grande proletariado no Peru, de onde vem a ideologia da ARPA, leva os 'arpistas' a duvidar da existência do proletariado e subestimar seu valor, até não compreenderem que este está se formando diariamente e assumindo a hegemonia na luta contra o imperialismo e a reação nacional, representativa do anterior (p. 95)

Mais adiante, o comunista cubano associa o suposto "populismo" dos apristas a seu indigenismo, o qual seria uma idealização romântica e reacionária do "primitivo", análoga à idealização que os intelectuais russos do século XIX tinham em relação aos camponeses:

> Quando os arpistas nos falam do sistema autóctone do comunismo incaico, nos dão conferências para nos explicar com admiração o sistema primitivo, glorificando-o, e sonham com as grandes possibilidades de iniciar, logo, logo, a revolução proletária no Peru porque ali existe esse índio com suas comunas primitivas, estão aplicando o mesmo critério anticientífico e reacionário que os populistas russos aplicavam à Rússia. (...) Ninguém há de estranhar

> que estes senhores tenham adotado até um nome similar: 'Vontade Popular' se chamava a organização dos russos e ados? 'indo-americanos', 'Aliança Popular'. Eles veem essa metafísica política que é o termo "povo"; porém ignoram a realidade: classes, operários, camponeses, etc. (p. 97)

Como já afirmei no início deste trabalho e discutirei com mais detalhe adiante, essa crítica é quase idêntica àquela que será feita à Mariátegui pelos soviéticos. É no mínimo irônico constatar que, ainda que o marxista peruano tenha empregado, alguns argumentos semelhantes aos de Mella para criticar seu compatriota, a pecha de "populista" que o cubano atira a Haya também será usada pela IC contra Mariátegui. Esse fato joga luz sobre a singularidade da empreitada político-intelectual mariateguiana, a qual discutirei na próxima sessão.

Aliás, o indigenismo em Haya, como já apontei ao final do terceiro capítulo, tem um estatuto ambíguo. É verdade que, assim como seu compatriota, o líder aprista também valorizava a comunidade agrária indígena e seu potencial futuro. Mais do que isso, Haya via a luta entre a comunidade agrícola de origem pré-colombiana e o latifúndio oriundo da conquista, como o conflito central do conjunto de formações sociais andinas e do México:

> Uma luta profunda e secular entre as massas de população indígena contra seus opressores feudais encheu de episódios sangrentos a história destes povos, desde a conquista até nossos dias. Esta luta que subsiste e na qual a revolução camponesa mexicana inicia uma nova etapa, representa a profunda oposição entre as formas primitivas e tradicionais de repartição e propriedade da terra, contra o feudalismo europeu importado pelos espanhóis: o *ayllú*, a comunidade, o *callpulli*. (Haya de La Torre, 2008b, p. 199-200)

Porém, em outro momento, o autor rejeita explicitamente as comparações entre o "comunismo primitivo" incaico e o caso russo, em linhas que parecem ter sido endereçadas diretamente a Mariátegui:

> Aquela vasta zona ocidental da América do Sul, caracteristicamente agrária, conservou os restos do primitivo socialismo do antigo Império peruano. A comunidade ou *ayllú* incaico não pode ser incluída em nenhuma das classificações propostas pela ciência europeia. Gentes há que, em seu afã de russificar a Indo-américa, opinam que o *ayllú* é o mesmo que o *mir* russo. O paralelo é superficial, simplista, unilateral, falso. (,p. 206)[8]

Retornando ao texto de Mella, além do recurso à categoria de "povo" e da idealização "romântica" do campesinato indígena, ambos associados ao caráter "pequeno-burguês" do aprismo, o autor cubano acrescenta ainda uma outra característica, especificamente latino-americana: o "caudilhismo". Comentando a ruptura entre Haya e a IC, ocorrida no Congresso de Bruxelas, do qual o cubano também havia tomado parte, o autor afirma:

> Eis aqui a razão pela qual a ARPA não aceita a unidade mundial anti-imperialista, porque não pertence ao Congresso de Bruxelas.(...) O mal do caudilhismo não desapareceu de nossa América ainda. Isto está claro quando se vê que a base social dos "novos libertadores" não é proletária, senão muito semelhante à dos velhos caudilhos. (Mella, 1975, p. 107)

Como se vê, o personalismo de Haya de La Torre, bem como os traços ideológicos acima aludidos, são associados à base pequeno-burguesa de seu movimento. Desse modo, tem-se o conjunto que, décadas mais tarde, será batizado como "populismo" latino-americano: movi-

---

8 Em *Siete Ensayos de Interpretación de La Realidad Peruana*, Mariátegui estabelece explicitamente o paralelo criticado por Haya. Retornarei à comparação do indigenismo de ambos mais à diante neste capítulo.

Entre a nação e a revolução

mentos organizados em torno de líderes carismáticos, base social heterogênea e ideologia pequeno-burguesa. Como argumentei no primeiro capítulo, esse quadro faz do panfleto de Mella o precursor da literatura marxista sobre o populismo na América Latina.

Em contraposição ao "populismo" caudilhista e "pequeno-burguês" de seu interlocutor peruano, o comunista cubano opõe, como seria de se esperar, a alternativa da ortodoxia marxista, apoiada em uma base "classista":"Finalmente, estamos com o leninismo, quer dizer, com o comunismo, porque o proletariado já seguiu este caminho e os fatos confirmam a necessidade de aplicar a doutrina comunista a cada um dos fenômenos sociais da América." (p. 100)

O texto de Mella levou Haya de La Torre a redigir, no mesmo ano, um livro como resposta.[9] Anos mais tarde, quando vivia clandestinamente no Peru após a proscrição do Partido Aprista Peruano, Haya acabaria retomando o projeto de publicar o trabalho, cujos originais haviam sido conservados por seu companheiro Carlos Manuel Cox. A obra acabaria sendo publicada em 1936, em Santiago do Chile, com o título *El Antimperialismo y el APRA,* convertendo-se no mais importante livro de Haya de La Torre.

Logo na nota introdutória, pode discernir-se bem como o líder aprista respondia às objeções de seus interlocutores terceiro-internacionalistas:

> Os que se colocam nos pontos extremos da alternativa política contemporânea – comunismo

---

9   Como, aliás, o próprio líder aprista relataria mais tarde: "Com tal propósito escrevi este livro, para refutar os argumentos de Mella, elevando, o quanto possível, o plano polêmico, para responder aos críticos de extrema-esquerda e direita que então já cresciam amiúde, e para expor analiticamente as ideias centrais de minha doutrina" (Haya de La Torre, 2008b, p. 11)Porém, a obranão seria publicada, segundo Haya, em parte por falta de recursos, mas também pela tentativa do autor de ir à Nicarágua, combater ao lado das forças de Sandino, plano esse frustrado pelo governo do Panamá que o deteve, deportando-o para a Europa. Além disso, a notícia da morte de Mella, acabou levando Haya a abandonar a publicação de sua resposta

> ou fascismo -, se esquecem da dialética marxista e consideram impossível um caminho de síntese. E se esquecem de algo não menos importante: que tanto o comunismo como o fascismo são fenômenos especificamente europeus, ideologias e movimentos determinados por uma realidade social cujo grau de evolução econômica está muito longe da nossa. Já Engels escrevia em *O Anti-During*, quem quiser subordinar às mesmas leis a economia da 'Terra do Fogo' e a da Inglaterra atual, evidentemente não produziria lugares-comuns da maior vulgaridade, porque a economia política é,fundamentalmente, uma ciência histórica (...). (Haya de La Torre, 2008b, p. 21)

Além da reafirmação das diferenças que separam a Europa e a América Latina, o que salta aos olhos nessa passagem é a reivindicação do marxismo, patente na citação feita do conhecido trabalho de Engels, então parte do cânone da ortodoxia. Fica claro que, neste momento de sua obra, Haya reivindicava o marxismo, considerando que o aprismo seria sua adaptação, ou melhor, recriação, "realista", adequada às condições latino-americanas.[10]

Como bem sublinha Julio Godio, é preciso prestar atenção à resposta de Mella a Haya, pois nela se contém todo um estilo sectário de argumentação, que se tornaria característico da publicística comunista. Desprezando os argumentos de seu adversário, sem analisa-los internamente, Mella"enfrentava o policlassismo de hegemonia pequeno-burguesa com um classismo abstrato" (Godio, 1983, p. 125)

Bons exemplos desse tipo de retórica são as desqualificações, feitas pelo jovem comunista cubano, do nacionalismo de Haya, afirmando que "também os fascistas eram nacionalistas", ou ainda o uso de asser-

---

10 Somente duas décadas mais tarde (1948), Haya afirmaria o aprismo como "alternativa" ao marxismo e não mais como sua aplicação criativa às condições latino-americanas. Nessa obra, o autor reivindicaria "El Antimperialismo y el APRA" como precursor da tese do "espaço/tempo histórico" (Haya de La Torre, 2008c, p. 14), escamoteando as mudanças que se haviam produzido durante esse período em seu pensamento.

Entre a nação e a revolução

tivas taxativas como: "a libertação nacional só a terá a classe operária". O problema nesse tipo de argumentação é que ela instaura uma polarização entre o "universal" e "abstrato" e o "particular" e o "concreto" que não permite nenhum tipo de síntese. Essa oposição estanque teve, como procuro argumentar, consequências políticas graves ao dificultar o enraizamento dos comunistas nas culturas políticas populares já existentes na região. Isso ficará mais claro a seguir, quando se examinará o principal esforço na direção contrária e seu malogro político.

A controvérsia entre Mariátegui e Haya de La Torre

Na nota introdutória aos *Siete Ensayosde Interpretación de la Realidad* Peruana, seu mais importante livro, Mariátegui se defende da acusação segundo a qual seria um "europeizante". Afirma não haver saída para o Peru "fora das ideias e da técnica ocidentais". Por fim, menciona Sarmiento, o qual, "sendo europeizante ele também, não encontrou melhor forma de ser argentino" *(2008, p. 6).* A quem essas linhas eram endereçadas? A resposta pode ser encontrada se se tiver em mente que, no mesmo ano em que o autor publicava os *Siete Ensayos...*, ele rompia com seu antigo aliado Haya de La Torre e os demais seguidores do aprismo.

A ruptura entre a APRA e a IC não levou, de modo imediato, a um confronto análogo entre Haya e Mariátegui. Pouco depois do enfrentamento ocorrido em Bruxelas, os representantes do *Comintern* na América Latina vinham exortando Mariátegui a romper com Haya e a fundar um Partido Comunista no Peru.[11]

As razões para evitar, em 1927, a ruptura com a APRA, são dadas pelo próprio Mariátegui. Desde seu regresso da Europa, em 1923, pretendia fundar um partido operário de orientação socialista (Mariátegui, 1995ª, p. 202). Todavia, sabia que o movimento operário e popular do

---

11 Na Conferência da Internacional Sindical Vermelha de fins de 1927 para a qual Mariátegui enviou Julio Portocarrero e Armando Bazán, o dirigente comunista Losowsky já exortava os delegados peruanos a romper com o A.P.R.A e fundar em seu país um Partido Comunista. Cf. (Quijano, 10991, p. 197).

Peru ainda estava em seus inícios: tendo feito sua primeira aparição mais importante nas greves e manifestações estudantis de 1918-1919. Nessas condições, viu na fundação da APRA a criação de uma frente única capaz de aglutinar os intelectuais radicais e os operários. Foi nesse mesmo espírito que fundou, em 1926, a revista *Amauta*: "(...) como órgão deste movimento, como tribuna de definição ideológica (...)" *(Idem, Ibidem)*.

Assim, o jornalista e militante peruano, coerentemente com essa linha política, não acreditava haver as condições para fundar, em seu país, um Partido Comunista que pudesse ter enraizamento social. A transformação, no ano seguinte, do movimento aprista de frente única em partido político obrigou-o a adiantar seus planos e fundar, com os membros do "Grupo de Lima", isto é, o círculo de intelectuais e sindicalistas organizados em torno de *Amauta* e de seu editor, o Partido Socialista do Peru (p. 203).

O primeiro abalo veio no início de 1928, quando Haya de La Torre comunica – a partir do México e sem consultar a célula aprista do Peru – sua decisão de transformar a APRA em um partido nacionalista peruano – o Partido Nacionalista Libertador (PNL) – e lançar-se como candidato à Presidência da República.

Confrontado com essa decisão, Mariátegui a questionou em carta enviada à célula aprista do México em abril de 1928. Nela, o marxista rejeita totalmente a ideia de criar um Partido Nacionalista Peruano sem enraizamento popular, pois a considerava uma tática típica da "velha política" e estranha aos fins do movimento aprista (Mariátegui, 1991c, p. 130-131). A ruptura se dará em maio, após a resposta de Haya, na qual este acusa Mariátegui de "europeísta" e exige que se discipline, "não com a Europa revolucionária", mas "sim com a Indo-América revolucionária" (Apud Quijano, 1991, p. 122)

O rompimento é publicamente confirmado no editorial do segundo aniversário de *Amauta*: "Aniversário y Balance", publicado no nº 17 de setembro de 1928. Vale a pena deter-se neste artigo pois ele explicita os elementos teóricos de fundo que nortearam a polêmica dos dois revolu-

Entre a nação e a revolução

cionários peruanos. Tratava-se, para Mariátegui, de negar a tentativa de seu interlocutor de postular um caminho original para a revolução latino-americana, afirmando a inserção do sub-continente em um processo histórico universal, pautado pelo conflito entre capitalismo imperialista e socialismo: "A mesma palavra 'revolução', nesta América das pequenas revoluções, se presta bastante a equívocos. (...) Temos que restituir-lhe seu sentido estrito e cabal. A Revolução Latino-americana será nada mais e nada menos que uma etapa, uma fase da Revolução Mundial. Será, simples e puramente, a Revolução Socialista" (Mariátegui, 1991b., p. 126)

Para o autor, o socialismo "pressupunha e abarcava" todos os adjetivos que podiam ser adicionados à revolução: "nacional", "agrarista" ou "anti-imperialista" (*Idem, Ibidem*). Assim, o socialismo aparecia como única possibilidade de emancipação para a América Latina, a qual chegara tardiamente à competição internacional, numa era de "monopólios e de impérios". No capitalismo contemporâneo, portanto, a região "só poderia ter o papel de colônia". "Esta civilização (a ocidental) conduz, com forças e meios dos quais nenhuma dispôs anteriormente, à universalidade. Nesta ordem mundial, a Indo-América pode e deve ter individualidade e estilo, mas não uma cultura e um destino particulares." (p. 127).

Três anos antes da polêmica com Haya, em um texto de crítica ao pensador argentino Alfredo Palácios, acima citado, Mariátegui já assumia essa linha de raciocínio ao afirmar que, ao invés de uma crise da cultura europeia ou ocidental, o que se vivia era uma crise do capitalismo, sendo a ordem emergente, o socialismo, também um produto do ocidente (1991g, p. 366). Em suma, tomar parte no movimento histórico universal não exclui fazê-lo a partir de características e linguagem próprias. Daí a insistência do autor no caráter "original" que deveria ter o socialismo na região: "O socialismo indo-americano não deverá ser decalque nem cópia, mas sim criação heroica" (1991b, p. 128)Em seguida, o texto vincula essa originalidade, no caso peruano, ao potencial, para a futura organização de uma economia socialista no país, do *ayllú* e dos hábitos coletivistas dos índios do altiplano.

Se Haya de La Torre frisava o particularismo da realidade latino--americana para negar validade ao universalismo da teoria marxista, Mariátegui procura conciliar as pretensões universalizantes do método materialista com a particularidade da situação latino-americana. De um lado, o líder aprista – reivindicando a originalidade da realidade do subcontinente – afirmava a necessidade de um caminho próprio para a revolução na América Latina e, de outro, Mariátegui apontava a inserção da região no quadro do desenvolvimento histórico universal para defender, mesmo que reconhecendo especificidades, a vinculação entre a revolução latino-americana e a revolução socialista mundial.

No que diz respeito ao marxismo, entretanto, cabe precisar que o entendimento que tinham dele os dois autores era significativamente distinto, sendo essa diferença um fator importante para entender os fundamentos da polêmica hora em exame. Como afirma Oliveiros Ferreira, o marxismo para Haya de La Torre era compreendido como uma filosofia da história, construída a partir da observação das condições gerais do capitalismo inglês do século XIX, a qual teria sido transformada, por obra dos "repetidores", em antevisão necessária do futuro da humanidade (Ferreira, 1971, p. 275). Seria só por meio dessa redução do materialismo histórico a um de seus aspectos que se poderia compreender a defesa, por parte do líder aprista, de sua "inaplicabilidade" à Indo América.

Se se tiver em mente as afirmações de Haya, já discutidas diversas vezes, de que a América Latina teria de passar por um estágio capitalista antes de chegar ao socialismo, ou a citação, abordada na sessão anterior, que o autor faz de Engels para arguir pela inadequação do esquema evolutivo marxista à história latino-americana, ver-se-á que as observações de Ferreira sobre a leitura do fundador da APRA sobre Marx estão fundamentalmente corretas.Não se pode entender essa redução do marxismo se não se compreende que o pensamento de Haya de La Torre é um pensamento da "ordem", no caso, a "ordem Indo Americana" confrontada com o mundo. É esse apego ao concreto ou às condições concretas que explica a "redução aprista" do marxismo (p. 276). Em suma, a grande

Entre a nação e a revolução

ironia do aprismo é que, ao pretender superar o marxismo – ou uma dimensão dele – acaba reafirmando justamente aquilo que pretendia negar: a filosofia da história formulada a partir da Europa, defendida pelos marxistas da II. e da III. Internacionais (p. 277).

Mariátegui, por seu turno, tinha um entendimento completamente diferente do marxismo. Para compreender sua leitura, vale apena citar algumas passagens de uma de suas últimas obras: *Defensa del* Marxismo. Neste trabalho, o autor peruano afirmava:

> O materialismo histórico não é, precisamente, o materialismo metafísico ou filosófico, nem é uma filosofia da história, deixada atrás pelo progresso científico. Marx não teria porque criar mais do que um método de interpretação histórica da sociedade atual. (Mariátegui, 1991, p. 15)

Assim, Mariátegui desejava enfatizar a necessidade de, para ser realmente coerente com o método de Marx, se partir não de categorias válidas para qualquer realidade, mas sim de um exame concreto de situações concretas. Com isso, queria rejeitar tanto os críticos do marxismo quanto a ortodoxia. Os primeiros, por acusarem o marxismo de ser uma imposição teórica estranha à realidade da Indo América ou do Peru, e os segundos, por pretenderem aplicar indiscriminadamente certos modelos e conceitos a realidades completamente díspares.[12]

Aqui é importante lembrar que Mariátegui entrou em contato com o marxismo na Itália de inícios dos anos 1920, na qual o materialismo histórico se reinventava no diálogo crítico com autores idealistas como Benedetto Croce e Piero Gobetti (Paris, 1980, p. 81). Já Haya viveu seus primeiros exílios europeus na URSS e na Inglaterra (1924-1926). No primeiro caso, conheceu um marxismo já em processo de codificação para se tornar

---

12 Paris (1980, p. 153) sugere que, embora os alvos explícitos de Mariátegui em *Defensa de Marxismo* fossem revisionistas europeus como o belga Henry De Man, a obra também seria dirigida a Haya de La Torre, hipótese esta que me parece plausível.

a ideologia oficial de um Estado: o "marxismo-leninismo". Já na Inglaterra, como já se viu no capítulo 3, recebeu a influência de uma tradição socialista – a dos fabianos e do trabalhismo – que, ainda que dialogassem com o marxismo, respondiam mais a uma cultura política especificamente inglesa. Dessa maneira, seu contato com o marxismo se deu principalmente por meio da cultura política e intelectual da III. Internacional.

Retornando à polêmica entre ambos autores, o que desejo é enfatizar a importânciadessa divergência teórica de fundo que instrui suas discrepâncias em torno de questões substantivas, como é o caso notório da questão do imperialismo.

Em "*Punto de Vista Anti-imperialista*", Mariátegui começa por propor uma diferenciação interna entre os chamados países "semicoloniais". De um lado, haveria aqueles – representados na América Latina pela América Central e o Caribe - que vivenciam a intervenção política e militar direta do imperialismo e aonde, por conseguinte, a burguesia e a pequena-burguesia podem assumir uma postura nacionalista ou anti-imperialista. De outro, haveria países – como os da América do Sul - nos quais, em que pese o caráter semi-colonial da economia, a burguesia se sente suficientemente dona do poder político para não se preocupar com a soberania nacional, associando-se ao capital estrangeiro sem reservas (Mariátegui, 1991h, p. 202). Em cada uma dessas configurações haveria uma relação diferente entre o anti-imperialismo, as classes sociais e o programa revolucionário:

A formação de partidos de classe e poderosas organizações sindicais, com clara consciência classista, não se apresenta destinada nesses países, ao mesmo desenvolvimento imediato que na América do Sul. Em nossos países o fator classista é mais decisivo, está mais desenvolvido. Não a razão para recorrer à vagas fórmulas populistas, por trás das quais não podem deixar de prosperar tendências reacionárias. Atualmente, o aprismo, como propaganda, está circunscrito à América Central; na América do Sul, como consequência do desvio populista, caudilhista, pequeno-burguês, que o definia como Kuomintang latino-americano, está em uma etapa de liquidação total. (p. 206)

É interessante sublinhar como reaparece aqui o adjetivo "populista" para caracterizar as posições apristas, em chave muito semelhante àquela empregada por Mella. Assim como o militante cubano, Mariátegui também associa o "populismo" à "vagueza ideológica", ao "caudilhismo" e à base social "pequeno-burguesa". Quanto à esta última, o autor peruano afirmava que não poderia ser o sustentáculo de uma política anti-imperialista consequente, o que seria ilustrado pela tendência do regime pós-revolucionário mexicano à conciliação com o imperialismo dos EUA:

"Nem a burguesia, nem a pequena-burguesia no poder podem fazer uma política anti-imperialista consequente. Temos a experiência do México, aonde a pequena-burguesia acabou pactuando com o imperialismo *yankee*" (*Idem*, p. 205)

Essa última passagem, referindo-se ao caminho tomado pela Revolução Mexicana merece destaque na medida em que para Haya de La Torre a Revolução ocorrida no México a partir de 1910 seria o modelo de uma revolução anti-imperialista. Aliás, para se ter uma ideia da centralidade da Revolução Mexicana, não apenas no debate entre os dois autores, mas nas controvérsias da esquerda latino-americana de modo geral, é bastante interessante observar a análise mariateguiana do processo revolucionário mexicano, feita em uma série de três artigos entre 1924 e 1930. Nota-se nesses artigos uma inflexão entre o primeiro – que expressava um certo otimismo a respeito da postura anti-imperialista do governo de Álvaro Obregón – e o último, em que o autor aponta taxativamente a conciliação entre o regime, resultante da Revolução, e o imperialismo[13].

---

13 Para além de refletir mudanças na leitura do autor peruano, as posições dos artigos também refletem transformações no processo histórico mexicano. Em 1929, sob a liderança do presidente Plutarco Elias Calles, foi criado o Partido Nacional Revolucionário (PNR), antecessor do Partido Revolucionário Institucional (PRI), o qual estabilizou a vida política do país ao institucionalizar o sistema político pós-revolucionário.

No primeiro dos textos, publicado em 1924, o autor aponta o caráter democrático-burguês da Revolução Mexicana de 1910, a qual teria tido por tarefa liquidar o latifúndio feudal e emancipar o país do imperialismo. Naquele momento, em que o presidente Álvaro Obregón, em aliança com a Confederação Obrera Mexicana (CROM), estava em conflito com o imperialismo estado-unidense, Mariátegui expressava otimismo em relação, tanto à reforma agrária e à estabilização realizada, quanto à política educacional inovadora de Vasconcellos (Mariátegui, 1991f, p. 351-352).

No segundo artigo, publicado em 1929 – quando já se dera a ruptura com Haya –, o autor aponta para as contradições inerentes ao caráter poli-classista da frente revolucionária, a qual se expressaria nas crises militares a cada processo eleitoral (1991,g p. 353). Por fim, no terceiro e último dos textos, publicado em 1930, o autor começa apontando o caráter de classe do regime mexicano: "Tanto em tempos de fluxo revolucionário, como de refluxo reacionário, e talvez mais precisamente nestes do que naqueles, a experiência histórica iniciada no México com a insurreição de Madero e a derrubada de Porfírio Diaz oferece ao observador um conjunto único e precioso de provas da inelutável gravitação capitalista e burguesa de todo o movimento político dirigido pela pequena-burguesia, com o confusionismo ideológico que lhe é próprio." (Mariátegui, 1991a, p. 356).

Mariátegui aponta o caráter de classe, não apenas do Estado mexicano, mas do Estado em geral, afirmando ser a ideia de um "Estado-antiimperialista" ou "regulador" uma construção ideológica que disfarçava tal caráter, chegando mesmo a compará-la "à concepção do corporativismo fascista" (1991a, p. 357). Segundo o autor, em que pese os importantes avanços políticos e sociais da revolução, o regime que dela resultou vivia um momento de retrocesso, com concessões frente ao imperialismo e a repressão às organizações operárias e de esquerda (p. 358-359).[14]

---

14 Aqui o tom e os argumentos de Mariátegui se aproximam bastante dos de Mella, abordados acima. Mesmo Mariátegui parece pagar tributo à ortodoxia. Discutirei as razões disso mais adiante.

Entre a nação e a revolução

Tal leitura do desdobramento do processo político no México é fundamental pela importância que Haya de La Torre lhe atribuía. Ao lado do Kuomintang chinês, o regime revolucionário mexicano era o seu modelo para a revolução no subcontinente. Nas palavras do líder aprista: "Vencido, com a ditadura porfiriana, o Estado feudal – representativo dos grandes proprietários de terra e aliado do imperialismo – o novo Estado mexicano não é nem um Estado patriarcal-camponês, nem o Estado burguês e nem o Estado proletário exclusivamente. A Revolução Mexicana – revolução social, não socialista – não representa o triunfo de uma só classe. (...) O partido vencedor, partido de espontânea frente única contra a tirania feudal e o imperialismo, domina em nome das classes que representa e que, em ordem histórica da consecução reivindicatória, são: a classe camponesa, a classe operária e a classe média" (Haya de La Torre, 2001b, p. 51).

Esse caráter, anti-imperialista e anti-feudal, do novo Estado estaria, segundo Haya de La Torre, plasmado na já mencionada Constituição de 1917, à qual também evidenciaria a base poli-classista do novo regime. Todavia, a aplicação dos novos princípios se via embaraçada pela ação do imperialismo dos EUA, o qual buscava impedir aquelas medidas que iam contra seus interesses, apoiando-se na reação feudal (p. 53). Para o líder aprista, a grande lição da Revolução Mexicana estaria na distância entre o novo arcabouço legal e sua aplicação, discrepância esta que se deveria à ausência de um embasamento científico do Estado anti-imperialista, o qual ele se propunha a estabelecer (p. 55).

Ao contrário deste, Mariátegui não acreditava que o anti-imperialismo pudesse ser o cerne de um programa revolucionário, devendo este basear-se na luta de classes e no socialismo. Quanto à pequena-burguesia e a aposta que o líder aprista fazia em seu potencial revolucionário, o marxista sustenta que seus interesses concretos não são necessariamente antagônicos aos do imperialismo. Ao contrário, com o crescimento da presença de empresas multinacionais, as classes médias urbanas viam aumentar suas possibilidades de emprego e ascensão social, fugindo à "empregomania" que a atrelava aos pequenos cargos públicos (Mariátegui, 1991h, p. 208).

Como afirma Quijano, a polêmica entre os dois delineia as duas correntes que iriam, nas próximas décadas, disputar a hegemonia do movimento revolucionário do Peru: de um lado, a nacionalista-democrática e, de outro, a socialista-marxista (Quijano, 1991, p. 122).Mais do que isso, como lembra Patrícia Funes, essa polêmica entre Haya e Mariátegui antecipa, em grande medida, os termos em que se daria o debate, nas décadas seguintes, entre nacional-populistas e comunistas e entre adeptos da CEPAL e da Teoria da Dependência (Funes, 2006, p. 245-246).

Embora tanto Haya de La Torre quanto Mariátegui se reportem à nação e ao nacionalismo, eles o fizeram de modo distinto. Se o primeiro, como ficou claro acima, defendia a construção da nação por meio de um "capitalismo de Estado", com base em um arranjo poli-classista, o segundo sustentava que a autonomia nacional só poderia se dar com a ruptura com o capitalismo. Nesse sentido, afirma no segundo dos *Sete Ensaios...*: "Neste instante de nossa história, não há como ser nacionalista e revolucionário sem ser socialista (Mariátegui, 2008, p.28) Assim, onde Haya de La Torre procura distinguir ou opor nacionalismo e socialismo, seu interlocutor tenta uni-los. Cerca de um ano antes do rompimento com o líder da APRA, no segundo artigo de uma polêmica com Luis Alberto Sánchez – quem, diga-se de passagem, após 1931, se filiaria ao aprismo – Mariátegui precisa esse raciocínio: "O nacionalismo das nações europeias, onde nacionalismo e conservadorismo se identificam e se consubstanciam, se propõe fins imperialistas, sendo reacionário e anti-socialistas. Mas o nacionalismo dos povos coloniais, sim, coloniais economicamente, ainda que se vangloriem de sua autonomia política, tem uma origem e um impulso totalmente diversos. Nesses povos o nacionalismo é revolucionário e, portanto, conclui-se no socialismo. Nesses

Entre a nação e a revolução

povos a ideia da nação não cumpriu ainda sua trajetória nem esgotou sua missão histórica" (1995f, p. 250).[15]

Dessa maneira, Mariátegui não acreditava que os problemas nacionais pudessem ter uma solução burguesa e liberal. Sem dúvida que os problemas fundamentais do Peru eram problemas de uma revolução burguesa: emancipação nacional, reforma agrária, integração social e política da massa popular, sem as quais não poderia haver nação sólida. Contudo, uma burguesia retardatária e formada pela associação entre o imperialismo e o latifúndio seria historicamente incapaz de levar a cabo as tarefas que suas congêneres haviam cumprido alhures.A missão histórica de completar o processo de formação da nação caberia a uma aliança entre o nascente proletariado industrial e o campesinato indígena, a qual levaria a cabo uma revolução de caráter socialista. Se a liderança revolucionária caberia aos operários, os indígenas seriam a base social sem a qual nenhuma revolução poderia triunfar nas condições peruanas.

Estou de acordo com Aricó, quem vê aí a tentativa de Mariátegui de "traduzir" para as condições históricas peruanas a estratégia de Lênin da "aliança operário-camponesa" para a Revolução Russa. (Aricó, 1978, p. XLVIII). A posição aprista frente à pretensão mariateguiana de pensar um caminho socialista para o Peru e a América Latina pode ser bem sintetizada pelo artigo do dirigente aprista Carlos Manuel Cox. Para ele, no que tange à interpretação marxista da realidade peruana, Mariátegui e o aprismo estão de acordo. A divergência surgiria, segundo suas próprias palavras, no adjetivo (Cox, 1978, p. 4).[16] O problema do autor dos *Siete Ensayos*, segundo o companheiro de Haya de La Torre, seria seu excessivo "intelectualismo", que o levaria a desconhecer as necessidades próprias à ação política.

Desse modo, Mariátegui teria se deixado levar pelo impacto de sua experiência na Europa – a qual soubera analisar de modo acurado

---

15 Publicado em *Amauta*, no. 7, março de 1927.
16 Publicado em *Claridad*, no. 279, Buenos Aires, julho de 1930. 4.

– e "imaginado" para o Peru e para a Indo-América um proletariado revolucionário que, na realidade, não existiria. Assim, termina julgando o legado mariateguiano com uma paráfrase de Ortega y Gasset: "tens razão em tudo o que negas, mas te equivocas em muito do que afirmas" (p. 8) Cox recolhe de Haya o tema da adequação da teoria à realidade e do "europeísmo" de Mariátegui, ao mesmo tempo que procura reivindicar para a APRA seu legado como intérprete da realidade peruana. Como se depreende da análise feita acima, o juízo de Cox de que a discordância seria somente "adjetiva" é errôneo. Não que Mariátegui e Haya não tivessem importantes pontos de convergência, o que já ficou bem claro em diversos momentos deste estudo. Aliás, o próprio Mariátegui, em uma nota de rodapé, presente nos *Siete Ensayos*..., afirmava:

> Escrito este trabalho, encontro no livro de Haya de La Torre *Por La Emancipación de América Latina* conceitos que coincidem absolutamente com os meus a respeito da questão agrária em geral e da comunidade indígena em particular. Partindo dos mesmos pontos de vista, de maneira que é forçoso que nossas conclusões sejam também as mesmas. (Mariátegui, 2008, p. 68)

Ainda que ambos, mesmo após a ruptura, pudessem estar de acordo a propósito de um tema tão importante naquele contexto como era a "questão agrária", o artigo do próprio Cox deixa claro que as divergências não eram meramente "adjetivas", ao afirmar que a visão europeizante e intelectualista de Mariátegui o teria impedido de discernir as diferenças na estrutura social entre a Europa e a América Latina (Cox, 1978, p. 7). Mesmo no tema da comunidade indígena, no qual a convergência era clara, havia importantes discrepâncias, como a crítica oblíqua de Haya à comparação mariateguiana entre as comunidades andina e russa deixa entrever.

Há, todavia, um aspecto interessante e acertado do texto do dirigente aprista: sua afirmação da divergência de Mariátegui com relação à III. Internacional. Embora se equivocando em fatos e datas, Cox aponta como o Partido Socialista de Mariátegui, embora pretendesse filiação à

Entre a nação e a revolução

IC, foi rejeitado pela mesma por seu "revisionismo" (p. 7-8). É, justamente, para essa outra polêmica que me voltarei agora.

Este tema é um tópico controverso que divide os intérpretes da obra mariateguiana. Alguns – como Jorge Del Prado e Jorge Falcón -, ligados ao PCP, sustentam que as discrepâncias foram secundárias ou de menor importância (Del Prado, 1978, p. 84-86) e (Falcón, 1985, p. 26-28). Já outros, como Quijano (2014), Galindo (1994), Aricó (1978, 1985) e Melis (1978), adotam o ponto de vista oposto: o de que Mariátegui e a IC tinham divergências de fundo que teriam levado o marxista peruano ao isolamento, tanto no movimento comunista latino-americano, quanto em seu próprio partido. Mesmo sendo inegável que Mariátegui tenha sido parte da tradição política comunista, isso não deve obscurecer o caráter heterodoxo de seu pensamento, o qual recebeu reprovações explícitas dos representantes do *Comintern*. Para demonstrá-lo, é fundamental retornar à trajetória e aos termos do debate do peruano com a ortodoxia.

Como se viu acima, o Comintern já vinha exortando Mariátegui a romper com os apristas desde 1927, ao que este resistia, pelos argumentos também já expostos. Consumada a ruptura com Haya e fundado o novo partido socialista, nem por isso as relações entre Mariátegui e a IC se tornaram harmônicas. Tais divergências se aprofundariam e ficariam mais claras na 1ª. Conferência Comunista Latino-americana, realizada em Buenos Aires em junho de 1929. Mariátegui redigiu duas teses para o evento: "Punto de Vista Anti-imperialista", discutida acima, e "El Problema de Las Razas em América Latina". Por motivos de saúde, o secretário-geral do PSP não pôde comparecer à conferência, sendo o médico Hugo Pesce e o sindicalista Julio Portocarrero os delegados peruanos.

Na tese sobre o problema racial, seu autor vinculava o potencial revolucionário dos indígenas à sua condição de camponeses (Mariátegui, 1991c, p. 216-218). Nesse sentido, a "questão indígena" se resolveria com o acesso à terra e não, como sustentavam os documentos da IC, com a concessão aos indígenas do direito de autodeterminação: isto é, do direito de constituírem seus próprios Estados. Assim, "Peters", representante da Juventude Comunista Internacional, acusou os delegados peruanos de subestimarem o caráter nacional das reivindicações indígenas e de adotarem, inconscientemente, o ponto de vista "chauvinista" dos peruanos brancos (IC, 1929, p. 298-299).[17]

Outro ponto da interpretação mariateguiana da "questão indígena" que gerou polêmica no encontro foi a tese, já referida acima, de que o *Ayllú* pudesse ser aproveitado como germe de uma economia socialista autóctone. Isso fica claro no seguinte comentário de "Leôncio", pseudônimo de um dos delegados brasileiros ao encontro:

> Latifúndio ou Comunidade? Mas, se o mal está no latifúndio, a salvação não se encontra nas comunidades agrárias. O grau de desenvolvimento econômico alcançado pela América Latina, não permite mais o retrocesso ao regime das comunidades primitivas. A volta à civilização índia é um ideal sem sentido na época em que vivemos. (p. 295).[18]

Como se pode ver, a crítica do delegado brasileiro à tese mariateguiana do socialismo indígena vai no mesmo sentido da crítica de Julio Antonio Mella às teses similares defendidas por Haya de La Torre.

Ainda que o qualificativo "populista" não chegue a aparecer nas atas da Conferência, ele veio a ser utilizado mais tarde por críticos ortodoxos das contribuições do fundador do socialismo peruano. O mais conhecido porta-voz dessa leitura de Mariátegui foi o especialista sovi-

---

17 Porém, diante das ponderações de Pesce e Portocarrero da inadequação da consigna da "autodeterminação nacional" à América Latina, Julles Humbert-Droz, "Luís", admitiu que o problema era complexo e que demandaria maior estudo (*Idem*, p. 312).

18 Os delegados brasileiros ao encontro foram Paulo de Lacerda, Leôncio Basbaum, Mário Grazzini e Danton Jobim (Del Roio, 1990, p. 80). Porém, provavelmente a intervenção citada a cima não foi de Basbaum, já que todos os delegados ao encontro utilizavam pseudônimos. Não encontrei, nem no texto de Del Roio, nem na versão digital das atas da conferência a relação dos pseudônimos de todos os delegados, de modo que não sei quem foi o responsável por esta intervenção.

Entre a nação e a revolução

ético em América Latina V. M. Miroshevsky. Segundo ele: "Mariátegui acreditava que o Peru marcharia para a Revolução por um caminho próprio, por um caminho especial. Considerava os camponeses indígenas peruanos como "coletivistas naturais", acreditava que estes realizariam a revolução socialista independentemente, sem o proletariado revolucionário" (Miroshevsky, 1978, p. 58).[19]

Como se pode depreender da análise, feita até aqui da obra mariateguiana, a afirmação do autor soviético de que o peruano defendia uma revolução camponesa sem o proletariado é inteiramente equivocada.No entanto, as analogias que Miroshevsky vê entre Mariátegui e os *narodniks* não são, a meu ver, inteiramente desprovidas de razão. Basta pensar na centralidade que os narodnikis, desde Alexander Herzen, seu primeiro expoente, atribuíam à Obstchina como base para um socialismo russo que poderia contornar o doloroso processo de industrialização capitalista, com todas as suas consequências sociais deletérias (Venturi, 1960, p. 119-120), (Blakely, 1982, p. 156-157). O problema é estigmatizar essas coincidências como indícios de um "socialismo pequeno-burguês" ou "retrógrado (Miroshevsky, 1978, p. 69).[20]

A propósitomerece destaque a menção que Miroshevsky faz ao "caminho próprio" defendido por Mariátegui. Para a ortodoxia soviética, como se verá adiante, era justamente a ideia de um caminho próprio ao socialismo que parecia inaceitável.Por fim, entre as polêmicas que opuseram o SSAIC e os representantes peruanos esteve ado caráter do

---

19 Este artigo foi publicado na primeira metade dos anos 1940 em uma revista soviética e traduzido na mesma época para o espanhol em uma publicação vinculada ao PC cubano.

20 É sempre bom lembrar que os próprios *narodnikis* não defendiam nenhum retorno a um passado medieval – postura mais associada com os "eslavófilos" contra os quais polemizavam – mas sim o aproveitamento das tradições coletivistas russas para a concecussão de uma modernidade alternativa (Venturi, 1960, p. 77-78). Analisando o programa dos Socialistas Revolucionários, principal organização do século XX herdeira do "populismo" oitocentista, Blakely afirma que o programa tinha claro viés progressista e não retrógrado (Blakely, 1982, p. 159).

novo partido, a nova agremiação não assumira a forma de um Partido Comunista, o que foi expresso na adoção do nome "socialista", de caráter mais genérico. No manifesto de fundação do PSP se diz: "De acordo com as condições concretas atuais do Peru, o comitê concorrerá à organização de um partido socialista, baseado nas massas operárias e camponesas organizadas" (Mariátegui, 1991I, p. 157)

Segundo Leila Escursim, a questão do nome do partido era secundária, já que a organização adotava expressamente a ideologia "marxista--leninista" e buscava filiação à IC, sendo, na prática, um partido comunista (Escursim, 2005, p. 275-276).[21] Não creio que isso seja preciso. Em primeiro lugar, Mariátegui sabia muito bem que a denominação "comunista" era uma das 21 condições que os Estatutos da Internacional exigiam para a filiação de um partido. Além disso, segundo Galindo, os representantes da IC, Codovilla à frente, foram incisivos ao criticar a denominação da organização. É sabido como o nome "socialista" tinha então para os comunistas uma conotação pejorativa, associada ao reformismo.

Ora, porque um intelectual assumidamente revolucionário e simpático ao *Comintern* como Mariátegui preferira essa denominação? Para entender suas razões, deve-se atentar para o começo e o fim da citação anterior. A prioridade do marxista peruano era a de fundar um partido que estivesse "em acordo com as condições do Peru" e que fosse "inserido no movimento das massas populares". Ou seja, nas "condições concretas" do país um Partido Comunista exclusivamente operário, como queria a IC, seria, na visão mariateguiana, algo deslocado e inviável. Daí a opção por adotar o nome mais genérico de "socialista".

Além do nome, os dirigentes da IC questionavam a composição de classe do PSP. Como se viu acima, em seu manifesto de criação o partido se dizia "baseado nas massas operárias e camponesas". Porém, para homens como Julles Humbert-Droz, o qual representava, sob o pseudô-

---

21 Embora com uma análise cuidadosa e sem a linguagem panfletária das passagens citadas de Del Prado e Falcón, a autora brasileira se aproxima, nesse tocante, às posições destes últimos.

nimo de Luís, o *Comintern* na Conferência de Buenos Aires, o PSP era uma organização demasiado aberta e flexível, o que não correspondia a seus padrões de disciplina revolucionária. Isso fica patente nas críticas que o comunista suíço fez ao partido de Mariátegui, considerando-o demasiadamente "aberto" e de ideologia, senão "reformista", no mínimo "confusa" (IC, 1929, p. 101). É interessante observar a reação do delegado peruano Julio Portocarrero, "Zamora", a essas críticas. Segundo ele, as diretrizes da Internacional para cada país da região deveriam ser "diferentes", pois "diferentes" seriam seus contextos socioeconômicos (p. 153).

Com isso, se pode compreender o que estava por trás da polêmica em relação ao nome e caráter do PSP: a IC temia a excessiva independência da nova organização e de seu principal dirigente, preferindo o alinhamento automático com suas decisões. Tal perspectiva é evidenciada pela seguinte afirmação de Humbert-Droz sobre o que o preocupava no PSP: "Temo que, sob uma forma nova, e com uma nova etiqueta, tenhamos no Peru o ressurgimento da APRA." (p. 101)

Desse modo, como sublinham diferentes estudiosos, (Angell, 1997, p. 83), (Priestland, 2012, p. 242), a pretensão de Mariátegui de organizar um partido socialista que fosse capaz de exprimir a heterogeneidade da formação social peruana – incorporando operários industriais, trabalhadores-artesãos e camponeses indígenas – não foi bem recebida pelo Comintern, que a considerou "populista".

Ainda no que diz respeito à estratégia política, outra discrepância se daria em torno da relação com a pequena-burguesia. A esse respeito, o documento de fundação do PSP afirmava: "A organização sindical e o Partido Socialista, por cuja formação trabalharemos, aceitarão contingentemente uma tática de frente única ou aliança com organizações ou grupos da pequena-burguesia,sempre que estes representem um movimento de massas e com objetivos e reivindicações concretamente determinadas" (Mariátegui, 1991I, p. 158)[22]

---

22 Por essa declaração vê-se como, apesar de ter rompido com Haya, Mariátegui não queria afastar a possibilidade de alianças ou convergências futuras.

Naquele período, todavia, a IC, já sob hegemonia stalinista e tendo adotado – em seu VIo. Congresso (1928) – a linha de "classe contra classe", estava empenhada em "proletarizar" os PCs, combatendo, em especial, os quadros intelectuais de origem pequeno-burguesa, tidos como "vacilantes". Esse espírito obreirista e anti-intelectualista pode,mais uma vez, ser exemplificado pelo panfleto de Mella contra Haya. Para rejeitar a ideia de uma "frente de trabalhadores manuais e intelectuais", o cubano afirma: "Para cada membro intelectual em um partido ou organização operária, há sempre uma enorme porcentagem de trabalhadores manuais." (Mella, 1975, p. 93)Ainda que o autor não negasse o valor dos intelectuais revolucionários individuais (ele próprio era um deles), não deixava de fazer a seguinte ressalva: "Porém, visto o assunto das perspectivas das forças sociais e do papel das classes sociais, os intelectuais, em seu conjunto, são reacionários." (*Idem, Ibidem*)

Esse exame das divergências ou discrepâncias entre Mariátegui e o *Comintern*deixa claro que a IC temia a excessiva independência da nova organização e de seu principal dirigente, preferindo o alinhamento automático com suas decisões.

Se Mariátegui parte, para o emprego do materialismo histórico, da análise de situações concretas, os membros mais ortodoxos da Internacional aplicavam os conceitos e categorias do marxismo-leninismo à qualquer situação histórico-social, sem respeito por suas singularidades, como se pode ver no trecho, acima citado, no qual Mella defende a aplicabilidade "universal" do marxismo.[23] Essa imposição de modelos *a priori* a realidades estranhas aos mesmos poderia ser descrita, retomando uma sugestão de Löwy (2006, p. 10), como "eurocêntrica", sendo o exato oposto do "particularismo" de Haya de La Torre. Sua forma mais acabada e extrema pode ser encontrada na resposta que o

---

23 Assim, creio ser supérfluo indagar se Mariátegui foi ou não um leninista. Não era o reconhecimento da autoridade teórica e política de Lênin que o distanciava da IC, mas sim sua maneira de empregar o marxismo. Cf. (Aricó, 1978, p. XX-XXII).

Entre a nação e a revolução

Secretário Sul-americano da IC, o ítalo-argentino Vittorio Codovilla, deu aos delegados do PSP quando estes lhe presentearam com um exemplar dos *Sete Ensaios...* de Mariátegui. O secretário do SSAIC desdenhou publicamente o livro, considerando-o uma obra de pouca relevância. Em primeiro lugar, Codovilla criticava o emprego da forma "ensaio", por considerá-la própria de autores liberais ou conservadores, além de sugerir um trabalho inacabado ou não científico (Galindo, 1994, p. 407-408). A outra objeção dizia respeito ao termo "realidade peruana". Quanto a este último, o comunista argentino fulminou: "realidade peruana, isso não existe." *(p. 408).*

A tarefa, proposta por Mariátegui de inserir-se no âmbito do movimento comunista internacional e, ao mesmo tempo, manter uma linha política independente – calcada numa apreensão da especificidade peruana e latino-americana – era, sem dúvida uma tarefa muito difícil.[24] A síntese, buscada por Mariátegui, entre o marxismo e o nacionalismo é mais fácil de realizar na teoria do que na prática política, como a própria situação do marxista peruano em seus últimos dois anos de vida deixa claro. Isolado no interior de seu próprio partido e pressionado pela IC, Mariátegui, gravemente doente, renunciou à secretaria geral do PSP em favor de Eudócio Ravinez, quem prontamente rebatizou o partido como Partido Comunista do Peru (PCP), reorganizando-o nos moldes preconizados pelo *Comintern* (Galindo, 1994, p. 503). Talvez essa situação possa explicar o tom sectário, acima apontado, do último artigo de Mariátegui sobre a Revolução Mexicana. Assim, nem o autor dos *Siete Ensayos* ficou imune ao clima esquerdista do comunismo de inícios dos anos 1930 (Godio, 1983, p. 125). Afinal, ele sabia quão difícil seria manter-se como revolucionário fora do âmbito da IC.

Dessa maneira, pode-se sustentar que a forma organizativa e as diretrizes da IC – organização altamente centralizada e orientada para

---

24 Difícil, porém não impossível. Quijano, por exemplo, lembra o caso de Mao Tse-tung quem, ao longo dos anos 1930, foi capaz de combinar o pertencimento à IC stalinista com autonomia política de fato (Quijano, 2008, p. CVIII).

enquadrar os PCs membros na linha oficial soviética – impediriam, naquele momento, a concretização, no plano político, do encontro entre o nacionalismo e o marxismo. Se os PCs seriam o fruto do "casamento" entre a Revolução de Outubro e uma esquerda nacional, poder-se-ia concluir, não sem um certo sarcasmo, que no caso de Mariátegui e do comunismo peruano, a "esquerda nacional" em formação que optou pelo matrimônio com a IC, acabou sendo anulada pelo cônjuge estrangeiro. Já a corrente da esquerda peruana que, nos anos seguintes, iria florescer e ganhar a adesão popular – a APRA de Haya de La Torre – o fez na medida mesma em que se divorciou do comunismo internacional.

Seguindo esse raciocínio, poder-se-ia concluir que, após a Revolução Cubana, a qual teria promovido a síntese de elementos nacionalistas e socialistas, o projeto intelectual de Mariátegui teria finalmente encontrado vazão (Löwy, 2006). Além do marco político representado pelo castrismo e pelo guevarismo, poder-se-ia acrescentar que o marxismo original latino-americano se teria constituído, de maneira análoga ao pensamento do próprio Marx, por meio da crítica à "economia política" da CEPAL, resultando nas teorias da dependência (Novais, 1983, p. 25). Ou ainda, segundo uma formulação que julgo mais precisa, o dependentismo emergiria como resultado de uma dupla crítica, à "ideologia do desenvolvimento" e à "ideologia da revolução burguesa", isto é, à CEPAL e ao terceiro internacionalismo (Portantiero, 1990, p. 351). Aliás, seguindo essa pista interpretativa, poder-se-ia afirmar que Mariátegui, quatro décadas antes, fez um movimento análogo, ao criticar, o aprismo, de um lado, e a ortodoxia da IC, de outro.

O que desejo sublinhar com essas breves referências é que as contribuições latino-americanas mais singulares ao marxismo só foram possíveis a partir do momento em que a teoria passou a ser "produzida localmente", em conjunção com o advento de uma experiência local de socialismo.

Esse raciocínio conduziria à conclusão de que Mariátegui, embora não encontrando condições adequadas em seu próprio tempo, seria o precursor de uma tradução latino-americana do materialismo histórico, a qual teria continuidade após 1959.

Aliás, não seria por acaso que a edição de suas obras completas, que teve início nos anos 1950 por iniciativa de seus filhos, tenha gerado, nos anos 1960 e 70, uma volumosa fortuna crítica, tanto no Peru, quanto na Argentina, França, Itália e mesmo na URSS. Além disso, multiplicaram-se as edições e traduções de *Siete Ensayos...*, o qual se tornou o livro peruano de não ficção mais lido em todo o mundo.[25] O que importa assinalar é que os acontecimentos políticos e novas correntes teóricas que se desdobraram a partir de 1959 – os quais encerraram a hegemonia que os stalinistas haviam mantido sobre o marxismo latino-americano e abriram um novo ciclo revolucionário – teriam criado um contexto favorável ao resgate e difusão da obra mariateguiana.

A centralidade de duas polêmicas periféricas

Analisadas em detalhe as duas polêmicas, é o caso agora de discutir a problemática que subjaz a ambas: a da tradutibilidade ou recriação do marxismo em condições latino-americanas. Retomando as posições dos três autores aqui analisados, fica claro que, enquanto Haya de La Torre, cristalizando pela primeira vez os elementos constitutivos da ideologia nacionalista popular, afirmava a necessidade de ir além do legado de Marx e formular uma nova teoria capaz de expressar a singularidade indo-americana, Mella, assumindo o ponto de vista "cominterniano", subsumia qualquer particularidade local à universalidade do materialismo histórico. Entre ambos, estava, como se enfatizou na sessão anterior, Mariátegui, quem se propôs a recriar o marxismo a partir da experiência sócio-histórica da América Latina, de modo geral, e do Peru em particular.

Aqui é útil retomar a questão, abordada acima, a respeito dos diferentes modos de compreender o marxismo. É curioso notar como os polos

---

25 Para a difusão da mais importante obra de Mariátegui, cf. (Pericás, 2010)

opostos – Haya e Mella – tinham, no fundo, uma visão semelhante do que seria o materialismo histórico: um sistema teórico acabado ou uma filosofia da história a ser aplicada, ou não, a diferentes realidades. Sintomática, nessa direção é a passagem transcrita aqui de Mella, na qual ele afirma não ser a América Latina "um continente de Júpiter" e que, portanto, a ela se "aplicariam"– o uso deste verbo não me parece gratuito - as categorias do materialismo histórico. Já Mariátegui, como procurei argumentar, se apropriava do pensamento de Marx como um método, o que fica claro em sua recusa explícita de uma "filosofia da história" marxista. É esse movimento teórico que lhe permitiu buscar a síntese entre o socialismo, como aspiração universal, e o nacionalismo, como aspiração particular.

Todavia, como se viu também, esse programa intelectual, ainda que pudesse ser o mais promissor, não encontrou condições históricas de se viabilizar como prática política alternativa. Essa derrota da tentativa de promover uma síntese entre socialismo e nacionalismo teria consequências graves, não apenas para a esquerda peruana, mas para a latino-americana como um todo. Como bem assinalam Portantiero e De Ipola, o desencontro entre nacionalismo e socialismo, cujo ponto de partida os autores identificam no "debate clássico" entre Haya de La Torre e Mariátegui, teria bloqueado a constituição de forças contra-hegemônicas, com as notáveis exceções do "castrismo" e do "sandinismo", experiências revolucionárias triunfantes, as quais contrastariam, por um lado, com a Unidade Popular chilena e, de outro, com o peronismo argentino (Portantiero e De Ipola, 1981, p. 1-2).

Além disso, essa dupla polêmica ganha relevo na medida em que lança temas, linhas de reflexão e questões que serão retomadas, com ou sem consciência em momentos posteriores do pensamento da esquerda latino-americana. Sob um fundo comum, isto é, a concordância de que os problemas fundamentais da América Latina se articulavam em torno do binômio imperialismo-latifúndio, Haya de La Torre, Mella e Mariátegui divergiram em torno dos seguintes eixos temáticos:

Entre a nação e a revolução

- O caráter do imperialismo e suas relações com as classes dominantes locais.
- A conceituação das relações de produção vigente, especialmente no campo (feudais, capitalistas ou ambas).
- A partir daí, qual o conteúdo da revolução necessária e quais os sujeitos sociais e formas políticas que a levariam à diante.

Esses três conjuntos de questões iriam reaparecer, décadas mais tarde, nos debates que oporiam adeptos do desenvolvimentismo, dos PCs e do marxismo dependentista, revelandouma importante continuidade no que diz respeito aos esquemas subjacentes ao pensamento político--social latino americano (Portantiero, 1990, p. 350).

Para concluir, cabe uma pergunta: mas afinal, por que um debate com essa importância seminal para o conjunto da esquerda latino--americana ocorreu principalmente em tornodo Peru? É verdade que, dos três envolvidos, um, Julio Antonio Mella, era cubano. É fato também que apolêmica entre este último e Haya teve lugar no México, país que, por ter sido palco, como já ficou dito, da primeira grande revolução social latino-americana, exercia um papel de centro de gravitação política dos exilados da região. Por fim, como ressalta Galindo (1994), a polêmica entre Mariátegui e Haya se deu por meio de cartas trocadas entre grupos de exilados peruanos espalhados entre a América Latina e a Europa.

Contudo, apesar dessas ressalvas, é um fato também óbvio que dois dos três autores aqui discutidos eram peruanos que, a partir de sua controvérsia, se tornariam figuras-chave na história política e intelectual de seu país. Mais importante ainda: grande parte dos temas em disputa se referiam, direta ou indiretamente, a problemas peruanos, como é o caso notório da "questão indígena" e suas relações com a "questão nacional" e a "questão agrária". Dessa maneira, o Peru, país periférico em relação aos dois centros intelectuais e políticos da América Latina de então (Cidade do México e Buenos Aires), acabou ganhando proeminência em um momento decisivo da trajetória ideológica da esquerda na região.

Para explicar essa centralidade, acho instrutivo estabelecer um paralelo entre o debate latino-americano de inícios do século XX e o russo do século XIX. Mais uma vez segundo Portantiero, a existência de tradições ou valores pré-europeus facilitaria a mobilização de símbolos capazes de suscitar o fator nacional popular no socialismo. Isso teria ocorrido com a recepção pela *intelligentsia* russa do marxismo. No caso latino-americano, não por acaso o mais próximo dessa síntese teria sido a obra de Mariátegui, originada em um país com um decisivo legado pré-colombiano, representado pelo passado incaico. Já na Argentina, país onde o peso do componente indígena e do passado pré-colombiano eram menores, esse recurso não seria possível, na medida em que as elites intelectuais só conseguiriam pensar o país no quadro de referências do "ocidente" (p. 335-336).[26]

Aliás, seguindo o argumento deste autor e de seu colega Aricó, como já abordei no segundo capítulo e retomarei nas considerações finais, a grande dificuldade do marxismo para dar sentido ao processo de formação nacional latino-americano seria, precisamente, a ambiguidade da posição do subcontinente no *continum* ocidente-oriente que marca o pensamento europeu. A Rússia não ofereceria maiores dificuldades, justamente, por ser identificável como uma zona de fronteira entre o ocidente e o oriente. Do mesmo modo, a teoria marxista teria encontrado condições mais favoráveis para florescer em uma formação social latino-americana cujas feições a afastavam obviamente do paradigma "ocidental".

Não deixa de ser curioso notar como o paralelo entre o Peru e a Rússia apareceu, inclusive, para os próprios protagonistas das contendas, como se pode ver na passagem em que Julio Antonio Mella associa o aprismo ao *narodnitchetsvo* e remete ambos às mesmas causas: o atraso relativo da Rússia e do Peru em relação ao capitalismo mais avançado. Daí que, diante da escassez do proletariado, a intelectualidade, originada em

---

26 O que Portantiero afirma para a Argentina poderia, em grande medida, ser estendido para o Brasil. Basta atentar para as passagens de Rolland Corbisier, citadas no capítulo anterior, que aludem à "ausência" de passado no Brasil ou à irrelevância de nosso legado pré-colonial. Enfatizo que, no caso, se trata de um intelectual empenhado em um combate "descolonizante" e não "ocidentalizante", como seria o caso de, por exemplo, de um Sarmiento ou mesmo de um Justo.

Entre a nação e a revolução

uma numerosa pequena-burguesia retrógrada, poderia "se iludir" com a categoria "metafísica" de povo e "sonhar" com um socialismo camponês. Não quero discutir aqui o acerto dessa interpretação dos textos de Haya de La Torre – no caso da crítica de Mella – ou de Mariátegui, no que se refere à crítica de Miroshevsky. Me parece que em ambos os casos há muito de exagerado, já que tanto Haya, como Mariátegui defendiam projetos eminentemente modernos. No tocante ao primeiro, a aproximação com um "romantismo reacionário" me parece absolutamente injusta. Afinal, as passagens citadas no capítulo 3, de Haya de La Torre dizem abertamente que o capitalismo seria uma etapa histórica "incontornável". Além disso, como se viu acima, no penúltimo capítulo de *El Antiimperialismo y El APRA*, possivelmente em resposta a Mariátegui, mas também a Mella, o autor rejeita claramente o paralelo entre o *Ayllú* eo *Mir* russo.[27] Por fim, como se viu ao final do capítulo 3, o indigenismo de Haya, sob a clara influência do ideal de mestiçagem vasconceliano, era mais uma idealização ou reivindicação simbólica do indígena do que uma convocação direta as populações quéchuas e aymaras do altiplano. Dessa maneira, se poderia concluir que o indigenismo do líder aprista teria, por assim dizer, um caráter instrumental, como deixa entrever a seguinte argumentação:

> A reivindicação do Índio como homem e de seus sistemas como método de produção são imperativas por razões econômicas. O índice de produção se elevará extraordinariamente. Adaptando o sistema ao homem e o homem ao sistema, estendido a toda a região agrária da zona argentina, sob a forma cooperativa estatal, a transformação econômica da América do Sul se acelerará (Haya de La Torre, 2008b, p. 210).

---

27 Cabe esclarecer que tanto Haya como Mariátegui se equivocam, confundindo o *Mir* – espécie de associação ou conselho – com a *Obstchina*, a comunidade agrícola propriamente dita. Cf. (Berlin, 1960).

No caso de Mariátegui, como já afirmei anteriormente, a analogia tem mais fundamentação: dada a defesa que este fazia da potencialidade, não apenasda comuna camponesa andina,mas do próprio mito da restauração do Tawantinsuyo para sustentar uma revolução socialista autóctone. O problema, mais uma vez, está em rotular essa posição como "reacionária", como se a modernidade só conhecesse um único caminho de realização.[28]

Mas o que mais me interessa, ao resgatar as observações de Mella, é preservar seu raciocínio, invertendo o sinal que o cubano atribui ao "atraso" peruano. Aqui é o caso de lembrar a célebre formulação de Marx, contida na "Introdução" da *Crítica à Filosofia do Direito de Hegel* (1843), na qual o autor faz uso da expressão "vantagens do atraso" para explicar o porquê do grande desenvolvimento da filosofia alemã, em contraste com seu relativo atraso histórico em relação aos dois polos da modernidade burguesa de então (Inglaterra e França). Seria justamente por não poderem realizar, nem a revolução industrial inglesa, nem a revolução política francesa, que os alemães, canalizando seus esforços para a reflexão teórica, desenvolveriam uma consciência crítica mais aguçada a respeito da modernidade emergente do que seus próprios protagonistas. Algo análogo se daria em relação ao Peru, em contraste com os já citados centros político e intelectual da América Latina dos anos 1920: o México e a Argentina.

Seja pela Revolução de 1910 ou pelo reformismo da UCR (União Cívica Radical), a entrada das massas no cenário político e as mudanças do aparato de Estado traziam os intelectuais para dentro das instituições públicas. No caso mexicano, homens como José Vasconcelos estavam

---

28 Não tenho condições de prolongar o assunto aqui. Em outro trabalho (Kaysel, 2012, cap. 6), discuti mais detidamente o indigenismo em Mariátegui, procurando demonstrar seu caráter eminentemente moderno. Cabe a sugestão de que, talvez, a diferença entre sua visão da "questão indígena" e a de Haya de La Torre radique na forma distinta pela qual ambos viam o progresso. Enquanto Mariátegui se notabilizou como crítico de uma leitura linear do progresso, Haya abraçou claramente uma interpretação evolucionista do conceito.

preocupados em construir uma nova institucionalidade e um novo consenso ideológico, capazes de dar ordem ao caos gerado pela Revolução. Já na Argentina, viu-se acima como as principais lideranças do movimento da "reforma universitária" acabaram sendo absorvidas peloo radicalismo que, durante o governo de Yirigoyen, havia apoiado suas reivindicações (Portantiero, 1979).

Para a historiadora argentina Patricia Funes (2006) haveria uma relação entre a radicalidade do pensamento dos intelectuais peruanos e sua situação frente ao Estado e à sociedade. Talvez não seja à toa que a ruptura com o pensamento da geração anterior tenha produzido, ali – justamente em um contexto relativamente atrasado – alguns dos frutos que mais impacto teriam ao longo do século XX. Tome-se como exemplo a Reforma Universitária. Como se discutiu no início do presente capítulo, ela começou na Universidade de Córdoba e se espalhou pelo continente, constituindo-se em um marco da nova geração intelectual. Mas, foi apenas no Peru que gerou uma liderança como Victor Raúl Haya de La Torre (o qual influiria na política peruana até os anos 1970) e um movimento da amplitude daAPRA.

O núcleo das ideologias que aqui denomino como nacionalistas populares tem origem em seu eclético e original pensamento. E o que dizer então do marxismo? A Argentina tinha um importante Partido Socialista, cujo dirigente, o já referido Juan B. Justo, havia traduzido o primeiro volume de *O Capital*. Todavia, intelectuais argentinos como José Aricó e Juan Carlos Portantiero encontrariam, nos anos 1970, em José Carlos Mariátegui as "origens do marxismo latino-americano". Não no sentido de ele ter sido o primeiro divulgador do marxismo, mas no de ter sido o primeiro a utilizar o método de Marx de modo crítico para entender a realidade de seu país e do continente.A polêmica Haya de La Torre /Mariátegui instaurou temas e linhas de reflexão que seriam, quatro décadas mais tarde, retomadase ampliadas por cepalinos e dependentistas de diversos matizes.

Reconhecer essa originalidade e fecundidade não equivale, de modo algum, a afirmar que os intelectuais peruanos tivessem, à época, mais peso do que pensadores argentinos ou mexicanos, como José Ingenieros ou José Vasconcelos. Muito provavelmente, no decorrer da década de 1920, eles foram muito mais influentes, no conjunto do sub--continente, do que os peruanos. Afinal, México e Argentina eram os dois grandes países latino-americanos, fora o Brasil.

Por outro lado, se nos voltarmos a intelectuais como Valcárcel e Belaúnde, sua influência, fora do Peru, não parece tão importante. O último, como foi mencionado, permaneceu muito ligado ao *establishment* político e social tradicional. Mas, tendo-se em vista o peso que interpretações como as de Haya de La Torre e Mariátegui tiveram em toda a região nos decênios seguintes, o caráter desfavorável do contexto em que viviam no Peru só realça seu alcance. Posto de outro modo: porque as mais inovadoras e vanguardistas leituras se desenvolveram a partir do contexto comparativamente mais atrasado?

Segundo Funes, se em 1900 o Peru tinha cerca de 1000 estudantes matriculados no ensino superior, em 1930 esse número havia triplicado. Por maior que fosse esse progresso, ficava léguas atrás da Argentina. Em contrapartida, ao término da década de 1920, o país contava com cerca de 400 jornais e periódicos, dos quais 44% tratavam de política e 15% eram voltados para assuntos literários e culturais (*Idem*, p. 305).[29] A diversidade de órgãos de imprensa num país com tão poucos leitores, mostra um universo cultural pequeno porém efervescente, inclusive e, talvez principalmente, do ponto de vista político. O exemplo mais conhecido de combinação entre o cosmopolitismo intelectual e um

---

29 São bons exemplos: *Claridad*, publicação das Universidades Populares "Gonzalez Prada" e encabeçada por Haya e Mariátegui; *El Mercúrio Peruano*, que expressava as posições de intelectuais conservadores como Belaúnde; *La Sierra*, editada pelo "Grupo Resurgimiento"; *Boletín Titicaca, órgão do "Grupo Orkopata"*; e *Amauta*, criada e capitaneada por Mariátegui.

engajamento político radical na imprensa peruana da época é, sem dúvida, arevista *Amauta*, publicada entre 1926 e 1930. Segundo Klaren (2004, p. 315), com o exílio de Haya, Mariátegui e sua revista tornaram-se o ponto de referência da esquerda peruana dos anos 1920. Vale apena citar alguns trechos do editorial de fundação de *Amauta* para se ter uma ideia do projeto político-cultural que a animava. Na apresentação que escreveu para o primeiro número da revista, Mariátegui começa afirmando que:

> Esta revista, no campo intelectual, não representa um grupo. Representa, mais propriamente um movimento, um espírito. No Peru se sente desde algum tempo uma corrente cada dia mais vigorosa e definida de renovação. Os autores desta renovação são chamados de vanguardistas, socialistas, revolucionários etc. A história ainda não os batizou definitivamente. Existem entre eles algumas discrepâncias formais, algumas diferenças psicológicas. Mas, por cima daquilo que os diferencia, todos estes espíritos põem o que os aproxima e mancomuna: sua vontade de criar um Peru novo dentro de um mundo novo. (Mariátegui, 1926, p.1)

Desse modo, o editor da revista, ao mesmo tempo que a vinculava claramente à vanguarda política e intelectual peruana, sustentava seu caráter amplo, por assim dizer, de frente única. Mas, para que não se tivesse dúvida de que a publicação possuía uma filiação ideológica acrescentou mais abaixo:

> Não faz falta declarar que Amauta não é uma tribuna livre, aberta a todos os ventos do espírito. Aqueles que fundamos esta revista não concebemos uma cultura e uma arte agnósticas. Nos sentimos uma força beligerante e polêmica. Não fazemos nenhuma concessão ao critério, geralmente falaz, da tolerância das ideias. No prólogo de meu livro, *La Escena Contemporânea*, escrevi que sou um homem com uma filiação e uma fé. O mesmo posso dizer

desta revista, que recusa tudo que é contrário a sua ideologia, assim como tudo que não traduz ideologia alguma. (*Idem, Ibidem*)

Além de uma revista de esquerda, *Amauta* pretendia ser uma publicação voltada, prioritariamente, para os problemas nacionais. Esse ponto é esclarecido ao final do editorial de estreia, quando Mariátegui, ao justificar o nome do órgão, sustenta que:

> O objeto desta revista é o de propor, esclarecer e conhecer os problemas peruanos desde pontos de vista doutrinários e científicos. Mas, consideraremos o Peru dentro do panorama do mundo. Estudaremos todos os movimentos de renovação – políticos, filosóficos, artísticos, literários, científicos. Todo o humano é nosso. Esta revista vinculará os homens novos do Peru, primeiro com os dos outros povos da América, em seguida com os de outros povos do mundo. (*Idem, Ibidem*)

Desse modo, Mariátegui definia uma linha que conciliava preocupações nacionalistas, latino-americanistas e internacionalistas. Pode-se dizer, seguindo a interessante sugestão de Alfredo Bosi (1990) para pensar a obra de Mariátegui, que se tratava de um projeto de uma "vanguarda enraizada". Mas, como já se viu, *Amauta* não estava sozinha. A imprensa teve, aliás, um papel crucial no Peru dos anos 1920, sendo o polo-aglutinador da nova geração.

Funes não pretende responder à pergunta sobre o vanguardismo intelectual peruano, mas fornece uma boa indicação. Possivelmente o contexto periférico e bloqueado seja, não o problema, mas a resposta. De um lado a realidade social do Peru era – em contraste, por exemplo, com a da Argentina – a mais distante dos centros internacionais (Europa e EUA). Essa distância em relação aos ideais vigentes de modernidade era ainda reforçada por uma classe dominante que resistia mais tenazmente à mudança. Se o caminho da Revolução social (México) ou o das reformas políticas (Argentina) estavam bloqueados pelas circunstâncias

Entre a nação e a revolução

políticas, isso pode ter levado os intelectuais peruanos a ir mais fundo na busca de alternativas para sua sociedade.

No próximo capítulo, procurarei demonstrar como, em condições históricas e políticas muito distintas das do Peru do final da década de 1920, a mesma problemática reaparece no debate entre marxistas e nacionalistas no Brasil dos 50, sendo resolvida, contudo, de modo muito distinto.

capítulo 6

Origens opostas, caminhos comuns: marxismo e nacionalismo no Brasil

Origens antagônicas

No capítulo anterior, viu-se como no Peru, o marxismo e o nacionalismo popular tiveram uma origem comum em um movimento anti-oligárquico precoce no início da década de 1920, bifurcando seus caminhos a partir da ruptura entre seus principais expoentes – Mariátegui e Haya de La Torre – ainda no final do mesmo decênio. Além disso, ficou claro que o contexto político-intelectual da esquerda peruana desse período só é inteligível como parte de um contexto mais amplo, o da esquerda latino-americana. Isso fica bastante claro pela centralidade da polêmica entre Haya de La Torre e o comunista cubano Julio Antonio Mella. Assim, além de serem influenciados por acontecimentos, discussões e autores de outras partes, José Carlos Mariátegui e Victor Raúl Haya de La Torre puderam também intervir e influenciar esse cenário mais vasto. Daí se entendem o significado e o impacto continentais da controvérsia entre os dois peruanos que, como se abordou acima, marcou não apenas a esquerda de seu país, mas teve uma importância seminal par o subcontinente.

No presente capítulo, procurarei demonstrar como os mesmos temas e problemas políticos e teóricos podem ser encontrados, reelaborados em um contexto político-intelectual completamente diferente: o do Brasil entre o segundo governo Vargas e o golpe militar de 1964. Como se verá adiante, a característica desse período que mais interessa para a argumentação desta obraé a convergência entre, de um lado, o marxismo de matriz comunista e, de outro, o nacionalismo popular, tributário da tradição varguista.

Desse modo, ao contrário do que aconteceu no país andino e, talvez, de uma maneira ou de outra, na maior parte da América Latina, o marxismo de extração terceiro-internacionalista se amalgamou com o nacionalismo radical, partindo ambos de posições historicamente antagônicas. Tal antagonismo, todavia, não chegou a se dissolver de todo, produzindo tensões que irromperam em polêmicas que, por vezes, passaram desapercebidas. O que se trata de explicar, portanto, são as razões que conduziram a esse encontro.

Após o golpe civil-militar de 1964, trabalhos da chamada "teoria do populismo", procurando as responsabilidades pela derrota sofrida pelas esquerdas naquele momento, apontaram a associação entre o PCB e o denominado "nacional-populismo" como causa maior das ilusões ideológicas que teriam conduzido aquela que era então a maior organização da esquerda brasileira a não estar preparada para o golpe. Procurando explicar, por exemplo, a aceitação por parte da esquerda, em geral, e dos comunistas, em particular, da estrutura sindical herdada do "Estado Novo", Franscisco Weffort aponta os seguintes fatores:

> A aliança política da esquerda com Goulart, o desenvolvimento de uma estrutura dual do sindicalismo em que as organizações paralelas passam a complementar a organização oficial, a expansão da ideologia nacionalista que, depois da criação do ISEB, deveria orientar tanto os movimentos anti-imperialistas do período quanto a subordinação do movimento operário aos grupos populistas são estes os fatores de ordem política e ideológica mais relevantes para se entender a evolução do movimento operário no período. (Weffort, 1978/1979, p. 4)

Isso porque, ao invés de entender a polarização política e social daquele momento em termos de luta de classes, o PC teria aceito a versão nacionalista, segundo a qual o conflito fundamental se daria entre a

Entre a nação e a revolução

"nação" e a "anti-nação", isto é, o imperialismo e seus representantes no Brasil. Dessa maneira, o PC, como principal organização da esquerda, teria deixado de lado a teoria marxista, em favor de uma aceitação acrítica dos marcos ideológicos do nacionalismo populista, como sustenta a seguinte passagem de Octávio Ianni:

> (...) Por todas essas razões, a esquerda brasileira flutuou sempre entre dois polos: o marxismo-leninismo e a democracia populista. Todavia, entre o fascínio abstrato da teoria e o fascínio efetivo da prática, esta sempre levou a vantagem. Neste sentido, a cultura política da esquerda no Brasil não conseguiu libertar-se da cultura da democracia populista. (Ianni, 1968, p. 112)

> Daí que o partido, além de emprestar seu apoio ao governo populista de João Goulart, defenderia a tese da aliança da classe operária com a "burguesia nacional", no exato momento em que esta se associava ao imperialismo contra a primeira. Mais uma vez segundo Weffort, a origem desse "equívoco" da esquerda estaria no período do segundo governo Vargas e na leitura que dessa conjuntura fizeram suas lideranças (Weffort, 1978/1979, p. 5).

Escrevendo poucos anos após o golpe de 1964, Octavio Ianni apresenta argumentação semelhante, afirmando que na confusão ideológica reinante na esquerda estaria a explicação para o fato desta ter sido surpreendida pelos golpes e reviravoltas políticas (Ianni, 1968, p. 114). Tal leitura da adesão dos comunistas ao nacionalismo foi atribuída, no mais das vezes, à "composição pequeno-burguesa" de suas fileiras, à as origens "tenentistas" e "militares" de sua direção, dos quais a figura do próprio Luís Carlos Prestes seria o maior símbolo. Não quero, por ora, discutir os acertos ou erros de tal explicação sociologizante da questão. Quero, isso sim, problematizar um ponto anterior: o da vinculação entre o marxismo de matriz comunista e o nacionalismo no Brasil.

Nesse capítulo, parto da hipótese de que embora o marxismo de matriz comunista brasileiro tenha sido, entre os anos 1950 e 60, mais próximo do nacionalismo do que foi seu congênere peruano, essa relação teria sido mais marcada pela ambigüidade do que pela adesão. Além disso, defendo que, longe de representar a debilidade dos comunistas brasileiros, sua aproximação com os nacionalistas teria sido, justamente, sua força, na medida em que indicaria uma tendência de enraizamento de sua cultura política em solo histórico brasileiro. Sua fraqueza deveria pois ser procurada exatamente na herança "cominterniana" que impedia tal enraizamento de se concretizar, mantendo-se o partido vinculado à órbita política e ideológica soviética.[1]

Para tanto, examinarei os debates entre intelectuais comunistas e nacionalistas no período 1950-1964, no qual podem se observar importantes mudanças nessa interlocução, alternando-se os momentos de confronto e aproximação.[2] Em seguida, discutirei as possíveis explicações para a aproximação relativa entre comunistas e nacionalistas no período em questão da história brasileira. Irei me opor a já citada tese da "origem pequeno-burguesa" para explicar o fenômeno, embora aceitando que o peso dos militares, singularidade do PC brasileiro, é significativo para entender a permeabilidade da organização ao nacionalismo. Porém, os

---

1   Poder-se-ia questionar se tal enraizamento seria conciliável com a preservação da identidade comunista do PCB. Como se viu no capítulo anterior, Mariátegui enfrentou um dilema similar de modo ainda mais dramático em sua época. Ainda que eu não possa fornecer uma resposta peremptória a essa pergunta, cabe sugerir que ainda que em alguns contextos como o chinês essa conciliação tenha sido possível, na maioria dos casos não o foi. Talvez se possa sugerir que a vinculação cominterniana seria incompatível com o enraizamento nas condições locais, mas não o marxismo ou o comunismo de forma mais geral, como pode ser observado nos desdobramentos da revolução cubana.

2   A corrente ideológica que estou denominando como "nacionalista" começa a ganhar forma em 1952, com o chamado "grupo de Itatiaia" e a revista *Cadernos de Nosso Tempo*, passando pelo Instituto Brasileiro de Economia, Sociologia e Política (IBESP), fundado em 1953, culminando no Instituto Superior de Estudos Brasileiros (ISEB), fundado em 1956 e extinto pelo regime militar em 1964. Sobre a trajetória do ISEB há uma razoável bibliografia. Uma boa síntese pode ser encontrada na coletânea organizada por Toledo (2005). Para uma revisão do conjunto de obras escritas no e sobre o ISEB cf. (Bariani, 2005)

Entre a nação e a revolução

fatores mais relevantes, a meu ver, seriam a especificidade da conjuntura brasileira dos anos 1950, as mudanças por que passou o movimento comunista internacional na mesma época e a relativa ausência de uma tradição de esquerda nacional importante no país, em contraste com o Peru, onde haveria uma tradição radical que data do final do século XIX.

De saída, cabe retomar uma observação, já feita no capítulo 4, de que no Brasil, entre os anos 1920 e 50, houve pouco espaço para movimentos nacionalistas que tivessem o anti-imperialismo como eixo central. Significativamente, as duas tentativas que foram feitas nessa direção foram empreitadas comunistas. Num primeiro momento, a estratégia do PCB, ao final dos anos 1920, formulada por Astrojildo Pereira e Octávio Brandão, de se aproximar do movimento tenentista – visto como expressão política da "pequena-burguesia" – para inserir a classe operária em uma revolução "anti-imperialista e anti-feudal" (Del Roio, 1990, cap. 1). Num segundo momento, após a adesão ao partido de Luís Carlos Prestes e outros elementos da esquerda tenentista, foi criada a Aliança Nacional Libertadora (ANL), cujo objetivo era a implantação de um "governo popular, anti-imperialista e anti-latifundiário", como deixa entrever a seguinte citação de uma carta de Prestes daquele período:"Nós não temos medo do povo, pelo contrário, sabemos que só com o povo podemos garantir o sucesso da nossa causa, a vitória da ANL, a instalação de um governo popular e nacional realmente democrático e anti-imperialista" (Prestes, 1982, p. 80-81).[3]

Ambas as tentativas fracassaram, seja pela intensa repressão, seja pelo sectarismo dos próprios comunistas. No primeiro caso, a intervenção da IC, a qual condenou a linha de Pereira e Brandão, dissolveu o então grupo dirigente em formação e isolou o partido em plena Revolução de 1930. No segundo caso, a cassação do registro da ANL, levou seu núcleo dirigente, aglutinado em torno de Prestes, a uma re-

---

3   Como também ficou sugerido no quarto capítulo, a ANL guarda alguma semelhança ideológica com a APRA antes da ruptura de 1927-1928 entre apristas e comunistas.

belião militar totalmente carente de apoio popular que foi facilmente esmagada pelo governo.[4]

Além da combinação de repressão e clamorosos erros estratégicos, o contraste entre o fracasso dos comunistas brasileiros em estabelecer um movimento nacionalista e anti-imperialista e o relativo sucesso da APRA peruana pode ser bem explicado por fatores abordados ao final do capítulo 4: maior complexidade dos padrões de dominação oligárquicas no Brasil, o que impedia a emergência de um movimento político da classe média radicalizada, e o controle nacional do setor agro-exportador, o que reduzia o impacto e a visibilidade da presença do capital estrangeiro. Todos esses fatores conjugados podem explicar porque, na conjuntura de crise do regime oligárquico, ao final dos anos 1920, a classe operária, apesar das tentativas de Astrojildo Pereira de articular uma aliança com os tenentes e as classes médias, tenha permanecido política e socialmente marginalizada, sem conseguir tomar parte, ao lado das camadas médias, em um bloco histórico que propiciasse uma alternativa mais democrática à dominação oligárquica (Vianna, 1976, p. 102).

O nacionalismo brasileiro, antes e depois da Revolução de 1930, foi dominado, conforme discutido no capítulo 4, pelo chamado "pensamento autoritário", mais inclinado à direita. Foram intelectuais e políticos como Francisco Campos, Cassiano Ricardo, Azevedo Amaral e Oliveira Viannaque atuaram na construção institucional durante o "Estado Novo" (1937-1945).

Esse nacionalismo "autoritário" foi a ideologia que coesionou o novo bloco dirigente que, a partir da "Revolução de 30" e, em particular, durante o "Estado Novo", impulsionou o processo de modernização ca-

---

4 Chega a ser irônico que na já referida carta, logo após o trecho acima citado, Prestes afirme: "Quanto aos golpes, já sabemos o que é que eles produzem e cometeríamos um crime se reduzíssemos a ANL a um centro de conspiradores a tramarem, longe do povo, com medo do povo, a luta pelo poder" (*Idem*, p. 81). Michael Löwy (2006), o qual não pode ser tido como simpático à IC, afirma corretamente que a insurreição de 1935 é mais um produto tardio do tenentismo do que da cultura política comunista de então.

pitalista da formação social brasileira.⁵ Esse processo de modernização "pelo alto" permitiu a incorporação, ainda que de modo subalterno, das classes trabalhadoras urbanas à esfera pública, o que permite entender suas faces contraditórias: a um só tempo progressista e conservadora. Tal dubiedade tornará muito difícil aos comunistas em particular, e aos marxistas brasileiros em geral, interpretar o legado da "Era Vargas". Formados em uma matriz obreirista e que deduzia a política do econômico e do social, os comunistas tenderiam, ao longo do tempo, a oscilar entre uma adesão "tática" que, sem a devida reflexão teórica, não lhes permitiria distinguir bem "aliados" e "adversários" ou inserir-se autonomamente na classe operária, ou uma rejeição "em bloco" do varguismo, o que os isolaria dos trabalhadores.

Ilustrativos desses dois momentos são a política de "União Nacional" do período 1945-1946 e a linha do "Manifesto de Agosto" de 1950. Se no primeiro caso, a política de união irrestrita, embora tenha rendido frutos sindicais e eleitorais impressionantes, desguarneceu a direção partidária contra a ofensiva anticomunista que redundou em sua cassação, o sectarismo revolucionarista do período seguinte, descolado da realidade brasileira iria isolar o PC, dificultando-lhe lutar contra sua ilegalidade (Vinhas, 1982, p. 86-96).

---

5   Com essa afirmação, não quero sustentar que a "modernização pelo alto" estivesse no plano das intenções desses autores. No caso de Oliveira Vianna, há tanto interpretações que o pensam como tendo por horizonte uma sociedade burguesa moderna, como na tese do "autoritarismo instrumental" (Santos, 1978), como a outras que o definem como defensor de um Brasil rural e desconfiado do capitalismo (Vianna, 1976). Seguindo a interpretação de Brandão (2007, cap. 2) creio que Oliveira Vianna era indiscutivelmente agrarista antes de 1930. Seja como for, se pode argumentar que, ainda que a modernização pelo alto não estivesse assim formulada na obra de Vianna, sem dúvida ela foi uma resultante de seu trabalho intelectual e, sobretudo, político-institucional.

André Kaysel

Do conflito à aliança: nacionalistas e comunistas na década de 1950

Tem-se, assim, as bases do desencontro entre o marxismo de matriz comunista e o nacionalismo brasileiro em inícios dos anos 1950, conjuntura na qual, as contradições do processo de desenvolvimento iniciado em 30 começavam a maturar, estimulando os conflitos sociais e ensejando importantes transformações no cenário ideológico do país.

Como foi discutido no capítulo 4, a maior novidade ideológica no contexto político-intelectual brasileiro da década de 1950 se traduzia na conformação de um nacionalismo "de esquerda", caracterizado pela defesa da soberania econômica; pela integração política e social das camadas populares; de uma política externa de "não-alinhamento"; da busca de novos referenciais teóricos – para além do marxismo e do liberalismo - e do que viria a ser conhecido como "terceiro-mundismo". Tal configuração ideológica era realmente nova no Brasil, cuja intelectualidade se dividia em correntes conservadoras, católicas, liberais e marxistas. Quanto a este último, seu âmbito, com a exceção dos pequenos grupos de socialistas democráticos e trotskistas, se restringia quase totalmente ao do PCB.

A atitude dos membros do IBESP em relação aos comunistas pode ser bem sintetizada em um artigo não assinado, publicado em *Cadernos de Nosso Tempo*, intitulado "Três Etapas do Comunismo Brasileiro. Nele, o autor (provavelmente Hélio Jaguaribe) sustentava que:

> (...) excetuado o Sr. Caio Prado Jr., não há no Brasil nenhum comunista, particularmente nenhum dirigente do PC, que tenha publicado qualquer obra realmente valiosa sobre qualquer aspecto teórico ou prático da política ou da ideologia do partido, pois não podem ser considerados como tais aqueles informes e outros documentos do PCB, cada um dos quais refuta o anterior e são, de *per si*, nulos por si mesmos,dada a pobreza de seu conteúdo, para não falar da monotonia sem fim de sua forma, servil-

Entre a nação e a revolução

mente imitada dos relatórios soviéticos (Cadernos de Nosso Tempo, 1997, p. 18).

Analisando a política do partido desde 1945 até o presente (1954), o texto a divide em três "etapas": a do "desenvolvimento pacífico" ou "política de união nacional", a do "manifesto de agosto" e a última, inaugurada pelas teses do IV. Congresso do PCB, publicadas em 1º. de janeiro daquele ano (p. 9). O artigo aponta as grandes oscilações estratégicas da organização, que passou da defesa da mais ampla aliança política e social em prol de um desenvolvimento capitalista pacífico, no primeiro momento, à pregação de uma "guerra popular de libertação nacional" em moldes chineses, no segundo.

Já no terceiro, embora mantendo a ideia de fundo de uma "revolução democrático-burguesa", o partido teria renunciado, na prática, a insurreição armada em defesa de um programa mais moderado.[6] Permaneceria, contudo, o objetivo de derrubada do governo de Getúlio Vargas, visto como "pró-imperialista". Nas palavras do autor: "Em suma, por motivos opostos, mas igualmente antinacionalistas, os comunistas brasileiros e os moralistas são companheiros de viagem por uma trilha que conduz, segundo eles esperam, a derrubada do atual governo do Sr. Getúlio Vargas." (p. 16).

O antivarguismo dos comunistas em inícios dos anos 1950 pode ser bem atestado pela seguinte passagem do"Manifesto de Agosto", assinado por Luís Carlos Prestes, datado de 1º de agosto de 1950, portanto, divulgado em pleno período eleitoral. Após desqualificar como "reacionárias", "fascistas" e "pró-imperialistas" as candidaturas de Christiano Machado (PSD) e Eduardo Gomes (UDN), o texto diz o seguinte sobre a de Vargas:

---

6   Segundo Jacob Gorender, o programa do IV. Congresso do PCB, aprovado em Dezembro de 1954, fazia apenas uma mudança significativa em relação ao "Manifesto de Agosto": enquanto este último colocava a burguesia nacional no mesmo plano do imperialismo, ameaçando-a com a expropriação, o primeiro, para manter a coerência com a tese da revolução democrático-burguesa, a reintroduzia na frente revolucionária (Gorender, 1987, p. 21-22) (Apenas uma mudança, mas decisiva. Muda a linha política.)

> Resta ainda o candidato do facínora Ademar de Barros e é fácil de imaginar o que significaria a volta ao poder do velho tirano, do latifundiário Getúlio Vargas, pai dos tubarões dos lucros extraordinários, que já demonstrou em quinze anos de governo seu ódio ao povo e sua vocação para o fascismo e para o terror sangrento contra o povo. (Prestes, 1950, p. 6[7])

Esse trecho, não apenas ilustra bem como o partido via a figura de Vargas naquele momento, mas, tendo sido divulgado quando a campanha deste último levava milharesde trabalhadores aos comícios, atesta bem o grau de isolamento entre os comunistas e a classe operária. Retomando o artigo de *Cadernos do Nosso Tempo*, é interessante chamar a atenção para o termo "antinacionalista", o qual remete à crítica de fundo dos adeptos do IBESP ao PC: a sua estreita submissão às diretrizes soviéticas o que, não apenas afastaria o partido da realidade brasileira, mas o colocaria em conflito com ela. Nesse sentido, o potencial de uma liderança como Prestes – cujas origens no tenentismo lhe dariam enraizamento nacional – seria frustrado por sua condição de refém de uma direção partidária composta por "funcionários" da URSS que copiariam suas diretrizes sem a menor atenção as especificidades do país (*Cadernos do Nosso Tempo*, 1997, p. 17).

Um bom exemplo dessa potencialidade frustrada de enraizamento nacional do prestismo pode ser observado na seguinte passagem do referido "Manifesto", no qual Prestes procura vincular a trajetória do PCB à tradição de lutas nacionalistas e populares travadas no país:

> Em cada região do país continua viva no coração do povo, das grandes massas sofredoras, a memória de seus mártires e heróis de Tiradentes a Frei Caneca, dos cabanos, dos farrapos e dos balaios, dos jovens soldados e alfaiates de 1798, dos heróis pernambuca-

---

[7] Publicado originalmente em *Voz Operária*, 05/08/50. É no mínimo irônico que o texto tenha qualificado Adhemar de Barros como "facínora" já que, menos de quatro anos antes, o PCB o havia apoiado nas eleições para governador de São Paulo, em janeiro de 1947.

Entre a nação e a revolução

> nos de 1817 e 1824, dos negros que lutaram durante séculos contra a escravidão, como vivem os exemplos mais recentes de todos aqueles que tombaram na luta contra o integralismo, dos heróicos lutadores de 1935, dos que morreram nos cárceres getulistas e dos bravos da FEB que combateram na Europa para ajudar com o sacrifício de suas jovens vidas a libertar o mundo da escravidão nazista. Nós comunistas, não vacilamos – sempre lutamos pela libertação nacional, contra o jugo do opressor estrangeiro pelo progresso do Brasil. (Prestes, 1950, p. 7-8)

Todavia, essa tentativa de dar sentido ao comunismo dentro da cultura política brasileira se frustrava, não apenas pela análise completamente equivocada da conjuntura política de então, mas, como se verá mais adiante, pela interpretação altamente irrealista da política nacional, decalcada do modelo da Revolução Chinesa, na qual o Brasil era pensado como uma sociedade estagnada e sem qualquer perspectiva de desenvolvimento no interior do capitalismo.

Segundo o ensaio de *Cadernos de Nosso* Tempo, se tais "deficiências" não fossem sanadas, o PCB, "pelo seu intenso trabalho de arregimentação e proselitismo, representaria um grande peso para as forças que lutariam pelo desenvolvimento nacional (*Cadernos do Nosso Tempo*, 1997, p. 20-21). O teor de tais críticas dá bem a medida do distanciamento político, em que pese a coincidência de algumas de suas teses como a já citada "revolução democrático-burguesa", entre os comunistas e as forças nacionalistas que então se organizavam. A esse respeito, não se deve confundir a adesão do PCB a tese da necessidade de um desenvolvimento capitalista, fruto da concepção da IC de uma revolução por etapas, com a existência de uma elaboração sobre a "questão nacional", muito menos com nacionalismo.

Naquele momento, as campanhas nas quais se engajava o PCB, como a luta contra o envio de tropas brasileiras à Coréia, ou contra os armamentos nucleares, tinham mais relação com pautas internacionais, em particular com a defesa da URSS e do bloco socialista, do que com temas nacionais. O documento que talvez melhor exemplifique essa orientação é o já citado "Manifesto de Agosto", de 1950, o qual sintetiza bem a política dos comunistas em inícios da década. O texto, após algumas referências genéricas à "miséria" e à "exploração" das quais seria vítima o povo brasileiro, se inicia com a condenação da intervenção estado-unidense na Coréia:

> É a guerra que nos bate às portas e ameaça a vida de nossos filhos e o futuro da nação. Sentimos em nossa própria carne, através do terror fascista, como avançam os imperialistas norte-americanos no caminho do crime, dos preparativos febris para a guerra, como passam eles à agressão aberta e à intervenção armada contra os povos que lutam pelo progresso e a independência nacional! Na Coréia, os aviões norte-americanos já trucidam a mulheres e crianças e bombardeiam povoações pacíficas. É que, premidos pela crise econômica em que se debatem querem precipitar o desencadeamento da guerra mundial, já proclamam cinicamente suas bárbaras intenções e ameaçam matar com suas bombas atômicas a mulheres e crianças, a jovens e velhos, indistintamente, para impor ao mundo sua dominação escravizadora. (Prestes, 1950, p. 1)

Ao longo do manifesto fica claro que a grande preocupação dos comunistas brasileiros, naquele momento, era com a campanha internacional, então promovida pela URSS, pela paz e contra os armamentos nucleares. Mais uma vez, como já apontei no capítulo anterior, a preocupação com a defesa incondicional da URSS era maior do que com o enraizamento na política local:

> Este o caminho do povo que nos últimos anos em árduas lutas já demonstrou sua imensa vontade de paz, que desperta, e já começa a mostrar aos provocadores de guerra que não se deixará arrastar em suas aventuras criminosas, que não trabalhará para a guerra, nem admitirá que o sangue de nossa juventude seja derramado em benefício dos banqueiros anglo-americanos, nem jamais participará de qualquer guerra de agressão, muito especialmente,

Entre a nação e a revolução

contra a União Soviética, baluarte da paz e do socialismo, para o qual se voltam cheios de esperanças os povos oprimidos do mundo inteiro. (p. 7)

Segundo Brandão (1997, p. 218), mesmo o engajamento na campanha pela nacionalização do petróleo se deu mais com o intuito de ferir os interesses estado-unidenses no país. Outra passagem do "Manifesto de Agosto", corrobora essa afirmação. Após qualificar o governo Dutra como de "traição nacional", o texto afirmava que o Brasil caminhava para se tornar uma simples "colônia" do imperialismo dos EUA.

Todavia, o envolvimento dos comunistas com a luta que resultou na criação da Petrobrás os colocava, objetivamente, ao lado do nacionalismo, o qual era, como ficou dito acima, na conjuntura da época, uma força ideológica e social em ascensão. Como se verá a seguir essa aproximação iria provocar, em especial após a crise do governo Vargas e a eleição de Juscelino Kubitschek, importantes alterações na ideologia partidária, com a absorção ainda que parcial do nacionalismo pela intelectualidade próxima ao PC e pela própria organização.Naquele momento, mesmo os intelectuais comunistas pareciam aderir ao nacionalismo, definido em termos econômicos. Para o historiador Caio Prado Jr., por exemplo, o nacionalismo brasileiro nada teria a haver com xenofobia ou rejeição do estrangeiro. Pelo contrário:

> Como pensamento político, ele exprime tão somente a consciência que adquiriu ponderável parcela da opinião pública brasileira da posição subordinada e dependente que ocupa o país com relação aos grandes centros financeiros e capitalistas do mundo contemporâneo (Prado Jr., 1955, p. 80).

Embora seja bem conhecida a oposição de Caio Prado à tese do caráter progressista da "burguesia nacional", tão cara ao PCB, o que pouco se sabe é que o próprio autor chegou a aceita-la expressamente Ao final de sua tese de livre docência, enumerando os grupos sociais que teriam interesse objetivo no desenvolvimento econômico do país, Caio

Prado inclui:"(…) a burguesia comercial e industrial, liberta de seus vínculos de subordinação com o imperialismo." (1954, p. 240)

Essa citação de Caio Prado me parece apontar para o quanto a conjuntura que vai da crise do governo Vargas à posse de Juscelino Kubitchek, marcada pela ascensão do movimento nacionalista, impactou profundamente os intelectuais vinculados ao comunismo. Porém, poder-se-ia argumentar que o exemplo em questão é problemático. Em primeiro lugar, Caio Prado foi notoriamente um intelectual politicamente marginalizado, ainda que respeitado, nas fileiras comunistas. Além disso, se é verdade que seu pensamento – estruturado em torno da dialética colônia/nação – possui uma forte carga nacionalista, não é menos verdadeiro que, quando o autor se voltou da historiografia econômica para as análises de conjuntura política, suas posições sempre foram críticas em relação à aliança de seu partido, no período aqui enfocado, com o trabalhismo, o qual era a principal agremiação nacionalista de então.[8]

O intelectual que mais sistematicamente buscou sintetizar em sua obra o marxismo de matriz comunista e o nacionalismo popular foi, provavelmente, Nelson Werneck Sodré. Em primeiro lugar, o historiador e general do Exército, antes de aderir ao PCB, já era um intelectual nacionalista de destaque, tendo ocupado a diretoria de cultura do Club Militar na gestão do general nacionalista Estillac Leal. A síntese entre uma perspectiva marxista, centrada no conflito de classe, e um programa nacionalista pode ser bem observada em uma brochura, escrita para divulgação popular, intitulada "Quem É O Povo no Brasil"[9]. Nela, Sodré entrelaça claramente as categorias de "povo" e "nação" para pensar os dilemas do país em princípios dos anos 1960:

---

8   Caio Prado criticou o sistema partidário de então e as opções de aliança do PCB em diferentes análises de conjunturas pós-eleitorais publicadas na *Brasiliense*, além do seu famoso acerto de contas em *A Revolução Brasileira*. Cf. (Prado Jr., 1960), (2007) e (1966).

9   A coleção "Cadernos do Povo Brasileiro" da qual fazia parte o texto de Werneck Sodré foi publicada em inícios da década de 1960 pela editora civilização brasileira em parceria com o ISEB, tendo sido talvez o principal veículo de difusão das posições da esquerda nacionalista no anos que antecederam o golpe de 1964.

Entre a nação e a revolução

Em política, como em cultura, só é nacional o queé popular. A política da classe dominante não é nacional, nem a sua cultura. Povo e nação não são a mesma coisa na fase atual da vida brasileira, mas esta é uma situação histórica apenas, diferente de outras, uma situação se caracteriza pelo fato de que as classes que determinam politicamente os destinos do país e lhe traçam os rumos, tomam as decisões em nome da nação, mas não pertencem ao povo, não fazem parte do povo. (Sodré, 1962, p. 17).[10]

Para Sodré, o povo, nas diversas formações sociais e conjunturas históricas, seria constituído pelas classes e frações de classe objetivamente interessadas na solução revolucionária dos problemas objetivos enfrentados por suas sociedades em determinado momento de sua história (*Idem*, p. 14). Desse modo, a categoria de povo no pensamento do professor isebiano, longe de negar o conflito de classes, o reconhece e o pressupõe. Um exemplo, nesse sentido, é a seguinte análise que o autor faz a partir do caso da Independência brasileira:

> Como por ocasião da Independência, assiste-se a um processo claramente repartido em duas fases: a primeira, em que o povo, representado pelas classes interessadas na realização das tarefas progressistas, opera unido e consuma os atos concretos relativos à transformação historicamente necessária; a segunda, em que a classe dirigente, a que detém a hegemonia na composição que constitui o povo, torna-se a nova classe dominante e comanda as alterações à medida dos seus interesses, preferindo a retomada

---

10 É curioso notar que, um pouco mais adiante, o historiador brasileiro cita uma conhecida passagem, discutida no terceiro capítulo deste livro, do *Discurso en El Politeama* de Manuel Gonzalez Prada, na qual o autor contrapõe a "artificialidade" das cidades *criollas* da costa à "autenticidade" dos indígenas do altiplano peruano (*Idem*, p. 17-18). Se tiver em conta que Nelson Werneck Sodré também foi dos primeiros a citar Mariátegui no Brasil – em *Formação Histórica do Brasil* (1957) – pode-se aventar a hipótese de que, além de coincidências, há também permutas entre os nacionalismos populares de dois países latino-americanos, de resto tão distantes, como o Brasil e o Peru.

da aliança com as forças do atraso à manutenção da aliança com as forças do avanço. A unidade tácita e eventual da primeira fase se desfaz, as contradições e os antagonismos de classe reaparecem. (p. 29)

Por outro lado, também é certo que a definição mesma de povo acima exposta pressupõe as alianças de classes que, ainda que possam ter interesses opostos, convergem em determinados objetivos comuns. Dessa maneira: "Povo, no Brasil hoje, assim, é o conjunto que compreende o campesinato, o proletariado, o semi-proletariado, a pequena-burguesia e as partes da média e alta burguesia que têm seus interesses confundidos com o interesse nacional e lutam por este." (*Idem*, p. 37)

Mais adiante, o historiador conclui que o "povo" seria constituído pelo conjunto de classes e frações de classe que representariam "o que haveria de nacional em nós" (*Idem*, p. 38). Por outro lado:"Estão excluídos do povo nesta faze histórica e agora para sempre enquanto classes, os latifundiários, a alta e média burguesia comprometidos com o imperialismo, como os elementos da pequena-burguesia que a servem." (pp. 37-38)

Desse modo, a argumentação de Sodré é, ao mesmo tempo, umdiagnóstico e uma defesa da conformação de um bloco histórico de classes, nacionalista e popular, em oposição a outro, caracterizado pelo "entreguismo", isto é, pela defesa de uma integração subordinada no capitalismo mundial. A formação e o antagonismo entre os dois polos, o que não excluiria tensões e contradições internas a cada um, definiriam a dinâmica da "Revolução brasileira", caracterizada pelo autor como "democrático-burguesa". Todavia, o historiador não deixa de fazer, a esse respeito, a seguinte ressalva:

> Em termos políticos, trata-se de uma revolução democrático-burguesa, mas de tipo novo, em que a componente burguesa não terá condições para monopolizar os proventos da revolução. As possibilidades de operar o desenvolvimento material e cultural do Brasil para proveito apenas da burguesia estão encerradas. (p. 39)

Entre a nação e a revolução

Como se verá adiante, posições como essas são fruto da reorientação da linha partidária, operada com a chamada "Declaração de Março", cujo conteúdo será analisado logo a seguir. Na visão de Brandão (1997, p. 212-213) foi Werneck Sodré o "principal artífice" da formulação teórica que deu consistência às elaborações partidárias da época. Porém, como adverti acima, a síntese entre marxismo e nacionalismo empreendida por Sodré, por mais identificada que pudesse estar com a orientação do partido, respondia também a influências anteriores no pensamento do autor, tais como o nacionalismo e o tenentismo, não podendo ser tomadas como representações fiéis do pensamento de uma agremiação inteira. Ainda que Sodré possa ser considerado o principal agitador cultural do partido no período entre a "Declaração de Março" e o "Golpe de Abril", é sempre bom recordar que a vida intelectual tinha pouco espaço na cultura política do PCB.[11]

Na realidade, a ambiguidade em relação ao nacionalismo, acima identificada na obra de Caio Prado, também pode ser encontrada em vozes mais oficiais. Ao criticar um artigo de Elias Chaves Neto, primo de Caio e coeditor da *Brasiliense*, Luís Carlos Prestes irá rotular, o autor e a revista, como "nacional-reformista". É bom sublinhar que o secretário-geral do PCB não limitou-se a acusar a revista e seu redator de "reformismo", ou outro adjetivo depreciativo equivalente, mas acrescentou o qualificativo "nacional". Dessa maneira, além da defesa de uma estratégia gradualista, o que incomodou Prestes no ensaio de Chaves Neto, foi sua adesão a causas nacionalistas para além da "tática", limite nos quais a ortodoxia as aceitaria. Como se viu acima, a participação comunista na campanha da Petrobras se deu menos por motivos "internos" do que "externos.

Poder-se-ia a argumentar com razão que, por motivos táticos ou não, a efetiva participação comunista na frente nacionalista iria alterar suas formulações iniciais. Segundo um autorizado participante dos acontecimentos de então: "A nova linha política gerou-se no próprio esforço

---

11   Para uma revisão detalhada da inserção comunista na vida cultural do país, cf. (Rubim, 2001).

de aplicação da linha anterior e nos resultados positivos colhidos à revelia dela" (Gorender, 1987, p. 22)

Tal mudança estaria consubstanciada na "Declaração Sobre a Política do PCB", mais conhecida como "Declaração de março" de 1958, publicada pelo comitê central. O documento começa postulando, pela primeira vez na história do partido, que o Brasil passaria por um processo de desenvolvimento capitalista, o qual constituiria um fator dinamizador e progressista da sociedade brasileira:

> Modificações importantes têm ocorrido, durante as últimas décadas, na estrutura econômica que o Brasil herdou do passado, definida pelas seguintes características: agricultura baseada no latifúndio e nas relações pré-capitalistas de trabalho, predomínio maciço da produção agropecuária no conjunto da produção, exportação de produtos agrícolas como eixo de toda a vida econômica, dependência da economia nacional em relação ao estrangeiro, através do comércio exterior e da penetração do capital monopolista nos postos-chave da produção e da circulação. Nos quadros desta estrutura atrasada, foi-se processando um desenvolvimento capitalista nacional, que constitui o elemento progressista por excelência da economia brasileira. (PCB, 1958)[12]

O texto segue fornecendo dados que demonstrariam o desenvolvimento das forças produtivas: consolidação de um parque industrial; crescimento da indústria de base dirigida pelo Estado e expansão do mercado interno. Dentre as consequências desse processo de desenvolvimento, a "Declaração de Março" destaca o crescente peso das classes fundamentais do modo de produção capitalista:

> Em consequência do desenvolvimento capitalista, cresceram os efetivos do proletariado industrial e

---

12 A "Declaração..." foi originalmente publicada no jornal partidário *A Voz Operária*, de 22/03/1958. A edição da qual provêm as citações a seguir está disponível em http://www.marxists.org/arquivos/tematicos/documentos/novidades/.

aumentou o seu peso específico no conjunto da população. Enquanto esta duplicou de 1920 até hoje, o número de operários industriais aumentou de sete vezes no mesmo período, passando de 275.000 a cerca de dois milhões. Simultaneamente surgiu e se fortaleceu cada vez mais uma burguesia interessada no desenvolvimento independente e progressista da economia do país. (*Idem, Ibidem*)

Em que pese tais avanços, o documento sublinha a persistência de dois obstáculos fundamentais: as "sobrevivências feudais" na agricultura e a presença do imperialismo, em particular o norte-americano, o qual controlaria postos-chave da economia nacional. Daí que fizesse o seguinte diagnóstico sobre as contradições que determinavam o processo histórico brasileiro:

> Como decorrência da exploração imperialista norte-americana e da permanência do monopólio da terra, a sociedade brasileira está submetida, na etapa atual de sua história, a duas contradições fundamentais. A primeira é a contradição entre a nação e o imperialismo norte-americano e seus agentes internos. A segunda é a contradição entre as forças produtivas em desenvolvimento e as relações de produção semifeudais na agricultura. O desenvolvimento econômico e social do Brasil torna necessária a solução destas duas contradições fundamentais. A sociedade brasileira encerra também a contradição entre o proletariado e a burguesia, que se expressa nas várias formas da luta de classes entre operários e capitalistas. Mas esta contradição não exige uma solução radical na etapa atual. Nas condições presentes de nosso país, o desenvolvimento capitalista corresponde aos interesses do proletariado e de todo o povo. A revolução no Brasil, por conseguinte, não é ainda socialista, mas antiimperíalista e antifeudal, nacional e democrática. (*Idem, Ibidem*)

No plano político, o desenvolvimento capitalista teria como consequência um processo de democratização da vida política do país, que, ainda que estivesse sujeito a retrocessos em função das correlações de forças vigentes, seria uma tendência "inelutável":

> As forças novas que crescem no seio da sociedade brasileira, principalmente o proletariado e a burguesia, vêm impondo um novo curso ao desenvolvimento político do país, com o declínio da tradicional influência conservadora dos latifundiários. Este novo curso se realiza no sentido da democratização, da extensão dos direitos políticos a camadas cada vez mais amplas. (*Idem, Ibidem*)

Enquanto o processo de democratização seria apoiado pelas forças "nacionalistas e democráticas", as "reacionárias e pró-imperialistas" procurariam revertê-lo. O documento também continha uma análise do governo Kubistcheck, o qual, sendo fruto de uma coalizão heterogênea, refletiria, em todos os âmbitos de sua política, as contradições entre setores "entreguistas" e forças "nacionalistas".

Assim, o texto apontava para a constituição de uma ampla frente nacionalista e democrática, apoiada em uma coalizão poli-classista, voltada para a consolidação de um capitalismo nacional autônomo e para a reforma das estruturas sociais – em particular no campo - da qual os comunistas se propunham a integrar:

Para Michael Löwy (Löwy, 2006), o documento não revela nenhuma modificação na estratégia partidária, na medida em que reiteraria as teses "etapistas" da "revolução democrático-burguesa", frutos do VIIo. Congresso da IC. A análise feita até aqui do documento nos permite defender uma outra leitura. Como propôs Gildo Marçal Brandão (Brandão, 1997) embora mantivesse o esquema da revolução democrático-burguesa, a "Declaração de março" comporta uma grande descontinuidade em relação as formulações anteriores. Em primeiro lugar, a nova orientação é explícita ao trocar a via insurrecional por uma via pacífica:

> O caminho pacífico da revolução brasileira é possível em virtude de fatores como a democratização crescente da vida política, o ascenso do movimento

Entre a nação e a revolução

operário e o desenvolvimento da frente única nacionalista e democrática em nosso país. Sua possibilidade se tornou real em virtude das mudanças qualitativas da situação internacional, que resultaram numa correlação de forças decididamente favorável à classe operária e ao movimento de libertação dos povos. (PCB, 1958)

Em segundo lugar, o documento parte, como ficou claro pelas citações feitas acima, da constatação do desenvolvimento nacional como base de sua estratégia.Nesse sentido, é instrutiva uma comparação entre a "Declaração de Março" e o já citado "Manifesto de Agosto". É sintomático que, enquanto o documento de 1958 começa pela análise da situação interna do país e daí vai para a conjuntura internacional, o de 1950 faz o movimento contrário, indo da Guerra da Coréia e da ameaça de uma "IIIa. Guerra Mundial" para a caracterização da situação interna.

Além disso, se o documento de 1958 apontava um processo de democratização em marcha e procurava discernir divisões entre setores "nacionalistas" e "entreguistas" das elites políticas, o texto de 1950, escrito em tom apocalíptico, afirmava que o país vivia sob uma ditadura e tratava os partidos e suas lideranças como um bloco homogêneo, a serviço das classes dominantes e do imperialismo:

Como decorrência lógica dessa leitura, o texto de Prestes, ao contrário da "Declaração" de 1958, só via uma única saída para o país:"Diante da violência dos dominadores, a violência das massas é inevitável e necessária, é um direito sagrado e o dever ineludível de todos os patriotas. É o caminho da luta e da ação, o caminho da revolução." (p. 7)

Por fim, se a "Declaração de Março" começava diagnosticando o processo de desenvolvimento capitalista do Brasil, ainda que dificultado pelos "restos feudais", o "Manifesto de Agosto", negava claramente esse desenvolvimento, pintando um quadro de um país colonial e estagnado.

Assim, ainda que possam mobilizar esquemas interpretativos formalmente semelhantes, os dois documentos formulam diagnósticos substantivos muito distintos sobre o país. Enquanto o texto de 1950 faz uma análise genérica e superficial da realidade brasileira para sustentar posições políticas que, a rigor, seriam as mesmas em qualquer outra latitude, o documento de 1958 procura esboçar uma interpretação do país cujo objetivo declarado era enraizar o "marxismo-leninismo" na cultura política nacional. Como bem sintetizou Jacob Gorender, o qual foi um dos redatores da referida declaração, ainda que as premissas da Declaração de Março e do Programa do IV. Congresso fossem as mesmas – revolução democrático-burguesa, sustentada pela aliança entre campesinato, operariado e burguesia, sob a hegemonia proletária – suas inferências não o eram: "A Declaração de Março" reconheceu o desenvolvimento capitalista já em efetivação, o que até então o PCB se obstinava em negar." (Gorender, 1987, p. 30).[13]

Revela-se assim uma importante descontinuidade na política partidária, a qual não é valorizada pelos que enfatizam a persistência da fórmula da "Revolução Democrático-burguesa". Os motivos da inflexão estão, como já foi apontado pela bibliografia a respeito, em duas ordens de fatores: de um lado, no clima de desenvolvimentismo democrático do governo de Juscelino Kubitschek, e, de outro, na abertura do comunismo internacional propiciada pelo XX. Congresso do PCUS, após o qual a URSS estimulará os PCs a se integrar à vida política de seus países.

Se o referido documento aponta para uma maior incorporação do nacionalismo como elemento estratégico, tal incorporação nunca deixou de ser limitada por dois parâmetros: o vínculo com a URSS e a adesão ao marxismo-leninismo como doutrina oficial. Para demonstra-lo, é interessante retomar as polêmicas entre intelectuais nacionalistas e comunistas.

---

13 Segundo o relato do próprio Gorender, "Declaração de Março" de 1958, foi o fruto do trabalho de uma comissão secreta, formada com o beneplácito de Prestes, composta por Giocondo Dias, Mário Alves, Jacob Gorender e Alberto Passos Guimarães, a qual se reuniu entre dezembro e fevereiro de 1958. O texto resultante foi aprovado no Pleno do Comitê Central de março – daí seu nome – com pequenas modificações e com o voto contrário de João Amazonas e Maurício Grabois (*Idem*, p. 29).

Entre a nação e a revolução

Uma aproximação conflitiva

No período que vai da crise da renúncia de Jânio Quadros ao golpe contra Goulart, o já citado sociólogo Alberto Guerreiro Ramos – um dos fundadores do ISEB, mas que deixou a instituição em 1958 – empreendeu importante atividade publicística. Parte desta última esteve voltada para desenvolver uma crítica, de um ponto de vista nacionalista, ao papel desempenhado pelo PCB na vida política brasileira. Escreve Guerreiro Ramos:

> Do ponto de vista da esquerda, o Partido Comunista merece reparos, não por ser propriamente comunista, mas porque se conduz como organização alienada do Brasil e das camadas sociais que deveria presumivelmente representar. (Ramos, 1961, p. 105)

Como se pode ver, a crítica do sociólogo baiano ao PCB se assemelha bastante aquela que fora publicada sete anos antes em Cadernos do Nosso Tempo. Ambos veem o partido como submisso à URSS e, por isso mesmo, incapaz de se enraizar na política brasileira Mais do que isso, para Ramos, assim como para o autor daquele texto, o caráter "alienado" do partido e de sua política poderiam torna-lo, em determinados momentos, um estorvo para a realização dos objetivos nacionais, como fica claro na seguinte passagem do autor, extraída de outra obra:

> A extrema-esquerda tem sido, em nosso país, representada pelo clandestino Partido Comunista. Tem se caracterizado esse partido, não só pela radicalidade alienada de seus propósitos, como por uma linha de adoção mecânica das diretrizes soviéticas. Do ponto de vista sistemático, a atuação do nosso partido comunista tem sido apenas episódio pormenor da política universal da União Soviética e, portanto, de escassa significação propriamente brasileira. Enquanto se mantenha nessa linha mecânica, é claro que terá de estar sob a mira de nosso aparelho de segurança. (1960, p. 67)

Dessa maneira, Ramos não descartava a necessidade de repressão, na medida em que a linha política do partido entrasse em conflito com as necessidades do desenvolvimento, ainda que, como se verá mais adiante, o autor considerasse que, devido a mudanças internacionais, o comunismo não era uma ameaça à segurança nacional.É certo, todavia,que há importantes diferenças entre *Três Etapas do Comunismo Brasileiro* e *A Crise do Poder no Brasil*. Enquanto o nacionalismo preconizado pela revista é moderado, o de Ramos é mais radical, explicitando posições de simpatia, por exemplo, pela Revolução Cubana. Tal discrepância se explica pelo contexto nacional e internacional de inícios da década de 1960, muito mais radicalizado que aquele da primeira metade da década anterior.

Para o sociólogo baiano, se a postura de defesa intransigente da URSS seria legítima no período em que esta se encontrava isolada internacionalmente, o socialismo já se tornara um "processo ecumênico" e "polimorfo", que em muito transcenderia os limites daquele Estado (1961, p. 106). Como exemplos desse caráter mais plural do socialismo, Ramos sublinha as independências de países africanos (cujo exemplo mais importante foi a guerra de libertação nacional da Argélia) e, especialmente, a Revolução Cubana, os quais escapariam ao internacionalismo de tipo bolchevique: "Descobre-se hoje necessariamente a internacionalidade da causa operária somente a partir de genuíno projeto nacional de socialismo" (1963, p. 126)

Embora reconhecesse como positivos os esforços dos "abridistas", expressos nas teses para a discussão do V. Congresso de 1960, para renovar o partido e inseri-lo de modo positivo na vida política do país, Ramos sustentava que:"De qualquer forma, as esquerdas no Brasil carecem de formular, no domínio da teoria e da prática, uma posição revolucionária brasileira que necessariamente transcenderá o Partido Comunista." (1961, p. 109).A esse respeito é interessante notar que, durante as eleições de 1962, o sociólogo baiano, então em campanha para deputado federal pelo PTB da Guanabara, escreveu, a pedido do diretório estadual de seu partido, uma nota de esclarecimento, na qual negava a adoção, por parte dos trabalhistas, do marxismo-leninismo como doutrina. O texto da nota dizia:

> O PTB só defende soluções brasileiras para problemas brasileiros, repudia diretivas estranhas à realidade nacional, o comando ideológico externo das lutas sociais dos trabalhadores brasileiros e não reconhece validade objetiva no marxismo-leninismo, doutrina que, sob o disfarce de ciência, tem sido instrumento de direção monopolística, em escala mundial, de movimentos políticos e agitações de massa (1963, p 217)

Para o autor, o marxismo-leninismo se teria transformado em uma espécie de "sofística" destinada a justificar as razões de Estado da URSS, degradando assim o pensamento de Marx, Engels e Lênin. Segundo Ramos, para reavivar o espírito de "objetividade científica dos tempos de Marx e Engels", a esquerda deveria recorrer a contribuições que transcendiam o campo comunista, como seriam os casos das obras do sociólogo estado-unidense CharlesWright Mills, do filósofo francês Jean Paul Sartre, dos economistas marxistas estado-unidenses Paul Sweezy, Paul Baran e do sociólogo sueco Gunar Mirdal (1961, p. 113). Assim, o autor não fazia apenas uma crítica à linha política do PC, mas atacava também seus fundamentos teóricos. Para ele, o pensamento crítico deveria ter o marxismo como uma de suas referências, mas deveria ir além de seus limites. Em suas próprias palavras:

> Nenhum pensador, atualizado com a elaboração do saber no presente século, acolhe a ideia da insuperabilidade do marxismo. Ao contrário, o esforço de superá-lo é a característica de todo intelectual que vive a urgência da presente época. Mas isso não importa necessariamente em declarar-lhe guerra, em atitude inamistosa. É imposição do desenvolvimento dialético do saber. A ciência não se detém em nenhum sistema (1963, p. 142).

A posição de Ramos sobre a relação entre o marxismo e a realidade nacional fica ainda mais clara se se retoma seuresgate, já abordado no capítulo 4,da experiência política e intelectual dos "fabianos ingleses" de fins do século XIX. Sobre estes intelectuais Ramos faz a seguinte observação:

> A sociedade Fabiana, (...), foi a organização de um esforço de incorporar à comunidade britânica, sem perda de suas peculiaridades, as novas correntes de pensamento social. Para utilizar terminologia de Lukács, podemos dizer que os "fabianos" constituíram na Inglaterra de seu tempo a esquerda possível. Assimilaram o marxismo e o comunismo sem ultrapassar o limite da tolerância objetiva do seu espaço nacional. Foram uma terceira posição. Foram exemplares sob muitos aspectos, principalmente enquanto criaram um estilo de conduta intelectual diante do marxismo e do comunismo, imune de policialismo (1961, p. 189)

Esta citação evidencia a intenção do autor de empregar o exemplo da Sociedade Fabiana para defender a criação de uma esquerda brasileira que se apropriasse do marxismo sem, no entanto, restringir-se a ele. O crivo de tal apropriação seria, como fica patente na citação a cima, "o limite de tolerância objetiva da realidade nacional".

O problema do lugar do marxismo na teoria social foi, aliás, tema de discussão entre o autor e um destacado dirigente comunista. Escrevendo na revista *Estudos Sociais,* Jacob Gorender faz um comentário crítico à *Redução Sociológica*, livro mais conhecido de Guerreiro Ramos. A resenha do dirigente pecebista começa de modo elogioso. Segundo Gorender: "As melhores páginas de *A Redução Sociológica* são, segundo pensamos, aquelas em que seu autor expõe o vício tão constante em nossa história intelectual e que consiste em submeter-se a produção intelectual estrangeira e copiá-la de modo mecânico" (Gorender, 1965, p. 214)

Além disso, o intelectual marxista também concorda com a definição, proposta por Ramos, de que o problema fundamental do Brasil naquela quadra histórica seria a contradição entre "desenvolvimento" e

Entre a nação e a revolução

"estagnação", sendo ambos os polos sustentados por diferentes classes sociais. Em que pese tais acordos básicos, Gorender censura na obra, bem como no conjunto da produção isebiana de então, a fundamentação filosófica do diagnóstico da realidade nacional por meio da fenomenologia e do existencialismo, apoiando-se em autores como Husserl, Heidegger e Jaspers. Critica nessas correntes e pensadores o idealismo subjetivista, o qual seria incompatível com a análise científica da realidade social, resvalando para o irracionalismo e o relativismo absoluto. Para ele, haveria uma inconsistência entre o papel histórico dos intelectuais isebianos e suas bases teóricas: "Limitamo-nos a assinalar este fenômeno bem brasileiro: ideólogos da burguesia de um país subdesenvolvido, a qual ainda tem um papel progressista a desempenhar, aceitam como padrão espiritual a filosofia decadente da burguesia imperialista" (p. 223)

O que salvaria a obra de Ramos de recair no relativismo completo seria sua incoerência com seus próprios fundamentos teóricos. A consequência disso seria, entretanto, a recaída no ecletismo filosófico, procurando compatibilizar, por exemplo, o marxismo e o existencialismo (p. 224-225). Outra discordância do teórico do PCB com Ramos e outros isebianos, como Rolland Corbisier e Álvaro Vieira Pinto, é a busca de uma "ideologia do desenvolvimento", ou de uma "ideologia global", isto é, da sociedade como um todo. Para ele: "A aspiração a formular, pretensamente acima das classes, a ideologia global para uma nação, dividida em classes, constitui, consciente ou inconscientemente, genuína aspiração burguesa." (p. 226).

Aqui tem-se um ponto fundamental da polêmica. Embora aceite que burguesia e proletariado, na fase histórica então vivida pelo país, compartilhassem um interesse comum na emancipação nacional, Gorender recusa a extrapolação da aliança para o plano de uma ideologia comum. Assim, a aproximação com o nacionalismo teria claros limites políticos e teóricos. Neste último plano, tais limites seriam dados pela adesão ao marxismo como uma teoria de validade universal, como fica claro na seguinte passagem:

O materialismo histórico é a teoria sociológica do marxismo. Representa uma teoria geral sobre a sociedade humana. As suas categorias fundamentais têm caráter universal. As categorias analisadas e sintetizadas em *O Capital* são válidas para todos os países, como é o desenvolvimento que lhe deu Lênin, ao estudar a fase imperialista do capitalismo (p. 229).

Em sua resposta, Guerreiro Ramos, embora considerando seu crítico como, "homem extraordinariamente bem dotado e capaz", afirma que este não teria escapado da estreiteza específica que a militância comunista impõe aos intelectuais (Ramos, 1965, p. 39). Segundo ele, as críticas que Gorender dirige a autores como Heidegger, Husserl e Jaspers, seriam de caráter "conspirativo" e "policial", fundamentadas, não na leitura dos autores em questão, mas em fatores extrínsecos ao universo do conhecimento. Embora diga concordar com algumas das reservas que o autor comunista nutre em relação a tais pensadores, o sociólogo baiano afirma que a *Redução Sociológica*, por fazer parte da cultura do século XX, não poderia deixar de se apoiar em correntes de pensamento que dela fazem parte. Em seguida afirma: "O solipsismo marxista-leninista nega a herança docente do conhecimento, o *continuum* teórico da comunidade dos pensadores por vício sectário e conspirativo. Traz para o domínio do conhecimento, indebitamente, o princípio de luta pelo poder" (Ramos, 1965, p. 41)

Fazendo referência a seus dois livros acima citados, Ramos nega qualquer compromisso com a burguesia, ou o nacionalismo burguês, criticando duramente a ideia de uma "ideologia do desenvolvimento". É interessante registrar que, em obra anterior, ao discorrer sobre a estrutura de classes no Brasil, o sociólogo baiano fez o seguinte comentário acerca do papel que poderia ter a burguesia na revolução nacional:

> Tudo parece mostrar que no Brasil não está se formando uma burguesia capaz de ter a iniciativa de uma revolução nacional. Ao contrário do que se registrou no ocidente europeu e nos Estados Unidos,

Entre a nação e a revolução

nossa burguesia não está apta para levar a efeito esse cometimento. É antes o povo que a conduzirá na revolução nacional brasileira. (,1960, p. 137)

Diante dessa burguesia timorata, a liderança da revolução brasileira, ainda que esta fosse uma revolução burguesa, caberia aos trabalhadores. Retornando à resposta de Ramos às críticas de Gorender, segundo o sociólogo, seu ponto de vista é o da classe operária na medida mesma em que se situa do ponto de vista da "comunidade humana universal",conceito empregado pelo jovem Marx, isto é, da totalidade. Retomando também Lukács, Ramos lembra que o conceito-chave do marxismo para este autor seria o de totalidade e não o de proletariado, estando seu caráter revolucionário não em um conceito em particular, mas no próprio método (1965, p. 49). Dessa maneira, o autor nacionalista reivindica o marxismo como um dos fundamentos de seu pensamento mas, conforme o que já ficou dito anteriormente, se recusa a restringir-se ao materialismo histórico.

O que quero destacar é que, os termos dessa polêmica entre Alberto Guerreiro Ramos e Jacob Gorenderexplicitam bem a tensão que subjaz, no plano teórico, à aliança que existiu entre nacionalistas e comunistas no plano político. De um lado, os primeiros buscariam a formulação de uma "teoria" original do Brasil que, embora recorrendo às teorias produzidas na Europa, negava-lhes validade universal, de outro, os últimos, aindaque procurando aproximar-se das particularidades da realidade nacional, faziam-no partindo de uma teoria pensada como universal. Essa tensão, aliás, comparece nas próprias manifestações do partido. Retomando a "Declaração de Março", tão entusiasta do nacionalismo, podemos ler a seguinte afirmação:

> O abandono dos princípios universais do marxismo-leninismo, como síntese científica da experiência do movimento operário mundial, conduz inevitavelmente à desfiguração do caráter de classe do Partido, e à degenerescência revisionista. Mas o desconhecimento das particularidades concretas do

próprio país condena o Partido, irremediavelmente, à impotência sectária e dogmática. (PCB, 1958).[14]

Retomando a discussão feita no capítulo anterior, agora é possível perceber como as bases dessa polêmica são análogas às da disputa, longamente discutida, que opôs no Peru, três décadas antes, o líder da APRA, Victor Raúl Haya de La Torre, a seu compatriota, o jornalista e militante José Carlos Mariátegui. Porém, as duas contendas tiveram escopo e impacto completamente dissimiles: enquanto a de Ramos e Gorender foi uma polêmica teórica relativamente marginal no contexto político e intelectual do Brasil de fins dos anos 1950 e inícios dos 60, a de Haya e Mariátegui implicou em uma ruptura política que definiu o campo da esquerda peruana e, talvez, latino-americana, por décadas

Como já ficou dito anteriormente, tal polêmica ultrapassou as fronteiras peruanas, sendo seminal para os debates entre marxistas e nacionalistas populares no conjunto da América Latina. O que possibilitou esse impacto continental – para além da relativa circulação de ideias entre a intelectualidade hispano-americana – foi a posição política e cultural cosmopolita ocupada por ambos contendores. Como afirmei anteriormente, Haya fundou a APRA no México, onde servia como secretário do então ministro da educação do país, José Vasconcelos, um dos intelectuais mais proeminentes na região naquele período. Outro fato já aludido, foi a grande influência que as formulações apristas exerceram em círculos e partidos políticos nacionalistas em outros países do subcontinente. Quanto a Mariátegui, em fins da década de 1920, o autor não só era um intelectual de renome em seu país, mas também no conjunto da região, tendo mesmo contatos na Europa onde vivera por alguns anos. Além dis-

---

14 Essa dupla crítica, ao "revisionismo", de um lado, e ao "dogmatismo", de outro, reflete os conflitos internos vividos pela organização. A primeira, possivelmente, seria endereçada à dissidência encabeçada por Agildo Barata, quem, no ano anterior, deixou o PCB em nome de posições nacionalistas. Já a segunda, é claramente dirigida aos dirigentes "esquerdistas", tais como Amazonas, Grabois, Arruda, etc., que, poucos anos mais tarde, viriam a fundar, em nome da ortodoxia, o PCdoB.

so, o marxista peruano também era respeitado nos círculos comunistas da IC, embora tivesse importantes divergências com a ortodoxia.

Este último fato remete a outro aspecto importante nesta contenda. A polêmica entre os dois intelectuais peruanos não opunha o nacionalismo, de um lado, e uma ortodoxia marxista de outro. Mariátegui, como se pôde ver pelas citações acima, tinha como empreitada a criação de um marxismo enraizado nas condições históricas do Peru e da América Latina como um todo. Dessa maneira, o objetivo de Mariátegui foi o de superar o "localismo "de Haya e o "cosmopolitismo" da IC.

O fracasso desse objetivo deveu-se menos às limitações do pensamento do autor de *Siete Ensayos de Interpretación de La Realidad Peruana* – que, ao contrário da maioria dos comunistas da região, não se aferrava aos esquematismos das teses do *Comintern* – mas sim as condições políticas então prevalecentes no movimento comunista internacional.

Já a polêmica entre Gorender e Ramos não teve, nem de longe, uma importância comparável. Tratou-se de uma controvérsia lateral nos marcos de uma aliança mais ampla entre nacionalistas e comunistas. Além disso, a importância dos contendores em seus respectivos contextos também é bastante desigual. Se Mariáteguie e Haya foram os dois grandes nomes da esquerda peruana do século XX, o mesmo não se pode dizer de Ramos e Gorender. Ainda que o primeiro tenha sido um dos intelectuais nacionalistas mais influentes à época e o segundo fosse um destacado dirigente comunista, nenhum dos dois têm importância equivalente no Brasil àquela que tiveram Haya e Mariátegui em seu país.[15]

Em que pese todas essas dissemelhanças o dilema subjacente – a universalidade do marxismo ou a necessidade de se elaborar uma teoria adequada à singularidade da realidade nacional – se faz claramente

---

15 É óbvio, também, que, dada a diferença significativa de contexto político-
-intelectual, sem falar no histórico-social, alguns temas substantivos centrais
que aparecem em uma polêmica, não têm qualquer lugar na outra. É o caso
evidente da "questão indígena" – problema crucial do nacionalismo peruano –
que, como ficou discutido no capítulo 4, não teve, e nem poderia ter tido, um
lugar remotamente parecido no Brasil

presente nos dois debates, apesar da diferença de importância que ambos tiveram em seus respectivos contextos ou da variação de problemas substantivos envolvidos em cada controvérsia. Assim, essa comparação revela que, sob a confluência entre nacionalistas e comunistas no Brasil, subjaziam tensões análogas àquelas que, no Peru três decênios antes, levaram à ruptura entre ambos os lados. Resta agora explicar os motivos desses caminhos dissimiles.

As razões do encontro

Apresentada a relação entre nacionalistas e comunistas no Brasil como uma aproximação conflitiva, resta discutir as razões que possibilitaram tal padrão de relacionamento. Para começar, desejo aqui me contrapor à interpretação corrente que faz do nacionalismo um traço ideológico constante da história do PCB, deduzindo-o da "origem pequeno burguesa" ou "militarista" de seus quadros dirigentes ou, o que daria no mesmo, de sua "escassa implantação operária". Seguindo Gildo Marçal Brandão, mesmo que se admita que a predominância de quadros de classe média e militares na direção partidária seja um dado empírico – como bem demonstrado por Leôncio Martins Rodrigues (2007, p.441-442) – a questão está em saber do poder explicativo da remissão a essa origem social (Brandão, 1997, p. 197). Como sustenta o mesmo autor, penso que um tal raciocínio pressupõe uma correlação linear entre classe, partido e Estado, que não apenas ignora o problema da hegemonia, como também as condições específicas da sociedade brasileira. A rigor, a composição social heterogênea dos quadros pecebistas, longe de ser sinal de fraqueza, seria mais um sinal de força, na medida em que:

> O PCB não seria um partido operário, isolado nas fábricas e nos bairros populares. Seria um partido nacional, popular, com vocação de hegemonia, inscrito no coração da matéria política, expressivamente representado na intelectualidade e nas forças armadas, na oficialidade e segmentos subalternos (p. 199).

Entre a nação e a revolução

Enfim, a heterogeneidade da composição social das fileiras comunistas as aproximaria das características da formação social da qual fariam parte. Além disso, a grande presença de elementos de classe média na direção e na militância comunista não distingue o PC brasileiro, não apenas de seus congêneres latino-americanos, mas dos de outras partes, inclusive do próprio partido bolchevique. As classes médias, em diversas formações sociais, fornecem "intelectuais", em sentido gramsciano, para outras classes, como a burguesia e o proletariado. Nas palavras de Gramsci:

> Formaram-se camadas que, tradicionalmente, produzem intelectuais, e elas são as mesmas que, com frequência, especializaram-se na poupança, isto é: a pequena e média burguesia fundiária e alguns estratos da pequena burguesia urbana (Gramsci, 2006, p. 20)

O que distingue o PCB em termos de sua composição social e que pode ter alguma relação com o nacionalismo é a notável presença de militares. Ao entrar no PC, o ex-líder tenentista Luís Carlos Prestes trouxe um grande número de oficiais das forças armadas, os quais marcariam profundamente o perfil da agremiação (Del Roio, 1990, cap. 4). Nomes tão representativos como Gregório Bezerra, Apolônio de Carvalho, Dinarco Reis, Agildo Barata e Giocondo Dias – todos dirigentes e/ou militantes proeminentes do PCB – eram militares de origem tenentista. Vale apena lembrar também o nome do general Sodré, ainda que fosse mais jovem e que sua adesão ao partido tenha se dado mais tarde.

Embora tal amálgama entre leninismo e tenentismo possa auxiliar a compreender a inclinação que o partido demonstrou para teses nacionalistas entre a segunda metade dos anos 1950 e a primeira dos anos 1960, esse não me parece o fator decisivo para compreendê-la. Afinal, a grande presença de militares na direção e nos quadros partidários já existia desde a década de 1930 e os comunistas tiveram, em distintos momentos, uma atuação alheia, ou mesmo hostil, ao nacionalismo, como já ficou ilustrado com o período do "manifesto de agosto".

A raiz dessa aproximação deve ser buscada na especificidade da conjuntura dos anos 1950, tanto no Brasil, quanto no movimento comunista internacional. No plano interno, a aceleração do processo de desenvolvimento capitalista iniciado em 1930 potencializou uma série de contradições que abalaram o bloco de poder. Em primeiro lugar, durante o segundo governo Vargas, intensificaram-se os conflitos entre os interesses exportadores e industrializantes, os quais foram, a partir do governo Kubitscheck, amenizados pela entrada do capital estrangeiro, com o qual a burguesia nacional passou a se associar. Em segundo lugar, a classe trabalhadora ganhou, ao longo de todo o período, crescente autonomia política e organizacional, radicalizando de modo crescente suas reivindicações. Por fim, a entrada na vida política, a partir de meados dos anos 1950, dos camponeses e trabalhadores rurais trouxe para o centro do debate político a questão agrária, o que ameaçava os fundamentos do pacto entre os grupos dominantes.

Tais contradições davam ao nacionalismo um papel político ambíguo. Em um primeiro momento, o nacionalismo, ao se apresentar como "ideologia do desenvolvimento" aproximava trabalhadores e industriais, em oposição aos interesses agro-exportadores, em seguida, ao radicalizar-se e associar-se às reivindicações dos grupos subalternos, o ideário nacionalista passou a amedrontar a burguesia industrial, que se reaproximou dos interesses agrários.

No plano internacional, o movimento comunista viveu importantes inflexõesno período pós-1945, a perspectiva de uma revolução mundial, nos moldes nos quais a IC havia pensado, parecia cada vez mais remota. Nesse sentido, há alguns marcos fundamentais: a liquidação do *Comintern* (1943), o desencadeamento da "Guerra Fria" (1946), a ruptura Iugoslavo-soviética (1948), a denúncia dos crimes de Stálin por Kruschov (1956) e o rompimento sino-soviético (1962).

Esse processo levou à quebra da unidade internacional do movimento comunista, abrindo caminho para a busca, por parte dos PCs, de estratégias políticas próprias, calcadas na inserção na política nacional. No caso das organizações que se mantiveram leais à orientação soviética, como falecimento de Stalin e a denúncia de seus crimes no XX. Congresso do PCUS, a URSS passou a estimular, como parte da estratégia de "coexistência pacífica" com os EUA, que os PCs se inserissem de modo positivo na vida política de seus países, adotando estratégias "pacíficas" ou "graduais" de chegada ao poder.[16] Essa nova orientação fica patente em um trecho da já discutida declaração de Março", que abordava a conjuntura internacional:

> As modificações na arena internacional criam condições mais favoráveis para a luta pelo socialismo, tornam mais variados os caminhos da conquista do poder pela classe operária e as formas de construção da nova sociedade. A possibilidade de uma transição pacífica ao socialismo se tornou real numa série de países. (PCB, 1958)

Tal leitura das mudanças no cenário internacional e, por conseguinte, do papel do comunismo, também era compartilhada pelos nacionalistas populares brasileiros.

Desse modo, se, para Guerreiro Ramos, até então os comunistas poderiam ser tidos, legitimamente, como um "problema" de segurança nacional, este não seria mais ocaso, na medida em que, movidos pela interpelação do nacionalismo, passavam a adquirir maior enraizamento na vida política do país. Se no mundo surgiam novas experiências, de combinação entre socialismo e nacionalismo:

> (...) no Brasil, é o nacionalismo que está suscitando a atual crise do partido comunista e o esvaziando de periculosidade. E finalmente o nacionalismo que, formulando os problemas nacionais em forma de dilemas concretos e legítimos, está tornando o comunismo uma questão secundária e de superfície

---

16 O XX. Congresso também abriu caminho para um novo florescimento do debate marxista no interior dos PCs, congelado havia anos pelo stalinismo (Hobsbawm, 2003, p. 114-125). O Brasil não ficou de fora desse sopro renovador, como atesta a criação, em 1958, da revista *Estudos Sociais* (Brandão, 1997, p. 214).

para o nosso sistema de segurança nacional, levando esse sistema em aplicar-se em objetivos de real importância para a coletividade brasileira. *(Ramos, 1960, p. 68)*

Esta última afirmação do sociólogo baiano levanta uma questão importante: qual o espaço que teria o PCB para se inserir positivamente na conjuntura brasileira e buscar seu retorno à vida legal senão em aliança com os nacionalistas em processo de radicalização? Com base na discussão feita no capítulo 4, é possível dizer que o nacionalismo era a ideologia que organizava e dava sentido aos conflitos sociais do Brasil de então. Além disso, comunistas e nacionalistas compartilhavam alguns horizontes comuns: a necessidade da industrialização e a oposição aos interesses estrangeiros e agrários.

Por fim, é preciso retomar um fator já indicado na primeira sessão: a relativa escassez de movimentos nacionalistas e anti-imperialistas no país antes da década de 1950. Se no Peru, com a APRA os comunistas entraram em confronto com um movimento de massa lastreado em uma tradição nacionalista relativamente bem estabelecida, no Brasil isso não chegou a acontecer. Ainda que se possa identificar uma tradição radical no pensamento brasileiro, com autores como André Rebouças (em seu ensaio sobre a agricultura no Brasil), Joaquim Nabuco (em *O Abolicionista*), ou Manuel Bomfim (possivelmente o primeiro a pensar o Brasil como parte da América Latina), esta não tem a mesma continuidade, nem a mesma autoconsciência que a linhagem nacionalista e indigenista que vai de Manuel Gonzalez Prada, passando por José Carlos Mariátegui e Victor Raúl Haya de La Torre, desdobrando-se no variado panorama da esquerda peruana do século XX (Renique, 1992). Além disso, como ficou claro no capítulo anterior, o pensamento político peruano faz parte de um universo mais amplo, o do pensamento político hispano-americano. Aí pode-se identificar uma corrente continentalista e anti-imperialista que abrange nomes como os citados Martí, Ingenieros, Ugarte, Palacios e Vasconcelos (este último até os anos 1920). Mesmo

Entre a nação e a revolução

que se possa argumentar que esse radicalismo hispano-americano também comporta descontinuidades – tanto entre os autores, como dentro das obras de cada um –, não é menos verdadeiro que se trata de uma corrente razoavelmente autoconsciente, o que pode ser atestado pelas referências explícitas que se pode encontrar a quase todos eles nos trabalhos uns dos outros e nos de pensadores mais jovens como Mariátegui ou Haya. O mesmo não se pode dizer no caso do Brasil. Nas genealogias, por exemplo, de Guerreiro Ramos não se encontra qualquer referência a autores como Rebouças, Nabuco ou Bonfim.

É certo que o nacionalismo popular no Brasil tinha também seus antecedentes históricos: o legado intelectual positivista; os republicanos "jacobinos", ou "florianistas"; o movimento "tenentista" e, sobretudo, a Revolução de 30 e a figura de Getúlio Vargas, seu propulsor direto durante seu último governo. Em comum, tais correntes ideológicas, movimentos e lideranças políticas compartilham, além do nacionalismo, o centralismo político, uma desconfiança do liberalismo e uma postura anti-oligárquica.

Mas esse conjunto de influências políticas e ideológicas era bem mais confuso do que os exemplos peruanos acima citados. Basta pensar no contraste entre o Vargas conservador e corporativista do "Estado Novo" e o Vargas "nacional e popular" de seu segundo mandato. A propósito, é interessante retomar a questão, discutida no quarto capítulo, dascontinuidades entre umnacionalismo autoritário e conservador dos decênios de 20 e 30 e outro, popular, nas décadas de 50 e 60. Como ficou ali exposto, tais continuidades poderiam ser bem observadas nos cânones do pensamento brasileiro, propostos por autores como Ramos e Corbisier, bem como nas próprias biografias de diversos intelectuais e políticos reformadores do pré-1964, os quais se iniciaram na vida política pelo Integralismo.

O que desejo apontar aqui, é a rarefação, diagnosticada por Antonio Candido, de um pensamento político radical no Brasil. Para o crítico literário, o radicalismo teria sido, entre nós, um fenômeno fragmentário e excepcional (Candido, 1990). Juízo semelhante foi feito, três décadas antes, pelo próprio Guerreiro Ramos. Na passagem já aludida sobre o conceito de *intelligentsia*, isto é, a intelectualidade conscientemente engajada politicamente e comprometida com a transformação social, Ramos afirma que esse fenômeno era ainda muito novo no Brasil, só começando a se expressar na atualidade (Ramos, 1961, p. 189).[17] A formação de um grupo de intelectuais abertamente militantes contrariaria, segundo o autor, o senso comum conservador dominante nas elites brasileiras que postularia a necessidade de distância entre a inteligência e a política (p. 190).

Diante deste quadro de relativa escassez de referências progressistas, a corrente ideológica nacionalista popular que se constituía no Brasil de meados do século tinha nos comunistas uma de suas poucas referências possíveis. Como apontei na primeira sessão, as duas únicas tentativas de organizar um movimento nacionalista e anti-imperialista no Brasil entre os anos 1920 e 30 partiram justamente do PCB. Além disso, o marxismo-leninismo, por mais pobre que fosse, fornecia esquemas e conceitos – principalmente a ideia de determinação econômica e o modelo da "revolução democrático-burguesa – para justificar a necessidade de um processo de industrialização autônoma do país, ausente no pensamento das elites brasileiras, marcadamente liberal e juridicista.[18]

Como já ficou dito na introdução deste estudo, a influência do vocabulário político e dos esquemas interpretativos do PCB no âmbito

---

17 Estou bem consciente de que o que Candido e Ramos têm como horizonte de radicalismo são coisas bastante distintas. Enquanto o primeiro procura reconstituir uma "linhagem" radical que desague na tradição político-ideológica da qual fez parte – a esquerda democrática" e a sociologia uspiana –, o segundo identifica a *intelligentsia* em formação com o nacionalismo radical do qual era adepto. Mas, por isso mesmo, a coincidência entre ambos no diagnóstico de um predomínio conservador no pensamento brasileiro é altamente significativa.

18 Conforme observei já na introdução, o marxismo da III Internacional também havia fornecido um vocabulário político à lideranças nacionalistas latino-americanas como o próprio Haya de La Torre e seu contemporâneo Rômulo Bettancourt. Porém, dada a ausência no Brasil de uma esquerda nacionalista anterior à década de 1950, a influência do marxismo-leninismo junto ao nacionalismo popular então nascente teria sido ainda maior entre nós.

Entre a nação e a revolução

do movimento nacionalista popular de fins dos anos 1950 e inícios dos 60, pode ser observada em discursos de lideranças nacionalistas não comunistas. Um bom exemplo, é fornecido pela última mensagem presidencial de João Goulart ao Congresso, já discutida no capítulo 4. Vale apena retomar as passagens então citadas, para rastrear a influência de esquemas e noções veiculadas pelos comunistas como, por exemplo, ao caracterizar as condições de vida dos trabalhadores rurais, o presidente afirmava não serem mais admissíveis "normas, padrões evalores" que perpetuassem "relações de trabalho" alicerçadas em "uma concepção aristocrática e feudal da vida" (Goulart, 1964, p. 1). Ora, a caracterização da "questão agrária" como sendo definida pela persistência de "restos feudais" era, como se sabe, um dos elementos-chave da teoria da "Revolução Brasileira" formulada pelo PCB.

É verdade que comparecem no texto outras influências, como a teoria econômica cepalina, flagrante no emprego de expressões como "aviltamento dos preços" dos produtos primários e na ideia de um "foço crescente" que separaria países industrializados e não-industrializados (p.2). Por fim, a mensagem de Jango também ecoa formulações típicas do ISEB, como, por exemplo, no uso da expressão "projeto de existência", ainda na primeira página, para se referir às transformações pelas quais passaria a sociedade brasileira (p. 1).[19]

Outro texto nacionalista do mesmo período no qual se pode vislumbrara influência das formulações do PCB, é o discurso de posse de Miguel Arraes no governo estadual de Pernambuco, proferido em janeiro de 1963. Nele o político pernambucano afirma:"Se não formos capazes de modernizar a nossa agricultura pela liquidação da estrutura semi--feudal, que ainda é a nossa, (...)não teremos feito o mínimo necessário à superação do nosso atraso e da nossa miséria" (Arraes, 1979,p. 175)

---

19 A ideia de um "projeto de existência", extraída do existencialismo de Sartre, pode ser encontrada, por exemplo, na aula inaugural do ISEB, já discutida, proferida por Vieira Pinto. Cf. (Pinto, 1956, p. 21).

Duas páginas antes, ao considerar o problema do subdesenvolvimento, Arraes afirma: "Mas há outra verdade, tão elementar quanto essa, que é necessário dizer e repetir(...): nós não poderemos liquidar o subdesenvolvimento sem liquidar a exploração do capital estrangeiro no país (...)" (p. 173)

Como se pode verificar nessas passagens, os grandes problemas da formação social brasileira eram equacionados pelo político pernambucano do mesmo modo que pela teoria da "revolução brasileira" dos comunistas: isto é, como sendo constituídos pela "questão nacional" e pela "questão agrária". Mais do que isso, Arraes também pensava o desenvolvimento como superaçãodos "restos feudais" e da exploração "imperialista".Dessa maneira, ao lado do recém-criado ISEB e da CEPAL, o PCB pode ser considerado como uma das agências ideológicas do nacionalismo brasileiro (Brandão, 1997, p. 231-233).Ou ainda, no dizer de Caio Prado Jr., justamente em seu mais famoso acerto de contas com as teses de seu partido:"A teoria marxista da revolução brasileira (...) forneceu mesmo os lineamentos de todas as reformas econômicas fundamentais propostas no Brasil" (Prado Jr., 1966, p. 29)

Em suma, as possibilidades abertas, de um lado, pela batalha em torno do desenvolvimento e, de outro, pela "desestalinização" do movimento comunista, somados à relativa rarefação de uma esquerda nacional, constituem os fatores cruciais que explicam, a meu ver, a convergência entre comunistas e nacionalistas na quadra histórica em apreço. Durante os dez anos que transcorreram entre o suicídio de Vargas e a queda de Goulart, o Partido Comunista tomou parte em uma ampla frente nacional-popular, cujo ponto de culminação foi a luta pelas "reformas de base". Excetuado o breve período de legalidade do PCB após o final do "Estado Novo (1945-1947), a organização nunca experimentara, e não voltaria a experimentar, uma influência ideológica como nos anos daquela frente.

Para Gorender, o poderio da agremiação seria superior no período anterior ao golpe, mesmo em comparação com aquele posterior ao "Estado

Entre a nação e a revolução

Novo". Se o período de legalidade (1945-1947) foi marcado pelo sucesso eleitoral, se trataria de um "brilho enganoso" que disfarçava a fraca estruturação nas massas operárias e a penetração praticamente nula no meio camponês. Já no período 1958-1963, mesmo que destituído de expressão eleitoral – uma vez que não recuperara seu registro – o PCB teria se convertido em uma organização com capacidade decisória. Para o autor, tratou-se do período de maior influência efetiva da história do partido (Gorender, 1987, p. 45). Todavia, mesmo que as observações do ex-dirigente comunista procedam, devo advertir que tal influência ultrapassava em muito a efetiva capilaridade política e social do partido, sendo adequado o título do sexto capítulo de Brandão (1997): "influência sem poder".

Seja como for, no que diz respeito à difusão ideológica – plano que mais interessa nesta pesquisa – não cabe muita dúvida de que o período entre a "Declaração de março" e a queda de abril assinalou o auge do marxismo de matriz comunista no país. Presente em instituições públicas e entidades da sociedade civil como o ISEB, a UNE e o CGT, aliando-se a partidos como o PTB (por meio do qual seus candidatos podiam concorrer ao parlamento ou as direções sindicais), ou dialogando com lideranças como João Goulart, Leonel Brizola ou Miguel Arraes, os comunistas difundiram uma visão do processo de desenvolvimento do país – plasmada na já citada "Declaração de março" – e marcaram a produção discursiva de todo aquele movimento.

Como procurei demonstrar, essa aproximação, bastante discutida pela bibliografia brasileira, não tinha nada de natural ou de tranquila, ainda mais quando confrontada com os exemplos de países vizinhos. Nesse sentido, o caso peruano é realmente paradigmático. O país andino contava com a figura de Mariátegui, consensualmente o maior e mais criativo pensador marxista latino-americano (Aricó, 1978), (Melis, 1978), (Therborn, 1995), (Löwy, 2006), (Munk, 2007). Todavia, como se viu no capítulo precedente, entre o "localismo" de seu companheiro de geração Haya de La Torre e a intransigência "cosmopolita" da IC, o projeto mariateguiano de um marxismo nacional não encontrou condições de realização.

Assim, a aproximação entre o marxismo e o nacionalismo no Brasil foi fruto de condições políticas singulares, tanto no âmbito interno, quanto no externo. A confluência do acirramento dos conflitos políticos e sociais ensejados pelo processo de desenvolvimento e da desestalinização do comunismo internacional possibilitaram ao PCB uma inserção no movimento nacionalista que então crescia, único espaço político que franquearia ao partido, então ilegal, uma margem de intervenção na política nacional. Em troca, o PC forneceu ao nacionalismo, não apenas um vocabulário político, mas um esquema interpretativo com os quais podia pensar o processo em curso e seus desdobramentos.

Contudo, como procurei enfatizar ao longo do texto, tal convergência sempre encontrava limites na continuada vinculação do PC à linha soviética e ao marxismo-leninismo como ideologia oficial. Este arcabouço teórico impedia os intelectuais comunistas de aprofundar as formulações sobre as relações entre classes sociais e a nação, captando-se, desse modo, plenamente o potencial disruptivo do nacionalismo. Fazê-lo implicaria em transcender os limites de sua cultura política, forjada nos tempos da III. Internacional, cuja pedra de toque era a ideia de que as formas organizativas e teóricas criadas pelo bolchevismo teriam uma validade universal.

Dessa maneira, não surgiu no Brasil uma variedade de marxismo nacional, elaborado a partir de uma fusão do legado de Marx com uma tradição de pensamento radical autóctone. Segundo Antonio Candido, tal fusão – que teria acontecido na Rússia, com o leninismo, e na China, com o maoísmo – só teria ocorrido na América Latina no caso do castrismo, que teria amalgamado o marxismo com o pensamento radical de José Martí (Cândido, 1990).

Tal amálgama não chegou a ocorrer no caso brasileiro, seja pela insipiência de uma tradição radical, seja pelos limites da cultura política comunista, ou ainda pela derrota sofrida em 1964, a qual pôs em xeque o conjunto das formulações da esquerda do período anterior. Como afirmei de início, as formulações de cientistas sociais, em especial aqueles li-

Entre a nação e a revolução

gados à chamada "escola sociológica paulista", sobre o populismo, ao culpar a aproximação entre o PC e o nacionalismo pela derrota, acabaram por contribuir para o apagamento da memória do período precedente (Reis, 2001, p. 375-376). Com isso, todo um debate rico que envolveu comunistas e nacionalistas acabou relegado à penumbra. Dessa maneira, as novas gerações têm dificuldade de entender as bases ideológicas de um dos períodos de maior avanço reformador da história do país.

É verdade que esse obscurecimento deve ser devidamente contextualizado, para que a análise não recaia no mesmo equívoco das leituras da relação entre os comunistas e os nacionalistas que estou criticando, isto é: o de criticar os atores sem compreender suas motivações e condições históricas. É bom lembrar que a chamada "Escola Sociológica Paulista" foi muito influenciada por um campo ideológico mais amplo no qual convergiam trotskistas, luxemburguistas e a chamada "esquerda democrática". Além da comum oposição ao stalinismo e ao PC, Gildo Marçal Brandão assim caracteriza as feições mais gerais dessa corrente ideológica:

> (...) a percepção do caráter tendencial ou dominantemente capitalista da formação social brasileira. Esta vem com frequência atrelada à uma teoria geral que resume o conflito social na oposição capital e trabalho e espera aí a reprodução da estrutura de classes e formas de consciência social similares às europeias. A recusa generalizada à política de alianças e o sistemático anti-varguismo terão retardado num primeiro momento e acelerado no segundo a ascensão da corrente ao pódio ideológico. (Brandão, 1997, p. 218)

O divisor de águas que separa a marginalidadede uma posição política e intelectual de destaque dos acadêmicos paulistas, claro está, foi o golpe civil-militar de 1964. Aliás, essa foi a leitura feita por um de seus mais destacados membros. Refletindo sobre a trajetória dos participantes do grupo de estudos de *O Capital*, Roberto Schwarz afirmou que a derrota dos comunistas e nacionalistas parecia, retrospectivamente, lhes ter dado razão. Vale apena citar uma passagem do crítico literário, reveladora de uma postura de triunfalismo retrospectivo:

> Como é sabido, a vida intelectual carioca evoluía em torno de redações de jornal, editoras, partidos políticos, ministérios, ou seja, organismos com repercussão nacional e saída para o debate público, sem falar em praias, boemia e mundanidades; bem o contrário da nossa Escola da rua Maria Antônia, ambiciosa e caipira, sofrendo da falta de eco nacional e tendo como bandeira o padrão científico por oposição a ideologia. Além disso, é possível que a aposta marxista pura, voltada para a dinâmica autônoma da luta de classes, tivesse mais verossimilhança no quadro do capitalismo paulista, ao passo que no Rio, com as verbas e brechas oferecidas à esquerda pela promiscuidade do nacional-populismo, não havia como dizer não ao Estado, cuja ambiguidade no conflito em parte era efetiva. No essencial, no entanto, a facilidade com que em 64 a direita iria desbaratar a esquerda, em aparência tão aguerrida, demonstrou o infundado das alianças desta, acabando por dar razão aos paulistas. (Schwarz, 1999, p. 92)

Uma leitura ainda que ligeira de textos como os de Weffort e Ianni revelam, como mencionei já no primeiro capítulo, uma referência forte ao golpe de 1964. Naquele momento, impactados pela derrota, muitos setores de esquerda buscavam responsáveis pela súbita *debacle*. Um outro exemplo, nesse sentido, é a conhecida obra *A Revolução Brasileira*, de Caio Prado, que precedeu as obras aqui citadas de Weffort e Ianni, e que, de alguma forma, pode tê-los influenciado. Essa obra de Caio Prado, diga-se de passagem, e as análises dos autores uspianos que estou considerando guardam importantes continuidades.[20]

Contudo, além do impacto do golpe em si, cabe considerar um outro fator para entender as apreciações dos teóricos do populismo acerca da confluência entre comunistas e nacionalistas populares: as mudanças no país promovidas pela ditadura militar e o modo pelo qual elas foram percebidas pela intelectualidade, em especial a paulista.Como é sabido, contrariando muitas expectativas, a ditadura civil-militar não promoveu um cenário de estagnação, muito menos de retrocesso agrário-exportador e/ou oligárquico. Pelo contrário, acelerou o processo de industrialização, ainda que a custa de um processo inédito de concentração de riqueza e de modo associado e dependente ao capital estrangeiro.

Seria impossível, nos limites desta exposição, sumariar os múltiplos impactos desse processo de modernização autoritária. Cabe destacar, entretanto, que o regime promoveu significativas rupturas com o período anterior, entre as quais está a geração, obviamente não intencional, de novos atores sociais e políticos de oposição ao regime que não haviam sido socializados na cultura política do pré-1964. Assim, como enfatiza Lahuerta (2001), um complexo processo histórico ensejou o deslocamento da "questão nacional" – como tema central do pensamento político brasileiro – em favor da "questão democrática". Em tal contexto, no qual uma parte significativa dos atores de oposição – dos quais o chamado "novo sindicalismo" dos anos 1970 talvez seja o mais representativo – tendiam a se conceber como "inéditos" *vis-a-vis* o passado recente, os intelectuais que recebiam maior atenção tendiam a ser aqueles que propugnavam por uma ruptura com as formas de consciência da "velha"

---

20   Ianni, por exemplo, faz uma longa citação de um trecho de *A Revolução Brasileira* para sustentar suas críticas às elaborações dos comunistas. Cf. (Ianni, 1968, p. 113). Apesar dessas coincidências, não considero que a obra de Prado Jr. faça parte da mesma tradição político-intelectual que a de Ianni. Pela centralidade conferida à "questão nacional" e pela leitura econômica e social da democracia, a obra do historiador paulista tem afinidade com o marxismo de matriz comunista (Brandão, 1997, p. 219-220). Desenvolvi essa leitura em (Kaysel, 2012, cap. 3).

esquerda: comunistas e trabalhistas. Foi justamente essa confluência que esteve na raiz da cultura política do Partido dos Trabalhadores (PT), da qual Weffort foi um dos mais destacados promotores. Um bom exemplo da forma pela qual essa cultura política tendia a ler a história recente do país, em geral, e, mais especificamente, da esquerda que a antecedeu, pode ser encontrado em mais uma passagem de um texto aqui discutido do cientista político uspiano. Referindo-se ao que julgava ser a confluência perversa entre a esquerda e o sindicalismo corporativista, Weffort diagnostica:"Por outra parte, aí está uma das raízes do fato que nunca tenhamos tido na história política do país nenhuma ideologia verdadeiramente democrática, nem nenhuma ideologia verdadeiramente socialista." (Weffort, 1978/1979, p. 11)

É esse tipo de reconstituição do passado como um "vazio" ou uma "falta" que permitiu ao sindicalistas e militantes que confluíam para o PT se afirmarem como "novos" ou descomprometidos com esse passado que pretendiam negar. É certo que, como toda representação ideológica, esta também só teve sucesso na medida em que sua interpretação do país radicava em elementos reais do processohistórico. Nesse sentido, há um componente de verdade nas afirmações de Weffort. Porém, como também costuma ser o caso com as ideologias, essa versão da história nacional envolveu também o "ocultamento" ou o "esquecimento" de dimensões importantes da experiência dos atores do passado, importando em uma perda significativa para a compreensão das continuidades que fazem dos temas "nacionais" e "populares" questões ainda relevantes, como apontarei nas considerações finais, para pensar a política e a sociedade brasileiras do presente.

Considerações Finais

Uma das questões cruciais e mais controversas no debate em torno da história das ideias políticas e sociais na América Latina é discutir a adaptação (ou inadaptação) de teorias ou ideologias importadas da Europa ocidental para o contexto do subcontinente. Por trás dessa perspectiva de análise está o pressuposto de que a circulação e recepção das ideias está estruturada por uma lógica – análoga à da circulação de mercadorias – na qual o mundo estaria estruturado por um centro gerador e difusor de ideias, de um lado, e por uma periferia consumidora, de outro, a qual sempre procuraria adaptar ou repensar as ideias importadas do centro à luz de suas próprias realidades. No que tange à história do marxismo na América Latina, talvez a fórmula mais forte, nesse sentido, seja a de José Aricó, para quem a teoria (marxista) e a realidade (latino-americana) "viveriam em mútua e secreta repulsão" (Aricó, 1982). Se é verdade que essa problemática de fundo não é, de modo algum, exclusiva ao marxismo – basta pensar no amplo debate sobre a adaptabilidade (ou não) do liberalismo às condições latino-americanas – quero argumentar que o dilema se torna particularmente agudo no caso do materialismo histórico.

Como se sabe, Marx, em suas *Teses sobre Feuerbach*, postula um vínculo intrínseco entre o conhecimento da vida social e sua transformação por meio da práxis coletiva dos homens. Em outra passagem notória da obra marxiana, a introdução a *O Dezoito Brumário*, o autor aponta como, ao mesmo tempo, "os homens fazem a história, mas não em condições por eles escolhidas" (Marx, 1984). Assim, haveria uma ligação necessária entre a prática política revolucionária e uma teorização capaz de desvendar os nexos da totalidade social e do movimento histórico, de modo ímpar no conjunto da teoria política e social ocidental posterior à Revolução Francesa.

Tal vinculação entre teoria social, de um lado, e ação política, de outro, é posta em questão quando o materialismo histórico se defronta com formações sociais cujas características desafiam os pressupostos mesmos da teoria, na medida em que estes foram elaborados tendo-se em vista uma realidade histórica particular: a das sociedades burguesas emergentes na Europa Centro-Ocidental de meados do século XIX. Desse modo, a questão se transforma em até a onde poderiam ir as pretensões universalistas do legado intelectual de Marx e Engels?

No caso da América Latina, tal dilema conduz necessariamente à indagação, formulada por Ricupero (2000, cap. 3), sobre a existência ou não de um marxismo latino-americano. As dimensões desse problema ultrapassam os limites deste trabalho e, portanto, apenas posso oferecer algumas indicações à guisa de sugestão. Ainda que concorde com Munk (2007), de que não se pode falar em um marxismo "latino-americano", no mesmo sentido em que se pode falar em um "asiático" – no caso do maoísmo –, ou ainda de um "russo" - representado pelo leninismo -, creio ser possível sustentar que a tradição marxista na América Latina se singularizou por um corpo de temas e problemas característicos, dentre os quais se sobressai o conceito de "dependência".

O fato de que esse conjunto de temas, problemas e aportes que singulariza as contribuições do marxismo na região não tenha se cristalizado em tradições políticas como as acima citadas se deve, em grande medida, ao conflito duradouro que constituiu o objeto da presente investigação, ou seja: aquele entre o marxismo de matriz comunista e o nacionalismo popular. Formular o problema dessa maneira pressupõe, evidentemente, assumir um ponto de vista interpretativo sobre a história do materialismo histórico na América Latina. Todavia, antes de discuti--lo faz-se necessário esclarecer que, até o momento, não existe no âmbito

Entre a nação e a revolução

latino-americano um equivalente de uma "História do Marxismo", como as que foram organizadas para o marxismo em geral e para o marxismo no Brasil. O que existem são alguns esforços de sínteses e diversas obras sobre períodos e problemáticas específicos.

Pode-se dizer que o ponto de partida de uma investigação sobre a história do marxismo latino-americano deveria ser a dificuldade desta corrente de pensamento de se enraizar na cultura política da região, organizando e conferindo sentido ao universo simbólico das classes trabalhadoras. Estas, se inclinaram historicamente, goste-se ou não, mais para partidos ou ideologias, como a APRA e o aprismo, do que para aqueles como os PCs e o marxismo-leninismo. Como afirmou provocativamente Julio Godio:

> Se a prática é o critério da verdade, há que se render à verdade de que, na América Latina, têm sido os movimentos nacional-democráticos que lograram conjurar, desde Haya de La Torre e a APRA, o que Gramsci chamava de vontade nacional-popular. (Godio, 1983, p. 244).

Ao invés de interpretar esse fato como índice de falta de "consciência de classe", proponho, na esteira de Aricó e Portantiero, que se deveria pensar ao contrário e indagar o que, nos pressupostos do materialismo histórico, dificultou aos seus adeptos compreenderem as determinações concretas que singularizam as formações sociais do subcontinente. É assim, e somente assim, que se pode dar vitalidade ao legado de Marx e Engels como método crítico capaz de interpretar uma realidade histórica que seus fundadores não compreenderam ou não puderam compreender.

A dificuldade dos adeptos do materialismo histórico em dar sentido às formas concretas de consciência política dos trabalhadores latino-americanos pode ser bem ilustrada pelo tema do populismo, o qual foi objeto do primeiro capítulo deste livro.

Aqui, mais uma vez, o final da década de 1920 configura-se como um autêntico divisor de águas. Ao estigmatizar, em 1928, o pensamento de Haya de La Torre como "populista", Julio Antonio Mella pretendia inserir seu interlocutor em uma família de ideólogos "pequeno-burgueses" que ocultavam as classes por meio da categoria mistificadora de "povo" e substituíam as "leis da história" por um voluntarismo "romântico". Sem sabe-lo, o jovem revolucionário cubano estava criando uma polarização duradoura – entre "marxistas" e "populistas" – que, muitas vezes confundida com a fonte liberal da sociologia da modernização, faria escola nas ciências sociais do subcontinente décadas mais tarde. Dessa maneira, fenômenos políticos tão díspares como o *narodnichetsvo*, o "aprismo" e o "varguismo" acabariam sendo subsumidos em um mesmo vocábulo, que representa mais um estereótipo do que um conceito.

Não que não se possa identificar, no plano ideológico, algumas coincidências entre o ideário dos *narodnikis* russos e o de alguns ideólogos do nacionalismo popular latino-americano. Assim sendo, os paralelos que Julio Mella estabelece entre o aprismo e o narodnichetsvo, no que diz respeito ao indigenismo, não são disparatados, ainda que muito exagerados. Mesmo no Brasil, que, ao contrário do Peru, não possuía em seu passado uma grande civilização, nem formas comunais de agricultura camponesa em seu presente, o paralelo com a *intelligentsia* russa seria possível. Atente-se, por exemplo, para a seguinte passagem de Guerreiro Ramos sobre o conceito de povo:

> O povo se educa a si próprio, eis uma verdade sociológica preliminar. Será mais exato dizer que se educa e se reforma a si próprio, não apenas por ensaios e erros, mas sobretudo de maneira sistemática por intermédio dos quadros modelados a sua imagem. (...) O povo não pode dirigir o processo histórico-social senão por intermédio de sua vanguarda. A vanguarda do povo é o dirigente direto do processo nacional. O povo como totalidade é dirigente indireto. (Ramos, 1960, p. 230)

Lendo estas linhas, como não pensar em Chernichevsky e sua defesa do papel dos intelectuais como condutores das massas? Aliás, o paralelismo com a intelectualidade radical russa do século XIX não esca-

Entre a nação e a revolução

pou ao próprio sociólogo brasileiro, que a mencionou em sua discussão do conceito de intelligentsia (1961, p. 190-191).

Todavia, sejam quais forem as coincidências entre os "populistas" russos e os nacionalistas populares latino-americanos, elas não justificam sua inclusão em uma categoria comum. No caso do "aprismo", ainda que o Peru fosse uma sociedade esmagadoramente rural como a Rússia novecentista, a pregação de Haya voltava-se mais para os setores modernos – classes médias, operários e trabalhadores rurais – do que para os camponeses. Já no caso do nacionalismo brasileiro, sua orientação era claramente industrializante, o que o distingue do *narodnichetsvo*, cujos adeptos, ainda que modernizantes, viam a indústria com desconfiança.

O que as analogias acima apontadas sugerem, a meu ver, é que os pensadores radicais ou revolucionários de sociedades periféricas ou retardatárias enfrentam, em condições históricas distintas, desafios semelhantes, tais como o abismo que separa suas formações sociais e os modelos políticos metropolitanos, ou o dilema entre a "marcha forçada" para o progresso e a busca de uma via alternativa, mais lenta, para a modernidade (Berlin, 1960, p. XXIX). O apelo romântico ao "povo", por exemplo, o qual pode ser identificado tanto nos nacionalismos populares latino-americanos, como no *narodnichetsvo*, pode ser interpretado, seguindo a sugestão de Nairn (1981), a partir da necessidade de conjurar as forças internas para fazer frente aos dilemas do "atraso" ou do "subdesenvolvimento".

Contudo, fica ainda pendente a pergunta: por que, no caso latino-americano, os defensores de um "caminho próprio" foram, em geral, mais bem sucedidos do que os marxistas em organizar política e ideologicamente os trabalhadores? Para Juan Carlos Portantiero, em passagem mencionada no capítulo 2, o pressuposto marxista de que a sociedade civil pré-determina o Estado, teria conduzido os marxistas latino-americanos a não compreenderem o modo pelo qual os assim chamados "populismos" teriam articulado o universo ideológico das classes subalternas. Creio que a formulação do gramsciano argentino carece de precisão. Para além de uma "visão societária da política", sustento que o problema do marxismo com a política latino-americana, bem como em outras partes do mundo, está na incompreensão em relação ao fenômeno nacional em geral e com sua forma particular na região.

Como discuti no segundo capítulo, ao reiterar a formulação fortemente instrumental da "questão nacional" dos bolcheviques como "autodeterminação dos povos", os comunistas latino-americanos foram incapazes de identificar o problema em um subcontinente onde, afinal, quase todos os países já eram politicamente independentes. Como consequência dessa incompreensão de origem, os marxistas latino-americanos não conseguiram, via de regra, entender a forma específica assumida pela questão nacional na América Latina, isto é: o caráter "inacabado" o "inconcluso" das comunidades imaginadas nacionais do subcontinente, legadas pelos processos de emancipação política de princípios do século XIX.

Como também ficou claro, a formação das nações latino-americanas esbarrava em duas ordens de obstáculos, as quais se entrelaçavam mutuamente: a não incorporação à esfera da cidadania política e social das maiorias trabalhadoras – urbanas e, sobretudo, rurais – e a posição subalterna ocupada pelas economias latino-americanas no capitalismo mundial, o que limitava o alcance efetivo da soberania nacional. Daí que, como enfatizei ao longo deste trabalho, as demandas de classe, de participação política e de afirmação nacional tenham se condensado no binômio "povo" e "nação". Daí também que, as classes subalternas, ao se exprimirem na esfera política, o fizeram sob a forma de "povo", não por uma ausência de consciência de seus "reais interesses" ou qualquer tipo de "inexperiência política", mas pelas próprias condições, econômicas, políticas e ideológicas, vigentes em suas formações sociais.

Assim, o fato de as demandas de transformação social dos trabalhadores latino-americanos terem sido formuladas por meio da linguagem do nacionalismo popular não as diminui frente às das classes trabalhadoras europeias. Também é inteiramente equivocado pressupor que o nacionalismo popular "freou" ou "obstaculizou" a luta de classes na região. Esta se deu e, diga-se de passagem, por vezes em níveis de conflitividade muito superiores aos da Europa ocidental. Porém, o conflito de classes latino-americano se deu em seus próprios termos, ou ainda, nos termos possíveis em sociedades, de Estado oligárquico e capitalismo dependente.

De uma perspectiva marxista, o grande problema foi que, como fruto das controvérsias da esquerda latino-americana de fins dos anos 1920, já bastante examinadas nesta obra, consolidou-se por mais de três décadas a disjuntiva: nacionalismo ou socialismo. Tal oposição teve como principal consequência, conforme o argumento de Portantiero e De Ipola, o bloqueio da constituição de forças contra-hegemônicas efetivas que pudessem, no dizer dos autores: "construir o socialismo a partir do nacional-popular" (Portantiero e De Ipola, 1981, p. 8).

É verdade que o bloqueio da construção de atores contra-hegemônicos que combinassem o socialismo e o nacionalismo não deve ser visto exclusivamente do ângulo das insuficiências do marxismo de matriz comunista, mas também do das limitações do nacionalismo popular. Na introdução afirmei que o nacionalismo popular e o marxismo não eram ideologias de mesmo nível. Enquanto o segundo pretenderia ser uma teorização mais abstrata e de alcance universalista, o primeiro se afirmava justamente como expressão ideológica de um contexto sócio-histórico singular. A consequência desse traço constitutivo é que as elaborações dos nacionalistas populares se voltavam mais para as necessidades da política imediata. Esse apego à concretude é fundamental para entender porque as realizações efetivas de um Haya de La Torre, julgadas de um ponto de vista estritamente intelectual, ficam muito aquém de suas pretensões teóricas, como, por exemplo, na tese do "espaço/tempo histórico" (Bourricaud, 1972, p. 126-127).

É claro que se poderia objetar que esse metro "intelectualista" seria inadequado para julgar as elaborações do nacionalismo popular, visto que as formulações de Haya teriam objetivos imediatamente políticos, ou, como lembra Nelson Manrique (2009), o de aglutinar forças sociais. Porém, essa característica possui pelo menos uma consequência potencialmente perversa de um ponto de vista estritamente político. Se o universalismo cosmopolita dos comunistas criou empecilhos a sua atuação em situações concretas, o excessivo particularismo das formulações dos apristas, por exemplo, as tornaram reféns das conveniências da tática política, em função das quais eram produzidas. Isso explica, entre outras coisas, como Haya de La Torre foi capaz de promover uma drástica guinada à direita na orientação da APRA e, ao mesmo tempo, reafirmar a fidelidade aos princípios da "filosofia aprista". Dessa maneira, a excessiva rigidez dos esquemas marxistas-leninistas, de um lado, e a exagerada fluidez dos do nacionalismo popular, por outro, travaram, no plano teórico, uma confluência entre o socialismo e as tradições políticas radicais no subcontinente.

A hipótese defendida ao longo deste trabalho foi a de que essa disjuntiva entre o nacionalismo e o socialismo, ou, como sugerido no título, entre a "nação" e a "revolução", caracterizou todo o período da história das esquerdas latino-americanas que vai da década de 1920 até a de 50, ao final da qual a Revolução Cubana, ao sintetizar os dois polos, deu início a uma nova fase.

Pode-se argumentar que episódios como o ocorrido em Cuba fazem parte de uma confluência mais ampla que, ao longo do século XX, se deu na periferia do sistema-mundo entre duas modalidades de movimentos anti-sistêmicos: os nacionalistas e os trabalhistas-socialistas (Walerstein 2001, p. 63). Todavia, a perspectiva da longa duração, se pode fornecer uma boa visão de conjunto, também corre o risco de perder de vista a heterogeneidade das situações locais, transformando em regra aquilo que foi excepcional. Como lembra o historiador peruano Alberto Flores Galindo, o marxismo e a nação mantiveram uma relação tensa que, por vezes se transformou em disjuntiva. Se nas revoluções vitoriosas no século XX, como a russa, a chinesa ou a cubana, foi possível encontrar alguma acomodação entre ambos, esses momentos constituíram exceções (Galindo, 1994, p. 385).

Entre a nação e a revolução

Ao longo da presente investigação me debrucei, justamente, sobre dois contextos nos quais a relação marxismo/nação não fugiu a essa regra. No caso do Peru, país em torno do qual se deu grande parte da polêmica originária entre comunistas e nacionalistas, a esquerda ficou dividida entre, de um lado, um partido comunista isolado e incapaz de transformar em prática política a obra teórica de seu fundador, e, de outro, a APRA, movimento de ampla base de massas, que, diante do veto à ela imposto pelas oligarquias e pelos militares, acabou recuando de seu programa de reformas radicais. O resultado disso foi um país que, como assinala (Manrique, 2009), não pôde trilhar o caminho da industrialização substitutiva de importações e da incorporação à cidadania dos setores populares, com graves consequências para a integração econômica, social, política e mesmo cultural da nação.

Já no caso brasileiro, viu-se um padrão em grande medida oposto: a convergência tardia entre o partido comunista e um movimento nacionalista popular, cuja principal expressão político-partidária foi o trabalhismo, a partir de meados da década de 1950 e, sobretudo, após o suicídio de Vargas. Esses dois parceiros, inicialmente adversários ferrenhos, se aproximariam diante das vicissitudes de um processo de "revolução passiva" cujas contradições internas haviam se avolumado. Tais contradições – que giravam em torno do problema do desenvolvimento –, por um lado, dividiam as elites e, por outro, impulsionavam as reivindicações das classes subalternas.

Essa especificidade do contexto brasileiro aponta para outra diferença crucial entre os dois casos, discutida no capítulo 4: enquanto o trabalhismo ocupou parcela importante do aparelho do Estado, influindo decisivamente em uma série de políticas sociais e econômicas, o aprismo, no período abrangido pela pesquisa, teve seu caminho para o poder barrado. Assim, se o nacionalismo popular no Brasil foi uma ideologia veiculada no interior do Estado, no Peru, foi um ideário de oposição a este.

Aliás, a própria origem dos dois movimentos é contrastante, na medida em que a APRA nasce da sociedade civil em formação, ao passo que o trabalhismo se estrutura a partir do Estado, buscando a posteriori enraizar-se na sociedade civil. Como também discuti, essa origem díspar determinou padrões de relacionamento distintos entre partidos, intelectuais e ideologia. Enquanto no Peru, os intelectuais ocupavam posição de destaque no círculo dirigente e a posse de uma doutrina "original", alternativa ao marxismo-leninismo, era parte importante da identidade partidária, no Brasil, os intelectuais eram marginalizados em relação aos políticos profissionais e, ainda que o partido tenha desempenhado um papel de destaque na difusão do nacionalismo popular na sociedade, a produção da ideologia esteve mais dispersa por outras agências, notadamente o ISEB e o próprio PCB.

Quanto ao conteúdo dos respectivos nacionalismos populares, os contextos político-intelectuais das duas sociedades geraram grandes discrepâncias. Além dos temas da "questão indígena" e do "desenvolvimento", abordados ao final do capítulo 4, talvez a maior delas diga respeito ao tema da unidade latino-americana. Se esse era um elemento crucial em todo o discurso de Haya de La Torre – inscrevendo-se mesmo no nome do partido por ele fundado –, quase não tinha qualquer relevância no Brasil, a não ser diluído no chamado "terceiro mundismo" que formava parte do ideário isebiano.

Como se viu no quinto capítulo, o universo intelectual peruano era parte de um circuito hispano-americano mais amplo, no qual as ideias de unidade continental, oriundas do próprio processo de emancipação da Espanha, eram difundidas por autores como Martí, Ugarte, Ingenieros, Palácios ou Vasconcelos. Já o Brasil só começou a ampliar seus contatos intelectuais com seus vizinhos com o advento da CEPAL, como deixa entrever o depoimento de Guerreiro Ramos, transcrito no quarto capítulo. Contudo, o latino-americanismo só ganhou densidade no imaginário político brasileiro após 1964 e as experiências fornecidas pelos exílios, como sugerido pela seguinte afirmação de Darcy Ribeiro: "No caso do Brasil, pode-se afirmar que seus numerosos exilados políticos estão amadurecendo para atuar como a primeira geração de brasileiros com postura latino-americana." (Ribeiro, 1983, p. 200)

Além desses condicionantes internos as duas formações sociais, não se deve subestimar, ao se comparar os dois casos nacionais, como apontei no último capítulo, o impacto das mudanças no movimento comunista internacional nos dois momentos escolhidos, o qual passou de uma estrutura hierárquica rígida e centralizada, nas décadas de 20 e 30, para a busca de enraizamento nacional mais autônomo, a partir da segunda metade dos anos 1950, devido à "desestalinização" e à nova estratégia soviética de "coexistência pacífica".

O que essa comparação permite enfatizar, para o caso brasileiro, é que a aproximação entre o marxismo de matriz comunista e o nacionalismo popular de origem varguista não foi, como apontam as leituras da "teoria do populismo", a confissão de fraqueza do primeiro, mas sim, justamente, sua demonstração de força. Afinal, foi graças a sua incorporação ao campo nacionalista que o PC, mesmo clandestino, pôde fazer parte da construção de uma força nacional-popular com vocação hegemônica e potencial para promover uma reforma intelectual e moral do país, bem expresso pelo processo de mobilização e polarização da sociedade brasileira, entre 1961 e 1964, em torno da consigna das "reformas de base", as quais sintetizavam o programa do nacionalismo popular, construído ao longo do decênio anterior.

A derrota, em abril de 1964, do campo nacional-popular não deve ser atribuída, pela argumentação que foi aqui desenvolvida, ao efeito "mistificador" da ideologia nacionalista, a qual teria "desorientado" as esquerdas e os trabalhadores. Afinal, movimentos revolucionários bem--sucedidos em outras partes da periferia do capitalismo – basta pensar em Cuba e China – não se orientaram por ideias radicalmente distintas, pelo menos do ponto de vista de uma reivindicação de purismo classista.

Ainda que não me caiba entrar no espinhosíssimo tema das razões do golpe, me parece que uma explicação mais convincente para a derrota das esquerdas esteja no grave erro de cálculo destas últimas, as quais superestimaram o grau de amadurecimento e a capacidade de mobilização das forças populares e subestimaram a força e a capacidade organizativa de seus adversários conservadores. Além disso, esse grave erro de cálculo acabou fazendo com que a esquerda e os movimentos populares deixassem que a bandeira da democracia, a qual estivera em suas mãos na crise da renúncia de Jânio Quadros em 1961, passasse para as mãos da direita na crise de março de 1964 (Reis, 2001, p. 327-331).

Nos dois casos aqui analisados, o ideário nacionalista popular surgiu em momentos de crise de hegemonia, ganhou força, polarizando a sociedade, e depois, por distintas razões, perdeu fôlego ou entrou em crise aguda, refluindo mais tarde. No caso peruano, a abdicação do programa revolucionário por parte da APRA, expresso na chamada "convivência", acabou levando, ironicamente, os militares – antigos algozes dos apristas – a encamparem a plataforma de mudanças destes últimos. Porém, o general Velasco Alvarado conduziu as reformas à maneira castrense: de "cima para baixo" e sempre desconfiando da mobilização de forças sociais autônomas. O resultado acabou sendo a fragilização de sua base de apoio e, após sua queda em 1974, do regime como um todo.

O fracasso do programa de revolução nacional empreendido pelos militares teria importantes consequências para a transição democrática que se faria no país nos anos 1980. Afinal, nem os apristas, nem os comunistas – reagrupados com outras facções na *Izquierda Unida* (IU), conseguiam organizar e dar forma política às insatisfações dos camponeses indígenas do altiplano, nem às dos migrantes rurais que, entre as décadas de 50 e 80, haviam se deslocado em massa para Lima.[1] O resultado, como aponta (Galindo 1987), foi a criação de um vazio político que nenhuma das três grandes forças partidárias peruanas – Acción Popular (AP), APRA e Izquierda Unida (IU) – conseguia preencher.

---

1 Para uma breve síntese dos dados da reconfiguração demográfica do Peru na segunda metade do século XX e suas grandes implicações políticas e sociais, cf. (Manrique, 2009, p. 167-169).

Entre a nação e a revolução

Foi esse vazio que tornou dois pequenos grupos extremistas – o Partido Comunista do Peru - Sendero Luminoso (PCP-SL) e o Movimento Revolucionário Tupac Amaru (MRTA) – capazes de detonar um conflito civil que, combinado a uma gravíssima crise econômica e social, conduziu à *débacle* do sistema partidário e da democracia peruana, sob a ditadura civil de Alberto Fujimori (1990-2000).[2] Como bem sintetizam Martucelli e Svampa, as experiências "nacional-populares" truncadas" empreendidas por Haya, pelo general Velasco e pelo primeiro governo Alan García (1985-1990) deixaram como saldo um sistema partidário-representativo em completo descrédito, uma baixa capacidade do Estado de controlar a economia e garantir a coesão social e, por fim, uma identidade nacional enfraquecida (Martucelli e Svampa, 2011, p. 275-276).

Já no Brasil, a derrota do nacionalismo se deu por outros fatores e teve consequências completamente diferentes. A ditadura militar instaurada após o golpe de 1964, fez um esforço sistemático para enterrar as bases do regime anterior (Reis, 2001). Isso foi buscado por diferentes mecanismos: importantes reformas no aparelho estatal; um programa de aceleração do desenvolvimento capitalista concentrador e dependente e, é claro, uma intensa repressão, tanto aos trabalhistas, como aos comunistas.

Além disso, não se pode diminuir a importância da derrota intelectual então sofrida pelos adeptos, tanto da corrente ideológica nacionalista popular, como dos do marxismo de matriz comunista, no próprio campo da esquerda, com a ascensão ao primeiro plano do cenário cultural dos intelectuais vinculados à chamada "escola paulista de sociologia", nucleados em torno da USP. Como aponta Lahuerta (2001), essa combinação das transformações econômicas e sociais, ocasionadas pelo modelo de desenvolvimento autoritário, e dos deslocamentos intelectuais operados no campo de oposição, levaram à substituição da "questão

---

2   Para a localização do PCP-SL e do MRTA na história da esquerda peruana, cf. (Renique, 2009). Já para as condições políticas e econômicas que conduziram à ascensão de Fujimori, cf. (Roberts, 2011).

nacional" pela "questão democrática" como problema chave em torno do qual passou a se organizar o debate político-ideológico brasileiro.

Dessa maneira, as novas forças políticas e sociais que emergem no bojo do florescimento da sociedade civil durante o processo de redemocratização, processo esse que já foi caracterizado como uma autêntica "revolução dos interesses" (Vianna, 1997), não se reconheceriam no imaginário e nas formulações que haviam galvanizado a esquerda anterior ao golpe de 1964. Não por acaso, como indiquei ao final do último capítulo, o movimento sindical da década de 1970 acabou ficando conhecido como "novo sindicalismo", para demarcar claramente sua diferença em relação ao "velho" sindicalismo, isto é, a tradição trabalhista/comunista. Na conformação ideológica do que viria a constituir o PT, talvez o fruto mais apreciável do processo de redemocratização, tiveram grande importância as críticas ao "populismo" e ao nacionalismo empreendidas por intelectuais como Marilena Chauí, citada no primeiro capítulo desteestudo, e Francisco Weffort, o qual inclusive chegou a ser secretário-geral do partido.

É certo, todavia, que as coisas não seguiram uma trajetória tão linear. Em inícios dos anos 1980, Leonel Brizola, à frente do recém-fundado Partido Democrático Trabalhista (PDT), foi eleito governador do Rio de Janeiro, reafirmando-se como um dos políticos mais influentes do país. Ao longo da década, petistas e trabalhistas disputariam a hegemonia na esquerda brasileira, culminando na disputa entre Luís Inácio Lula da Silva e Brizola no 1º. Turno das eleições presidenciais de 1989. A vitória do primeiro, cujo partido estava melhor distribuído pelo conjunto do país, parecia confirmar a derrota definitiva de uma "velha" esquerda "populista" e sua substituição por uma "nova" esquerda, mais democrática e baseada na sociedade civil auto-organizada.

Porém, a história, como sói ocorrer, tomou rumos imprevistos. A combinação da queda dos regimes socialistas, a crise do Estado desenvolvimentista e a ascensão do neoliberalismo, primeiro no governo Collor (1990-1992) e, em seguida, nos dois mandatos de Fernando Henrique Cardoso (1994-2002), levaram o PT, na oposição, a iniciar uma revisão parcial de sua leitura do legado de Vargas, o qual Cardoso se propôs explicitamente a "enterrar". Tal revisão acabou levando, em 1998, à chapa Lula-Brizola, unindo, ainda que brevemente, os até então adversários. Esse reencontro com o passado parece ter se aprofundado nos dois governos Lula (2003-2011) e no atual governo Dilma Rousseff (2011-2015), ela própria uma ex-trabalhista, em alguns aspectos das políticas econômica, social e externa, e no discurso voltado aos setores populares. É verdade que o fato de o PT ter se diferenciado das esquerdas anteriores – comunistas e trabalhistas – foi um elemento importante para seu crescimento como partido e sua posterior chegada ao poder. Contudo, após 12 anos de governos encabeçados pela agremiação não são poucos os traços que aproximam essa experiência das tradições que o PT negou em suas origens.

Até o momento, quem melhor diagnosticou o paralelismo entre a gramática política que organiza o atual conflito político-eleitoral no país e aquela que imperou entre 1945 e 1964, foi, talvez não por acaso, um intelectual historicamente vinculado ao PT, o cientista político André Singer. Segundo o próprio autor, foram as transformações vividas pelo partido no governo que o fizeram retornar ao programa de pesquisa da "Escola sociológica paulista" – a Weffort em especial – para conferir inteligibilidade ao presente, em particular ao fenômeno político que Singer denominou como "lulismo" (Singer, 2012).

Porém, o "lulismo" só pode, a meu ver, ser compreendido como parte de um movimento latino-americano mais amplo, que caracterizou a primeira década e meia do presente século, isto é: a ascensão e continuidade, por vias democráticas, de uma série de governos de esquerda e centro-esquerda no subcontinente, fato inédito na região. O exemplo mais notório, além do mais polêmico, sem dúvida foi fornecido pelos governos de Hugo Chávez na Venezuela (1998-2013). As semelhanças entre o discurso e a prática política chavistas e os traços constitutivos do que denominei como nacionalismo popular são bastante evidentes. Além da Venezuela, a Argentina, durante os três governos Kirchner (2003-2015), também testemunhou uma surpreendente retomada dos elementos característicos do velho peronismo, após a virada neoliberal de Menem. Por fim, a Bolívia de Evo Morales, cujo movimento havia nascido como negação indigenista do legado da Revolução de 1952, acabou retomando, para a surpresa de muitos de seus antigos simpatizantes, traços do estatismo e do desenvolvimentismo do regime pós-revolucionário.

Não quero argumentar em favor da ideia de uma eterna repetição da história na América Latina, o que creio, simplesmente não é possível. Outrossim, desejo sublinhar como a corrente ideológica nacionalista popular foi retomada em novos contextos históricos, sob formas diversas e por distintos atores políticos e sociais. Em todos esses países o nacionalismo popular entrou em crise entre os anos 1970 e 80, seja como efeito da repressão dos regimes militares, seja como resultado da crise das políticas econômicas de ISI que lhe dava sustentação material.

Em um certo sentido, as grandes transformações econômicas, sociais, políticas e culturais pelas quais passaram os países do subcontinente, muitas delas introduzidas, ironicamente, por governos ou regimes de inspiração nacionalista popular, contribuíram para minar as bases dessa ideologia nas sociedades latino-americanas. Porém, com a crise do modelo neoliberal a partir de finais da década de 1990, muitos dos elementos mais característicos desse antigo ideário – notadamente o nacionalismo econômico, a reivindicação de "justiça social" e a oposição entre "povo" e "elites" –reapareceramnas plataformas dos governos de esquerda e centro-esquerda da região, hora em crise aguda,diante dos efeitos sobre a região da prolongada crise do capitalismo mundial e de uma intensa reação conservadora.[3]

---

3 A pesquisa que deu origem a este livro foi concluída no final de 2014. De lá para cá se aprofundou e se acelerou a crise dos chamados "governos progressistas" da região, com uma inédita ofensiva conservadora, cujos logros mais notáveis foram as vitórias de Maurizio Macri nas últimas eleições presidenciais argentinas e da oposição venezuelana nas eleições parlamentares (ambos em 2015). Além disso, no Brasil, o ano passado testemunhou manifestações multitudinárias das classes médias, pedindo a derrubada do governo, recém-eleito de Dilma Rousseff. Todos esses eventos podem levar, e tem efetivamen-

Entre a nação e a revolução

Seja qual for o destino do atual "ciclo progressista", as continuidades ou paralelismos entre determinados aspectos do discurso e da prática das experiências recentes da esquerda latino-americana e aquelas do século passado podem ser entendidos, como já argumentei em outros momentos deste livro, pela aderência dos elementos constitutivos do nacionalismo popular às condições que persistem em grande parte das formações sociais latino-americanas, apesar das grandes transformações pelas quais passaram: notadamente a dependência econômica e a marginalização política e social de amplas maiorias populares. Nesse sentido, pensar os dilemas da esquerda brasileira ou latino-americana como a escolha entre a "coerência" com um discurso de classe ou a "concessão" a um discurso nacionalista, é simplesmente repor os esquemas que, como procurei demonstrar, turvaram a compreensão dos marxistas latino-americanos em relação as formas de expressão política dos trabalhadores na região.

Assim, para concluir, cabe retomar a pergunta, que esteve no fundo da polêmica entre Mariátegui, Haya e Mella: qual o potencial do marxismo para interpretar a realidade latino-americana? Creio que para responde-la é preciso distinguir entre o legado intelectual de Marx como método crítico do marxismo como uma ideologia sistematizada pela II. Internacional e herdada pela III. Internacional. É verdade que se poderia objetar que essa distinção é um tanto artificial, já que as dimensões teórico-conceitual, de um lado, e "ideológica" estão, no marxismo, intimamente imbricadas. Porém, não me parece menos verdadeiro que o marxismo, como um sistema fechado, não é uma consequência necessária da obra de Marx, sendo, em grande medida, uma construção póstuma.

---

te levado, muitos analistas, de direita ou de esquerda, a diagnosticarem o "esgotamento" ou "fim" do ciclo progressista da primeira década e meia do atual século. Quero chamar porém a atenção para o paralelismo entre esse tipo de diagnóstico e aqueles, realizados por autores como Ianni e Weffort nos anos 60 e 70, do "colapso" ou "derrocada" do "populismo". É sempre bom lembrar que não a nada mais difícil e temerário do queprever os rumos da história. Assim, este me parece um balanço ainda em aberto.

Nesse tocante, estou de acordo com Wallerstein em que se deveria levar mais a sério a frase do próprio Marx de que ele "não era marxista", além de que o revolucionário alemão, mais do que a maioria de seus herdeiros, reconheceria os limites históricos e espaciais de seu pensamento (Wallerstein,2001, p. 10-11). O marxismo, no sentido acima aludido, me parece ser constitutivamente eurocêntrico e historicamente datado. Assim, aplicar o marxismo à América Latina sempre foi e continuará sendo um exercício conducente à incompreensão. No entanto, o uso heterodoxo do método crítico formulado por Marx, não sistematizado como ideologia, já deu frutos apreciáveis no subcontinente e permanece um caminho teórico promissor. Para tanto, faz-se necessário, e este é um dos pontos que permeia todo este trabalho, deixar de encarar a nação e o "povo" como "aparências" que ocultam a "realidade", isto é, as classes.

Esse modo de ver as coisas pode ter feito sentido em um determinado espaço e tempo, mas não é, de maneira nenhuma, universalmente válido. Isso não equivale a postular algum tipo de "exotismo" ou "particularismo" "indo-americano", mas simplesmente, reconhecer que não há nenhum universalismo que não se exprima a partir de um ponto de vista particular. Foi nesse sentido que procurei abordar criticamente a relação entre um universal – o marxismo – e duas singularidades, os nacionalismos populares aprista e varguista. Como afirmei logo de saída, a questão de fundo que me norteou ao longo dos últimos anos tem sido a dos impasses da principal tradição intelectual da cultura socialista de se enraizar e se expandir na América Latina. É verdade que os encontros e desencontros entre o marxismo de matriz comunista e os nacionalismos populares não esgotam, de maneira alguma, esse imenso problema, porém não deixa de constituir, a meu ver, um ponto de vista privilegiado para pensar a questão.

Na atualidade a tradição política comunista ou leninista deixou de existir como cultura política ou movimento político vivos, mas o marxismo como corrente teórica, em que pese o refluxo nas últimas décadas,

Entre a nação e a revolução

ainda persiste nos meios intelectuais, alimentando muito da melhor crítica ao capitalismo

O nacionalismo popular, por seu turno, como se discutiu acima, ainda que passando por longos períodos de declínio e descrédito, ganhou novo ímpeto recente em diferentes movimentos políticos na região. Não por acaso, o início do século XXI testemunhou uma retomada nas ciências sociais latino-americanas dos debates acerca do "populismo", a melhor ilustração disso talvez seja a obra de Ernesto Laclau (2005) a respeito do tema. Inclusive, é digno de nota que o falecido teórico político argentino retomou este tema quase três décadas após a publicação de sua primeira incursão no assunto.

Hoje, sem as pretensões monopolistas de uma internacional centralizada e hierárquica, ou, por outro lado, sem o veto anticomunista da "Guerra Fria", o materialismo histórico, ao lado de outras correntes teóricas, pode influenciar as elaborações de distintas correntes políticas radicais ou de esquerda latino-americanas. Esses amálgamas talvez auxiliem a entender porque, ainda que de modo bastante nebuloso, e apesar das dificuldades e incertezasatuais, o socialismo continue a fazer parte do imaginário político latino-americano, possivelmente mais do que em qualquer outra região do mundo. Dessa maneira, voltar ao passado e investigar as relações contraditórias entre o marxismo e o nacionalismo na América Latina da primeira metade do século XX não é um mero exercício de arqueologia intelectual, mas auxilia, ainda quede modo indireto, a jogar luz sobre dilemas do presente.

Bibliografía

ANGELL, A. 1997. "Las Izquierdas en América Latina desde 1920". In: Bethell, Leslie (org.). *História de América Latina*. Vol XI. Barcelona: Crítica/Grijalbo/Mondadori.

AGGIO, A. 2003. "A Emergência das Massas e A Teoria do Populismo na América Latina". In: e La Huerta, Milton (org.). *Pensar o Século XX: política e história na América Latina*. São Paulo: Ed. UNESP.

ALMEIDA, C. M. de. 2005. "ISEB: fundação e ruptura". In: TOLEDO, C. N. *Intelectuais e Política no* Brasil: a experiência do *ISEB*. Rio de Janeiro: Revan.

ALMEIDA, L. F. 2004. "O Nacionalismo Popular e A Crise do Populismo No Início dos Anos 1960". In: *Lutas* Sociais. Vol. No.

ANDERSON, B. 2016. "Frameworks For Comparison".In: The London Review of Books. Vol. 38. No. 2. Janeiro de 2016. Disponível em http://www.lrb.com.uk/v38/n2/benedictanderson/frameworksforcomparison/. Acessado em 15/01/2016.

_____. 1993.*Comunidades Imaginadas*. Lisboa: Edições 70.

_____. 2000. "Introdução". In: Balakrishnam, Gopal (org.). *Um Mapa da Questão Nacional*. Rio de Janeiro: Contraponto.

ALTHUSSER, L. 1973. *La Revolución Teórica de Marx*. Buenos Aires: Siglo XXI. Editores.

ARRAES, M. 1979. *Discurso de Posse. Pronunciado perante a Assembléia Legislativa de Pernambuco em 31/1/63. Recolhido em DEBERT, G.* 1979. *Ideologia e Populismo*. São Paulo: T. A. Queiroz.

ARICÓ, J. 1978. "Introducción". In: (org.). *Mariátegui y Los Origenes del Marxismo en America Latina*. México D. F.: Pasado y Presente.

_____. 1988. *La Cola Del Diablo: un itinerario de Gramsci en America Latina*. Caracas: Nueva Sociedad

_____. 1989. "O Marxismo Latino-americano nos Anos da III. Internacional". In: HOBSBAWM, E. J. *1989*. História do Marxismo. *Vol. VIII*. Rio de Janeiro: Paz e Terra.

_____ 1985b. "Uma Geografia de Gramsci na América Latina". In: COUTINHO, C. N. e NOGUEIRA, M. A. (org.). Gramsci e A América Latina. Rio de Janeiro: Paz e Terra.

BALAKRISHNAM, G. 2001."A Imaginação Nacional". In: (org.). *Um Mapa da Questão Nacional*. Rio de Janeiro: Contraponto.

BARIANI JR., E. 2005 "Resenciamento bibliográfico do ISEB" In TOLEDO, C.N. (org) *Intelectuais e política no Brasil: a experiência do ISEB*. Rio de Janeiro : Revan

BARRETT, M. 2010. "Ideologia, Política e Hegemonia: de Gramsci a Laclau e Mouffe". In: ZIZECK, S. (Org.). *Um Mapa da Ideologia*. Rio de Janeiro: Contraponto.

BAUER, O. 2001. "A Nação". In: BALAKRISHNAM, G. (org.). *Um Mapa da Questão Nacional*.Rio de Janeiro: Contraponto.

BAZADRE, J. 1931.*Peru: problema y* posibilidad. Lima: Casa Editorial Rosay.

BENEVIDES, M. V. 1981. *A UDN e O Udenismo: ambiguidades do liberalismo brasileiro*.Rio de Janeiro: Paz e Terra.

BERLIN, I. 1960. "Introduction". In: VENTURI, F. *The Roots of Revolution: a history of populist and socialist movements in 19th century Russia*. Nova Iorque: Alfred Knopf.

BIANCHI, A. 2008.*O Laboratório de Gramsci: filosofia, história e política*. São Paulo: Alameda.

BLAKELY, A. 1982. "The Making of Populist Revolution in Russia (1900-1907)". In: CONIFF, M. *Latin American Populism in Comparative Perspective*. Albuquerque: New Mexico University Press.

BODEA, M. 1992. *Trabalhismo e Populismo: o caso do Rio Grande do Sul*. Porto Alegre: Ed. UFRGS.

BOLÍVAR, S. 2009.*Doctrina del Libertador*. Caracas: Biblioteca Ayacucho/ Banco Central de Venezuela.

BOSI, A. 1992."A Arqueologia do Estado-Providência". In: *Dialética da Colonização*. São Paulo: Companhia das Letras.

_____. 1990. "A Vanguarda Enraizada:o marxismo vivo de José Carlos Mariátegui". *Estudos Avançados*. Vol. IV. No. VIII. São Paulo: IEA-USP.

BOURRICAU, F. 1966."Structure and Function of The Peruvian Oligarchy". *Studies in Comparative International Development*. Vol. 2. No. 2.

_____ 1972. "The Adventures of Ariel". *Daedalus*. Vol. 101. No. 3. Summer.

BRANDÃO, G. M. 1997.*A Esquerda Positiva: As Duas Almas do Partido Comunista (1920-1964)*. São Paulo: Hucitec.

_____ 2007. *Linhagens do Pensamento Político Brasileiro*. São Paulo: Hucitec.

BRESSER-PEREIRA, L. C. 1979. "6 Interpretações Sobre O Brasil". In: *Revista Dados*. No. 5. Voll. 3. Rio de Janeiro: IUPERJ.

_____.2005. "Do ISEB e Da CEPAL à Teoria da Dependência". In: TOLEDO, C. N. (org.). *Intelectuais e Política no Brasil: a experiência do ISEB*. Rio de Janeiro: Revan.

CABALLERO, M. 1988. *La Internacional Comunista y La Revolución Latino-americana*. Caracas: Nueva Sociedad.

CADERNOS DE NOSSO TEMPO. 1954. "Que É O Ademarismo?". In: *Cadernos de Nosso Tempo*. Vol. 2. no. 1. Rio de Janeiro: IBESP.

_____ 1997. "Três Etapas do Comunismo Brasileiro". In: SCHWARTZMANN, S. (org.). *O Pensamento Nacionalista e Os Cadernos de Nosso Tempo*. Brasília: Câmara dos Deputados/Ed. UnB.

CÂNDIDO, A. 1965.*Literatura e Sociedade*. São Paulo: Companhia Editora Nacional.

_____ 1990. "Radicalismos". In: *Estudos Avançados*. Vol. IV. No. VIII.

CANNOVAN, M. 1981. *Populism*. Nova Iorque: Harcour-Brace-Jovanovich.

CAPELATO, M. H. R. "O Populismo Latino-americano Em Discussão". In: FERREIRA, J. (org.). *O Populismo e Sua História*. Rio de Janeiro: Civilização Brasileira.

CARDOSO, F. H. e FALLETO, E. 1970. *Dependência e Desenvolvimento na América Latina*. Rio de Janeiro: Jorge Zahar.

CHAUÍ, M. S. 1982. *Seminários: o nacional e o popular na cultura brasileira*. São Paulo: Brasiliense.

COLIER, R. e COLIER, D. 2002.*Chaiping The Political Arena: labour movements and the State in Latin America*. Notredame: University of Notredame Press.

CORBISIER, R.1959.*Formação e Problema da Cultura Brasileira*. Rio de Janeiro: ISEB.

COTLER, J. 2009. *Classes, Estado y Nación en El Peru*. Lima: IEP.

_____ 1967. "The Mechanics of Internal Domination and Social Change in Peru" Studies in *Comparative International Development.Vol. 3. Nº. 12*.

COUTINHO, C. N.1987. "As Categorias de Gramsci e A Realidade Brasileira". In: *Idem* e NOGUEIRA, M. A. (org.). Gramsci e A América Latina. Rio de Janeiro: Paz e Terra.

_____. 1999.*Gramsci: um estudo sobre seu pensamento*. Rio de Janeiro: Civilização Brasileira.

COX, C. M. 1978. "Reflexiones Sobre José Carlos Mariátegui". In: Aricó, J. (org.). *Mariátegui y Los Origenes del Marxismo Latino-americano*. México D. F.: Pasado y Presente.

D'ARAÚJo, M. C. 1996. *Sindicatos, Carisma e Poder: o PTB entre 1945 e 1965*. Rio de Janeiro: FGV.

DELGADO, L. A. N. 1993. *O PTB: do getulismo ao reformismo*. São Paulo: Marco Zero.

_____ 2001. "Trabalhismo, Nacionalismo e Desenvolvimentismo: um projeto para o Brasil". In: FERREIRA, J. (org.). *O Populismo e Sua História: debate e crítica*. Rio de Janeiro: Civilização Brasileira.

DEL ROIO, M. 1990. *A classe Operária Na Revolução Burguesa: a política de alianças do PCB (1928-1935)*. Belo Horizonte: Oficina de Livros.

DEBERT, G.G. 1979. *Ideologia e Populismo*. São Paulo: T. A. Queiroz.

D'ERAMO, M. 2013."Populism and The New Oligarchy". In: *New Left Review*. No. 82. Londres: Verso.

DEL PRADO, J. 1978. "Mariátegui, Marxista-Leninista Fundador Del Partido Comunista Del Peru". In: Aricó, José (org.). *Mariátegui y Los Orígenes Del Marxismo Latino-Americano*. México d. F.: Pasado y Presente.

DI TELLA. T. S. 1993.*Historia de Los Partidos Políticos em America Latina em El Siglo XX*. México D. F.: Fondo de Cultura Econômica.

_____ 1969. *Para Uma Política Latino-americana*. Rio de Janeiro: Paz e Terra.

DRAKE, P. W. 1982. "Conclusion: a requiem for populism?". In: Coniff, M (org.). *Latin American Populism in Comparative Perspective*. Albuquerque: New Mexico University Press.

DUSSELL, E. 2007. "5 Tesis Sobre El Populismo". Conferência proferida na Universidad Autonoma Metropolitana do México (UAM), campus Iztapalapa.

EAGLETON, T.2000. *Ideologia*. São Paulo: Boitempo.

ESCURSIM, L. 2005.*Mariátegui: Vida e Obra*. São Paulo: Expressão Popular.

FALCÓN, J. 1985.*Anatomia de Los Siete Ensayos de Interpretación de La Realidad Peruana*. Lima: Amauta.

FEDEREÇÃO DOS ESTUDANTES DE CÓRDOBA. 2009. "Manifiesto Liminar: de la juventude de Córdoba a los hombres libres de América". In: Del Masso, Gabriel (org.). *Reforma Universitaria: manifiestos y documentos*. Caracas: Biblioteca Ayacucho.

FEMIA, J. V. 1988."Historicist Critique to Revisionist Methods in The Study of Ideas". In: TULLY, J. (org.). *Meaning and Context: Quentin Skinner and His Critics*. Oxford. Oxford: Oxford University Press.

FERNANDES, M. F. L. 2014. "Azevedo Amaral e A Revista 'Nova Diretrizes': um projeto de modernização autoritária do Brasil. Trabalho apresentado à Área Temática Pensamento Político Brasileiro no IX. Encontro da Associação Brasileira de Ciência Política (ABCP). Brasília, 04 a 07 de agosto.

FERREIRA, J. 2004. "A Estratégia do Confronto: A Frente de Mobilização Popular". In: *Revista Brasileira de História*, Vol. 24. No. 47.

_____ 2011. *João Goulart: uma biografia*. Rio de Janeiro: Civilização Brasileira.

_____ 2005. *"Trabalhadores do Brasil": o imaginário trabalhista*. Rio de Janeiro: Civilização Brasileira

_____ 2001. "O nome e a coisa: o populismo na política brasileira" In org. *O populismo e sua história, debate e crítica*. Rio de Janeiro. Civilização Brasileira

FERREIRA, O. 1971.*Nossa América, Indo América: a revolução e a ordem no pensamento de Haya de La Torre*. São Paulo: Livraria Pioneira/ Edusp.

FRANCO, M. S. C. 1980. "O Tempo das Ilusões". In: *Idem* e Chauí, M. (org.). *Ideologia e Mobilização*. São Paulo/Rio de Janeiro: CEDEC/Paz e Terra.

FRENCHE, J. 2011."Los Trabajadores Industriales y El Advenimiento de La República Populista en Brasil". In: MACKINNON, M. M. e PETRONE, M. A. (org.). *Populismo y Neo-populismo en América Latina*. Buenos Aires: Eudeba.

FUNES, P. 2006.'*Salvar La Nación: intelectuales, cultura y política em los años viente latino-americanos*. Buenos Aires: Prometeo Libros.

FURTADO, C. 1962.*Formação Econômica do Brasil*. São Paulo: Companhia Editora Nacional.

GALINDO, A. F. 1994.*La Agonia de Mariátegui: La polemica com La Comintern*. In: *Obras Completas*. Vol. II. Lima: Fondación Andina.

_____. E BURGA, M. 1994. *Apogeuy Crisis de La República Aristocrática*. In: *Obras Completas*. Vol. 1. Lima: Fondación Andina.

GALISSOT, R. 1987. "O Movimento Operário Frente à Nação e ao Nacionalismo". In: HOBSBAWM, E. J. (org.). *História do Marxismo*. Vol. IV. Rio de Janeiro: Paz e Terra.

GARRETÒN, M. A. 2006. "Sociedad Civil y Ciudadania en La Problemática Latinoamericana Actual". In: Cheresky, I. (org.). *Ciudadania, Sociedad Civil y Participación Política*. Buenos Aires: Miño y Dávila.

GERMANI, G. 1974.*Política e Sociedade em Uma Época de Transformação*. São Paulo: Mestre Jou.

GODIO, J. 1983.*Historia del Movimiento Obrero en America Latina (1918-1930): comunismo y nacionalismo*. Vol. II. Caracas/México D. F./ Buenos Aires: Nueva Sociedad/Nueva Imagen.

GOMES, A. 2005.*A Invenção do Trabalhismo*. Rio de Janeiro: FGV.

_____. 2001. "O Populismo nas Ciências Sociais Brasileiras: a trajetória de um conceito. In: FERREIRA, J. (org.). *O Populismo e Sua História: debate e crítica*. Rio de Janeiro: Civilização Brasileira.

_____ 1995. "Trabalhismo e Democracia: o PTB sem Vargas". In: *Idem* (org.). *Vargas e A Crise dos Anos 1950*. Rio de Janeiro: Relume-Dumará.

_____ e D'ARAÚJO, M. C. 1985. *Trabalhismo e Getulismo*. Rio de Janeiro: FGV.

GORENDER, J. 1965. "Correntes Sociológicas no Brasil". Originalmente publicado em *Estudos Sociais*. No. 3. 1958. In: RAMOS. A. G. *A Redução Sociológica*. Rio de Janeiro: TBM.

_____. 1987. *O Combate nas Trevas: a esquerda brasileira das ilusões perdidas à luta armada*. São Paulo: Ática.

GOULART, J. 1964. "As Reformas de Base". Mensagem presidencial ao Congresso Nacional. 15/03/64. Disponível em HTTP://www.pdt.org.br.

_____. 1953. "Discurso do Ministro do Trabalho, João Goulart, em São Paulo, 20/08/1953". *O Radical.* 21/08/1953. p. 1 e 5. Disponível em www.brasilrepublicano.com.br/governo vargas/fontes. Acessado em 04/05/2014.

GRAMSCI. A. 2002a. *Cadernos do Cárcere.* Vol. I., Caderno XI. Rio de Janeiro: Civilização Brasileira.

_____ 2002b. *Cadernos do Cárcere.* Vol. II. Caderno 12. Rio de Janeiro: Civilização Brasileira.

_____. 2002c. *Cadernos do Cárcere.* Vol. III.. Caderno 13. Rio de Janeiro: Civilização Brasileira.

_____.2002d. *Cadernos do Cárcere.* Vol. V. Caderno 19. Rio de Janeiro: Civilização Brasileira.

GRIJELMO, A. "El Populismo Está Fuera Del Diccionario". In: El País. 27/07/2014. Disponível em http://elpais.com/elpais/2014/07/25/opinion/1406288927_479703.html. Acessado em 07/08/2014.

HABERMAS, J. 2001. "Realizações e Limites do Estado Nacional Europeu". In: BALACRISHNAM, G. (org). *Um Mapa da Questão Nacional.* Rio de Janeiro: Contraponto.

HALE, C. 2001. "Idéias e Ideologias Políticas e Sociais na América Latina (1870-1830)". In: BETHELL, L. (org.). *História da América Latina.* Vol. V. São Paulo: Edusp.

HALPERYIN-DONGHI, T. S. D. *História da América Latina.* São Paulo: Círculo do Livro.

HAYA DE LA TORRE, V. R. 2008a."Discurso/Programa". In: *Idem. Obras Escojidas.*Vol. V. Lima: Instituto Victor Raúl Haya de La Torre.

_____ 2008b. *El Anti-Imperialismo y El APRA.* In: *Idem.* Obras Escojidas. Vol. II. Lima: Instituto Victor Raúl Haya de La Torre.

_____ 2008c. *El Espacio/Tiempo Histórico.* In: *Idem. Obras Escojidas.* Vol. IV. Lima: Instituto Victor Raúl Haya de La Torre._

___.2002a. El Aprismo És Uma Doctrina Completa y Um Método de Acción Realista. In: *Montesinos, J. N. (org.).* Haya de La Torre O La Política Como Misión Civilizadora. México D. F.: FCE.

_____. 2002b. "El Estado Anti-Imperialista". In: MONTESINOS, J. N. (org.). *Haya de La Torre o La Política Como Mision Civilizadora.* México D.F.: FCE.

_____ 2008d. "La Questión del Nombre". In: *Idem Obras Escojidas.* Vol. I. Lima: Instituto Victor Raúl Haya de La Torre.

HOBSBAWM, E. J. 1995. A Era dos Extremos: o breve século XX (1914-1991). São Paulo: Companhia das Letras.

_____. 1990. *Nações e Nacionalismos desde 1780: programa, mito e realidade.* Rio de Janeiro: Paz e Terra.

_____. 2003.*Revolucionários: ensaios contemporâneos.* Rio de Janeiro: Paz e Terra.

IANNI, O. 1991.*Formação do Estado Populista na América Latina.* Rio de Janeiro: Civilização Brasileira.

_____.1968. *O Colapso do Populismo.* Rio de Janeiro: Civilização Brasileira.

INGENIEROS, J. 2011. "América Latina y El Imperialismo: la Universidad del porvenir". Discurso proferido em 11/10/1922. In: PORTO, M. (org.). *De Moreno a Perón: pensamento argentino de la unidad latino-americana.* Buenos Aires: Planeta.

ITZIGSOHN, J. e VON HAU, M. 2006."Unfinished Imagined Communities: State, Social Movements and Nationalism in Latin America". In: *Theory and Society.* Nº. 35.

JAGUARIBE, H. 1969. *Desenvolvimento Econômico e Desenvolvimento Político.* Rio de Janeiro: Paz e Terra.

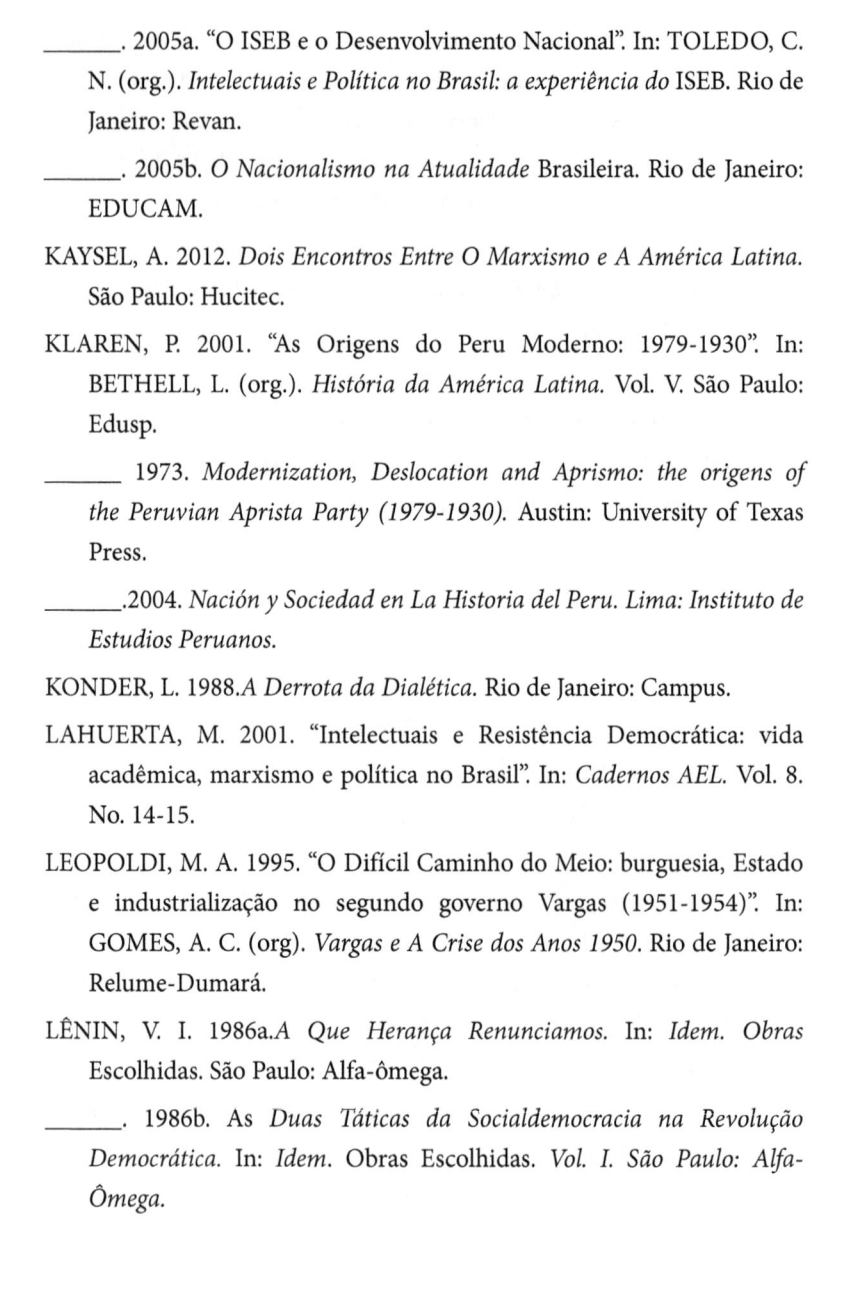

_____. 2005a. "O ISEB e o Desenvolvimento Nacional". In: TOLEDO, C. N. (org.). *Intelectuais e Política no Brasil: a experiência do ISEB*. Rio de Janeiro: Revan.

_____. 2005b. *O Nacionalismo na Atualidade Brasileira*. Rio de Janeiro: EDUCAM.

KAYSEL, A. 2012. *Dois Encontros Entre O Marxismo e A América Latina*. São Paulo: Hucitec.

KLAREN, P. 2001. "As Origens do Peru Moderno: 1979-1930". In: BETHELL, L. (org.). *História da América Latina*. Vol. V. São Paulo: Edusp.

_____ 1973. *Modernization, Deslocation and Aprismo: the origens of the Peruvian Aprista Party (1979-1930)*. Austin: University of Texas Press.

_____.2004. *Nación y Sociedad en La Historia del Peru*. Lima: Instituto de Estudios Peruanos.

KONDER, L. 1988.*A Derrota da Dialética*. Rio de Janeiro: Campus.

LAHUERTA, M. 2001. "Intelectuais e Resistência Democrática: vida acadêmica, marxismo e política no Brasil". In: *Cadernos AEL*. Vol. 8. No. 14-15.

LEOPOLDI, M. A. 1995. "O Difícil Caminho do Meio: burguesia, Estado e industrialização no segundo governo Vargas (1951-1954)". In: GOMES, A. C. (org). *Vargas e A Crise dos Anos 1950*. Rio de Janeiro: Relume-Dumará.

LÊNIN, V. I. 1986a.*A Que Herança Renunciamos*. In: Idem. *Obras Escolhidas*. São Paulo: Alfa-ômega.

_____. 1986b. As *Duas Táticas da Socialdemocracia na Revolução Democrática*. In: Idem. *Obras Escolhidas*. Vol. I. São Paulo: Alfa-Ômega.

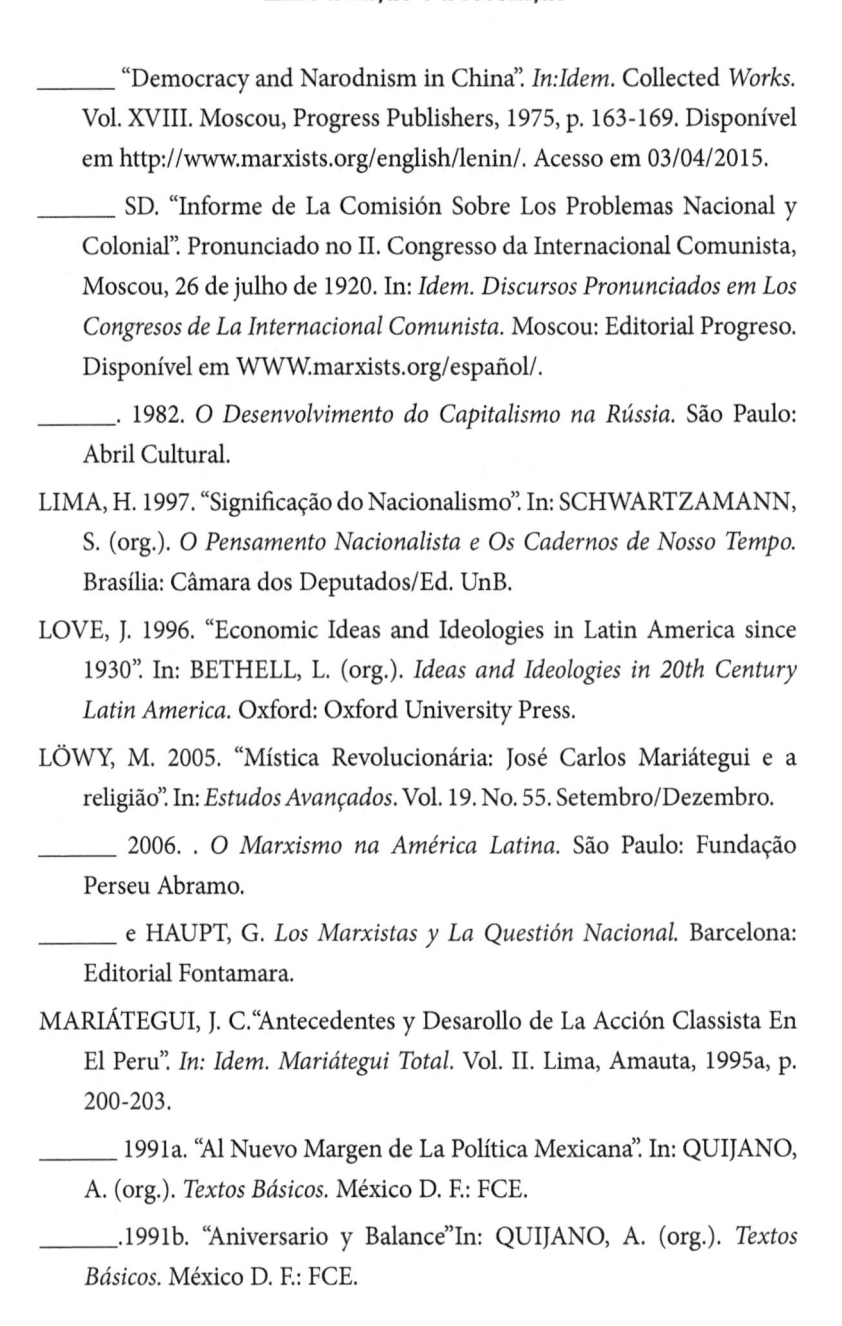

_____ "Democracy and Narodnism in China". *In:Idem.* Collected *Works.* Vol. XVIII. Moscou, Progress Publishers, 1975, p. 163-169. Disponível em http://www.marxists.org/english/lenin/. Acesso em 03/04/2015.

_____ SD. "Informe de La Comisión Sobre Los Problemas Nacional y Colonial". Pronunciado no II. Congresso da Internacional Comunista, Moscou, 26 de julho de 1920. In: *Idem. Discursos Pronunciados em Los Congresos de La Internacional Comunista.* Moscou: Editorial Progreso. Disponível em WWW.marxists.org/español/.

_____. 1982. *O Desenvolvimento do Capitalismo na Rússia.* São Paulo: Abril Cultural.

LIMA, H. 1997. "Significação do Nacionalismo". In: SCHWARTZAMANN, S. (org.). *O Pensamento Nacionalista e Os Cadernos de Nosso Tempo.* Brasília: Câmara dos Deputados/Ed. UnB.

LOVE, J. 1996. "Economic Ideas and Ideologies in Latin America since 1930". In: BETHELL, L. (org.). *Ideas and Ideologies in 20th Century Latin America.* Oxford: Oxford University Press.

LÖWY, M. 2005. "Mística Revolucionária: José Carlos Mariátegui e a religião". In: *Estudos Avançados.* Vol. 19. No. 55. Setembro/Dezembro.

_____ 2006. . *O Marxismo na América Latina.* São Paulo: Fundação Perseu Abramo.

_____ e HAUPT, G. *Los Marxistas y La Questión Nacional.* Barcelona: Editorial Fontamara.

MARIÁTEGUI, J. C."Antecedentes y Desarollo de La Acción Classista En El Peru". *In: Idem. Mariátegui Total.* Vol. II. Lima, Amauta, 1995a, p. 200-203.

_____ 1991a. "Al Nuevo Margen de La Política Mexicana". In: QUIJANO, A. (org.). *Textos Básicos.* México D. F.: FCE.

_____.1991b. "Aniversario y Balance"In: QUIJANO, A. (org.). *Textos Básicos.* México D. F.: FCE.

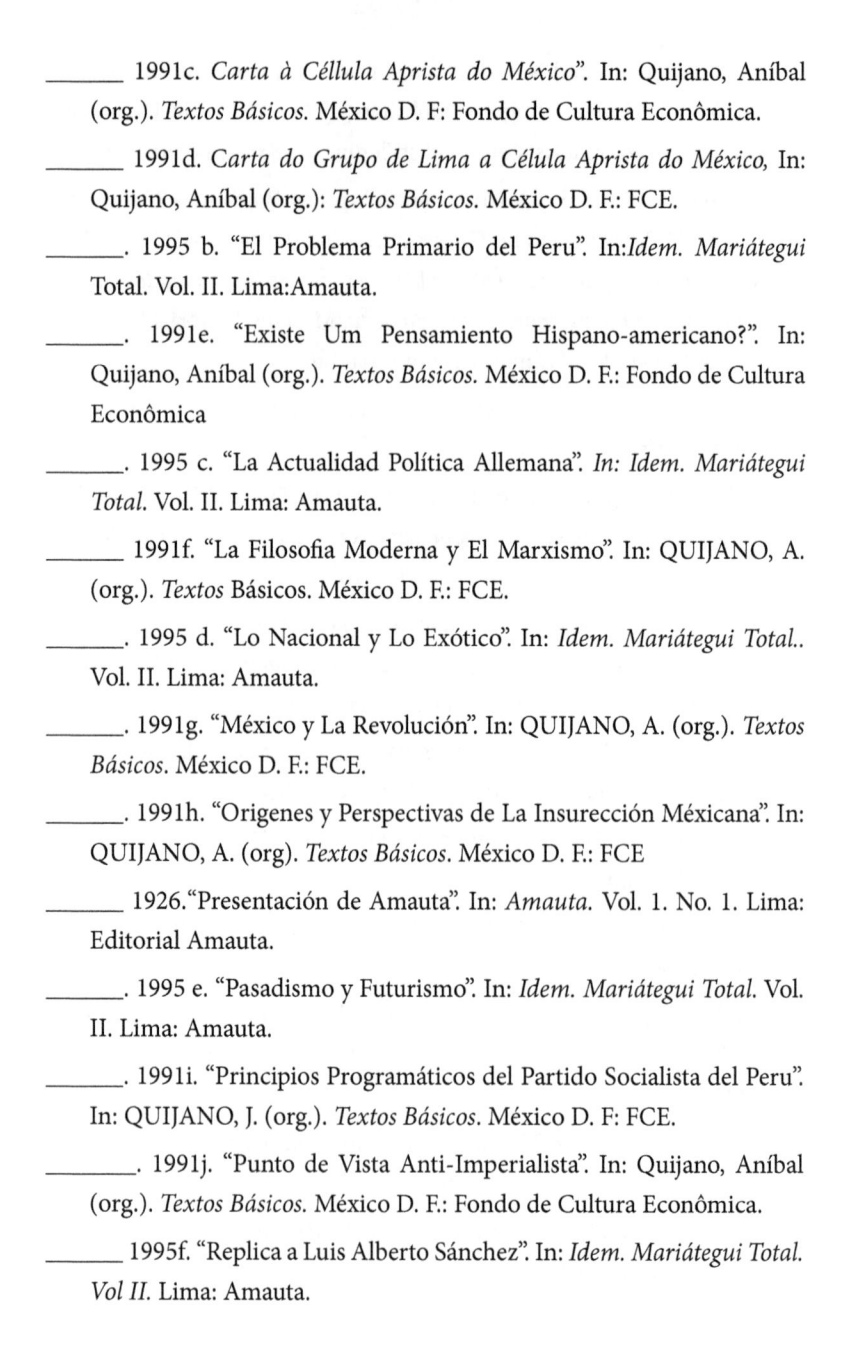

_____ 1991c. *Carta à Céllula Aprista do México*". In: Quijano, Aníbal (org.). *Textos Básicos*. México D. F: Fondo de Cultura Econômica.

_____ 1991d. *Carta do Grupo de Lima a Célula Aprista do México*, In: Quijano, Aníbal (org.): *Textos Básicos*. México D. F.: FCE.

_____. 1995 b. "El Problema Primario del Peru". In:*Idem. Mariátegui Total*. Vol. II. Lima:Amauta.

_____. 1991e. "Existe Um Pensamiento Hispano-americano?". In: Quijano, Aníbal (org.). *Textos Básicos*. México D. F.: Fondo de Cultura Econômica

_____. 1995 c. "La Actualidad Política Allemana". *In: Idem. Mariátegui Total*. Vol. II. Lima: Amauta.

_____ 1991f. "La Filosofia Moderna y El Marxismo". In: QUIJANO, A. (org.). *Textos* Básicos. México D. F.: FCE.

_____. 1995 d. "Lo Nacional y Lo Exótico". In: *Idem. Mariátegui Total*.. Vol. II. Lima: Amauta.

_____. 1991g. "México y La Revolución". In: QUIJANO, A. (org.). *Textos Básicos*. México D. F.: FCE.

_____. 1991h. "Origenes y Perspectivas de La Insurección Méxicana". In: QUIJANO, A. (org). *Textos Básicos*. México D. F.: FCE

_____ 1926."Presentación de Amauta". In: *Amauta*. Vol. 1. No. 1. Lima: Editorial Amauta.

_____. 1995 e. "Pasadismo y Futurismo". In: *Idem. Mariátegui Total*. Vol. II. Lima: Amauta.

_____. 1991i. "Principios Programáticos del Partido Socialista del Peru". In: QUIJANO, J. (org.). *Textos Básicos*. México D. F: FCE.

_____. 1991j. "Punto de Vista Anti-Imperialista". In: Quijano, Aníbal (org.). *Textos Básicos*. México D. F.: Fondo de Cultura Econômica.

_____ 1995f. "Replica a Luis Alberto Sánchez". In: *Idem. Mariátegui Total. Vol II*. Lima: Amauta.

_____ 2008. *Siete Ensayos de Interpretación de La Realidad Peruana.* Caracas: Biblioteca Ayacucho.

MANRIQUE, N. 2009.*Usted Fue Aprista! Bases para una historia crítica del APRA.* Lima: PUC/CLACSO.

MARMORA, L. 1986.*El concepto socialista de nación.* México DF: Passado y Presente

MARSHALL, T.H. 1967.*Cidadania, Classe Social e Status.* Rio de Janeiro. Zahar Editores

MARTÍ, J. 2005a. "A Conferência Americana e A Conferência Monetária". In: *Idem. Nuestra* América. Prólogo e notas de Juan Marinello. Caracas: Biblioteca Ayacucho.

_____.2005b. "Nuestra América". In: *Idem. Nuestra América.* Prólogo e Notas de Juan Marinello. Caracas: Biblioteca Ayacucho.

MARTUCELLI, D. e SVANPA, M. C. 2011. "Las Asignaturas Pendientes del Nacional-Popular: el caso peruano". In: MACKINNON, M. M. e PETRONE, M. A. (org.). *Populismo y Neopopulismo en America Latina: los complejos de la senicienta.* Buenos Aires: Eudeba.

MARX, K. 1984.*O Dezoito Brumário de Louis Bonaparte.* Lisboa: Edições Avante!

MARX, K e ENGELS, F. 1997. *O Manifesto do Partido Comunista.* Lisboa: Edições Avante

MELLA, J. A. 1975. "Que És El ARPA?". In: *Selección de Escritos de Julio Antonio Mella.* Havana: Editorial de Ciencias Sociales.

MITRE, A. 2008. "As peregrinações de um conceito: populismo na América Latina" in Cadernos de História PUC-Minas, v. 10, n. 13

MONTESINOS, J. N. 2002. "Estudio Introductorio". In: *Idem* (org.). *Haya de La Torre O La Política Como Missión Civilizadora.* México D. F.: FCE.

MORSE, R. 1996. *"The Multiverse of Latin American Identity"* In: BETHELL, L. (org.). Ideas and Ideologies in 20th Century Latin America Cambridge: Cambridge University Press.

MUNK, R. 2007. "Marxism in Latin America/ Latin American Marxism?" In: GLASER, D. and WALKER, D. M. (org.). *20th Century Marxism: A Global Introduction*. Londres/Nova Iorque: Routhledge.

MURMIZ, M. e PORTANTIERO, J. C. 1969. "El Movimiento Obrero y Las Orígenes del Peronismo". Buenos Aires: Instituto Torquato Di Tella.

NAIRN, T. 1981. *The Break-UP of Britain: crisis and neo-nationalism*. Londres: Verso.

NERUDA, P. 1974. *Confesso Que Vivi*. São Paulo: DIFEL.

O'DONNELL, G. 1996.*El Estado Burocrático Autoritario: triunfos, derrotas y crisis*. Buenos Aires: Editorial de Belgrano.

OLIVEIRA, L. L. 1995. *A Sociologia do Guerreiro*. Rio de Janeiro: UFRJ.

ORTIZ, R. 1985.*Cultura e Identidade Nacional*. São Paulo: Brasiliense.

PALACIOS, A. L. 2011a. "Carta Al Sr. Dr. V. Pérez de SanTistebán". Datada de Outubro de 1925. In: PORTO, M. (org.). *Pensamiento Argentino de La Unidad Latinoamericana*. Buenos Aires: Planeta.

_____. 2011b. "La Unión Latinoamericana". Documento datado de Junho de 1924. In: PORTO, M. (org.). *Pensamiento Argentino de La Unidad Latinoamericana*. Buenos Aires: Planeta.

PARIS, R. 1980. *La Formación Ideológica de Mariátegui*. México D. F.: Pasado y Presente.

PARTIDO COMUNISTA DO BRASIL, PCB. 1958. "Declaração Sobre A Política do PCB". Publicado originalmente em *Voz Operária*, 22/03/1958. Disponível em http://www.marxists.org/arquivos tematicos/documentos/novidades/. Acessado em 27/04/14.

PARTIDO DEMOCRÁTICO TRABALHISTA, PDT. 1980.*Manifesto de Fundação*. Disponível em HTTP://www.pdt.org.br.

PARTIDO TRABALHISTA BRASILEIRO, PTB. 1954. "Nota Oficial do Diretório Nacional". *O Radical*. 25/05/1954. Disponível em www.brasilrepublicano.com.br/governo vargas/fontes. Acessado em 04/05/2014.

PASQUALINI, A. 2008. *Bases e Sugestões Para Uma Política Social*. Porto Alegre: Rígel.

PECAULT, D. 1989. *Entre Le Peuple et La Nation: Intelectuels et Politique aux Brèsil*. Paris: Maison des Sciences de L'Homme.

PIPES, R. 1964. "Narodnichetsvo: a semantic inquiery". In: *Slavic Review*. No. 23. Vol. 3.

PINTO, A. V. 1956. *Ideologia e Desenvolvimento* Nacional. Rio de Janeiro: ISEB.

PORTANTIERO, J. C. 1979. *Estudiantes y Política em America Latina*. México D. F.: Siglo XXI editores.

_____ 1977. "Los Usos de Gramsci". In: GRAMSCI, A. *Escritos Políticos*. México D. F.: Pasado y Presente.

_____ 1991. "O Marxismo Latino-americano". In: Hobsbawm, E. J. (org.). *História do* Marxismo. Vol. XI. Rio de Janeiro: Paz e Terra.

_____ 1985. "O Nacional-Popular: Gramsci em Chave Latino-Americana". In: COUTINHO, C. N. e NOGUEIRA, M. A. (org.). *Gramsci e A América Latina*. Rio de Janeiro: Paz e Terra.

_____ e DE IPOLA, E. 1981. "Lo Nacional-Popular y Los Populismos Realmente Existentes". In: *Nueva Sociedad*. No. 54. maio-junho. Caracas: Nueva Sociedad.

PRADA, M. G. 1987a. "Discurso En El Politeama". In: *Idem. Paginas Libres/ Horas de Lucha*. Prólogo y notas de Luis Alberto Sánchez. Caracas: Biblioteca Ayacucho.

_____ 1987b. "Propaganda y Ataque". In: *Idem. Paginas Libres/Horas de Lucha*. Prologo y notas de Luis Alberto Sánchez. Caracas: Biblioteca Ayacucho.

_____. 1987c. "Nuestros Indios". In: *Idem*. *Paginas Libres/Horas de Lucha*. Prólogo y notas de Luis Alberto Sánchez. Caracas: Biblioteca Ayacucho.

PRADO JR., C. 1966. *A Revolução Brasileira*. São Paulo: Brasiliense.

_____. 1960. "As Eleições de 3 de Outubro". In: *Revista Brasiliense*. No. 6. Vol. 32. São Paulo: Brasiliense

_____. 1954. *Diretrizes Para Uma Política Econômica* Brasileira. São Paulo: Gráfica Urupês.

_____. 2007. "Perspectivas da Política Popular e Progressista no Brasil". In: SANTOS, R. (org.). *Dissertações Sobre A Revolução Brasileira*. São Paulo: Brasiliense.

_____.1956. "Nacionalismo Brasileiro e Capitais Estrangeiros". In: *Revista Brasiliense*, no. 2, vol. 1. São Paulo: Brasiliense.

PREBISCH, R. 2000. "O Desenvolvimento Econômico da América Latina e Seus Principais Problemas". In: Bielschowlski, R. (org.). *50 Anos de Pensamento Na CEPAL*. Rio de Janeiro: Record.

PRESTES, L. C.1982. "Carta a Roberto Sisson". Datada de Setembro de 1935. In: VINHAS, M. *O Partidão: a luta por um partido de massas (1922-1974)*. São Paulo: Hucitec.

_____. 1950. "Manifesto de Agosto". Publicado originalmente em *Voz Operária* de 05/08/50. Disponível em www.brasilrepublicano.org.br/. Acessado em 29/04/2014.

PRIESTLAND, D. 2012.*A Bandeira Vermelha: uma história do comunismo*. São Paulo: Leya Editora.

PRZEWORSKI, A. 1989.*Capitalismo e Social-Democracia*. Rio de Janeiro: Paz e Terra.

QUIJANO, A. 2014."José Carlos Mariátegui: reencuentro y debate". In: *Idem*. *Questiones y Horizontes*. Buenos Aires: CLACSO.

_____ 2008, "Estudio Introductorio", In: MARIÁTEGUI, J. C. *Siete Ensayos de Interpretación de La Realidad Peruana*. Caracas: Biblioteca Ayacucho

_____ 1991. "Notas Introductorias". In: MARIÁTEGUI, J. C. *Textos Básicos*. México D. F.: FCE.

RAMOS, A. G. 1961.*A Crise do Poder no Brasil*. Rio de Janeiro: Jorge Zahar.

_____. 1965. *A Redução Sociológica*. 2ª. Edição. Rio de Janeiro: TBM.

_____. 1995. "Entrevista concedida a Lúcia Lippi de Oliveira e Alzira Alves de Abreu". In:OLIVEIRA, L. L. *A Sociologia do Guerreiro*. Rio de Janeiro: UFRJ.

_____. 1956. *Introdução Crítica à Sociologia Brasileira*. Rio de Janeiro: Editorial Andes.

_____ 1963. *Mito e Verdade Sobre A Revolução Brasileira*. Rio de Janeiro: Jorge Zahar.

_____.1960. *O Problema Nacional do Brasil*. Rio de Janeiro: Saga.

RAMOS, J. A. 1969.*Bolivarismo y Marxismo*. Disponível em www.marxist.org/español/bibliotecageneral/.

REIS, D. A. 2001. "O Colapso do Colapso do Populismo: ou a propósito de uma herança maldita". In: FERREIRA, J.(org.).*O Populismo e Sua História: debate e crítica*. Rio de Janeiro: Civilização Brasileira.

RENAN, E. 1992. "Qu'Est-ce Que Une Nation". In: *Idem*. Qu'Est-ce Que Une Nation et Autres Essays. *Paris: Presses Pocquet*.

RENIQUE, J. L. 2009. A Revolução Peruana. São Paulo: Ed. Unesp.

RIBEIRO, D. 1983.*O Dilema da América Latina*. Petrópolis: Vozes.

RICUPERO, B. 2000.*Caio Prado Jr. E A Nacionalização do Marxismo no Brasil*. São Paulo: Editora 34/FAPESP/DCP-USP.

RIVADEU, A. N. 1990.*El Marxismo y La Questión Nacional*. México D. F.: Ed. UNAM.

ROBERTS, K. M. 2011. "El Neoliberalismo y La Transformación del Populismo em América Latina". In: MACKINNON, M. M. e PETRONE, M. A. (org.). *Populismo y Neo-populismo en América Latina*. Buenos Aires: Eudeba.

RODÓ, J. E. 1966. *Ariel.Buenos Aires: Editorial Capelusz.*

RODRIGUES, L. M. 2007. "O PCB: os dirigentes e a organização" In: FAUSTO, B. (org.) *História Geral da Civilização Brasileira* Tomo III vol. 10. Rio de Janeiro: Bertrand Brasil

ROXBOROUGH, I. 1991."The analysis of Labour Movements in Latin America: typologies and theories" Bulletin of Latin American Research vol. 1. n. 1

_____. 1984. "Unity and diversity in Latin American History" in Latin American Studies vol. 16 n. 1

RUBIM, A. A. C. 2001. "Marxismo, Intelectuais e Cultura no Brasil". In: MORAES, J. Q. (org.). *História do Marxismo no Brasil.* Vol. III. Campinas: Ed. UNICAMP.

SÁNCHEZ, L. A. 1987. "Prólogo". In: PRADA, M. G. *Paginas Libres/Horas de Lucha.* Caracas: Biblioteca Ayacucho.

SANTOS, W. G. dos. 1978. "Paradigma e História: A Ordem Burguesa na Imaginação Social Brasileira". In: *Ordem Burguesa e Liberalismo Político.* São Paulo: Duas Cidades.

SCHWARTZMANN, S. 1997. "Introdução". In: *Idem* (org.). *O Pensamento Nacionalista e Os Cadernos de Nosso Tempo.* Brasília: Câmara dos Deputados/Ed. UnB.

SCHWARZ, R. 1999. "Um Seminário de Marx". In: *Idem. Sequências Brasileiras.* São Paulo: Companhia das Letras.

SILVA, F. T. e COSTA, H. "Trabalhadores Urbanos e Populismo: um balanço dos estudos recentes". In: FERREIRA, J. (org.). *O Populismo e Sua História: debate e crítica.* Rio de Janeiro: Civilização Brasileira.

SINGER, A. 2012. *Os Sentidos do Lulismo: mudança gradual e pacto conservador.* São Paulo: Companhia das Letras.

SKINNER, Q. 1988."Some Problems in The Analysis of Political Thought and Action"In: *Political Theory.* Vol. 3. No. 2. 1974.

SLESSINGER, R. 1974. *La Internacional Comunista y La Questión Colonial.* México D. F.: Pasado y Presente.

SMITH, A. D. 2000. *Nationalism and Modernism: a critical survey of recent theories of nations and nationalism.* Londres/Nova Iorque: Routledge.

SODRÉ, N. W. 1962.*Quem É O Povo no Brasil.* Coleção Cadernos do Povo Brasileiro. Rio de Janeiro: Civilização Brasileira.

STALIN, J. V. 1954. "Como A Social-democracia Aborda O Problema Nacional". In: *Idem. Obras Escolhidas.* Rio de Janeiro: Editorial Vitória. Disponível em www.marxists.org/portugues/stalin.htm. Acessado em 01/03/2011.

_____. 1979. *O Marxismo e O Problema Nacional e Colonial.* São Paulo: Livraria Ciências Humanas.

STEIN, S. 1982. "Populism in Peru: APRA the formative years". In: CONIFF, M. (org)*Latin American Populism In Comparative Perspective*Albuquerque: New Mexico University Press.

SZASZ, F. 1982. "United States Populism"In: CONNIF, M. (org.). *Latin American Populism in Comparative Perspective*Albuquerque: New Mexico University Press.

THERBORN, G. 1995."Dialética da Modernidade: A Teoria Crítica e O Legado do Marxismo no Século XX". *in. Revista Dados.* Vol 39. no. 1. Rio de Janeiro: Iuperj.

TEIXEIRA, G L. 2001. *Anti-imperialismo e Nacionalismo: o debate dos anos 1920 nas visões de Julio Antonio Mella e Haya de La Torre.* Tese de Doutorado defendida junto ao Programa de Pós-graduação em História Social. São Paulo: FFLCH-USP.

THOMPSON, E. P. 1987. *Formação da Classe Operária Inglesa*. Rio de Janeiro. Jorge Zahar Editora

TOLEDO, C. N. 1982.*ISEB: Fábrica de Ideologias*. São Paulo: Ática.

TOURAINE, A. 2011."La Política Nacional-Popular". In: MACKINNON, M. M. e PETRONE, M. A. (org.). *Populismo y Neopopulismo en América Latina: los complejos de la senicienta*.Buenos Aires: Eudeba.

TULLY, J. 1988. "The Pen is a Mighty Sward". In: *Idem* (org.). *Meaning and Context: Quentin Skinner and His Critics*. Oxford: Oxford University Press.

UGARTE, M. 1987.*La Nación Latinoamericana*. Introdução e notas de Norberto Galazzo. Caracas: Biblioteca Ayacucho.

VARGAS, G. D. 1954a."Carta Testamento". Publicado em *Ultima Hora*, 24/08/1954, p. 1, edição extra. Disponível em www.brasilrepublicano.com.br/crisedeagosto/fontes. Acessado em 04/05/2014.

_____ 1954b. "Discurso de 1º. De Maio". Publicado em *O Diário* Carioca. Rio de Janeiro, 4/05/1954, p. 2. Disponível em www.brasilrepublicano.com.br/governo vargas/fontes. Acessado em 4/5/2014.

VASCONCELOS, J. 1992. "La Raza Cósmica". In: *Idem Obra* Selecta. Caracas: Biblioteca Ayacucho.

VENTURI, F. 1960.*The Roots of Revolution: a history of the populist and socialist movements in 19th century Russia*. Nova Iorque: Alfred Knopf.

VIANNA, F. J. de O. 1974.*Populações Meridionais do* Brasil. Rio de Janeiro Paz e Terra.

VIANNA, L. W. 1997. *A Revolução Passiva: iberismo e americanismo no Brasil*. Rio de Janeiro: Revan.

_____.1976. *Liberalismo e Sindicato no Brasil*.Rio de Janeiro: Paz e Terra.

VINHAS, M. 1982. *O Partidão: a luta por um partido de massas (1922-1974)*. São Paulo: Hucitec.

WALLERSTEIN, I. 2001. *Capitalismo Histórico e Civilização Capitalista*. Rio de Janeiro: Contraponto.

WALIKKI, A. "Rusia". *In:*GELNER, E. e IONESCU, G. (org.), *Populismo: sus significados y características nacionales*. Buenos Aires, Amorortu Editores, 1969.

WEFFORT, F. C. 1978/1979. *Revista de Cultura e Política*, Nos. 1 e 2/ *Revista de Cultura Contemporânea*, no. 1.

_____ 1965. "Bases Sociais do Populismo em São Paulo". In: *Civilização Brasileira*. No. 2. Rio de Janeiro: Civilização Brasileira.

_____ 2003. *O Populismo na Política Brasileira*. Rio de Janeiro: Paz e Terra.

WOOD, H. M. 1998. *Retreat From Class: a new true socialism*.Londres: Verso.

Agradecimentos

Agradeço em primeiro lugar ao Conselho Nacional de Desenvolvimento Científico e Tecnológico (CNPq) e à Fundação de Amparo à Pesquisa do Estado de São Paulo (FAPESP) pelas bolsas sem as quais a pesquisa, da qual este livro é resultado, não teria sido possível. Devo ainda agradecer à FAPESP pelo auxílio que viabilizou a publicação deste trabalho.

Aos funcionários do Departamento de Ciência Política da USP, em especial à Maria Raimunda dos Santos, "Rai", e aVasne dos Santos, agradeço a paciência e à dedicação com que sempre me atenderam. A coordenação do Programa de Pós-graduação em Ciência Política da USP (PPG-CP), na figura dos professores Rogério Arantes e Rossana Rocha Reis, agradeço pelo apoio institucional do programa sempre que delenecessitei.Aos colegas da representação discente dos pós-graduandosem Ciência Política (2011/2012), em especial San Romanelli e RobertaSoromenho, agradeço pela rica experiência que compartilhamos. Aos colegas de orientação, Marcos Paulo Silveira, Christian Challenmueler, Leonardo Belinelli "Leo", Camila Góis e Flávia Ré, sou grato pelas discussões em grupo, sempre estimulantes.

A meu orientador, professor Bernardo Ricupero, agradeço pela combinação de rigor e liberdade que caracterizaram esses oito anos de convívio intelectual e pessoal. Ao professor Luís Carlos Bresser-Pereira agradeço pela generosidade com que me recebeu para uma instrutiva conversa sobre os temas desta pesquisa. Sou grato aos professores André Singer e Milton Lahuerta pelas críticas construtivas na banca de qualificação, as quais me auxiliaram a dar um rumo melhor ao trabalho. Aos membros da banca de defesa, professoras Angela Castro Gomes, Maria Helena Capelato e professores Milton Lahuerta e André Singer, agradeço pelo alto nível e exigência das arguições que fizeram da defesa da tese, mais do que um mero rito, um autêntico debate de ideias.

A Gil Horta Pina, professor aposentado e ledor voluntário que me acompanhou por quase uma década, agradeço pelas agradáveis horas nas quais saboreamos juntos a biografia do presidente João Goulart. A meus pais, Angela Kaysel Cruz e Antonio Augusto Velasco e Cruz, e à minha irmã, Beatriz Kaysel Velasco e Cruz, agradeço pelo apoio familiar que nunca me faltou e sei que nunca me faltará. Também sou grato a meu tio Sebastião Velasco e Cruz e minha tia Maria Cecília Velasco e Cruz, duas das mais importantes influências na escolha de minha vocação acadêmica. Dentre os familiares, devo ainda agradecer à minha avó Arlete Velasco e Cruz, cujo exemplo de leitora voraz estimulou duas gerações a tomar o gosto pelos livros.

No meio da redação da tese embarquei na maior e mais desafiante aventura de minha vida: tornei-me professor da Universidade Federal da Integração Latino-americana (UNILA) e mudei-me para Foz do Iguaçu, na tríplice fronteira. Ali conheci pessoas as quais ainda que não tenham contribuído diretamente para esta pesquisa, merecem ser lembradas. Aos amigos de primeira hora, RodrigoMedeiros e Lucimara dos Reis "Mara", Bruno e Nadida Bolognesi, sou grato pela amizade dos primeiros tempos. A Fabrício Pereira e Aline Marinho, com os quais infelizmente pude conviver pouco como colegas, agradeço pela rara afinidade de ideias e interesses. Ao então Pró-reitor de Graduação, professor Marcos Xavier, agradeço pelo apoio dado a um Coordenador de curso tão inexperiente. A Renata Peixoto e Tereza Spyer sou grato pela solidariedade nos momentos em que os solavancos da política universitária me faziam querer arrancar os cabelos. A Marina Gouveia e Fernando Prado, pelas discussões que seguem nutrindo minhas inquietações acerca do marxismo na América Latina. A Pablo Friggeri agradeço por ter compartilhado comigo o interesse comum por Mariátegui e por não ter hesitado em me apoiar, na condição de diretor do Instituto Latino-americano de Economia, Sociedade e Política (ILAESP), na concessão do afastamento para conclusão da tese.

Entre a nação e a revolução

Ao reitor da UNILA, professor Josué Modesto dos Passos Subrinho, e a todo(a)s membros do Conselho Universitário (CONSUN) agradeço pela licença que viabilizou o término da pesquisa. A Victoria Darlinge Hernán Venegas, sou grato por terem assumido minhas atribuições na Coordenação do Curso de Ciência Política e Sociologia e na Comissão Superior de Ensino (COSUEN). A todo(a)s servidore(a)s da UNILA pelo imprescindível apoio a um docente novato. Por fim, a minhas alunas e meus alunos, aos quais dedico este livro, por terem me ensinado a ensinar e com os quais sempre tenho algo mais a aprender.

Há, no entanto, uma pessoa que, dentre as muitas às quais devo agradecer, merece especial destaque: minha ex-esposa, Camila Rocha. Foi ela a maior incentivadora desta pesquisa desde o início, a qual se beneficiou muito de sua leitura atenta e cítica. O fato de que a vida nos tenha levado por caminhos diferentes não altera em nada a dívida de gratidão que tenho para com ela, pelos anos de companheirismo e pela parceria intelectual. Por fim, devo agradecer a alguém que não é nem uma pessoa, nem uma instituição, ainda que seja quase as duas coisas. Agradeço a Molly, uma labradora preta que me acompanhoupor oito anos, por emprestar sua visão a quem não a tem. Como manda a praxe, advirto que nenhuma das pessoas ou instituições aqui citadas têm qualquer responsabilidade pelas falhas deste livro, as quais são exclusivamente minhas.

Foz do Iguaçu, fevereiro de 2016
André Kaysel

Alameda nas redes sociais:
Site: www.alamedaeditorial.com.br
Facebook.com/alamedaeditorial/
Twitter.com/editoraalameda
Instagram.com/editora_alameda/

Esta obra foi impressa em São Paulo na primavera de 2017. No texto foi utilizada a fonte Minion Pro em corpo 10,25 e entrelinha de 15,3 pontos.